디지털시대의 전략적

관광인적 자원관리

원융희·박충희·이창욱 공저

백산출판사

서 문

"人事는 萬事이다"

우리나라의 인적자원관리 학문은 일천한 역사 속에서 급격한 변화를 거듭해 오고 있다. 특히 관광산업분야의 경우 그 산업의 특색이 반영된 독립된 인적자원관리 학문은 거의 자리를 잡지 못하고 있다고 할 수 있다.

혹자는 인적자원관리는 '경영학의 한 분야로서 모든 산업에 공히 적용될 수 있는 것인 바, 관광산업을 위한 별도의 인적자원관리 학문이 필요한가'라는 의문을 가질 수 있겠으나, 관광산업은 대표적인 노동집약적 산업인데다가 종업원의 서비스가 상품으로 판매되는데, 호텔의 경우 급여항목 중 봉사료가 존재할 정도로 특수성을 가지고 있으며, 인건비가 차지하는 비중이 타 산업보다 월등히 높은 특징을 가지고 있다. 따라서 인적자원관리에도 그 사업의 특성에 맞는 이론이 확립되어 운영되어야 할 필요가 있음은 부인할 수 없다.

1980년대까지만 해도 관광산업에 인사관리 또는 인건비관리 등의 문제가 기업경영에 있어 그다지 큰 주제로 인식되어지지 않았고, 관광산업 종사자는 전문적 교육을 받지 못한 채 일시적으로 선택한 직업으로서, 관광산업에 잠시 머물다가 다른 직업을 찾아 이직을 하는 과정으로 인식되는 것이 일반적이었다.

그러나 인사관리가 인적자원관리의 개념으로 변모하듯이 관광산업에서도 경영환경의 변화와 함께 인적자원에 대한 관리의 중요성이 대두되고, 국가의 전략산업으로서 관광산업의 발달과 함께 전국의 수많은 대학들이 관광관련 학과를 개설하고 전문인력을 배출하고 있으며, 관광산업 종사자에 대한 사회의 인식도 큰 변화가 나타나, 관광산업 진출을 희망하는 젊은 세대가 급격히 증가하고 관광산업 종사자도 전문직으로서의 위치를 잡아가고 있는 상황이다.

관광산업은 기업에서 생산하는 상품보다도 종업원이 제공하는 서비스가 사업의 성패를 좌우하는 특성을 가지고 있으므로, 관광기업은 경쟁력 있는 인적자원을 보유하고 그들의 서비스가 고객에게 감동을 줄 수 있도록 관리하는 것이 필요하다 할 것이다. 그러나 고객에게 경쟁력 있는 서비스를 제공하기 위한 가장 필수적인 조건은 적절한 인력을 확보하는 것이 될 것이며, 이는 곧 관광기업으로서는 합리적이고 효율적인 인적자원관리가 무엇보다도 중요하다는 것을 의미하는 것이라 하겠다.

이 책은 이와 같은 환경에서 관광기업에 적용할 수 있는 인적자원관리의 이론을 체계화하고 인적자원관리를 담당하는 실무자뿐 아니라, 인력을 관리하는 관광기업의 관리자 또는 장차 관리자로 성장할 후학들에게 관광인적자원관리에 대한 이해의 틀과 함께 기본적 지식을 함양하는 데 조금이라도 보탬이 되고자 노력하였다.

우선 제1부는 제1장에서 제11장까지로 구성되었는데, 관광인적자원관리 부문으로서 관광기업에서 개별 인적자원의 합리적 관리방법에 대한 이해를 도모하기 위한 제이론을 소개하였다.

제2부는 기업경영에서 개인의 능력이나 성과보다 오히려 중요하다고 할 수 있는 조직행동에 대한 설명으로 조직의 활용도를 도모하기 위한 내면의 내용을 중점적으로 다루었다.

그러나 본 저서는 아직 체계화되지 못한 관광인적자원관리 이론의 벽을 넘지 못하고 원고를 마무리하여 많은 아쉬움을 남긴 채 독자 여러분에게 내놓게 됨으로써 향후 이에 대한 강호제현의 지도와 편달을 필요로 한다는 말씀을 드리는 바이다.

끝으로, 본 졸저가 나오기까지 심혈을 기울여 주신 백산출판사 진욱상 사장님 및 임직원의 노고에 감사드립니다.

2009년 8월

서울 잠실 寓居에서

대표저자 **원 융 희** 씀

차 례

제1부 관광인적자원관리

제1부
관광인적자원관리

human resources management for the tourism sector

- 제1장 기초이해
- 제2장 직무연구
- 제3장 인적자원계획
- 제4장 채용관리
- 제5장 이동관리
- 제6장 교육훈련
- 제7장 경력개발
- 제8장 성과평가
- 제9장 임금과 보상
- 제10장 복지후생
- 제11장 이직관리

제1장

기초이해

human resources management for the tourism sector

인적자원관리기술은 현대 관광기업에서 관리자들이 가져야 하는 중요한 능력이다. 이 책에서는 이러한 관점에서 생존, 경쟁력, 그리고 성공을 이야기하고 있다. 또한 현대 인적자원관리기술이 당신의 경쟁자보다도 뛰어나야 하고, '70~'80년대의 기술보다 뛰어나야 한다. 당신이 졸업 후 관광기업분야에서 매니저로서 종사한다면 당신에게 있어 인적자원관리기술이 얼마나 중요하겠는가?

만약 당신이 인적자원관리 매니저라면 사람들을 관리하는 것이 당신이 매일 업무시간 동안 해야 하는 일이다. 이러한 인적자원관리 분야는 당신이 고용되어 일하든, 직접 경영하는 사업이든지 간에 관광기업의 어떤 분야에 있어서든지, 당신이 할당받은 일, 당신의 업무량에는 상관없이 당신에게 영향을 끼칠 것이고, 당신의 행동에 영향을 받을 것이다.

인적자원관리의 기능, 즉 모집과 고용, 훈련, 개발과 같은 기능들은 과거에는 없어져야 할 유일한 비용으로 여겨져 왔다. 이런 프로그램들은 불필요한 지출이라고 생각되어지곤 했다. 그러나 이러한 것들을 줄이는 사이에 인력개발과 능력, 도덕성 등은 파괴되었다. 그러나 이제는 인적자원에 관해서 우리가 지녀야 하는 태도는 변했다. 2000년대에 우리는 더 이상 고용프로그램을 불필요한 지출이라고 생각하지 않는다. 대신 우리는 트레이닝 개발과 같은 이러한 프로그램들을 관광산업의 가장 비용이 많이 들며 가치있는 것으로 자산을 모으고 유지하는 필수과정으로 본다. 피고용인은 관광기업에 있어 그들이 인간이기에 유일한 가치적 존재이다.

인적자원관리에 있어 우리의 방향은 그들에게 있다.

1. 관광인적자원관리의 개요

관광기업을 운영하기 위해서는 기본적으로 인적자원(manpower), 물적자원(material), 재정적 자원(money), 그리고 정보(information)의 4가지 요소가 있어야 한다.[3M/1I] 그 중에서도 인적 요소인 인간은 대부분의 일정한 직업을 갖고 그 직무를 수행함으로써 삶의 보람을 찾고 그 대가로 생활을 영위해 나간다. 그러므로 인간의 생활이 관광기업의 환경요인에 의해 영향을 받게 되고, 모든 조직의 구성원들은 최고경영자로부터 종업원에 이르기까지 그 관광기업에 의존하게 되며, 반대로 관광기업은 종업원에 의존하여 상호 발전하는 것이다.

관광기업이 목표를 달성하기 위해서는 여러 가지 경영활동의 전개가 요청되며, 제각기 경영의 기능분야를 형성하고 있다. 이윤추구를 목적으로 하는 제조업의 경우, 먼저 제조하고자 하는 제품에 필요한 기계와 설비를 갖추어야 하고 원료를 구입할 자금과 노동력이 있어야 한다. 그러나 관광기업은 그 자체만으로는 움직일 수 없기 때문에 사람의 손과 두뇌의 작용이 있어야만 비로서 관광서비스가 가능한 것이다. 그러므로 경영의 가장 중요한 기능으로서 인적자원관리의 기능을 중요시하지 않을 수 없다.

예부터 '인간은 태어나서부터 인간인 것이 아니고 인간 속에서 인간으로 길러짐으로써 인간이 된다'고 하는 속담이 있다. 인간으로 태어났지만 다른 동물의 환경 속에서 자랐기 때문에 인간이 되지 못한 '늑대소년'의 이야기처럼 저절로 인간이 만들어지는 것은 아니며, 우수한 능력을 가진 사람들은 사람에 의해서 길러지고 만들어지는 것이다.

관광서비스의 영역에 있어서도 훌륭한 서비스를 할 수 있다는 평을 받는 사람들은 장기간에 걸친 교육훈련의 결과 만들어진 것으로서, 전문가로서 의식도 또한 시간이 경과되면서 형성되어 온 것이다. 그런 의미에서 교육과 훈련의 과제와 계획, 경영자나 관리자에 의한 일상적인 관리지도의 방법, 처우 등과 관련을 가지면서 사람의 육성이 각별하게 논의되어야만 하는 것이다.

사람의 육성에 있어서는 자기가 하는 일이 어떤 일을 하는 것인가를 자각시킬 필요가 있으며, 각 영역에서 전문가가 되어보겠다는 의욕을 가지는 것이 중요하다. 전문가로서의 의식을 가지고 있는 사람이 많은 영역은 그 영역 자체가 전문성을 가지고 있다고 평가될 수 있는 것이다. 그러나 전문가의 육성은 현대적인 기법과 시스템적으로 관리될 때 가능해지는 것이다.

이에 대한 기본으로서 관광기업의 인적자원관리는 기본적인 개개의 제제도의 제정이나 제시책의 운영을 위한 기본적인 방침과 기준이 필요한 것이다. 그런데 인적자원관리의 방침은 그 의미를 세 가지로 구분해 볼 수 있다. 첫째는 인적자원관리 이념 혹은 인적자원관리 철학이라고 할 수 있고, 둘째는 인적자원관리의 기본방침, 셋째가 인적자원관리의 부문방침으로서 첫째의 이념 혹은 철학은 대단히 중요한 문제이나 관광인적관리의 실무적인 것으로 기본방침과 부문방침이 보다 더 구체적인 문제로 대두되고 있다.

관광인적자원관리의 기본방침이란 그 관광기업의 인적자원노무 이념을 기초로 하여 특징이나 중요점을 어디에 두느냐에 있다. 그 영역이 광범위하고, 구체적인 모든 영역에 대하여 같은 수준으로 충실할 수가 없기 때문에 전체를 어디에 중점을 두어야 하는가를 문제삼게 된다.

관광기업은 사람으로 구성되며, 따라서 경영방침에 따라 교육훈련이나 능력개발에 주력하는 것도 인적관리의 기본 방침의 한 가지 예라고 볼 수 있다. 이렇게 기본방침을 명확하게 함으로써 그 관광기업의 인적자원관리의 특징이 탄생하게 되는 것이다. 셋째의 부문방침은 관광인적자원관리의 영역이 넓기 때문에 여러 부문으로 나뉘며, 각 부문마다 독특한 성격을 지니고 있다.

전통적으로 경영관리의 한 분야로서 인사관리(personnel management)인적자원관리는 개인, 조직의 목표가 성취될 수 있도록 인력의 확보부터 이직까지의 과정을 계획, 조직, 지휘, 조정, 통제하는 관리과정으로 이해되어 왔다.

그러나 오늘날에는 인사관리 대신 인적자원관리(human resources management)의 개념으로 대체되어 가고 있다. 미국의 루즈벨트(F. Roosevelt) 대통령이 '인적자원의 보존(conservation of human resources)'이라는 말을 쓰면서부터 사용되기 시작한 '인적자원'이라는 용어는 국가 전체적인 측면에서나 조직의 측면에서 인간에 대한 중요성을 새로이 인식하게 하는 계기가 되었다. 특히 인적자원은 다음과 같은 특징으로 인하여 그에 대한 효율적인 개발과 관리의 필요성이 더욱 높아지고 있다(박성수 외 3인, 2007 : 9~10).

① 능동성 : 인적자원으로부터의 성과는 인적자원의 욕구와 동기, 태도와 행위, 그리고 만족감 여하에 따라 결정되고, 인적자원의 동기행동과 만족감은 경영관리에 대한 반응으로 나타나게 된다.

② 개발가능성 : 인적자원은 자연적인 성장과 성숙은 물론 장기간에 걸쳐 개발될 수 있는 많은 잠재능력과 자질을 보유하고 있다.

③ 전략적 요소 : 조직체의 성과와 가장 밀접한 관계를 갖고 있는 것이 인적자원이므로 어느 자원보다도 가장 전략적인 요소로 작용하고 있다. 효율적인 인적자원의 관리는 모든 우수기업의 공통적 특성이라는 사실도 여러 연구결과에 의하여 입증되고 있다.

④ 소진성 : 인적자원은 이떤 이유에서든 간에 고용되지 않는다면 그들의 능력이 소진되고 말기 때문에 여타의 자원처럼 비축해 둘 수가 없어서 각별한 관리가 요망된다.

⑤ 존엄성 : 인적자원은 생명이 없는 물질과 다르고 동물 가운데서도 만물의 영장으로서 존엄성(dignity)을 가지고 있다. 조직의 유효성과 능률증진을 위한 도구로 전락해서는 안 되며, 급속한 현대문명의 발전과정에서 상실된 인간성의 회복을 위해서도 인간 본연의 존엄성이 지켜져야 한다.

따라서 인적자원관리가 과거의 인적자원관리와 비교하여 지니는 가장 큰 차이점은 조직구성원을 조직경쟁력의 원천으로 인식한다는 점이다. 이는 비단 기업뿐만 아니라, 국가와 지역사회 등 거의 모든 조직영역에 해당된다.

2. 관광인적자원관리의 과정과 본질

관광기업에서의 관리란 기업의 목적을 효과적으로 달성하기 위해서 경영활동을 계획·지도·통제하고 모든 활동을 조정하는 행위를 의미하며, 관광기업의 활동은 경영목적 달성을 위한 인간집단의 활동으로 이루어질 때 조직체의 목적을 충분히 달성할 수 있다. 따라서 기업의 제활동을 통하여 경영목적을 달성하기 위한 종합관리와 각 부문활동 자체가 목적하는 바에 따라 원활하게 운용하기 위한 부문관리·현장서비스와 구매관리·회계관리·재무관리·인적자원관리로 구성되는데, 인적자원관리란 부문관리로서 종합관리에 포함되는 것으로서 경영체의 관리대상을 도식화하면 [그림 1－1]과 같다.

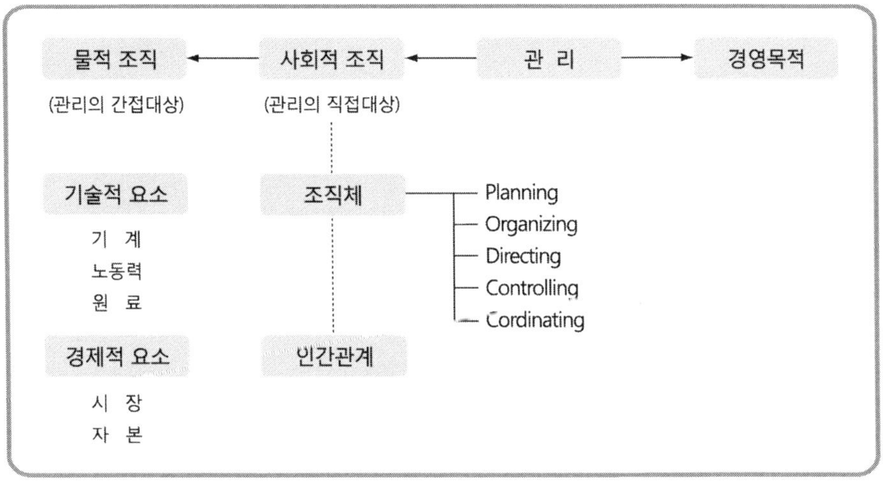

[그림 1–1] 경영체의 관리대상

부문관리인 인적자원관리란 사람을 대상으로 한 관리이며, 인간을 관리한다는 것은 인간의 개성존중과 능력개발, 그리고 종업원의 인간적인 만족이라는 점에서 타부문의 관리제도와는 다른 특징이 있다.

특히 인간은 다른 자원에서 볼 수 없는 여러 가지 능력, 즉 조정하고, 종합하고, 판단·상상하는 능력을 지니고 있다.

종업원을 공포심에 의하여 동기를 부여하기보다는 인간적으로 대우함으로써 노동의욕을 환기시킬 수 있어야 한다. 종업원은 공정한 임금이라는 경제적인 보수뿐만 아니라, 인간으로써 또는 복지국가의 일원으로써 존재하는 노동의 주체이다.

역사적으로 볼 때 인적자원관리에는 종업원의 노동력을 효율적으로 이용하는데 중점을 둔 노동력 유효이용설과 종업원의 협력관계에 중점을 협력관계 형성설의 두 가지 본질적인 학설이 있고, 최근에는 이 두 학설을 포함한 통합적 견해도 등장하고 있다.

인적자원관리는 관광기업의 목적을 달성하기 위한 경영활동의 유지・발전을

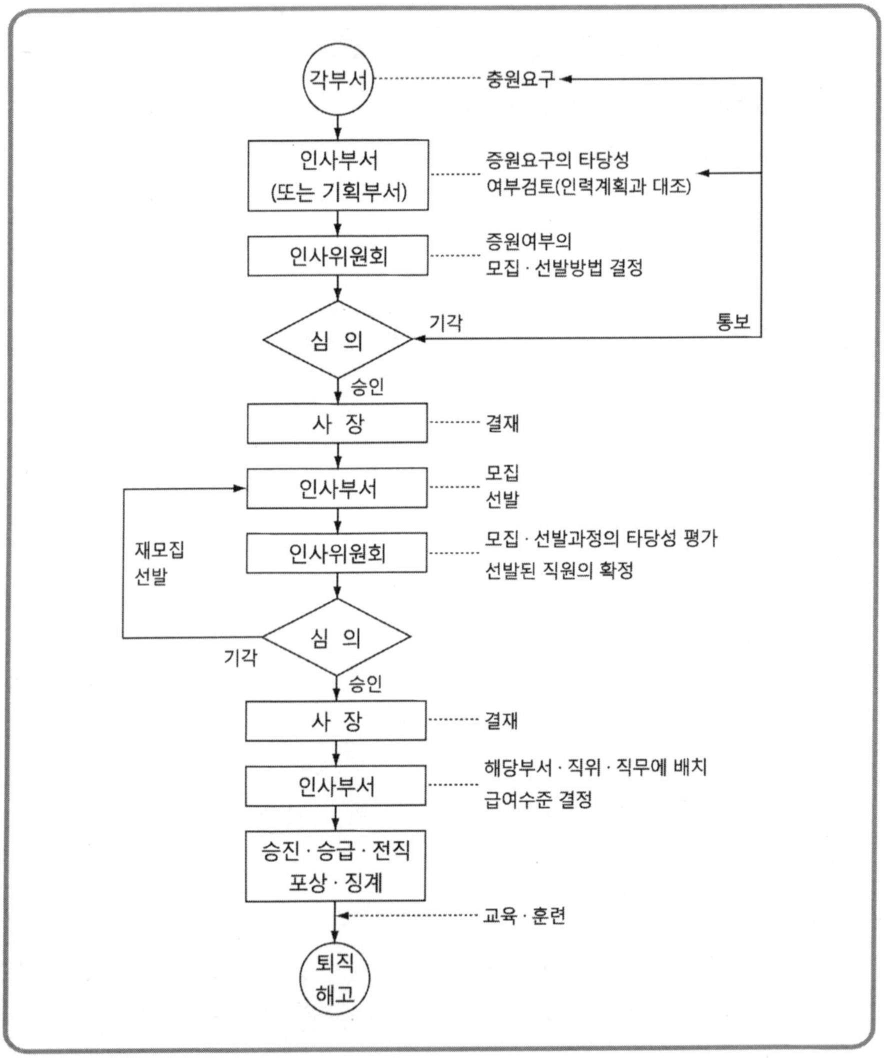

[그림 1-2] 충원부터 퇴직까지의 흐름도

기하기 위하여 종업원의 노동능력과 태도 등을 가장 적합한 상태로 유지하려는 일련의 종합적 시책이라 할 수 있다.

관광기업은 인간의 조직체로서 경영목적을 달성하기 위해서 각종의 직무를 명확하게 하고 이들 직무를 유기적으로 결합함으로써 직무 상호간의 전체적인 관련을 객관적으로 규정함과 아울러 각 직무에 적합한 사람을 편성하고 배치하는 활동과정이라고 할 수 있다.

이와 같은 활동과정을 도식화하면 [그림 1-2]와 같다.

인적자원관리의 기능은 관광기업 내의 관계를 관광기업의 목적에 합리적으로 구성하고 체계화에서 원활하게 운영하는 것이라고 하겠으며, 관광기업 내의 인간관계를 보면 종업원관계, 인간관계, 노사관계로 대별된다.

우선 종업원관계라는 것은 노동력을 가지고 있는 노동자와 노동력을 활용하여 관광기업을 운영하는 사람과의 관계로서 경영에 참여하고 있는 사람은 생산수단으로서 노동력을 최대한 효과적으로 활용하고자 한다. 경영에 참여하고 있는 사람과 종업원 간의 관계가 상·하의 주종관계에서 횡적 협력관계로 발전하고 있는 현대 관광기업은 지시가 아닌 협력으로 주어진 업무를 수행케 해야 한다.

인간관계에 있어서는 인간적 감정의 주체인 종업원은 고용계약에 의하여 노동력을 관광기업에 제공하고 대가로 임금을 받는 것만으로는 만족하지 않고 자신의 가치를 인정받고자 한다. 근로동기에 있어서도 물질적인 것보다 정신적인 것과 사회적인 것으로 변화되고 있음을 생각할 때 인적자원관리의 기능도 여기에 따라 행동과학적인 내용으로 정비·개선해 가게 된다.

그리고 노사관계에 있어서 경영진과 노동자는 노동력이라는 관광서비스 상품의 매매계약에 있어서 임금과 노동조건 등으로 구매자와 판매자라는 입장의 서로 대립적인 관계에 있다. 노동력을 가진 종업원은 노동력을 유리한 조건으로 팔려고 하며, 경영진은 관광서비스라는 특수성이 있기는 하지만 경제성의 원리에 따라 노동력을 값싸게 구입하려고 한다. 이와 같은 양자의 대립관계가 노사관계이다.

이와 같은 내용은 개략적으로 정리하면 <표 1-1>과 같다.

〈표 1-1〉 인적자원관리의 본질적 내용

인적 제관계	관계측면	임무 · 성격	목 적	원 리	관리내용
종업원 관계	노동력 (종업원)	직장의 직능상의 협동관계	노동력의 효율적 이용	능률화의 원리	① 인적자원노무조직 ② 고용배치 ③ 교육훈련 ④ 작업조건 ⑤ 임금 · 급여
인간관계	조직 및 사회 속의 인간	사회적 감정 · 의욕을 가진 인간의 상호관계	노동의욕이 만족 · 향상	인간화의 원리	⑥ 복리후생 ⑦ 의사소통 ⑧ 리더십 ⑨ 단체교섭
노사관계	임금 · 급여 노동자 (조합원)	노동조건의 결정을 둘러싼 경제적 대립관계	노사이해의 조정	민주화의 원리	⑩ 경영참가 ⑪ 노무계획 ⑫ 노무감사

그러므로 오늘날의 관광인적자원관리의 본질이라고 할 수 있는 것은 다음과 같은 사항을 담당하는 내용들이라 할 수 있다.

① 인적자원관리의 방침과 정책의 확립

② 종업원의 채용과 배치 및 이동 · 승진

③ 교육훈련

④ 인적자원조직과 작업방법의 관리

⑤ 욕구불만 및 노동의욕 향상과 관리

⑥ 인간성과 인간관계 정리

⑦ 노동시간관리와 임금관리

⑧ 안전 및 위생관리

⑨ 노사관계

이상과 같은 내용들은 담당하는 관광기업에 고용된 근로자의 관리로서 세 가지의 종합적인 존재, 즉 첫째, 생산요소의 특수한 노동력, 둘째, 경제사회 속에서의 사회적 인간, 셋째, 노동자는 임금을 받기 위해 노동력을 제공하는 임금노동자로서 고용주와 경제적으로 대립하고 있다. 그러므로 인적자원관리 목적에 합치되는 적절한 시책을 펴나가게 된다.

첫째, 생산요소로서 필요한 기기와 함께 일정한 노동이 생성하게 된다. 이때에 사용자는 업무에 가장 적당한 원동력을 선택하여 채용하는 것이 합리적인 채용관리라고 말하고 있다. 신규채용의 경우나 중도채용의 경우나 작업에 따른 지식과 기능을 가르쳐 몸에 숙달되도록 작업에서 필요로 하는 요건을 최대한 합치되도록 노동력을 배치하기 위한 합리적 시책을 배치관리라 할 수 있다. 또한 노동자의 능력신장을 위해 신장에 적합한 장소로 이동하거나 상급직책으로 승진토록 하는 것을 이동승진관리라 한다.

노동력은 일을 하는 능력이며, 정신적 힘과 이것을 지속시킬 수 있는 생리적인 힘을 가지고 있기 때문에 일정시간 노동을 하면 피로가 생기며, 일이 과도하면 과로가 되어 병이나 재해를 입게 된다. 또한 영업장 환경이 악화되어도 같은 현상을 초래하게 된다. 그러므로 노동력을 보존 내지 유지하기 위한 문제로써 안전과 위생관리가 필요하다.

이와 같은 노동력을 유효이용의 입장에서 관리해야 하므로 채용, 배치, 이동, 교육훈련, 안전, 위생 등의 일련의 관리체제를 인적자원관리의 본질이라 할 수 있다.

둘째, 경영사회에서의 인간관리와 인간관계관리이다. 인간이나 인격이라고 하는 것은 물재(物財)와 달라 감정과 사고력을 가지고 자신의 여러 가지 태도를 갖는다. 노동자는 상·하 횡적으로 사람과의 제관계 속에서 대인적 감정이나 태도를 갖는 사회적 존재인 것이다. 객관적 잠재노동력에 있어 그 능력을 어느 정도 발휘하는 것은 인간적 태도에 따라 결정된다. 특히 배치관리에 있어서 본인의 희망이나 흥미를 가능한 한 존중하고, 교육훈련에서도 본인의 개성과 능력에 맞는 훈련을 시키고, 임금체계에 대해서도 개인이 공정감을 가질 수 있도록 제도적 관리가 필요하다.

우리나라의 경우 1970년대부터 인간관계관리의 제제도(사원제안제도, 인적자원상담, 각종 간담회, 각종결정참가 등)에 종업원이 경영에 대한 태도를 좋게 하는데 영향을 주는 시책이 도입되었다. 이것은 노동자의 인간적 측면에 따른 제시책으로써 두 가지 의미를 갖는다. 제1은 노동력 발휘에 대한 태도이며(예 일에 대한 관심의 유무인 근로의욕), 제2는 경영과 종업원의 관계를 원활히 해서 경영의 사회질서의 유지와 원활화를 위한 시책이며, 이러한 시책은 노동자는 인간이며 사회적 인격을 가지고 있기 때문에 필연적이다.

셋째, 종업원은 노동력을 제공하고 임금을 받아 이것으로 자신의 생활을 유지하고자 하기 때문에 고용주 측에서 보면 인건비 지불요소로 보는 것이다. 이것은 현대산업사회에 있어 명확한 사실로서 임금을 비롯한 노동조건은 경제적 거래자로서 대립관계에 서게 된다. 노동자 측에서 노동조건에 크나큰 관심을 가지고 있다는 것을 인식하지 않으면 노사 간에 마찰을 피할 수가 없는 것이다. 노동조합의 유무에 관계없이 노사관계는 항상 존재하는 것이며, 안전과 원활화에 관한 시책이 경영사회의 안정과 유지에 대단히 중요하다.

3. 관광인적자원관리의 역사적 발전과정

보편적인 인적자원관리의 발전과정을 살펴보면, 그 내용이나 생각하는 방향이 시대나 나라에 따라 다르다. 그러나 역사적으로 볼 때 4단계의 발전과정을 거쳐왔다고 볼 수가 있다. 첫 단계는 전제적 인적자원관리, 둘째 단계는 친권주의적 인적자원관리, 셋째 단계는 근대인적자원관리, 넷째 단계는 현대인적자원관리이다. 앞의 첫째와 둘째 단계가 전근대적 관리라고 본다면, 그 이후의 셋째와 넷째 단계가 1920년대에서 현대까지의 시기로 구분된다. 따라서 이러한 시대적 배경과 내용의 특징을 살펴보면 다음과 같다.

1) 전제적 인적자원관리

유럽에서는 17세기 중반부터 19세기 중반까지 수십 명에서 수백 명의 노동력을 가진 공장과 광산이 발달하게 되었다. 그 당시에는 농민이나 도시의 하층민의 노동력이 과잉상태였으며, 노동조합이라는 것도 일부 기능공에 의한 기능공 조합밖에 없었으므로, 일부 남자기능공을 제외하고는 노동조건이 고용주에 의해 일방적으로 결정되었고, 다수의 노동자를 고용하고 있는 업체에서는 취업규칙이나 임금지불제도와 같은 것이 소극적이나마 고용주의 일방적인 고안(考案)으로 되어 있다.

그러나 이러한 것은 경험적인 것과 상식적인 것이었으며, 노동조건과 일방적이며 전제적으로 결정하여 저임금과 14~15시간 이상의 과노동시간, 그리고 감독방법에 있어서도 때로는 폭력을 쓰는 무지와 기아에 의한 관리가 있었다. 따라서 그 당시의 인적자원관리를 비과학적 · 비인도적 · 비계획적인 전제적 인적자원관리시대라고 보는 것이다.

2) 친권주의적 인적자원관리

1830년대 신흥부르조아가 노동자와 합세하여 귀족과 지주들을 타파하는 운동이 크게 전개된 배경에서 노동자계급의 지위가 약간 향상되었으며, 정부에서도 노동자보호를 위한 공장법을 제정(1833년에 12시간 노동제, 1847년에는 10시간제)하게 되었다. 그 후 19세기 후반부터 중공업혁명에 의한 노동자 증가에 따라 숙련공의 노동조합이 결성되어 종래의 전제적 인적자원관리가 어느 정도 변화를 일으켜 친권주의적 인적자원관리로 이행하게 되었다. 이러한 현상은 당시(19세기 후반부터 제1차 세계대전까지) 서구사회는 개인주의가 발달하기 시작했으며, 친권적인 가족주의가 잔존하여 대기업이라도 1,000명 이하의 종업원으로 구성된 것이 일반적이었기 때문에 경영에 친권주의의 기반을 어느 정도 구축하게 되었다. 그리하여 노동조합의 구성을 방지하기 위해 종업원과 의사소통을 위한 제도로서 공장위원회 같은 것을 만들고, 종업원의 대표제를 만들어 노동조건을 개선하거나 각종의 복지후생시설을 갖추게 하고, 종업원이 경영에 대하여 호의와 충성심을 갖도록 하였다.

친권주의의 출발은 19세기 초 로버트 오웬(Robert Owen, 영국의 일류방직공장의 총지배인)이었으며, 이러한 친권주의적 인적자원관리는 19세기 후반에 와서는 널리 확산되게 되었다. 이렇게 하여 19세기 후반부터 20세기초에 걸쳐 노사관계와 종업원관계를 원활하게 하기 위하여 친권주의적 제시책과 테일러(F.W. Taylor)에 의한 개인능률의 증진을 목표로 한 과학적 방법의 초기적 발달과 시기를 맞게 되었다.

3) 근대 인적자원관리

근대 인적자원관리는 1914~1918년에 있었던 제1차 세계대전으로 전세계에 경제적으로나 사회적·문화적으로 큰 변화가 오게 된데서 발전하게 되었다. 전근대적 인적자원관리의 상태에서 발전을 보게 된 3가지 원인 내지 조건으로서 첫째, 제1차 세계대전으로 인한 노동력 부족에서 노동능률의 협력 없이는 수행할 수 없다는 것을 인식하고 노동자의 권익을 위한 노동조합이 결성·발전하게 되었으며, 노동자계층의 사회적 지위가 향상되고 산업에 민주주의적 이념을 계기로 협력체제가 이루어졌다. 셋째, 테일러에 의해 창설된 과학적 관리의 이념이 전시의 계획적 생산의 필요로 유럽과 미국에 널리 보급되게 되었다. 이것은 노동자나 노동조합을 고용주와 대등한 인격과 상대로 보고 인정해 주는 것으로서 산업민주주의의 이념으로 보는 것이다.

4) 현대 인적자원관리

제1차 세계대전이 근대 인적자원관리를 탄생시켰으며, 제2차 세계대전 이후 여러 가지 사정이 근대 인적자원관리를 기반으로 하여 질적 발전을 해왔다. 따라서 이러한 발전에는 몇가지 요인을 들 수가 있다.

첫째는, 제2차 세계대전 후 공산주의권의 증가와 이것을 배경으로 한 노동자계층의 힘의 증대를 들 수 있다. 근대 인적자원관리의 경우도 산업민주주의의 이념으로 노사 간의 대등한 원칙의 확립을 기초로 해서 대립관계에서 노사 간의 이해를 단체교섭제도를 중심으로 조정해 나갔다. 제2차 세계대전 후 공산권의 팽창과 식민지의 독립으로 노동자계급의 힘이 증대하면서 단순히 대립자 간 이해조정뿐만 아니라 양자 간의 공통이익 목표를 추구하는 협력체제가 되었다.

둘째는, 새로운 과학적 합리주의의 이념이라고 할 수 있다. 이것은 인간부재 현상의 요인으로서 큰 피해를 낳게 되었다. 이에 따라 노동의욕이 저하되고 능률이 떨어지게 되었다. 그러나 전후 기술혁명시대라고 할 수 있는 1950년대부터 인간성과 개성을 주입한 새로운 과학적 합리주의 이념이 고조되면서 인간관계 연구나 1960년대 이후부터 행동과학을 도입하게 되었다. 이에 따라 새로운 리더십이나 모럴 혹은 동기부여 등이 노동생산성 향상에 크게 기여하게 되었다.

셋째는, 제2차 세계대전 후의 사상변화와 1950년대는 급속한 기술혁신과 소비혁명, 그리고 신제품개발이라고 하는 일련의 새로운 사태에 대비한 부문방침이 수립되어 새로운 변화에 대응해 나갔다.

넷째는, 1960년대에서 1970년대의 인적관리분야는 이 기간동안 많은 성장을 가져왔다. 정부는 오늘날까지 인적자원관리에 영향을 미치는 법안들을 통과시켰다. 이것들은 1960년대의 시민권리법을 포함시키고 1962년의 노동시간법, 1963년의 균등한 분배, 1964년의 시민권리법의 타이틀 VI를, 1969년에는 나이 차별에 대한 법률, 1970년대에는 산업안전건강법과 고용기회균등과 같은 것들을 통과시켰다.

행동과학은 감수성 훈련 학습에 의해 프로그램되어졌다. 컴퓨터의 혁신은 증가하는 업무량과 더불어 인적자원관리자의 업무량을 경감시켰다. 1960년대에 인적자원기능은 직원채용, 교육, 개발, 임금관리, 노동관계, 단체교섭, 피고용인 이익과 서비스 등으로 구성되었다.

인적자원관리 업무는 여전히 조직에서 다른 관리자에 비해 존경되지 않았으며 유사한 상황이 관광사업에서도 발견되었다. 인적자원부서는 다른 부서에서 필요할 때마다 직원을 채용해주는 기능으로만 여겨졌는데, 이 때 인적자원부서는 단지 자문역으로만 보여졌다. 인적자원관리자는 제안 추천만 하고 그들의 생각을 구성하는 힘이나 권위를 가지지 못했다.

관광인적자원담당자는 주로 직원모집, 신규직원면접, 실업보험청구 같은 다른 분야에서는 맡지 않는 듯한 그런 이상한 많은 일들을 책임지고 있다. 결과적으로 다른 산업분야에서 자기의 걸작품에 의해 즐거워하는 직업보다는 단지 서기의 상태인 경향이 많았다.

1970년대는 동기적 기술(motivational techniques), 조직개발, 정책개발을 포함하도록 인적자원기능을 확대했다. 또한 이러한 인적관리는 때때로 인적자원관리라는 말로 일컬어지기도 했다.

다섯째는, 1980년대에는 생산관리자와 인적관리자 사이의 차이점이 없어지고 목표의 공통성을 공유하였다.

인적관리자는 그들의 업무에서 노동력의 부족과 그들의 만족이 정말 중요한 것임을 인지했다. 인적자원 책임은 최전선 관리자의 업무로서 여겨졌다.

또한 이 때 관광기업조직의 인력부족이 예견되어졌다. 조직의 협력문화에 어울릴만한 인적자원을 선택하는 것이 아주 중요해졌다. 인적자원 책임을 맡고 있는 관리자는 그들이 선택한 사람들이 그들의 업무위치에서 성공할 수 있는 필요한 기술과 지식을 가지고 있는지 확인하는 것이 그들의 업무라고 인식했다. 경력은 관리의 작은 부분이 아니라 빈번하게 인적자원의 보유를 위한 장치로서 여겨졌다.

이때부터 인적자원관리자는 노동하고 있는 사람들을 단순히 피고용인으로 보는 게 아니라 인적자원으로 보기 시작했다.

1990년대에는 한국기업의 인적자원관리 변천과정으로 크게 3기로 구분할 수 있다. 제1기는 1987년 6·29선언 이후 노사분규의 양적 확대와 질적 변화의 영향으로 이어지는 1990년대 전반기(1990~1994)의 전환과 혼돈의 시기인 인적자원관리의 환경변화이고, 제2기는 전반기의 갈등과 대립의 혼란을 마무리하고 민주적 경제사회에 걸맞는 새로운 노사협력의 장을 열어 나가는 토대 위에 인적자원관리의 환경변화시기(1994~1997.9)이며, 제3기는 IMF체제를 당하여 한국기업의 구조조정 속에서 무차별한 실업자의 발생과 고용문제의 심각성을 시현하고 있는 시기(1997.10~현재)의 인적자원관리의 환경변화이다(김윤태, 2008 : 81~83).

(1) 제1기(1990~1994)

1987년 6·29민주화 선언 후 전지역·전업종으로 파급되는 동시다발적인 노사분규로 말미암아 과격한 양상을 띤 비합법적 쟁의형태 때문에 한국기업

대부분의 인적자원관리는 근로자들의 다양한 욕구에 맞는 인적자원관리로 변화되지 못하였다.

또한 노동조합운동이 화이트칼라 계층까지 확산되어 가고 있는 양상으로 나타나고, 분규의 지속시간도 10~19일간씩 장기화되고 있었다. 이에 인적자원관리로의 대응책은 무노동·무임금으로 변화되고, 신임금체계 도입의 필요성과 연공서열제에서 능력급 임금제로의 변천의 필요성이 대두되는 시기로서, 특히 1992년 문민정부의 출발로 이제까지의 군사독재체제의 임금체계가 자율과 노사화합을 우선으로 하는 새로운 인적자원관리체계로 바뀌어 가는 시기였다. 그러나 여전히 임금 인상은 노사분규의 쟁점으로 부각되었으며, 주 44시간 노동과 각종 수당요구 등이 증가하고 있었다.

(2) 제2기(1994~1997.9)

한국기업의 인적자원관리정책의 새로운 국면을 맞는 시기이었다. 대부분의 기업이 신인적자원관리제도를 경쟁이나 하듯이 도입하고, 과거의 정실인적자원관리에서 벗어난 능력주의 인적자원관리제도를 도입하는 선언을 하고 있었기 때문이다. 과거의 연공주의는 평가조차 해 보지 않고 나쁜 제도로 몰아부치는 인적자원관리 풍토가 우리 기업에 만연하였다. 심지어 학계, 교육·훈련연수기관조차 일제히 신인적자원관리가 능력주의처럼 인식하게 되어 연공주의는 후진국 인적자원관리제도이고, 능력주의는 선진국 인적자원관리제도처럼 전달되어, 특히 대기업에서는 능력주의 인적자원관리를 모두 받아들이겠다고 장담하고 있었다.

그러나 직무중심의 이러한 인적자원관리제도는 실시과정에서 사람중심이 되었고, 채용과 모집 및 승진분야에서 여전히 학력중심의 인적자원관리제도를 벗어나지 못하고 연공중심의 학력·경력·근속년수를 무시 못하는 연공인적자원제도를 보편화시키고 있어, 이 시기의 한국기업의 신인적자원관리의 도입은 철저한 혼란기를 맞는다.

(3) 제3기(1997.10~현재)

IMF체제를 당하여 한국기업의 인적자원관리제도는 방향을 잃어버리면서 명예퇴직·조기퇴직·구조조정 등으로 인한 실업자 양산과 고비용·저효율이라는 구조가 가미되어 고용불안의 대량실업을 당하게 된다. 따라서 기업의 인적자원관리제도만 가지고 풀지 못하는 경영위기 극복의 새로운 인적자원관리 형태가 요청되고 있었다. 인적자원관리제도와 인적자원관리 규칙은 있는데, 실제로는 적용이 안되는 사문화된 유명무실한 인적자원관리의 규칙과 제도가 한국기업의 구조조정 인적자원관리제도로 나타났다.

이러한 시기에 일부 기업에서는 구조조정 인적자원관리의 일환으로서 연봉제의 도입강행과 명퇴·조기퇴직 등과 같은 퇴직관리제도가 활발하게 실시되었다. 그러나 이는 노사분규의 불씨가 되는 등 한국기업의 인적자원관리제도는 각종 제도와 형식, 그리고 관행이 혼재되어 시대적으로 요청하는 합리적인 선진국형 인적자원관리제도로 자리잡지 못하였고, 이 후 현재까지 인적자원관리 부재 및 급격한 혼란의 시대를 맞고 있다.

이상과 같이 인적자원관리는 공장제도의 성립과 함께 필요에 의해 발생되었으나, 이것이 선진제국의 각기 다른 사회적·기술적·경제적 변화에 적응하여 오늘날 새로이 특징지을 수 있는 관광인적자원관리로 정착되었다고 할 수 있다.

다른 한편으로는 인적자원관리의 역사적 발전과정을 ① 산업혁명시대, ② 과학적 관리시대, ③ 인간관계론시대, ④ 행동과학시대로 구분하여 설명하고 있다. 이에 대한 내용을 간략하게 살펴보면 <표 1-2>와 같다.

〈표 1-2〉 인적자원관리의 역사적 발전과정

구 분	내 용
산업혁명시대 (18세기 말~19세기 초)	영국을 중심으로 생산과정에 도구에 대신하여 기계를 사용하기 시작
과학적 관리시대	① 미국의 테일러(1856~1914년)가 과업관리를 제창, 노동시간과 작업방법을 과학화하고 임금제도를 도입 ② 미국의 헨리 포드(1863~1947년)에 의해 제창된 동시관리
인간관계론시대	이 시기(1930년대~제2차 세계대전) 미국에 있어서 인적자원관리에 대한 근본적인 반성을 촉구 ① 메이요 일파의 인간관계론(1933년) : 호손 실험공장에서 행한 면접에서 인간성을 고려한 작업능률 실험 ② 대공황을 극복하기 위한 뉴딜정책 중 노동조합을 법적으로 승인하는 Wagner Act(단결권, 단체교섭권, 쟁의권) 제정
행동과학시대	산업혁명시대와 인간관계론 시대의 ①, ②의 단점을 부정하면서 보완책으로, 즉 인간행동을 환경조건에 따라 종합적이면서도 과학적인 연구가 필요해짐에 따라 대두된 것임.

4. 관광인적자원관리의 역사적 발전과정

경영의 자원은 물적자원(material resource)과 재무적자원(financial resource), 그리고 인적자원(human resource)으로 구분된다. 이 중에서 모든 자원이 중요하지만, 특히 인적자원의 중요성이 강조되는 이유는 물적자원의 개발과 창출, 그리고 재무적 요소의 조달과 축적은 인간중심적 차원에서 이루어지기 때문이다. 이러한 인적자원은 고용관계를 형성하는 일련의 통합적 의사결정으로 정의되므로 통합적 개념과 유효성, 효율성, 형평성, 그리고 자산으로써 인적자원의 중요성을 아래와 같은 이유에서 찾아 볼 수 있겠다(권용만 외 1인, 2008 : 12~14).

1) 통합적 의사결정의 중요성

인적자원관리과정에서의 의사결정내용은 작업구조에 관한 결정과 충원결정, 훈련개발의 결정, 종업원관계에 관한 결정으로 요약된다. 그러나 이러한 의사결정은 개별적으로 결정될 수 없다. 오직 조직의 전반적인 차원에서 통합적 의사결정에 따라 결정되지 않으면 조직의 효율을 기대하기 어렵다. 즉 종업원의 선발과 훈련, 보상, 지원 등의 문제를 통합하는 차원에서 의사결정을 해야 효과적인 인적자원관리가 가능하다. 물론 어떠한 프로그램도 독립적으로 존재할 수 없기 때문에, 전반적인 조직의 목표를 달성하기 위해서 인적자원관리의 제반 프로그램은 통합적 의사결정의 필수요건으로 제기된다.

2) 의사결정에서의 유효성 확보의 중요성

인적자원관리에서 의사결정의 유효성을 확보하는 일은 매우 중요하다. 모든 의사결정의 내용은 능률향상과 형평성을 전제로 다양한 피드백과정을 거쳐야 유효성을 확보하게 된다. 즉 유효성을 확보하는 수단으로는, 첫째, 조직의 부가가치를 증대시킬 수 있는 의사결정으로 조직의 효과성을 확보하고, 둘째, 투입과 산출(input-output)과정에서 투입을 최소화시키고 산출을 극대화시켜 효율성을 확보해야 하고, 셋째, 의사결정의 절차와 공정성을 중시하는 과정에서 형평성을 찾아야 하며, 넷째, 의사결정원칙에 따른 다양한 정보와 정확한 결정요소의 초점을 찾아 종합하는 일이다. 이러한 과정을 통해 의사결정이 이루어지면 결정의 유효성을 확보할 수 있고, 형평성이 유지된다.

3) 효율성과 형평성 통합의 중요성

인적자원관리과정에서 효율성과 형평성은 상호 연관되기도 하고, 경우에 따라 충돌을 일으키기도 한다. 정책이나 제도가 종업원에게 공정하다고 인정되면 기꺼이 수용되어 효율성과 형평성의 통합이 가능하다. 즉 종업원들이 공정한 대우를 받고 있다고 인정하면 정책과 제도가 수용되어, 효율성과 형평성이 통합을 이루게 된다. 그러나 효율성과 형평성이 충돌될 때에는 정책이나 제도가 과소평가되고, 불공정성을 느끼게 되어 통합의 중요성을 잃게 된다. 따라서 조직에 생산성과 생동감을 불어넣기 위해서는 인적자원관리의 효율성과 형평성의 통합이 중요하다.

4) 자산으로서 인적자원의 중요성

조직은 인적자원을 중심으로 경영과정이 계획되고 수행되며 평가되고 있다. 최근 들어, 기업의 가치(유형자산가치 + 무형자산)에서 무형자산가치의 비중이 증대되고 있으며, 이러한 무형자산(지적 자산)은 새로운 기업가치창출의 원동력이 되고 있다. 즉 인적자원은 대표적인 무형자산으로서 혁신을 통한 부가가치창출과정의 주체로서 역할을 수행한다.

또 관리과정적인 측면에서 정보는 의사결정의 필수적인 요소이면서, 의사결정을 보다 체계적이고 합리적으로 지원하여 의사결정을 효율적으로 만든다. 이러한 효과성과 정보의 창출과 전달과정의 주역은 인적자원이다. 따라서 인적자원의 질적 향상은 조직의 경쟁력을 결정하는 요소이므로 자산으로서의 중요성이 강조된다.

5. 관광인적자원정책을 결정 짓는 요소

관광조직의 전략, 사명 및 조직구조에 의해 정의된 인적자원관리시스템을 설정하기 위해 우선 인적자원관리의 기본방향을 결정하는 인적자원정책이 필요하다. 인적자원정책이란 관광기업의 전략적 목표와 일치하게끔 일상적·집행적 인적자원관리를 수립하고 집행하여 나가는 지표이다. 다시 말하면, 종업원에 대한 가정을 어떻게 하느냐 하는 관광기업의 인적자원철학인 것이다. 인적자원정책을 결정짓는 구성요소를 살펴보면 다음과 같다.

1) 고용관계에 대한 가정(假定)

기본적인 인적자원정책과 관련하여 조직과 종업원 사이에 어떠한 고용관계가 맺어져 있느냐 하는 것이다. 즉 종업원이 일한 만큼 보상을 받고, 조직은 그에 상응하는 것 이외에는 전혀 관심을 기울이지 않는 물리적 · 경제적 고용관계까지 다양하게 전개될 수 있다. 현대조직 내에서 고용, 직업, 직무의 의미는 물리적 · 경제적 관계 중심에서 심리적 역할까지를 포함하는 고용관계를 강조하는 경향이다. 다시 말하면, 종업원이 직업생활을 함에 있어서 심리적 성취감을 느낄 수 있도록 인적자원정책의 방향을 수립하여야 한다는 것이다.

2) 의사결정에의 참여 정도

인적자원관리기능에 관련된 의사결정과정에서 인적자원담당자들의 참여도가 얼마나 되느냐의 지표로서 조직 내 의사결정권한의 공유 정도를 나타낸다. 이는 크게 하향식 방법과 상향식 방법으로 구별될 수 있는데, 인적자원 의사결정이 중앙집권식이냐 분권식이냐를 결정하는 것이다.

3) 내부 · 외부 노동시장

인력의 전략적 배치를 조직 내부에서 조달하느냐, 혹은 전략적 필요에 따라 외부 노동시장에 의존할 것인가의 결정을 말한다. 내부 노동시장을 선호하는 방법으로서 종업원 개발, 인재육성에 초점을 두고 내부투자에 역점을 두는 인적자원정책이다. 반면에, 급격한 성장에 직면한 관광기업이나 비 관련산업으로 다각화하는 조직에서는 주로 외부 노동시장에 인력조달을 의존하는 인적자원정책을 채택하게 되는데, 이러한 조직의 인적자원관리기능은 강력한 모집선발기능이 있는 반면, 육성 · 개발계획은 미진하다.

4) 개인 대 집단의 업적

관광조직이 개인에 대한 업적평가나 보상을 하는 경우 개인 간 경쟁을 강조하여 개인의 창의력이나 경쟁력을 조장하느냐, 혹은 집단업적을 더 강조하느냐의 여부를 결정하는 인적자원방향을 말한다. 이는 조직 내에서 업무수행방법이나 조직분위기를 결정하는 조직문화의 기본특성을 나타내기도 하는데, 어떠한 인적자원정책을 갖느냐에 따라 조직전체의 문화를 결정하는 데 중요한 역할을 한다. 대부분의 조직은 적당한 절충식을 쓰기도 한다.

앞에서 언급한 바 있는 4가지 인적자원관리의 기본방향이 정해지면 이를 기초로 한 조직의 유기적 인적자원관리제도모형이 결정된다. [그림 1-3]의 모형이 바로 조직의 인적자원시스템을 나타낸 것이다. [그림 1-3]에서 보는 바와 같이 전략적 인적자원관리란 인적자원기능 내 4대 활동이 서로 유기적으로 관련되어 조직의 기본전략 아래 정의된 구조 내에서 상호 관련성을 가지며, 조직적·합리적으로 움직이는 과학적 구조이다.

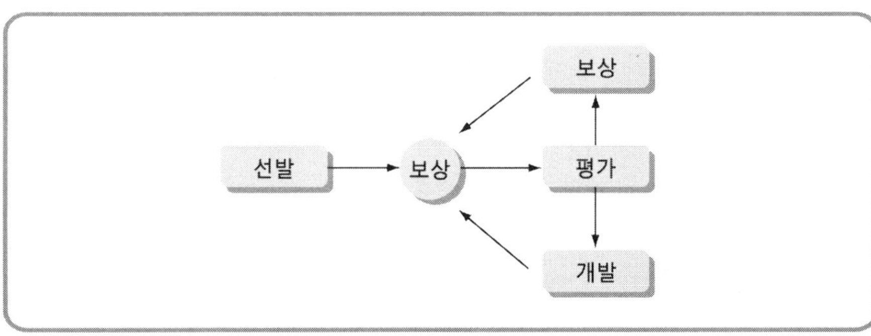

[그림 1-3] 조직의 인적자원관리시스템

전략관리는 조직 내 여러 차원에서 서로 다른 업무를 수행하며 전체 조직목표 또는 전략에서 구심점을 같이 한다. 조직계층상 차원을 구분하여 보면 <표 1-3>과 [그림 1-4]와 같다.

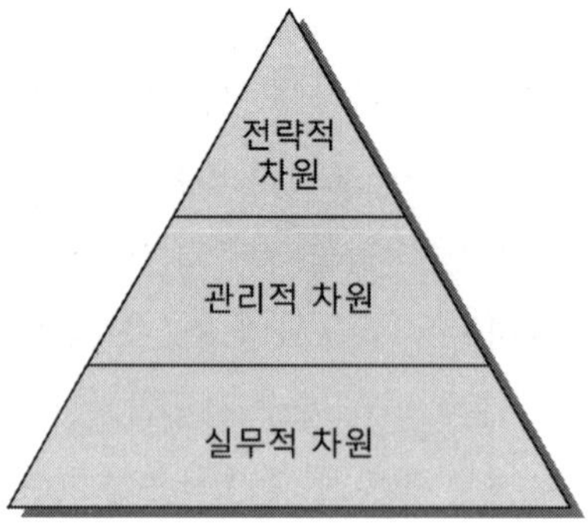

[그림 1-4] 조직의 전략적 차원분석

〈표 1-3〉 인적자원관리 활동과 관리차원

전략적 차원	• 장기적으로 관광기업 운영에 필요한 종업원들의 특성을 파악 • 미래를 반영하여 내적·외적 시스템을 변경	• 장기적인 평가대상의 발굴 • 미래의 항목들을 평가할 방법을 개발한다. • 잠재력 있는 종업원의 조기발견	• 장기적인 전략에 연결시켜서 임금시스템을 개발 • 장기적인 전략에서 종업원 보상제도의 검토	• 미래 관광기업을 이끌어 갈 종업원 개발계획 • 변화에 적응할 수 있는 유동성 있는 훈련시스템 • 장기적인 경력경로의 개발
관리적 차원	• 선발기법의 장기적 신뢰도 개발 • 모집마케팅 • 개혁의 개발 • 새로운시장의 개발	• 현재의 잠재력과 미래의 능력을 연결시키는 신뢰성 있는 고과시스템의 개발 • 평가센터	• 개인들에 대한 5년간의 임금계획 수립 • 카페테리아식의 복지제도	• 일반관리자 개발프로그램 • 조직개발 • 자기개발의 장려 • CDP 개발
실무적 차원	• 인력수급계획 • 모집계획 • 선발에 관한 일상적 점검시스템	• 1년 또는 더 단기의 고과시스템 • 일상적 통제시스템	• 임금관리 • 일련의 후생복지 프로그램	• 전문적인 실무기술의 훈련 • O.J.T

[그림 1-4]에서 보는 바와 같이 각 차원에서 담당하는 업무를 보면 다음과 같다.

① 전략적 차원 : 정책결정, 전체 목표설정, 기업환경과의 조화
② 관리적 차원 : 전략집행을 위한 자원분배, 전략사업부(strategic business unit) 내의 기술, 자본, 정보, 인력자원 결정
③ 실무적 차원 : 조직의 일상업무 수행

이러한 3가지 차원에서 조직의 전략은 수행되고 조직목표는 달성될 수 있다. 이러한 과정에서 인력자원의 역할과 기능은 인적자원시스템 모델 내에서 <표 1-3>과 같이 요약 · 정리할 수 있다.

6. 관광인적자원관리의 목표

관광기업은 대내외적인 환경변화에 대처해 가며 영속하기 위해 환경조건에 적합하게 경영 목적을 변경할 필요가 있다. 이와 같은 환경 적응 활동의 경영목적의 적절성이 높아지는데, 보편적으로 적절성이 높은 경영목적은 [그림 1-5]와 같은 적응성 있는 경영행동을 유발할 수 있다.

경영목적을 달성하기 위해서는 구체적인 경영목표가 필요한데, 경영목표를 수립함에 있어, 달성과정, 즉 수준은 두 가지 원리로 요약할 수 있다.

1) 극대화 원리

최대화 원리 또는 최적화 원리라고도 하며, 이는 경영목표의 달성도가 높으면 높을수록 좋고, 목표의 무한한 높이를 찾아 지칠 줄 모르는 것이어야 한다는 것이다. 이 때 무한한 높이라는 것은 특정상황 속에서 가능한 최고의 수준, 즉 달성도를 가리키는 현실적 내용의 최적화 원리이다.

과거경영		미래경영
내실있는 성장과 발전으로 경쟁기반 구축 (경영체질 혁신 → 질적 경쟁력 강화)	기본방향	21세기 일류기업 달성을 위한 경쟁력 확충 (질적 경쟁력 + 양적확대)
경영자 중심	주 체	조직 중심
추진 실적 ① 경영이념 재정립을 통한 의식개혁 ② 우수인력의 확보 및 조직 정비 · 인력 : 전문화, 고급화, 성력화 · 조직 : 전문화, matrix화 ③ 제품전략의 변신 · 소품종 대량생산판매 · cost경쟁력 극대화 ④ 자산운용효율의 극대화 ⑤ 수익구조의 개선		**추진 목표** ① 기술능력의 혁신적 향상 · 기업문화의 전략 자원화 · 인적자원 활용 극대화 · 경쟁우위의 품질 확보 · 경쟁우위의 수익력 · 고객만족 및 대내외 서비스 향상 · 통합정보 시스템 구축 · 최적물류 시스템 구축 · 복지 · 환경 개선 ② 질적 경쟁력 지속 ③ 양적 확대 · 기존산업분야의 전문화 및 생산능력 확충 · 체인기업 건설 · 새로운 사업 진출

향후의 경영 환경

대변혁의 시대
- 불확실성
- 개방화 촉진
- 새로운 생산 · 영업방법 출현
- 개로운 소비문화(의식) 출현
- 정보의 경쟁요소화
- 새로운 경쟁변수 출현

우리의 과제

- 질(質)은 알차게, 양(量)은 크게
- 전문화, 복합화, 다각화

우리의 현실

- 무체급(無體級), 무한(無限) 경쟁
- 질(質)은 좋으나, 양(量)은 미흡

[그림 1-5] 경영목적 : 철저한 능력주의를 바탕으로 한 인본복지기업의 구현

2) 만족화 원리

특정의 바람직한 도달수준을 마련한 경영목표를 설정하고, 이에 도달할 때는 바람직한 것으로서 만족하고, 이에 도달하지 못한 때는 불만족한 것으로서 피드백 콘트롤(feedback control)을 한다.

따라서 관광기업의 경영목표는 ① 인적자원관리의 효율화, ② 마케팅홍보관리의 효율화, ③ 재무관리의 정당화, ④ 관광서비스의 질적 향상, ⑤ 수익의 증대 등으로 요약할 수 있다.

이와 같은 대전제조건 속에서 부문목표인 관광기업의 목표란 재화와 용역을 통하여 사회대중을 위해 생활의 수준을 창조해 주고(delivery of a standard of living), 그 반대급부로서의 이윤을 획득하는 것을 말하고, 개인의 인간적 만족이란 조직생활에의 참여와 노력의 제공을 통해서 그가 보다 높은 수준의 근로작업생활의 질(quality of work life; QWL)을 향유하는 것을 뜻한다. 이들 목표를 보다 유효하게 실천할 수 있도록 조직은 유능한 인적경영자원을 확보하고 또 이를 유지시킴은 물론, 그들이 가진 잠재적 능력을 개발 활용함으로써 조직의 성장과 개인의 성장을 동시에 기할 수 있도록 하여야 한다. 경영에 있어서 사람의 관리라 할 인적자원관리는 '사람을 보는 눈', '사람을 기르는 눈' 그리고 '사람을 스스로 움직이도록 하는 눈'을 갖지 못할 때 그 관리적 효과는 기대할 수 없기 때문이다. 그리고 이상의 제활동이 보다 효과적으로 실행되어질 수 있도록 조직에 있어서의 인적자원관리기능은 보다 잘 계획되고, 그것에 기초하여 집행되며 통제되지 않으면 안 된다. 이것은 [그림 1-6]과 같다(김석희, 1989 : 23~24).

인적자원관리는 인적자원을 확보해 유지하고 이를 개발하여 활용함으로써 관광기업이 가진 목표-성취와, 성원의 목표-만족을 보다 잘 실현하려는 데 그 주요 목표를 둔다.

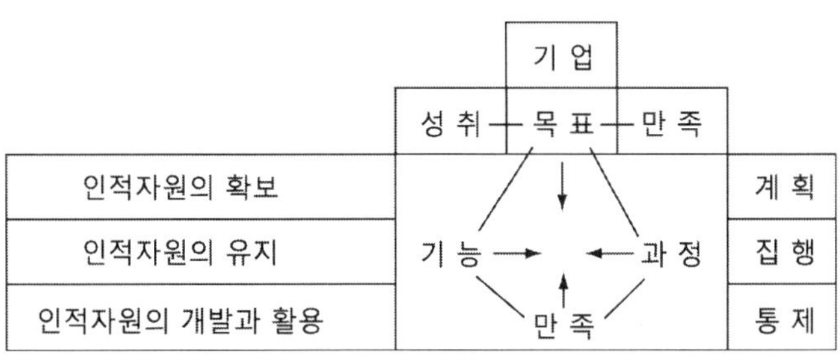

자료 : 김석희, 상게서, pp. 22~24.

[그림 1-6] 인적자원관리에 관한 시스템적 접근

관광기업이 갖는 목표는 관리적 유효성의 실현, 다시 말해서 구성원들이 이룩하는 높은 성취, 곧 관광서비스 향상과 구성원 자신들이 느끼는 직무만족을 둘 다 확보하는 데에 있기 때문이다.

이 경우 인적자원관리기능을 중심으로 유효성의 개선을 도모하기 위하여 이들 인적자원관리기능은 일정한 구조에 의하여 관리되어야 한다. 관리란 관리의 과정을 의미하고 그것은 계획과 집행 그리고 통제로서 이루어진다. 따라서 인적자원관리의 총체적 성과를 기하기 위하여 그것은 목표, 기능, 그리고 구조 중심으로 하나의 시스템으로서 통합될 수 있어야 한다.

기업가나 최고경영자의 입장에서 보면 인적자원관리의 목적은 조직의 목적이 아니고 조직의 목적을 달성하는데 필요한 하나의 수단에 불과하다. 그러므로 인적자원관리의 목적과 조직의 목적은 서로 수단-목적이라는 상호관계가 성립된다.

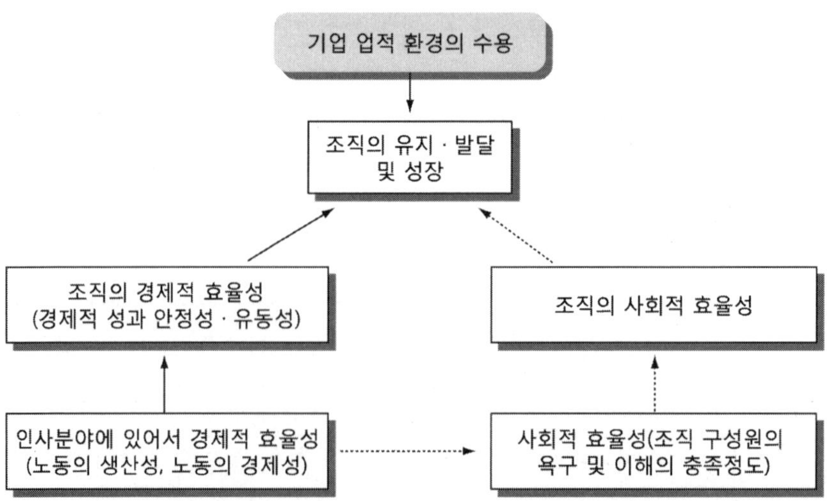

자료 : 조해균, 인사관리론, 형설출판사, 1988, p. 61.

[그림 1-7] 조직의 목표체계에서 인적자원관리의 목표

그러나 이와는 반대로 종업원의 입장에서 보면 인적자원관리의 목적, 특히 사회적 효율성이라는 목적은 조직이 당연히 이행해 주어야 하는 그러한 목적이다. [그림 1－7]에서는 인적자원관리의 목적이 조직의 목표체계 가운데서 가지는 연관성을 제시하여 주고 있다.

조직의 유지·발전 및 성장이라는 상위목적은 조직의 협동당사자들이 조직에서 그들이 추구하려는 목적을 실현할 수 있는 필요한 전제조건이 된다. 특히 조직을 유지하려는 목적은 모든 협동당사자들이 추구하지 않으면 아니되는 그러한 목적이라고 할 수 있다.

7. 인적자원기능의 변화와 관리자의 역할

1) 인적자원기능의 변화

조직이 조직재편과 인력감축을 통해 환경변화에 민감하게 대처하려는 자생적인 노력들과 더불어 예전과 다른 두드러진 경영활동이 바로 인적자원기능의 변화이다. 조직의 인적자원기능 변화를 관찰하면 다음과 같은 현상이 일어나고 있다(이진규, 2001 : 9～10).

첫째, 인적자원기능의 많은 부분이 최고경영자의 몫으로 옮겨가고 있다. 최근 일어나는 구조조정, 퇴출인원 정리, 능력주의 연봉제 실시, 조직구조의 변화, 인수·합병, 새로운 노사관계 정립 등 최근의 많은 문제들이 전략적 사안으로 대두되고 있어 더 이상 인적자원담당자의 결정권이 아니라 최고경영자의 의사결정사안이 되고 있다.

둘째, 인적자원기능의 많은 부분들이 실무관리자(line)들의 몫이 되고 있다. 과거 전통적인 인적자원담당자의 스탭(staff) 업무들이 조직의 현장 밀착관리의 영향으로 인적자원담당자로부터 차츰 실무관리자들에게로 옮겨가고 있다. 예를 들면, 종업원 성과 평가, 인력모집과 선발, 종업원 훈련과 개발, 노사관계 등 현장중심의 인적자원관리가 실행됨에 따라 정통적 인적자원업무가 일선 관리자의 주요 업무로 이관되고 있다.

셋째, 최근 조직이 핵심역량을 제외한 나머지, 즉 대외경쟁력이 없는 기능을 외주화하거나 분사형태로 분리하고 있는 것과 더불어 인적자원기능 역시 주요 부문이 경제적 효율성을 위해 외주화되고 있다. 대표적으로 인적자원전문용역 회사들에게 교육훈련기능을 위탁하는 것은 물론 인력충원, 성과평가 및 보상 등 많은 인적자원기능을 전문성과 경제성을 이유로 외부전문기관에 의뢰하고 있다.

마지막으로, 인적자원기능의 많은 부문이 자동화 및 전산화되고 있다. 인적자원정보시스템은 대표적인 경우로 종업원 모집과 선발에서 시작하여 각종 인적자원기록을 전산처리하여 보존·활용하고 있다. 고도의 기술발달이 인적자원관리활동을 전산화시킴은 물론이고 심지어 간단한 인적자원관련 의사결정도 컴퓨터가 대신하고 있다.

이와 같이 전통적 인적자원기능은 점차 역할을 달리하거나 사라지게 되므로, 미래조직 경영자들은 새로운 인적자원기능의 역할을 운영해야 한다.

조직의 대형화에 따라 과거의 중앙통제적 인적자원관리 관행이 사라지고 현장 인적자원관리의 새로운 관리기법이 등장했다고 할 수 있다.

따라서 일선조직의 관리감독자는 인적자원관리자로서의 역할을 수행하게 되고 모든 관리자가 인적자원담당자가 되어가는 것이다. 이른바 현장 인적자원관리가 이루어지고 있는 것이다.

2) 인적자원관리자의 역할

오늘날 관광기업조직에서 인적자원관리책임을 맡고 있는 관리자는 전략적인 계획수립에 참여하고 재정과 관계된 문서를 이해하고, 그들이 수행하는 일들의 최종결론에 참여할 수 있으며, 이제는 많은 관광기업조직에서 인적자원관리자는 상위관리팀의 부분이다.

인적자원관리자의 역할이 사회적이라는 인식이 생겼다. 노동력에 새로운 요구는 다른 여러 가지 분야의 반응을 요구한다. 우리 사회의 변화하는 인구통계는 근무시간 자유선택제, 업무공유, 육아, 유동이익, 피고용인 상담 같은 새로운 프로그램의 필요를 만들었다. 재배치의 효과는 과거보다도 좀더 사려 깊게 여겨졌다.

새로운 세기의 전환을 기다리고 있을 때 관광산업과 각계의 리더들은 인적자원분야에서 수많은 도전과 기회에 직면하고 있다.

인적자원관리자는 모든 부서에 종속적이다. 예를 들어, 호텔식음료분야의 관리자에게 당신이 수행하는 인적자원기능은 종업원의 트레이닝이며, 프론트 데스크에 있어서 당신은 채용한 종업원을 훈련시키고 업무를 평가하며, 초보자에게 기술을 지도하는 책임을 가지고 있다.

거대한 관광기업회사의 신입사원으로서 인적자원 매니저라면 당신의 인적자원기능은 신입사원모집과 선택에만 한정될 수도 있다. 그러나 당신이 작은 회사로 갈 때에는 모든 분야의 책임과 일을 하게 된다. 인적자원관리책임자로서 회계담당자, 마케팅담당자, 디자이너, 메뉴계획가, 구매자 등등의 업무를 수행해야 한다.

따라서 당신이 무슨 직업을 가지고 있든지 간에 단순한 인적자원관리자가 아니라 인적자원책임을 맡고 있는 책임자처럼 생각하는 자세가 중요하다.

따라서 오늘날 관광기업관리자의 세계는 변화하는 인구통계학적인 원인으로 더 복잡해지고 있다.

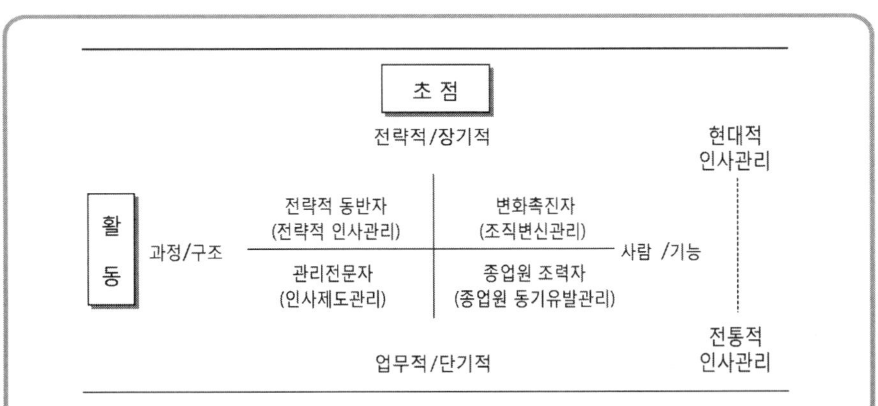

[그림 1-8] 경쟁력 있는 조직을 위한 인적자원관리자의 역할

궁극적으로 인적자원관리자의 역할은 두개의 축에 의해 네 가지 기본적인 인적자원을 담당하는 역할모형이 도출된다[그림 1-8 참조](최종태. 2003 : 94~95).

첫째는 전략적 동반자(strategic partner)로서의 전략적 인적자원관리, 둘째는 관리전문가(administrative expert)로서의 기업인적자원제도관리, 셋째는 종업원조력자(employee champion)로서의 종업원 동기유발 촉진, 마지막으로 변화촉진자(change agent)로서의 조직변신의 관리가 그것이다. 이를테면 인적자원관리의 초점에 '전략적/장기적'일 경우 그의 활동이 '과정/구조'에 치중하게 되면 전략적·인적자원관리를 담당하는 전략적 동반자의 역할이 되며, '사람/기능'에 치중하게 되면 조직변신관리를 담당하는 변화촉진자의 역할이 된다. 또한 초점이 '업무적/단기적'일 경우, 그의 활동이 '과정/구조'에 치중하게 되면 인적자원제도관리를 담당하는 관리전문가의 역할이 되며, '사람/기능'에 치중하게 되면 종업원 동기유발관리를 담당하는 종업원 조력자의 역할을 한다.

〈표 1-4〉 인적자원담당자의 역할

역 할	기 능	활 동	결과/성과
전략적 동반자 (전략적 인적자원관리)	전략적 인적자원관리	• 인적자원관리를 기업의 전략에 일치시킴. • 사업전략에 부합된 인적자원의 확립	전략의 실현
관리전문가 (인적자원제도관리)	제도구축관리	• 조직의 프로세스와 제도에 대한 리엔지니어링 • 조직의 재설계	제도적 하부구조 구축 및 효율화
종업원 조력자 (종업원 동기유발관리)	종업원 상호작용관리	• 종업원 간의 상호작용 • 종업원의 니드를 파악하여 지원책을 강구함.	종업원 동기유발 및 자질향상
변화촉진자 (조직변신관리)	변화촉진관리 (변신관리)	• 변신 및 변화를 관리함. • 변화에 대한 적응과 수용 촉진	유효성 제고를 위한 새로운 조직 형성

전통적 인적자원관리에서는 업무적/단기적 초점에 둔 인적자원관리를 인적

자원담당자의 중심역할로 삼아왔다. 즉 관리전문가로서 인적자원제도관리와 종업원 조력자로서 구성원의 동기부여를 유도할 수 있는 관리에 중점을 두었다. 그러나 현대 인적자원관리에서는 이러한 업무적 차원의 역할도 중요하지만, 그에 못지 않게 전략적 차원의 역할 중요성을 한층 더 강조하고 있다. 이를테면 전략적 동반자로서 전략적인 인적자원관리와 변화촉진자로서 조직변신관리의 중요성을 더 한층 강조하고 있다. 각각의 역할에 따른 기능, 활동, 기대결과를 <표 1－4>와 같이 요약할 수 있다.

인사담당자가 아닌 인적자원전문가의 시대로

인적자원담당자		⇒	인적자원전문가	
추종자 (follower)	타기능의 의사결정을 뒷받침하기 위한 지원역할 지향	⇒	리더 (leader)	타기능의 변화를 촉진하여 타기능의 역량을 배가하는 역할 지향
사후반응자 (reactive)	변화가 일어난 후의 조직안정성 유지를 위한 조정 지향	⇒	사전주도자 (proactive)	혁신을 위해 조직안정성을 의도적으로 깨뜨리는 창조적 파괴 지향
행정가 (administrator)	인적자원업무의 영역안에서 정해진 룰에 따라 루틴한 업무의 정확한 수행 지향	⇒	조직수호자 (advocate)	전체조직, 사업차원에서의 핵심역량강화에 필요한 프로세스 개선 지향
통제자 (controller)	효율성 달성을 위한 인적자원 활용의 투입통제 지향	⇒	관여자 (stakeholder)	타기능 강화를 통해 조직효과성을 달성할 수 있도록 인적자원활용의 산출창출 지향
도덕가 (conscience)	인간의 권리에만 초점을 둔 양심적 행동 지향	⇒	사업가 (businessman)	종업원과 사업을 균형적으로 고려하는 비즈니스 감각 지향
제도실행가 (doer)	결정된 과제의 실행을 중시	⇒	제도촉진자 (facilitator)	과제의 계획－실행－평가를 통한 지속적인 개선 방향

자료 : 한국인적자원관리협회, 월간 인적자원관리, 2000년 12월호, p. 27.

8. 미래지향적인 인적자원관리

사회 · 조직 · 개인근로자, 그리고 인적자원환경의 새로운 변화들과 인적자원 담당자의 전략적 역할을 통해 인적자원관리는 새로운 국면으로 접어들고 있다. 과거에는 인적자원관리가 관료주의 이념에 기초를 두고 조직전략의 보조적 기능만 강조되었다면, 지금은 급격한 환경변화의 시대에 맞는 전략을 수행할 수 있는 선도적 인적자원관리 패러다임이 필요하게 되었다,

패러다임(paradigm)을 정의한 쿤(Tomas Kuhn, 1970)은 동시대의, 동일한 문헌으로 교육받은 동시대의 사람들이 당연하게 받아들이는 공통의 믿음, 가치 및 기술들의 집합체를 패러다임이라고 칭했다. 이러한 정의에 입각해 인적자원관리의 패러다임이란 인적자원관리를 바라보는 동시대 사람들의 공통된 관점이라고 할 수 있다.

그렇다면 시대적 · 사회적 개인근로자들의 특성 등이 모두 바뀌고 있는 상황에서 어떤 인적자원관리 패러다임이 필요한가? 이에 인적자원관리는 현재는 물론 미래를 지향해야 한다는 사명 아래 미래지향 인적자원관리라 일컫는다. 미래지향이란 다음과 같은 특징을 가지고 있다(이진규, 2001 : 26~27).

첫째, 문제해결에 대한 반응적(reactive) 대응은 경영자가 조직에 일어나는 여러 가지 문제에 적절히 맞대응하여 문제해결을 시도하는 방법이다. 과거에는 적시 맞대응을 잘하는 경영자를 효과적인 경영자라고 일컬을 때도 있었다. 반면, 선응적 대응이란 미래에 일어날 환경변화의 예견을 바탕으로 문제가 발생하기 전에 환경을 우호적으로 변화시켜 문제가 발생하지 못하게 하거나 긍정적인 결과를 이르게 하는 것이다. 이러한 선응적 대응을 위해서는 환경변화에 대한 모니터링을 꾸준히 하여 환경변화에 대한 예측력을 높여야 한다.

둘째, 미래를 앉아서 기다리는 것이 아니라, 미래를 자신의 의도대로 창조하는 것이다. 미래창조는 현재에 대한 올바른 이해를 중심으로 향후 변화를 예측하여 조직목표를 극대화하는 방향으로 재창조하는 작업이다. 그러므로 미래지향적 인적자원관리란 과거의 인습적인 인적자원제도의 틀에 얽매여 있는 것이

아니라 새로운 인적자원 패러다임을 향해 꾸준히 움직이는 것이다. 미래지향 경영자는 경직된 사고를 가진 인적자원제도 집행자가 아니라 유연한 사고의 인적자원제도 설계자이다.

셋째, 단기적 업적달성 위주가 아니라, 장기적 관점의 업적조정의 관점을 지향한다. 전통적으로 조직은 경제적 이윤을 단기적으로 추구하는 집단으로 이해되어 왔다. 그러나 오늘날 조직은 단기적이고 현재의 이윤을 희생해서라도 장기적 조직발전에 초점을 두고 있다. 조직이 실현하고자 하는 것은 단순히 조직의 자기발전뿐만 아니라, 조직 내·외부 이해관계자 그리고 사회 전체를 망라한다. 조직은 사회공동체적 사명감을 가지고 단기적 이익을 희생하더라도 장기적 사회발전에 관심을 기울여야 한다.

이러한 미래조직이 미래에 일어날 일을 선응적으로 예측하고, 미래를 조직이 의도하는 대로 창조하기 위해서 그리고 조직이 사회공동체로서 역할을 수행하기 위해서는 두 가지 인적자원관리 방향이 필요하다. 하나는 전략적 인적자원관리이고, 다른 하나는 윤리적 인적자원관리이다. 전략적 인적자원관리는 조직이 미래에 대한 선응적 대응으로 조직전략 수립과 실행전략을 펼치는 것이고, 이러한 조직전략 성립과 실행에서 반드시 조직의 인적자원 역량을 동시에 고려해야 한다는 것이 핵심내용이다. 조직이 미래환경변화를 예측하는 것을 전략으로 표현할 수 있으며, 이러한 미래전략은 조직의 인적자원 핵심역량을 바탕으로 하고 있음을 의미한다.

그런데 전략적 인적자원관리는 환경변화를 예측하고 선응적으로 대응하여 조직경쟁력 확보의 경제적 목표달성에 주안점을 두고 있지만, 근래 들어 부각되고 있는 조직의 사회공동체로서의 역할인 사회적 책임에 대해서는 다소 미비하다. 앞으로의 인적자원관리는 조직의 경제적 목표뿐만 아니라, 사회적 목표까지를 달성할 수 있는 지침이 될 수 있어야 한다.

윤리적 인적자원관리는 이러한 의미에서 전략적 인적자원관리와 더불어 조직이 추구해야 할 새로운 방향이 된다.

[그림 1-9]에서 보는 바와 같이 관광기업 주위를 에워싸고 있는 여러 가지 환경변화 및 압력들은 끊임없이 관광기업 내 여러 가지 내적 환경(예 사명과

전략, 조직구조, 인적자원관리시스템 등)의 변화를 강요하고 있다. 예를 들면, 첫째, 고유가 경향, 인플레이션 조심, 제조산업에서 서비스산업으로서의 구조전환 등의 경제적 환경 변화, 둘째, 컴퓨터 보급의 일반화 및 사무자동화에 따른 인력관리 등의 기술적 환경변화, 셋째, 민주화에 따른 의식구조 변화, 인구구조 변화, 고학력시대의 도래 등 정치·사회적 환경변화, 넷째, 고객의 취향변화, 국제적 감각시대 등의 문화적 환경변화이다.

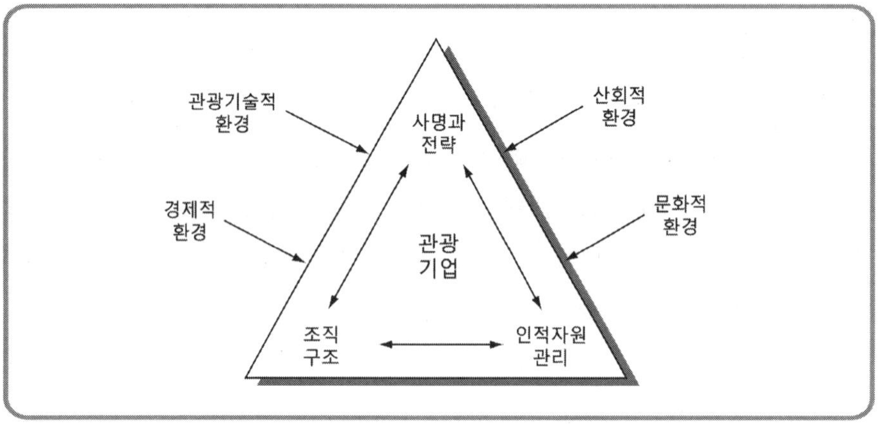

[그림 1-9] 전략적 관리와 환경의 영향

이러한 환경변화에 영향을 받는 조직내부요인들은 다음과 같다.

첫째, 조직의 기본목표, 환경 내에서의 존재이유, 타 경쟁기업과의 차별화, 경쟁적 우위를 명시하는 조직의 기본방향인 사명

둘째, 조직의 기본사명과 목표가 설정된 후 그 목표를 달성하기 위해 효율적인 자원의 활용 및 배분을 다루는 전략

셋째, 미리 설정된 조직사명과 전략을 수행하기 위하여 조직 내 인력자원과 직무들의 관계를 정의하는 적절한 조직구조이다.

마지막으로, 조직구조에 의해 정의된 종업원의 선발 및 개발은 어떻게 할 것인가. 또 생산성을 유지·향상시키기 위한 업무평가, 보상방법은 무엇인가를 결정하는 인적자원관리제도의 정비이다.

[그림 1－9]의 전략적 인적자원관리 모델이 상호 부적절하게 관련지어지면, 조직 내에 극심한 비능률이 발생하게 된다.

이러한 전략적 차원에서 입안된 인력계획의 효율성을 예를 들면 <표 1－5>와 같다.

〈표 1-5〉 전략적 인력계획의 효율성

요 소	내 용
인력확보	사전적 인력확보 조직에 경제적 효율성을 가져다 준다. 미래 시점에 필요한 인력을 미리 예측하여 확보하거나 기존 인력에 훈련과 개발을 통해 인력을 확보할 경우 노동시장에서는 고임금·고기술의 인력을 보다 저임금으로 확보할 수 있다. 이 경우 인력확보의 합리적 경제성이 높아진다. 반면에, 환경변화에 대한 적응에 의해 고기술을 소유한 인력을 외부 노동시장에서 급작스럽게 실행할 경우 조직목표달성을 위해 필요한 인력을 노동시장에서 고임금을 지불하지 않고 확보할 수 있어 저임금으로 생산 효율성을 달성할 수 있다.
인력개발	사전적 인력개발은 조직목표 달성을 용이하게 한다. 전통적인 인력충원 계획은 조직의 환경적응을 강조하는 것으로 소비자 욕구나 기술적 환경변화로 조직목표가 수정됨에 따라 새로운 조직목표에 의해 인력을 충원하였다. 반면, 전략적 인력계획은 과업목표에 필요한 인력을 미리 확보할 수 있다. 따라서 급변하는 경영환경 변화에 미리 대처할 수 있도록 조직에서 필요한 인력수요의 공급을 예측하여 종업원들을 미리 교육훈련시킬 수 있고 종업원들에게 새로운 경력개발을 사전에 제시하여 도전적인 업무 활동을 전개할 수 있다.
인력유지	전략적 인력계획을 통해 조직에서 필요한 인력의 수와 형태를 고려해 적정인력을 유지할 수 있다. 다시 말해, 조직에서 현재 인력이 너무 많거나, 혹은 너무 적은지를 객관적으로 판단할 수 있다. 예컨대, 사업범위를 축소할 경우에는 인력과잉 현상이 나타날 것이다. 반면, 기존 사업이 호황을 누리고 있어 더 많은 인력이 필요할 수도 있다. 특히, 인력계획은 새로운 사업을 시작할 경우 인력의 형태와 수를 미리 예측할 수 있게 하여 조직목표를 용이하게 수행하는데 도움을 준다.

이 전략적 인력 계획은 조직전략 수립과정에서 조직 내·외부 인력의 활용 가능성을 탐색하여 조직의 전략실행을 충족시킬 수 있는 인력 획득과 활용에 관한 의사결정과정이다. 전략적 인력계획은 조직목표를 달성하는데 필요한 인력을 예측하는 의사결정으로 사업을 성공적으로 수행할 수 있게 하는 시발점이 된다.

특히, 관광기업과 경영환경의 변화로 인하여 다음과 같이 인적자원관리 패러다임이 크게 변화하고 있으며, 앞서가는 기업들은 이에 대한 발빠른 대처를 하고 있다.

그럼 앞으로 변화하는 경영환경 하에서 인적자원관리의 중요한 이슈는 무엇일까? 이에 대해서 삼성경제연구소에서는 다음과 같은 7대 과제를 제시하고 있다(삼성경제연구소, 2007. 2. 14).

① 창의적 인재의 확보와 육성

한국기업이 글로벌 일류수준에 진입하기 위해서는 무엇보다도 창의적 인재의 확보와 육성이 필요하다. 기존의 획일적인 인적자원관리의 틀과 상식을 깨는 환골탈태가 요망되며, '창의적 인재들이 원하는 모든 것을 맞춰준다'는 맞춤형 인적자원관리로의 사고전환이 시급하다. 그러기 위해서는 인적자원기준 및 시스템의 혁신이 절실히 요구된다. 또한 창의적 인재들이 활개치며 일할 수 있는 기업문화를 구축하는 일도 급선무라고 하겠다. 특히 창의적 기업문화 조성을 위해서는 최고경영층의 리더십이 중요하다. 종업원들의 아이디어와 제안을 무시하지 않고 경청하려는 최고경영층의 자세, 창의적 경영방침을 제시하고 결과를 믿고 기다리는 최고경영진의 인내심이 필요하다. 단기적 성과주의에 입각한 최고경영진의 조급성은 창조적 혁신을 가로 막는 최대의 적이라는 사실을 유념할 필요가 있다.

② 일하는 방식과 조직문화의 선진화

2005년 한국근로자의 연간 근로시간은 2,354시간으로 OECD 국가의 평균(1,725시간)을 629시간이나 상회하고 있고, 한국 근로자의 시간당 평균 노동생산성은 OECD 국가 평균의 38.6%에 이르고 있다. 이처럼 한국근로자들의 장시간 노동과 저 노동생산성은 개선이 시급한 실정이다.

그러기 위해서는 먼저 업무 효율성을 넘어 창조적으로 일하는 선진형 관행을 정립할 필요가 있다. 불필요한 일을 제거하고, 집중업무시간제를 운영하며, 회의 문화를 개선하고, 직원들이 아이디어와 창의력을 발휘하며, 일에 전념할 수 있도록 근무여건을 혁신하는 일이 무엇보다도 중요하다고 하겠다.

다음으로 일과 생활의 균형(WLB : work-life balance)을 위한 인프라가 구축되어야 할 것이다. 기존의 '일 중심' 근로관이 '개인생활'을 중시하는 방향으로 변화되고 있으며, 특히 주 5일 근무제가 시행되면서 삶의 질 향상에 대한 기대가 더욱 확산되고 있다. 따라서 '삶의 질'을 희구하는 성향이 강화되면서 일과 생활의 균형을 중시하는 노력이 커지고 있다.

③ 다원화된 인적자원시스템 구축

정규직뿐 아니라 프리랜서, 파트타이머, 아르바이트 등 다양한 고용형태와 직종의 특성을 반영하여 인적자원시스템을 다원화할 필요가 있다. 특정직종에 대해서는 연공서열보다 직무가치와 역할, 성과 기여도에 따라 직급과 보상을 결정하는 직무성과급제로 단계적으로 전환하는 열린 시스템 운영이 필요할 것이다.

한편, 고령인력에게는 더 오래 일할 수 있는 기회를 제공하고 기업의 부담은 덜어 줄 수 있는 '상생적 고용시스템'을 모색하는 일 또한 중요하다. 아울러 퇴직인력이 제2의 인생을 준비하여 안정적으로 살아갈 수 있도록 전직지원(outplacement) 서비스를 강화하는 일도 소홀이 해서는 안 될 것이다.

④ 여성인적자원의 활용도 제고

여성인적자원의 경제활동참가는 서서히 늘고 있지만 여성인적자원의 활용상태는 여전히 답보상태이다. 한국은 남녀 차별관행과 여성 경력단절이 상승작용을 일으켜 여성의 사회진출과 조직 내 성장을 저해하는 악순환의 고리를 형성하고 있다. 노동부의 남녀차별관련 설문조사(2006. 4)에 의하면 "남녀고용차별이 심하다"는 응답이 64.9%나 되고 있다.

선진국처럼 여성인적자원의 활용도를 높이기 위해서는 육아, 가사 부담의 경감과 남녀차별적 관행 해소를 위한 조치를 실행에 옮겨야 할 것이다. 이를 위해서는 정부, 기업, 사회단체가 육아문제를 공동책임으로 인식하여 보유시설을 확충하고 육아 및 출산에 대한 지원을 꾸준히 확대해 나가야 하리라고 본다. 또한 승진, 평가, 보직 인적자원에서 암묵적인 여성차별관행을 없애고 공정한 성장 및 능력발휘의 기회를 제공함으로써 여성인적자원의 경쟁력을 키워야 할 것이다.

⑤ 글로벌 인력 활용을 위한 인프라 구축

오늘날 글로벌 인재확보 전쟁의 심화로 우수한 인재들이 국경을 넘어 활발히 이동하고 있다. 국내 고급인재들의 해외 유출이 늘어나기 때문에 글로벌 우수인재를 제대로 확보하기 위해서는 국적과 인종을 불문한 전세계 우수인력 양성의 용광로가 되어야 할 것이다. 현재 3D 직종의 저숙련 인력을 중심으로 한 외국인력 활용에서 탈피하여 R&D 등 전문분야에서 외국인력의 유치를 대폭 확대해 나가야 한다. 국내에서는 외국인 근로자에 대한 부정적 인식을 일소하고 국적에 관계없이 마음 놓고 일할 수 있도록 법적·제도적 인프라를 시급히 개선해 가야 할 것이다.

한편, 글로벌 우수인재의 초국적 확보와 활용을 위해 전세계에서 통용되는 인적자원전략과 시스템을 조기에 구축하는 일 또한 중요하다. 이를 위해서는 글로벌 차원에서 우수인재를 발굴하고 이들이 본사의 중역으로 성장할 수 있는 비전제시 및 경력관리를 지원하고, 핵심적인 기업가치는 공유하되 단일언어, 단일문화에 익숙한 본사 인력의 이문화 수용성을 높이기 위한 학습기회를 확충해 나가는 일 또한 필요하다고 한다.

⑥ 경쟁력 우선의 노사관계 구축

아직도 우리나라는 분배위주의 대립적인 노사관계 행태에서 벗어나지 못한 채 생산적인 노사관계를 구축하지 못하는 한계를 보이고 있다. 더러는 윤리의식이 부족한 불합리한 노사관행을 보이고 있으며, 기업경쟁력 향상과 고용안정을 도모해야 하는 과제해결에 어려움을 겪고 있다.

이제는 노동조합이 주인의식을 갖고 경쟁력제고 활동에 적극 동참함으로써 신뢰관계를 구축하기 위해서는 노사공동의 실용적 대안 마련에 노사가 앞장서야 할 것이다. 아울러 작업현장 차원의 개선과 효율성 향상을 위한 노사협의체를 마련하여 생산성 향상에 기여하고자 근무형태 및 작업방식 개선에 관한 '노사합동 개선위원회'를 운영하는 일 또한 고성과 기업의 표준적 성공 모델이 될 수 있을 것이다.

정보공유 활동과 의견수렴절차 등을 통해 교섭사항에 대해 사전에 조율해 나감으로써 불필요한 갈등과 대립을 최소화 하는 일, 법과 원칙을 준수하는 노동관행을 정착시키고 대외적으로는 신뢰받는 노사관계를 정립하는 일 또한 건전한 교섭문화 정착을 위해 꼭 필요하다.

⑦ 갈등예방시스템의 정착

산별 노조가 확산되면서 노사 간의 갈등이 심화되어 가고 있는지라 대응책 마련이 절실하다. 비정규직 법제화에 따른 혼란 또한 만만치 않다. 이처럼 시급성을 다투는 노사갈등요인을 신속히 해결하기위해서는 교섭구조의 중층화에 대비하여 산별교섭에 대한 전문적 지식을 습득할 필요가 있다. 비정규직에 대해서는 법 준수 자체에 안주하기보다는 새로운 고용형태로서 자리매김하도록 노력해야 할 것이다.

노사 간의 갈등해결을 위한 노사대화채널의 활성화를 위해서는 다양한 채널을 동원할 필요가 있을 것이다. 노사협의회, 노사협상 등 공식적 대화채널뿐 아니라 계층별 간담회, 고충처리제도 등의 도입을 통해 갈등을 조기에 발견하고 신속히 해결해 나가야 할 것이다.

9. 디지털시대의 핵심인력(N－Worker) 요건과 육성방안

1) 서 론

(1) 고용관계의 변화

① 거래지향적 고용관계 변화

⇨ 기업 · 개인 간 고용관계가 '관계지향' ⇨ '거래지향' 변환

- 관계지향(relational)적 고용 : 기업은 고용보장 ⇨ 구성원들에게 신뢰감 ⇨ 애사심이 기대된다.
- 거래지향(transactional)적 고용 : 장기적 고용보장보다 구성원의 성과 ⇨ 기업이 평가 · 보상하는 단기적 계약 위주로 변하고 있다.

- 동서양 막론 ⇨ 기업이 조직구성원의 일자리 보장이 어렵다는 인식이 확산되고 있다.

② 대기업에서 중소규모 및 벤처로 인력 이탈

- 기업 간 인력이동 가속화 ⇨ 노동시장이 유연화되고 있다.

(2) 디지털형 인재상에 대한 요구

- 산업화시대의 보편적 인재상에서 탈피
  ⇨ '창의성 · 도전성 · 혁신성' 등을 겸비한 디지털형 인재가 필요하다.
- 새로운 시장환경에 적합한 인재상이 정립되고 있다.
  ⇨ 동시 '인재요건 · 기준'이 마련되고 있다.
- 디지털형 인재육성 방안 모색

2) 디지털시대의 인적자원 트렌드

(1) 인적자원관리방식의 변천과정 3단계 구분

〈표 1-6〉 시대별 인적자원관리의 변천

구 분		일방향 인적자원관리 (1985년 이전)	⇨	쌍방향 인적자원관리 (2000년 이후)
시대배경		• 성장 경쟁 • 비체계적 인적자원관리 (집단적 균등주의)	과도기형 인사관리 (1986 ~ 2000년)	• 정보 경쟁 • 체계적 인적자원관리 (개별적 인적자원관리)
인사	채용	• 공개 채용 • 학력 중시		• 수시 채용 • 경력 중시
	평가	• 연공 중시 • 일면 평가		• 성과 중시 • 다면 평가
	보상	• 단기적 관점 • 내부 공정성		• 장기적 관점 • 시장가치
	교육	• 비체계적 • 즉흥적		• 체계적 • 계획적
조 직		• 수직적 • 계 층	⇨	• 수평적 • 네트워크

3) 디지털시대의 인적자원관리 특징

① e－HRM

인트라넷 등 e-비즈니스 → 인적자원정보 · 서비스 제공
→ 직원 · 경영진 쌍방향의 의사소통이다.

② 실리콘칼라

기업의 영업력 대 실리콘칼라 능력이 투자의 결정적 요인
→ 브레인 파워가 중시되고 있다.

－ 실리콘칼라는 원래 복잡한 계산식을 순식간에 푸는 컴퓨터처럼 맹렬히 일하는 두뇌노동자를 일컫는 말이다. 무한한 '상상력과 창의적 아이디어'를 가진 소수정예의 '두뇌집단'을 뜻한다.

③ 지식공유

지식을 나누고 활용하는 네트워크형 인적자원시스템으로 전환되고 있다.

④ 차별화

달라야 경쟁력 있는 경영환경으로부터 변화되고 있다.

4) 21C 핵심 인력자원 : 'N－Worker'

⑴ 인력자원의 핵심역량 변화

- 대량생산시대 ⇨ 근면성실한 인력자원이 필요시되고 있다.

⑵ 대량생산시대의 인력자원 특징

- 자신의 업무만을 충실히 파악하는 눈(Locality)
- 고객의 욕구를 충실히 이행하는 발(Follow)
- 환경에 순응하는 몸(Compliance)
- 데이터를 활용하는 머리(Data)

- 돈의 가치를 중요시하는 가슴(Money)
- 열심히 일하는 손(Labor)을 가진 사람임.

(3) 디지털시대의 인력자원

- 업무수행에 컴퓨터 이용 근로자
- 네트워크 인터넷을 업무수행에 활용하는 근로자
- 자산의 부가가치 제고에 노력하는 근로자 등 기존과 다른 새로운 유형의 인력자원이 필요하다.

(4) 디지털시대에 요구되는 인력자원 특징

- 근시안적 의사결정을 뛰어넘을 수 있는 '글로벌한 눈' : World-wide
- 새로운 사업기회를 찾기 위해 '뛰는 발' : Opportunity
- 환경에 대처하는 '유연한 몸' : Responsiveness
- 체계적 · 호환적 사고를 하는 '지적인 머리' : Knowledge
- 사회에 기여하는 '윤리적인 가슴' : Ethic
- 일과 놀이를 동시에 하면서 '조직 활성화에 기여하는 양손' : Recreation을 가진 인적자원임.

〈표 1-7〉 대량생산시대 Worker와 디지털시대 N-Worker 비교

Worker	구 분	N-Worker
시대 배경	대량생산시대	디지털시대
Locality	눈	World-wide
Follow	발	Opportunity
Compliance	몸	Responsiveness
Data	머리	Knowledge
Money	가슴	Ethic
Labor	손	Recreation

〈표 1-8〉 N-Worker 육성체계

N-Worker의 생산성		
벤처 문화	현장 경험	지식 오너십
-방안1 : 사기진작 프로그램의 활성화 -방안2 : 기업비전의 명확화	-방안3 : 현장 중심의 경력 개발 -방안4 : 디지털 정보 기반조성	-방안5: 성과 중심의 보상 및 평가 체제 혁신 -방안6: 임파워먼트의 강화

5) 결 론

① N-Worker 인재상은 조직구성원 → 자기계발의 지침 → N-Worker 육성은 기업과 구성원의 공동책임이다.

- N-Worker 인재상 제시 → 각각의 기준·지표는 조직구성원의 변화방향
- 자신의 현재상태, 즉 강점·약점을 파악 → 동시 취약부분 개발 → 체크리스트로 활용

② N-Worker의 육성은 기업과 구성원 공동책임으로 진행된다.

- 조직구성원은 N-Worker가 되기 위한 주도적 노력 → 스스로 시장가치 고양
- 기업은 필요한 인재상 기준정립 → 조직구성원의 전형적 변화모습 제시 → N-Worker 적극적 육성 정책

③ N-Worker 육성의 제도화 → 기업분위기 변화 및 최고경영층의 격려가 절대적으로 필요하다.

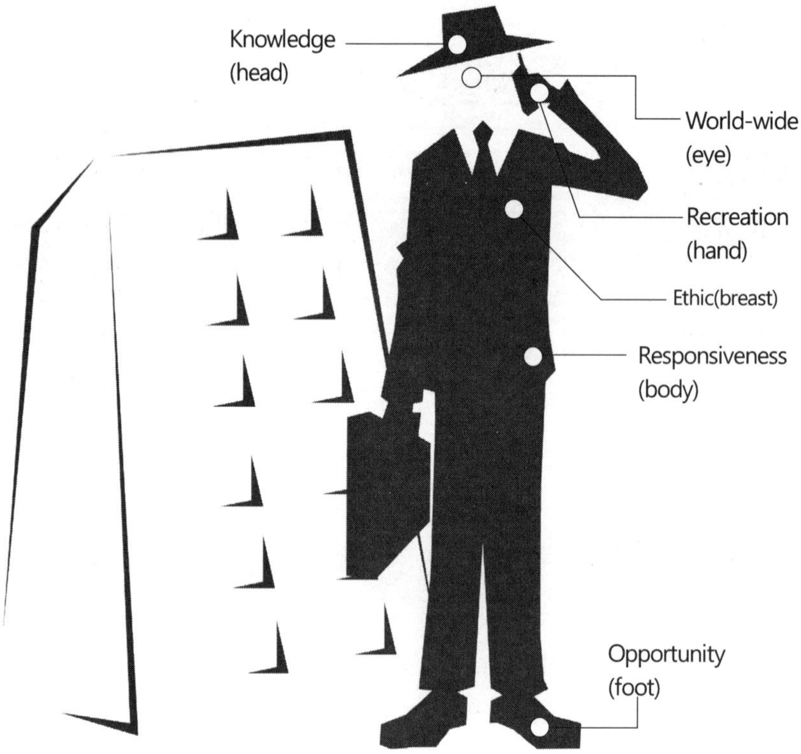

〈표 1-9〉 N-Worker 핵심 역량

구 분	내 용	측정 항목
World-wide	글로벌한 눈	• 국제시장 환경 이해도 • 글로벌 커뮤니케이션 능력
Opportunity	기회를 찾는 발	• 고객 DB 구축정도 • 현장 접점력
Responsiveness	유연한 몸	• 인적 네트워크 구축 • 새로운 디지털정보 수용능력
Knowledge	지적인 머리	• 지식검색 능력 • 지식 확산력
Ethic	윤리적인 가슴	• 기업시민정신 수준 • 사회기여 정도
Recreation	일하며 놀 수 있는 양 손	• 컴퓨터게임을 잘하는 능력 • 팀워커(분위기 메이커)

나는 몇 점짜리 디지털 CEO인가?

CEO의 자가진단 모형개발

① 디지털 시대에 적합한 CEO로서 갖추어야 할 핵심역량은 「휴먼 네트워킹」, 「이미지 메이킹」, 「디지털 마인드」, 「개척정신」과 「리얼타임력」의 5개 차원이다.

- 디지털 시대를 선도 → 여러 가지 역량 중 특히 네트워킹력, 자신의 성과를 드러내는 이미지 메이킹, 디지털 감각, 선도하는 능력 그리고 실시간으로 업무처리할 수 있는 능력이 요구된다.

② 점수화를 통한 CEO의 시장가치가 결정된다.

- 다섯 개의 각 차원은 2개씩의 하위차원으로, 하위차원은 다시 각각 2개의 설문 문항으로 구성된다.
- 각 문항별로 평가하여 최대 5점을 부여하면, 총 100점 만점으로 CEO의 역량을 점수화하고 스스로 시장가치를 진단할 수 있다.

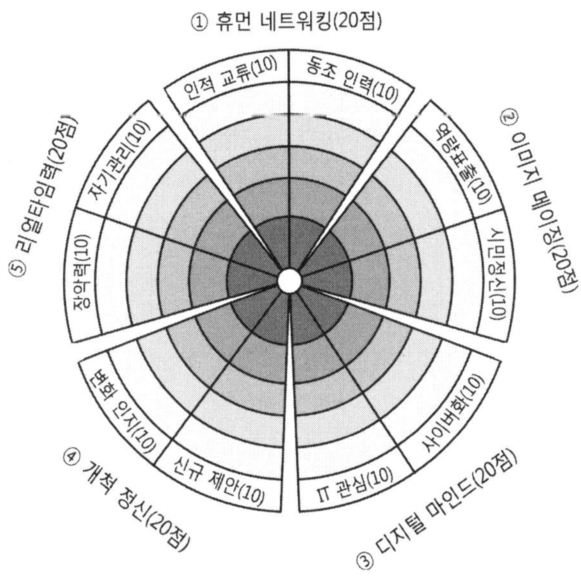

[CEO의 자가진단표]

자료 : '21C 경영패러다임 변화와 디지털시대 핵심인력 육성방안' 조직인적자원관리과정, 한국보건산업진흥원, 2001, pp. 117~123.

제2장

직무연구

human resources management for the tourism sector

목표의 계획, 예측, 결정이라는 것은 인적자원활동에서 광범위하거나 평범한 개념으로 간주될 수 있다. 여기에서는 관광기업을 성공적으로 운영하기 위해 필요한 직무의 본질을 살펴보게 될 것이다.

① 인적자원과정의 본 단계에선 이러한 직무에 대한 조심스러운 분석이 필수적이다.

② 분석행위는 인적자원관련업무 담당자에게 조직목표, 회사의 관제, 예측활동을 통해 인적자원 수요와 공급의 불균형으로 발생될 인적자원의 부족문제를 해결하는데 많은 도움이 된다.

③ 본 단원의 목표는 직무 카테고리와 관련된 인적자원의 수요와 공급을 동시에 분석함으로써 분석과정을 이해할 수 있도록 돕는 데 있다.

- 직무분석, 직무설명, 직무상세의 차이점을 알게 된다.
- 업무목록 접근방법을 이용해서 직무과업을 결정할 수 있다.
- 직무분석과정이 어떻게 이용되는지 알 수 있다.
- 직무분석을 수행하는데 필수적인 직무관련정보를 결정할 수 있다.
- 직무설명과 직무상세를 작성할 수 있다.
- 직무설명의 용도를 알게 된다.
- 2000년대 인적자원관리자에게 직무 재설계의 중요성을 설명할 수 있다.
- 기능목록평가를 수행할 수 있다.

1. 직무분석의 의의

직무분석(job analysis)은 1960년경부터 미국에서 시작되었다. 미국은 유럽과 달리 숙련공의 수가 적었고, 더구나 1900년경부터 산업이 급속도로 자동기계화 또는 단순화됨에 따라 종래의 기능공 중심의 직종이 분해되어 한 직업 내에 직무수가 많아져 종래와 같은 직종명만 가지고 일의 내용을 알 수 없게 되었다. 인적자원관리의 기초적 정보의 하나로 배분된 일의 내용이나 특징, 그리고 요건 등을 분명히 밝혀주는 절차로서 직무분석이 발생하게 된 것이다.

직무분석에 관한 협력자의 정의에 따르면 '직무분석이란 각 직무의 내용, 특징, 자격요건을 분명하게 하여 다른 직무와의 질적인 차이를 분명하게 하는 절차이다'라고 되어 있다. 따라서 직무분석은 ① 직무를 대상으로 하여 그 특징을 명확하게 하는 것이 주된 임무이며, 또한 직무의 질적 수준과 그 범위를 명확하게 하며, ② 직무분석 자체는 어떠한 관리자직에 봉사하는 도구에 불과하며, ③ 비교적 인적자원관리의 많은 분야에 이용되지만, 그러나 모든 분야를 이용될 수는 없다는 것 등이 특징이라고 말할 수 있다(Brain, 1975 : 16).

직무분석의 실질적인 의의는 직무의 기본요소, 즉 무엇을(What), 왜(Why), 어떻게(How), 어디서(Where), 누가(Who) 그 직무를 수행할 것인가를 명확히 하고, 또 그 직무의 성질을 결정함으로써 합리적인 채용기준을 설정하고, 종업원을 적재적소에 배치하기 위한 정확한 자료와 교육훈련의 기초 자료를 제공하며, 노동력을 유용하게 이용하여 적정임금수준의 결정과 직무의 상대적 가치를 결정하는 자료를 제공하는 데 있다.

한마디로 직무에 대한 분석을 통해서만 세부적으로 직무가 갖는 영역과 특성을 밝혀낼 수 있으며, 이에 따라서 종업원을 충원・배치한다든지, 또는 보상도 지급하여 인사이동을 단행할 때 직무에 대한 성취는 가능하게 될 것이다. 또한 직무분석은 종업원이 수행해야 할 직무의 내용과 성격분석을 통하여 직무수행상 요구되는 숙련, 지식, 능력, 기술, 책임 등에 있어 기준이 되는 요건을 구체적으로 결정지어 주기 때문에 그 필요성이 요구된다. 그러나 직무를 분석하는 과정에서 먼저 고려되어야 할 범위를 살펴보면 [그림 2−1]과 같이 직무특징, 작업특징 및 인적특징으로 영역이 구분되는 가운데 분석되어야 한다.

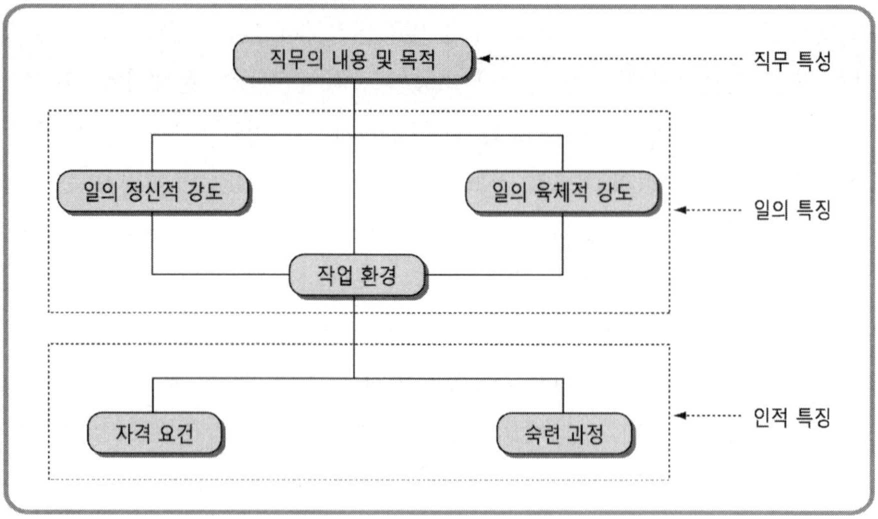

[그림 2−1] 직무분석 범위의 체계

직무분석 과정에서 흔히 발생되는 중요한 문제점과 관련하여 몇 가지 유의사항을 요약하면 다음과 같다(이학종 외 1인, 2007 : 237~238).

1) 직무내용의 모호성

첫째로, 직무기술서와 직무명세서의 내용이 너무 애매하게 표현되어 직무에서 요구되는 행동이 분명치 않을 때가 많고, 따라서 직무기술서와 직무명세서에서 의도하는 목적이 달성되지 않는 경우가 적지 않다. 그러므로 직무 분석은 <표 2−1>에서 보는 바와 같이 직무에 관한 정보를 가능한 한 구체적인 행동으로 표현하여 직무의 목적과 표준성과를 명백히 하는 것이 바람직하다.

〈표 2-1〉 직무기술서의 표현 비교(예시)

애매한 표현	행동적 표현
1. 표준생산량을 만족스럽게 달성할 것. 2. 주어진 업무에 적극적인 자세와 긍정적인 태도로 임할 것. 3. 모든 사항을 모든 사람들에게 신속히 전달할 것.	1. 시간당 최소 ○○개를 생산하고, 불량품률은 ○%를 초과하지 않을 것. 2. 단체협약에 규정된 이유 이외에는 결근이나 지각을 하지 말 것. 3. 예산상의 변경사항을 서신으로 ○일 내에 관련 부서장에게 통지할 것.

2) 직무내용의 실제성

직무는 고정되어 있지 않고 항상 변한다. 그리고 직무를 수행하는 작업자도 자주 바뀐다. 따라서 이러한 변화와 더불어 직무기술서와 직무명세서의 내용이 실제와 일치하지 않는 경우가 많이 있다. 그러므로 직무분석은 분석 당시의 작업자에 너무 의존하지 말고 보다 객관적인 입장에서 직무내용을 분석해야 한다. 그리고 주기적으로 직무내용을 검토하여 직무기술서와 직무명세서가 항상 실제 직무내용과 일치하도록 수정해 나가야 한다.

3) 실무층의 협조

직무에 관한 연구는 일반적으로 작업자의 의구심과 불안감, 그리고 저항감을 야기시키는 경향이 있다. 작업자는 항상 자기의 직무수행방법이 가장 이상적이라고 생각하고 있고, 따라서 낯선 직무분석자가 작업장에 와서 자기의 직무에 관한 정보자료를 수집하는 데 대하여 부정적인 태도를 갖게 된다. 노조도 직무분석을 표준생산수준을 높이기 위한 수단으로 오해하고 대체로 비협조적인 태도를 취한다. 그러므로 직무분석자는 실무자들의 입장을 이해하고 그들에게 직무분석의 목적을 인식시키며 그들의 협조를 받을 수 있는 신뢰관계를 조성해야 한다.

인력의 공급예측

인력수요예측과 함께 공급예측을 실시하여 순부족인력을 외부에서 고용하는 것을 원칙으로 하는 것이 현대 인적자원관리의 방법이다. 인력공급예측은 먼저 사내인력의 현재 및 장래의 상태에 관한 예측을 해야 한다. 현재의 인원수는 인원의 현황파악으로 쉽게 알 수 있으나, 장래의 변화에 대해서는 여러 가지 방법으로 변화를 예측하고 또 조정해야 한다.
흔히 미국에서 쓰이는 방식으로는 현재 인원의 상태를 그 능력의 면에서 면밀히 파악하여 개개의 승진·이동의 시기, 순위, 훈련 등의 요건을 명기해 두고 이를 집계하여 내부인력의 변화를 계측하는 방법이 있다. 승진도표(replacement chart)는 이와 같은 목적으로 사용된다. 또한 흔히 인력(기능)재고표(skill inventory)라는 형식으로 된 개개인의 능력평가표는 이런 목적에서 활용되기도 하며, 오늘날 개인의 능력과 기타 승진·이동경로 등에 관한 자료를 전산시스템에 넣어서 인력계획에 활용하는 인적자원정보시스템(PIS)이 발전하고 있다.
그밖에도 안정적인 조건에서 승진·이동·퇴사의 일정비율을 적용하여 장래 각 기간에 걸친 인원의 변동상황을 예측하는 기법으로 마코프체인법(Markov chain method)이 있다.
내부인력 공급예측은 기본적으로 현재인원의 내부이동과 퇴직을 예측하여 인원 구성상황의 변화를 판단하는 것이다. 따라서 이런 예측은 어디까지나 예측이므로 정확하기는 어렵고, 더욱이 통계적 예측은 하나의 기준에 불과하므로 조직과정에 의한 개별예측의 종합과 잘 조정하여 활용해야 한다. 또 내부인력의 공급은 개인별 경력개발제도, 훈련개발계획과도 밀접한 관계가 있을 뿐만 아니라 노동이동의 원인이 되는 노동시장 사정, 임금수준과 제도 등 다양한 요인의 영향을 받는다. 따라서 기업이 통제할 수 없는 요인은 기타 방침에 의하여 종합적으로 상호조정하여 인력계획이 현실적인 실천성을 갖도록 해야 한다.
인력수요예측과 내부인력 공급예측이 되면 외부인력의 공급계획이 이루어진다. 흔히 관례적으로는 현장이나 각 부서별 신규인력의 조달요청을 집계하여 모집하는 것을 볼 수 있는데, 이와 같은 절차도 위와 같은 예측을 전제로 할 때 합리성이 있다고 보는 것이다.

자료 : 김식현 외 1인, 인적자원관리, 한국방송통신대학교 출판부, 2000, pp. 102~103.

2. 직무설명의 필요성

직무분석과정을 통해 직무설명을 설명하기 전에, 그 정보들을 어디서 사용할 것인가 결정하는 게 중요하다. 이 결정을 통해 필요로 하는 어떤 정보를 문서에 포함할 것인가를 판단하고 더 나아가서 직무분석과정에서 어떤 데이터가 필요한지 판단할 수 있다. 직무설명 및 상세는 관광산업에서 다양한 목적으로 사용될 수 있다. 이러한 목적을 살펴보면 다음과 같다.

① 종업원 모집
② 종업원 선발

③ 의사교환 예상치

④ 업무능력 평가

⑤ 직무교육 필요성 파악

⑥ 승진급 결정

⑦ 개발필요성 파악

⑧ 보상여부 결정

⑨ 인적자원 계획

3. 직무분석의 방법과 절차

1) 직무분석방법

직무분석방법에 있어서 국내·외 학자들과 실제조직에서 사용되어지고 있는 형태는 각양각색이다. 그 중에서 대표적인 분류방법을 소개하면 다음과 같다.

분석방법의 분류를 정수영 교수는 ① 면접방식(interview method), ② 질문서 방식(questionnaire method), ③ 종합적 방식(combined method) 등 세 가지로 분류하고 있으며, 또 피고스와 마이어스는 ① 관찰법(observation method), ② 면접법(interviewing method), ③ 체험법(emprical method), ④ 임상적 면접법(climical method), ⑤ 질문법(questionnaire method) 등 다섯 가지로 분류하였다.

이진규 교수(2001)는 실제 종업원들이 어떤 직무를, 어떤 직위에서, 그리고 어떤 환경에서 수행하고 있는지에 대한 직무분석기법들이 무엇인가를 확인해야 한다고 주장하면서 종업원 직무분석을 위해 사용되고 있는 기법들은 다음과 같이 설명하고 있다.

① 과업목적분석(task inventory analysis)

미 공군에서 기원한 것으로 과업목록에 대한 설문지를 이용하여 직무를 성공적으로 수행하기 위해 필요한 KSA(Knowledge, Skill, Ability)를 결정하는데 사용한다. 방법은 인터뷰와 조사를 통해 직무에 대한 과업목록을 개발한다.

그리고 직무와 종업원의 특성과의 평가점수를 통해 KSA매트릭스를 작성하는 절차를 따른다. 이 방법은 첫째, 과업을 매우 세부적이며 체계적으로 분석할 수 있다. 둘째, 종업원들과의 인터뷰를 토해 획득한 설문항목을 사용하기 때문에 현실적인 직무내용을 평가 할 수 있다.

② 기능식 직무분석(functional job analysis)

미 노동부에 의해서 개발된 것이다. 실제 직무담당자인 종업원에 대한 관찰과 면접을 통해 모든 직무에 존재하는 3가지의 일반적인 기능정보로 분류하고 정리한다. 원래 취지는 직무배치와 상담에 사용하기 위한 것으로 특정 직무를 간략하게 분류하는 데 유용하다.

③ 관리직위 기술질문기법(management position description questionnaire)

Tornow와 Pinto에 의해서 개발된 것으로 197개의 설문항목으로 관리자들의 해당직위 내용을 분석하는 것이다. 특히 관리자들의 직무는 비록 동일하다고 하더라도 사람에 따라 다르게 수행될 수 있기 때문에 해당 직무와 다른 직위의 직무와의 관계를 명확히 구별하는 데 사용된다.

④ 감독자 과업질문지법(supervisor task description questionnaire)

보통 생산라인의 감독자들에게 7개 영역의 100개 활동을 설명하고 분석하는 설문지법이다. 7개 영역이란 부하와의 작업관계, 부하의 작업에 대한 조직화, 과업계획과 스케줄, 효율적인 품질과 생산의 유지, 작업환경의 안전과 청결의 유지, 작업기구의 설치, 그리고 기록과 보고의 저장 등이다.

이 방법 이외에도 여러 가지 다양한 형태의 분류방법을 예로 들 수 있겠으나, 일반적으로 적용될 수 있도록 이들을 종합하면 다음과 같다. 즉 직무 분석 방법은 ① 질문법, ② 업무일지 분석법, ③ 관찰법, ④ 면접법 등으로 일반화하여 분류하는 것이 바람직하다고 본다.

이와 같이 직무를 분석하는 방법상에는 다소 차이가 있으나 <표 2-2>에서 보여주는 직무분석의 내용상에는 큰 차이가 없을 것이다.

2) 직무분석의 절차

직무분석의 절차는 [그림 2-2]와 같이 예비단계와 실시단계를 거치면서 직무기술서와 직무명세서를 작성하는 과정으로 이어진다. 직무분석의 결과 개선해야 할 점을 개선하고 정리한 후에 그 요점을 기술한 문서가 직무기술서이며, 보다 구체적이고 인적자원관리의 특정한 목적에 맞도록 세분화시켜 기술한 문

〈표 2-2〉 직무분석의 구체적인 내용

항 목	내 용
① 직무의 범위 (직무의 내용)	① 개요(어떤 일을 하고 있는가), ② 작업 또는 작업순서(시간, 형태)와 방법(작업의 요점), ③ 각 직업의 표준적인 시간, 1주일에 차지하는 시간비율 또는 난이도
② 직무수행상의 책임(직무의 목적)	① 기본식능(무엇 때문에 그 일을 해야 하느냐, 그 식무의 존재이유, ② 소관범위 또는 규모, ③ 직책 또는 목표(제품, 자재, 비품, 소모품, 타인의 안전, 공정 또는 조직의 운영, 타인과의 협동, 지도 감독, 대외절충, 금전 및 서류보관 등), ④ ③의 목표를 달성하기 위하여 해야 할 조작임, ⑤ ④의 조작 또는 일이 ③의 목표를 달성하기 위하여 지켜야 할 직무의 기준(질, 양, 시간, 방법, 기준), ⑥ 직책을 완수하지 못하였을 때 조직에 주는 손실의 정도, ⑦ 사용권한, ⑧ 타직무와의 관계
③ 직무의 정신적 작업강도	① 전체적 특색, ② 지적 과정의 특색, ③ 신경과정·감가과정의 특색,④ 심적 특질을 좌우하는 정도와 비율
④ 직무의 정신적 작업강도	① 기본자세 또는 동작, ② 주로 사용하는 신체의 부위, ③ 취급물품의 크기, 중량, 취급방법, 취급속도와 그 계속시간
⑤ 작업환경조건	① 전체적 특징, ② 작업의 물적 배치, ③ 이학적 환경조건(온도, 습도, 조명, 음향, 먼지, 취기, 청결 정도), ④ 물적 위험성(기계·전기적 폭발, 위험성, 유독성 정도), ⑤ 직업병과의 관계
⑥ 직무수행에 필요한 자격요건	① 최적연령의 범위, 적합한 성별, ② 경험, 특기, 지식(교육 정도), 기술숙련, ③ 신체적 특질(체격, 체질, 체력, 지각력, 운동능력), ④ 정신적 특질(지적 능력, 심적 특질, 인격 및 인품), ⑤ 피하지 않으면 안될 신체특질, 재해에의 특질
⑦ 숙련과정	① 작업구조의 변화 ② 시간적 과정의 변화 ③ 신체동작의 구조적 변화 ④ 심적 과정의 구조적 변화
⑧ 주해	① 설비, 기계장치, 비품, 자재, 소모품, ② 용어의 정의, ③ 기타

서를 직무명세서라고 한다. 다시 말해서 직무기술서란 직무의 능률적인 수행을 위해 직무의 성격, 요구되는 개인의 자질 등 중요한 사항을 기록한 것이다.

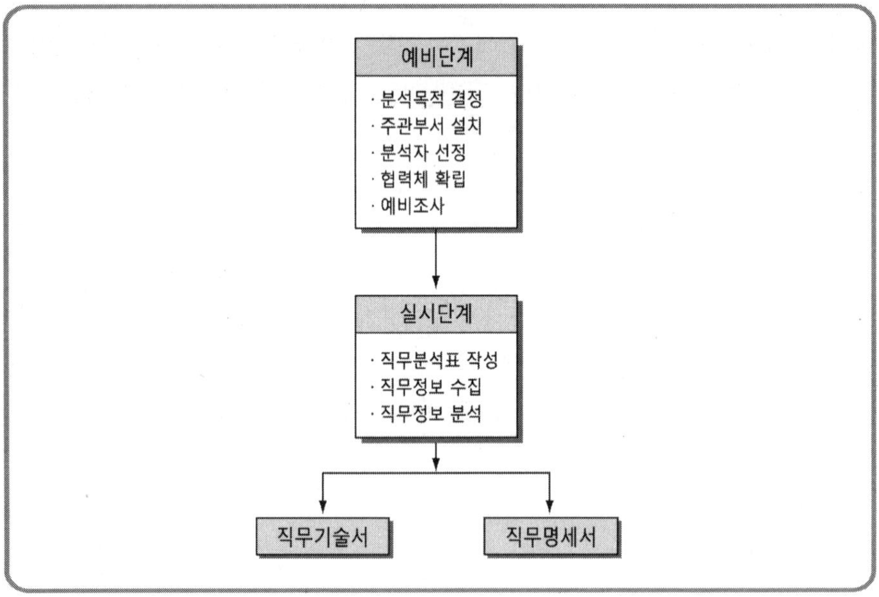

[그림 2-2] 직무분석의 절차

이에 대하여 직무명세서는 특정목적의 관리절차를 구체화하는 데 편리하도록 정리하는 것으로서, 직무분석의 목적에 따라 각각 다음과 같은 명세서가 작성될 수 있다.

① 고용명세서 : 종업원 채용, 배치전환, 승진 등의 목적으로 작성
② 교육훈련용 직무명세서 : 교육훈련의 목적으로 작성된 명세서
③ 조직확립용 직무명세서 : 권한과 책임의 명확화 등 합리적인 조직을 관리하기 위한 목적
④ 안전관리용 직무명세서 : 노동 재해방지 및 기타 안전관리
⑤ 임금관리용 직무명세서 : 직무평가를 위한 직무급 확립의 목적
⑥ 작업방법 및 공정개선용 명세서 : 작업방법 및 공정개선을 목적으로 작성된 명세서

다른 표현으로서 양자는 다같이 직무분석의 결과가 문서로 정리·기록되었다는 관점에는 차이가 없으나, 전자는 주로 직무의 내용과 직무의 요건에 동일한 비중을 두고 있는데 반하여, 후자는 직무요건 중에서도 인적 요건에 큰 비중을 두고 있는 차이가 있다.

직무분석을 통해 궁극적으로는 고용되어 관광기업의 과제를 수행하게 될 인적자원의 직무행위를 예측하고 표현할 수 있다.

① 상향접근방법

- 통상적으로 조직이 존재하고 당신의 분석에 대한 근거가 현업 담당자들의 행동과 그들이 수행하는 업무행위일 때 많이 사용한다.
- 상향접근방법은 다른 회사의 비슷한 직무를 분석함으로써 시작단계의 조직을 구축하는 데 쓰이기도 한다.

② 하향접근방법

- 새롭거나 향후의 직무를 분석하고자 할 때 쓰인다.
- 종업원이 없는 경우에도 회사임무가 기술된 조직목표와 회사의 과제를 분석해서 계획된 목표를 이루기 위해서 어떤 과업이 수행되어야 하는지 판단해야 한다.
- 종업원이 있더라도 하향접근방법을 사용할 수 있는데, 이 방법은 별다른 가설 없이도 사람들이 적절한 업무를 수행하며 조직화되고 지원될 수 있도록 하는 데 효과적이다.
- 인적자원비용에 거의 돈이 들지 않는 조직개선이 고려될 때 종종 쓰이기도 한다.

그렇다면 직무분석은 어디서부터 시작해야 할까?

직무분석은 인적자원이 채용되기 전, 직무 자체가 존재하기 전부터 시작되어야 한다. 직무분석이 첫 손님을 받기 이전에 사용된다면 직무의 설계는 관광기업뿐만 아니라 향후 고용될 종업원들에게까지 그 이익을 극대화해 준다.

첫째, 1980년대까지는 거의 모든 관리자들과 관광산업의 운영자들은 직무가 그들의 고용하고자 하는 종업원들에게 어떤 영향을 끼칠까 하는 점은 전혀 고려하지 않았다.

둘째, 관광기업에서 시간단위 종업원이 매우 부족하다.

셋째, 인적자원을 채용하기 어려운 상황에서는 직무가 향후 채용될 종업원들의 필요를 고려해서 설계되어야 한다.

넷째, 직무분석은 회사의 과제를 충족시키기 위해 필요한 각각의 직무에 대한 내용을 결정한다.

- 하향접근방법의 직무분석은 업무 중 사람이 행하고 있는 일보다는 직무에 필요한 적절한 과업을 결정함으로써 업무행위의 본질을 정의할 수 있다.
- 직무분석은 일을 하는데 필수적인 기술을 정의해주고, 직무가 끝나는데 필요한 시간을 파악할 수 있다.

다섯째, 해야 할 일, 필요한 기술, 시간계획을 알고 있다면, 당신은 향후의 관광기업의 인적자원 필요 정도를 대략적으로 파악할 수 있다.

여섯째, 모집 프로그램은 얼마나 많은 인원이 필요한지, 어떤 기술수준이 있어야 하는지에 대한 확실한 지식과 교육요건에 대한 예시를 기본으로 발전 → 필요한 직무의 개수와 유형을 파악할 수 있다.

일곱째, 하향접근방식의 직무분석은 서비스기업의 목적과 목표를 사용해서 필요한 직무를 예측 → 일단 직무가 파악되면 → 직무의무, 직무과업과 직무행위가 완성된다.

직무분석은 직무정보가 습득되는 과정으로, 직무에 대한 의무와 과업이 결정될 수 있다. 직무의무와 과업은 성공적인 직무수행능력에 요구되는 능력, 지식기술 그리고 의무를 정의해 준다.

4. 직무분석결과의 활용

우선 직무분석의 결과는 그 직무를 수행하거나 감독할 모든 사람이 직무의 성격·내용·수행방법 등을 일목요연하게 파악할 수 있도록 간명하게 정리·보관할 필요가 있다. 직무분석의 산물인 직무기술서와 직무명세서는 모두 문서로 정리·기록되었다는 점에서는 공통점이 있으나, 다음과 같은 차이가 있다.

직무기술서(job description)는 과업중심적인 직무분석에 의하여 얻어지며, 직부분석의 결과로 개선해야 할 점을 개선하고 정리한 후에 그 요점을 기술한 문서이다.

〈표 2-3〉 직무기술서와 직무명세서의 차이

직무기술서	직무명세서
• 직무명 • 위치 • 직무개요 • 의무 • 기계와 도구 및 장비 • 원료와 형태의 이용 • 감독이나 피감독 • 작업조건 • 위험	• 교육 • 경험 • 판단과 이니셔티브 • 육체적 노력 • 육체적 숙련 • 커뮤니케이션의 기술 • 정서적 특성 • 감각기간의 사용도와 필요도

직무명세서(job specification)는 사람중심적인 직무분석에 의하여 얻어지며, 보다 구체적이고 인적자원관리의 성격에 맞도록 세분화시켜 기술한 문서이다. 또한 직무기술서는 직무의 내용과 직무의 요건에 동일한 비중을 두고 있는데 반하여, 직무명세서는 직무내용보다 직무요건에, 또 직무요건 중에서도 인적 요건에 큰 비중을 두고 있다. 다시 말해, 직무기술서는 과업요건에 초점을 둔 것이며, 직무명세서는 인적 요건에 초점을 둔 것이라 할 수 있다(김윤태, 2009 : 100～111).

1) 현장관리와 인력관리

직무분석이 인적자원관리의 각 분야와 어떠한 관계가 있는가에 관해서 검토하면 다음과 같다.

2) 조직의 합리화를 위한 기초작업

사업체의 운영을 계획적·능률적으로 하기 위해서는 먼저 개개 종업원에 대한 일의 분배를 적절히 하고 배분된 일의 범위책임을 명확히 해두지 않으면 안 된다. 그 다음에 그 일을 수행할 때 누구에게서 어떠한 통제·감독을 받고, 누구를 어떻게 통제·감독하는가를 명확하게 해두지 않으면 안 된다.

즉 직무권한의 명확화와 합리적 조직의 확립이 필요하다. 이를 위해서는 직무분석을 실시해서 개개 종업원이 하는 일의 현황, 받고 있는 감독의 상황을 조사하여 현장을 파악한 다음, 조직, 원칙, 기타를 고려해서 분담의 적정과 권한의 명확화를 하여 조직을 합리화하지 않으면 안 된다.

3) 채용·배치·이동·승진 등의 기준을 만드는 기초

종업원을 채용할 때에는 추상적·일반적인 좋은 사람을 선발하는 것이 아니고 담당업무의 종업원으로서 우수한가, 또는 우수한 작업자가 될 수 있는 소질을 지니고 있는가를 기준으로 해서 선발하여야 할 것이다.

종업원의 직무배치, 이동, 승진의 환경에 있어서도 이 점은 마찬가지이다. 배치, 이동, 승진 후에 직무를 수행하는 능력특성을 그 종업원이 갖추고 있는가가 문제이며, 이것을 판정하기 위해서는 그 직무가 요구하는 능력특성의 종류와 정도(자격요건)를 명확하게 밝혀두지 않으면 안 된다. 이 점을 명확하게 밝히는 것이 바로 직무분석이므로 직무분석의 결과는 채용, 배치, 이동, 승진 등의 기준을 만드는 기초라고 할 수 있다.

4) 인적자원고과의 기초작업

인적자원고과를 합리적으로 실시하려면 종업원이 선량하고 충실한 인간인가 어떤가와 같은 추상적인 평가로서는 불충분하며, 그가 맡은 바 직무를 어느정도 수행하였는가, 또한 그 직무에 필요한 지식·경험·기능을 어느정도 수행하였는가, 하여야 할 책임을 어느정도 수행하였는가를 구체적으로 평가할 필요가 있다. 즉 직무와 관련해서 평가되지 않으면 안 된다. 예를 들면, 인적자원 과정의 인적자원고과를 위해서는 다음과 같은 내용에 유의해야 한다.

① 그가 어떠한 인적자원관리제도를 기획해서 실시에 옮겼는가?

② top management가 노무정책의 방침을 결정함에 필요한, 그리고 적정한 정보자료를 시기를 놓치지 않고 제공했는가?

③ 소속종업원의 지도통솔이 적정했는가?

④ 노무관리에 직접 관계있는 여러 전문기술(직무분석, 작업분석, 인적자원고과, 노동법규, 임금제도 등)이나 조직·영업·재무의 현황, 더 나아가서 일반경제계의 동향이나 타사 노무현황에 관한 지식을 가지고 있는가?

⑤ 또한 노동조합의 절충, 고충있는 종업원의 취급 등에 어느 정도 숙달되고, 필요한 기술적인 능력을 어느정도 가지고 있는가 등을 될 수 있는 대로 구체적으로 평가하지 않으면 안 된다.

이와 같이 인적자원고과를 정당하게 실시하기 위해서는 평가기준의 확립이 절대로 필요한데, 평가기준을 만들기 위해서는 먼저 개개의 직무는 어떠한 내용과 특징을 가지고 있으며, 그 직무를 수행함에는 지식·숙련 등의 능력을 가지고 있지 않으면 안 되는가를 명확하게 하지 않으면 안 된다.

이러한 점들은 직무분석을 하게 되면 명확하게 되는 것이다.

5) 종업원 교육훈련의 기준

종업원 교육훈련의 목적은 각 사원이 현재 맡고 있는 직무 또는 장래에 담당예정인 직무를 보다 완전히 수행할 수 있도록 하는 데 있다.

따라서 무엇을 어떠한 방법으로 어느 정도 교육할 것인가는 각 직무를 수행하기에 필요한 지식, 숙련, 기능의 종류와 정도를 명확하게 함으로써 알 수 있게 된다. 이것이 바로 직무분석의 역할이다.

직무분석의 결과는 교육훈련의 기준이 됨과 동시에 개개 종업원의 지식·숙련의 과부족상황을 판정하는 기준도 된다.

6) 직무급 설정을 위한 기초작업

직무급이란 '동일가치노동 동일임금급여의 원칙'에 입각해서 직무의 상대적인 가치에 따라 결정되는 임금으로써 개개 종업원의 학력·연령·능력 등의 속인적 요소에 의해서 결정되는 속인급의 상대적인 것이다.

직무의 상대적인 가치를 결정하는 것은 다음 네 가지 요인이다.

이들 요인에 비추어 직무의 상대적 가치를 결정하는 것이 직무평가이다(직무급이란 직무평가에 입각해서 임금률이 정해지는 임금이라고도 할 수 있다).

① 일의 복잡도(어려움) : 그 직무를 평균적으로 수행하기에 필요한 지식, 지능, 숙련의 정도에 의해서 정해진다.

② 일의 난이도(노력) : 그 직무를 수행할 때에 담당자가 하는 신체적·정신적 노력의 정도에 의해서 측정된다.

③ 책임의 대소 : 그 직무를 완전히 수행치 못한 경우에 기업에 끼치는 손실의 대소에 의해서 정해진다.

④ 작업조건의 양부(良否) : 그 직무를 수행할 때에 담당자가 처해 있는 환경상의 비위생성과 위험도에 의해서 정해진다. 직무분석은 이와 같은 직무의 특성을 구체적으로 명확하게 하는 것이므로, 이것이 직무급 설정을 위한 기초작업이 되는 것이다.

7) 기타 용도

이외에 직부분석은 직업소개, 상담, 작업방법의 개선, 합리화, 안전관리, 정원산정, 작업환경의 개선 등에 유용하게 쓰여지고 있다. 이와 같은 내용을 근거로 직무분석의 용도를 도표화하면 [그림 2-3], <표 2-4>와 같이 설명할 수 있다.

인적자원관리와 직무분석의 관계는 [그림 2-5]와 같이 설명할 수 있다.

〈표 2-4〉 직무분석의 결과 활용

항 목	내 용
① 조직합리화	• 목표달성을 위한 합리적 조직의 검토 • 업무배분의 적정화 및 책임과 권한의 명확화(업무분장 및 결재선의 명확화로 불평불만 감소)
② 직무의 표준화	• 업무처리방법의 표준화 및 업무 노하우의 명문화 • 관리자의 즉흥적 · 주관적 · 판단에 따른 직무성격변화 방지 – 소규모기업 → 기동성 · 신속성 저해 – 대규모기업 → 부서 간 · 개인 간 업무중복방지, 비능률 및 불만 방지 • 문서장표의 표준화
③ 정원(T/O) 관리	• 업무의 종, 질, 양, 작업방법 등을 파악하여 소요인원 산정 • 직무중심의 인원편성표 작성활용(사람중심의 조직팽창 방지) • 부서별 · 직무별 목표 · 정원관리 • 직무경력활용(전문가 양성)
④ 채용 · 배치 전배 · 승진	• 채용시 추상적 · 일반적인 '좋은 사람'의 선발이 아니고, • 해당직무에 우수한 작업자, 즉 해당직무 수행자격요건기준의(직부, 직군, 직무, 직급, 성별, 최적연령, 교육정도, 소요특질, 자격면허, 외국어 정도, 경력, 직무훈련, 숙련기간) 최적자 선택 • 직무가 요구하는 능력, 특성의 종류와 정도, 자격요건에 맞는 적재적소 배치활용 • 막연한 고급인력(높은 직급, 대졸 등) 충원의 배제로 인건비 과다지출 방지 • 신규충원시 표준직무기술서 첨부활용으로 채용의 명확한 근거제시 • 호환가능직무설정으로 전배활용 및 mannerism 배제 • 결원의 적시충원 시스템 확립
⑤ 인적자원 고과	• '선량하고 충실한 인간인가 어떤가'와 같은 추상적인 평가로서는 불충분하며, • 직능별 고과제확립으로 책임의 수행 정도에 대한 구체적 평가로서, 회사이익 목표달성 여부의 기여도 평가
⑥ 직능별 교육훈련	• 직능별 교육훈련 체계확립으로 개개 사원의 업무수행에 필요한 지식, 숙련, 기능의 과부족에 따른 교육훈련 실시
⑦ 업무개선	• 직무의 현상태를 질서있게 해명, 분석결과를 제시함으로써 • 회사전반적인 능률향상 및 운영면의 현실적인 문제점이 개선될 수 있는 기반 마련
⑧ 직무급 설정의 기초	• 동일가치노동 동일임금의 원칙 • 보수액의 격차는 직무의 난이성 및 책임한계에 기초를 둔다. • 동일노동시장에서 타기업이 지급하는 임금수준에 평행하여야 한다. • 직무의 상대적 가치결정요인(일의 복잡도, 곤란도, 책임의 대소, 작업조건의 양부)
⑨ 기 타	• 관리기초자료 • 업무 가이드 • 작업간소화와 방법개선을 통한 생산성향상 기여

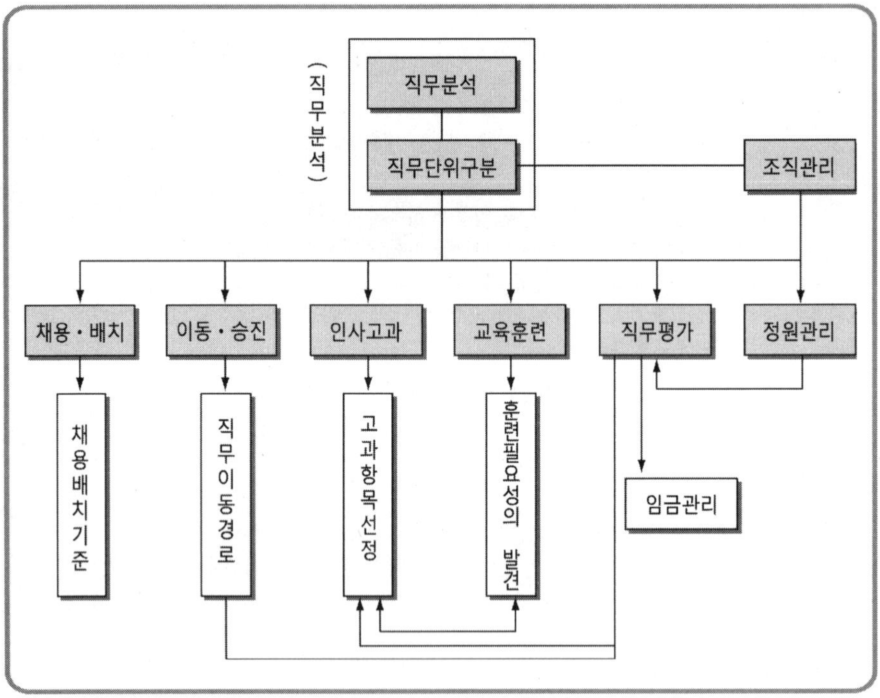

[그림 2-3] 직무분석의 용도

직무연구의 효용성

직무연구에서 다루어진 도구들은 다음과 같은 질문에 답변하는데 도움을 제공할 것이다.

① 어떤 일을 해야 하는가?
② 어떤 과업이 업무를 구성하는가?
③ 과업을 완수하기 위해선 종업원들이 어떤 기술을 가져야 하는가?
④ 그 과업을 수행하기 위해서 얼마나 많은 종업원이 필요한가?
⑤ 누가 그 일을 수행할 것인가?
⑥ 언제 그 일이 수행되어야 하는가?
⑦ 각 과업에 필요한 기간과 노력은?
⑧ 종업원들이 어느 정도의 기술수준을 가져야 하는가?
⑨ 그 일을 수행할 수 있는 종업원의 숫자는?
⑩ 각 직무에 대한 종업원을 부족 또는 잉여상태는?
⑪ 조직 내에서 누가 향후 업무공백 시 그 업무를 담당할 수 있는가?

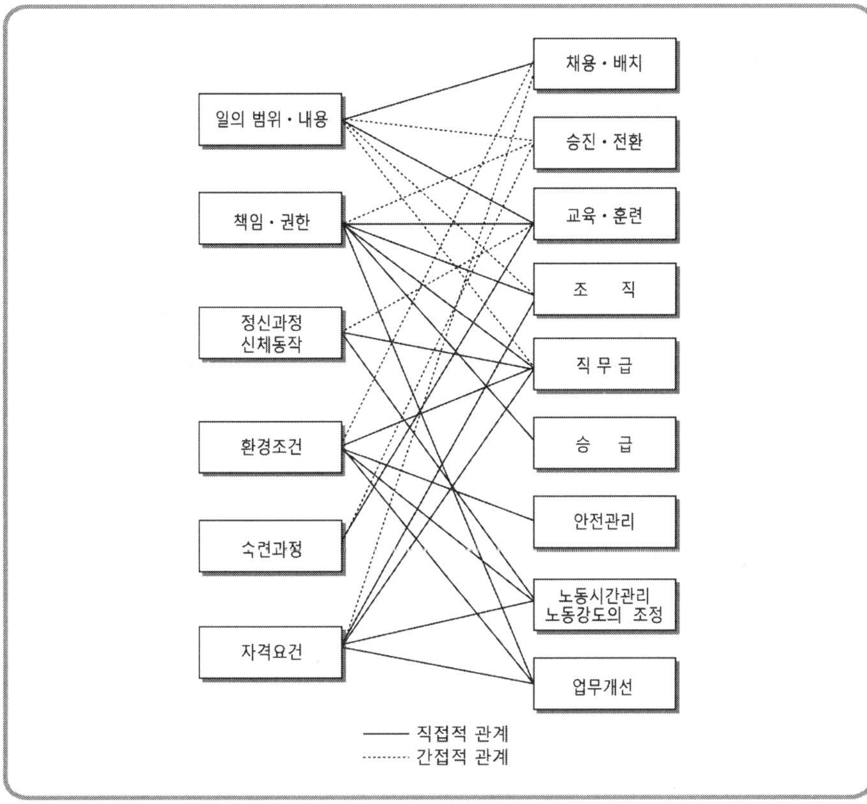

[그림 2-4] 인적자원관리와 직무분석의 관계

5. 직무평가

1) 직무평가의 의의

어려운 일, 질이 높은 일을 하는 사람의 능력은 그만큼 높지 않으면 안 된다. 어렵고 질이 높은 일을 하는 사람의 임금이 높은 것은 당연하다. 그러나 일이 어렵다든가 질이 높다 하더라도 사람의 능력에 따라 다르다. 능력이 낮은 사람에 있어서의 어려운 일은, 능력이 높은 사람에게 있어서는 쉬운 일이 될 수 있다.

그러면 어렵다든가 질이 높다든가 하는 것은 무엇을 기준으로 하며 어떠한 도구를 사용해서 측정하는가. 측정해야 할 도구나 측정하는 방법이 결정되지 않으면 그 어려운 정도를 알 수 없다. 그 측정하는 방법으로 생각해 낸 것이 직무분석과 직무평가다. 분석에 있어서는 측정하기 쉽게끔 일의 내용이나 역할 등을 명백히 한다.

일정한 측정도구를 만들고 측정하는 방법을 결정하여 실제로 측정하는 것이 직무평가다. 그러므로 분석과 평가는 일의 난이도 또는 질의 정도를 측정하는 방법이며 절차라고 할 수 있다. 분석방법이나 평가방법에는 여러 가지 양식이 있다. 채용이나 배치 등을 목적으로 한 분석, 임금제도를 만들 목적에서 생긴 분석 등 목적이 다르면 방법도 다르다(Patton, 1964 : 65~100).

2) 직무평가방법의 내용과 절차

일반적으로 직무평가방법에는 서열법, 분류법, 요소비교법, 점수법 등이 있다(김원중, 1992 : 542~549).

(1) 서열법

서열법은 직무평가방법으로써 가장 일찍이 쓰여진 방법으로 이 방법은 직무를 중요한 것으로부터 경미한 것으로 서열을 매겨서 직무를 평가하는 것이다.

이 방법은 보통 부문의 장이나 감독자에게 그 부문의 직무를 평가하도록 하는 점에서 부문별 중요순위법이라고도 한다.

서열법의 일반적 내용과 절차는 다음과 같다.

① 평가대상 직무의 결정

② 직무기술서 및 명세서 작성

③ 서열부여

④ 서열의 통계적 처리

⑤ 부문 간의 서열 통합

⑥ 직급의 결정

(2) 분류법

분류법은 미리 등급을 결정하여 놓고 모든 직무를 평가해서 분류하는 방법이다.

등급을 결정하는 개념규정에서는 일반적으로 직무의 곤란도 및 책임 등의 요소가 중심이 되어 서열적으로 규정된다.

① 분류법의 일반적 내용

- 평가대상 직무의 결정
- 기술서 및 명세서 작성
- 직무결정 및 각 등급의 정의 결정
- 평가분류

② 등급정의에 포함될 일반적 요건

- 업무의 유형과 의무의 복잡성
- 직무수행에 요하는 교육정도
- 직무수행에 요하는 경험정도
- 감독 또는 피감독의 상태
- 책임정도
- 요구하는 노력

③ 분류법의 장단점

<장점>

- 평가절차가 간단하고 비용 및 시간이 절약된다.
- 직무내용에 대한 참고정보를 얻기 쉽다.
- 활용 및 설명이 용이하다.
- 사업에는 등급이 구분되어 있으므로 임금과의 결부가 용이하다.

<단점>

- 명확한 등급정의가 곤란하여 분류가 어렵다.
- 선입견에 영향을 받기 쉽다.

- 직종이 다양하거나 직무수가 많을 때에는 사용하기 곤란하다.
- 종업원에게 평가결과를 납득시킬 수 있는 근거가 미약하다.

그러므로 이 등급을 어떻게 결정하느냐 하는 문제가 이 방법의 진가를 좌우하게 된다.

(3) 요소비교법

요소비교법은 각 직무가 공통적으로 포함하고 있는 직무의 특징 몇 개를 평가요소로 추출하여 직무의 가치를 요소별로 가정한 결과를 완화하여 각 직무의 가치를 결정하는 방법이다.

이 방법은 평가제도를 시간당 임금률로 환산하여 직접 평가결과가 각 직무의 시간당 임금으로 환산되는 벤지(Benge)방법이 통례적으로 사용되었으나, 그 후 임금을 점수로 평가하는 방법으로도 사용되고 있다.

① 요소비교법의 일반적 내용

- 평가요소의 결정
- 평가를 위한 기준직무의 선정
- 기준직무의 요소별 서열 결정
- 기준직무의 임금률을 각 요소에 배분
- 기타 직무의 비교평가

② 평가요소의 종류

- 정신적 요인
- 숙련
- 신체적 요인
- 책임
- 작업조건

③ 요소비교법의 장단점

<장점>

- 서열법 또는 분류법에 비하여 비교적 객관성 있는 평가를 할 수 있다.
- 간결하고 탄력적 평가가 가능하다.
- 비교적 종업원의 이해를 얻을 수 있는 평가근거로 가질 수 있다.
- 다종(多種)의 직무를 평가할 수 있다.
- 직무평가와 동시에 임금률을 결정할 수 있다.

<단점>

- 기준직무의 추출이 곤란하다.
- 기준직무의 잘못 선택은 전직무의 평가가 불공평해진다.
- 등급구분이 곤란하다.

(4) 점수법

점수법은 1925년에 메틸 · 알 · 로트(Lott)에 의하여 고안된 방법으로, 직무평가를 측정할 수 있는 여러 요소를 추출 선택하고 각 요소에 중요도에 따른 등급을 설정해서 등급에 점수를 부여하고 그 성과를 직무가치로 산출하는 방법이다.

점수법은 크게 가중점수법과 단순점수법으로 대별할 수 있다.

① 점수법의 일반적 내용

- 평가요소의 선정
- 각 요소의 등급 구별 및 등급별 정의 규정
- 각 요소의 비교결정 및 등급에 점수 부가(가중법일 경우)
- 대상직무의 평가
- 직무결정
- 평가의 조정

등의 6개 과정을 거친다.

② 단순점수법

이 방법은 평가요소를 선정하고 각 요소에 5개 내지 6개의 등급을 설정하고, 각 등급에 0 또는 1에서부터 일련 순으로 점수를 부여하고 그 합계를 평가치로 산출한다.

이 방법은 각 요소의 경중도를 고려하지 아니하여 등급 간에 존재할 수 있는 불균형 격차를 무시하기 때문에 어느 경우 과대 또는 과소평가의 불합리를 범할 수 있는 여지가 많다.

그러나 어떤 분석자는 가중점수법을 채택할 만한 준비가 갖추어지지 못한 경우에, 한 방편으로 과도기에 사용하는 것은 적절한 방법이라 말하고 있다.

③ 가중점수법

이 방법은 전술한 바와 같이 가치를 선정한 다음 각 요소에 그 중요도에 따라 인위적으로 할당된 일정비중을 가하여 주고 각 등급에 산술급수적인 점수를 부여하거나 기하급수적 점수를 매겨서 평가기준을 설정한다.

이 때 전자를 산술급수적 점수법이라 하며, 후자를 기하급수적 점수법이라 말한다.

④ 평가가치의 결정

평가요소는 직무의 가치를 구체적, 객관적으로 평가하기 위해서 척도를 선정하는 것으로, 일반적 기준은 다음과 같은 사항에 만족할 수 있는 것이어야 한다고 말하고 있다.

- 각 직무에 공통적으로 포함되어 있으며 비례적으로 존재하는 요소
- 직무가치의 판단에 중요한 영향을 주는 요소
- 의미상 중복되지 않는 요소
- 경영자, 종업원 양자가 다 같이 납득할 수 있는 요소
- 포괄적으로 개념규정이 가능한 요소

점수법에 있어서 가장 핵심적인 가치로 다음과 같은 4가지를 들 수 있다.

- 기술 : 능력과 지식

• 노력 : 정신적 육체적 노력
• 책임 : 모든 의무
• 작업조건 : 작업환경 등의 조건

⑤ 포괄등급의 설정법

포괄등급의 설정법은 각 요소에 하·중·상 또는 미달, 조금미달, 보통, 약간, 우수 등으로 구분하는 방법으로 단순점수법에서 흔히 사용되는 방법이며, 등급정의법은 각 요소에 분류법의 등급별 정의 방법을 사용한 것과 같이 등급을 구분하고 각 등급에 포함될 직무의 설명을 가해준 방법이다.

⑥ 요소비중의 결정

직무가치를 결정하는데 있어서 어떤 요소는 다른 요소에 비하여 보다 중요하다는 것이 일반적으로 인정되고 있다.

요소의 비중을 설정하는 데는 어떤 숫자적 공식이나 증명된 방법은 없으며, 다만 인간의 건전한 판단이나 과거의 경험 또는 목적에 도달하려는 많은 시행착오에 신뢰하는 수밖에 없다. 일반적으로 많은 회사(국내·외)의 비중을 검토해 보면 다음과 같은 공통점을 찾아볼 수 있다.

• 책임 ≤ 지식 또는 숙련(1 : 1 또는 1 : 2)
• 책임+숙련 > 노력 + 환경(2 : 1)
• 노력 = 환경(1 : 1)
• 등급점수의 할당

등급점수 할당법에는 다음 3가지가 있다.

㉮ 산술급수적 방법
㉯ 기하급수적 방법
㉰ 등차급수적 방법

산술급수적 방법은 각 등급에 1 또는 10 등 임의의 일정수를 계속 곱해주는 방법이며, 등차급수적 방법은 등급차에 차등적으로 수를 더해주는 방법이다.

⑦ 점수법의 장단점

<장점>

- 비교적 객관화된 평가를 기하여 공평한 결과를 얻을 수 있다.
- 평가결과를 납득시킬 수 있는 근거자료가 있다.
- 평가자가 교체되어도 큰 영향을 받지 않는다.
- 다수직무의 평가가 용이하다.

<단점>

- 요소결정비중 및 등급점수의 할당이 어려우며 고도의 숙련이 필요하다.
- 시간과 경비의 요소가 크다.
- 주관적 판단의 여지가 지적되므로 요소 및 비중의 잘못 선택에 따르는 평가오차가 매우 클 수 있다.
- 수속절차가 복잡하다.

3) 직무평가의 유의점

직무평가는 그 결과의 활용정도에 따라 조직 및 구성원들에게 매우 큰 영향을 미치게 된다. 따라서 직무평가가 완료되었을 때 나타날 수 있는 조직구성원들의 저항 및 반응을 최소화시키기 위해서는 공정하고 합리적인 방법을 통한 결과의 객관화가 유지될 수 있어야 한다. 특히 다음과 같은 면에 주의를 기울여야 한다(박성수 외 3인, 2007 : 63~65).

(1) 직무평가의 목적을 분명히 한다.

직무평가는 직무분석의 결과 분석된 조직 내 직무관련 자료를 가지고 직무의 위계적 체계를 설정하는 것이다. 따라서 어떠한 경우에든 직무평가를 실시하고자 할 경우에는 평가의 결과를 조직 내의 보상체계에 어떻게, 어느 정도 반영할 것인지를 명확히 설정하고 그와 같은 목적에서 직무평가의 과정이 일관성을 지닐 수 있도록 추진되어야 한다. 몬디(R. W. Mondy) 등은 직무평가 추진 시의 요건으로서 다음과 같은 점을 제시하고 있다.

① 평가결과와 관련된 모든 사람이 쉽사리 이해할 수 있도록 직무가치의 일관된 측정이 이루어질 수 있어야 한다.
② 직무평가의 시작, 관리, 개정의 모든 과정에 경영층을 포함시키고 지원을 확보할 수 있어야 한다.
③ 특정 직무수행자에 따른 편견, 편애 등으로 인하여 그에 따른 보상의 내적 불공정성이 야기되지 않도록 하여야 한다.
④ 직무를 측정하되 직무수행자를 평가하지 않도록 한다.
⑤ 기능집단 내의 광범위한 직군(job clusters)에 적용할 수 있도록 한다.

⑵ 직무평가의 기술적인 측면에서의 한계점을 인식하고, 그에 대한 충분한 사전검토가 이루어져야 한다.

직무평가를 추진하다보면 직무평가가 지니고 있는 한계를 인식할 수 있는 부분은 도처에 산재하고 있다. 직무기술서 및 명세서의 준비가 철저하다 할지라도 평가요소의 선정, 평가요소에 대한 가중치의 결정, 등급의 설정, 평가요소에 대한 점수의 배분 등 모든 부분에 걸쳐 임의성이 개입될 가능성은 존재한다.

심지어 점수법이나 요소비교법과 같이 계량화된 방법을 활용한다 할지라도 그것은 단지 수치적인 개념을 도입하여 평가절차 및 결과의 정교화를 꾀한 것일 뿐 철저한 과학성이 존재하는 것은 아니다. 또한 점수법이나 요소비교법의 경우 경영자와 종업원 간에 평가요소의 선정에 대한 의견차이가 발생할 가능성도 존재한다. 예컨대, 경영자의 입장에서는 기능, 책임, 노력 및 작업조건 등을 제시하는 반면, 종업원의 입장에서는 감독의 유형, 작업에 대한 성실성, 초과작업시간, 인센티브, 기준의 엄격성을 추가하고자 하는 경향이 있다.

이와 같은 한계는 어떠한 방법을 사용하든, 어떠한 절차를 따르든 내재되어 있다는 것을 충분히 인식하여야 한다. 경우에 따라서는 그와 같은 한계를 이용하여 손쉽게 추진할 수 있는 방향을 취하기도 하나, 이는 오히려 직무평가의 한계에 빠져드는 것밖에 되지 못한다. 따라서 각각의 기법 및 평가과정에 내재된 장단점, 대상조직 및 업무의 특성, 조직의 필요성 등을 면밀히 검토하여 평가기법의 선정과 추진이 이루어져야 한다.

(3) 직무평가에 대한 최고경영층의 지원 및 조직구성원들의 협조와 합의를 이끌어낼 수 있어야 한다.

직무분석에서와 마찬가지로 직무평가의 성패에 있어서 최고경영층의 지원여부는 거의 절대적이다. 아울러 조직구성원들에게 직무평가의 목적과 추진에 따른 구체적인 내용 및 일정 등을 갖춘 채로 직무평가를 실시할 수는 없다는 점에서 직무평가의 직접적인 대상이 되는 조직구성원들의 협력 또한 직무평가의 성패를 결정짓는 중요한 요소이다. 특히 직무평가의 결과는 조직 내 이동 및 보상관리에 직결되기 때문에 가능한 조직 내에 공시화시킬 필요가 있으며, 종업원들의 참여를 유도할 수 있어야 한다.

6. 직무설계

과학적인 인적자원계획의 수립에 따라 인적자원관리의 거시적 방향이 설정되면, 계략적인 인적자원계획에 따라 조직에서 필요한 직무를 분석하여 조직의 전체차원에서 직무설계(work design)가 이루어진다. 그리고 개별직무별로 직무의 상대적 가치를 결정하는 직무평가(job evaluation)를 시행하여 인적자원관리의 체계를 이루는 직무연구(job study)의 기반을 마련하게 된다.

직무설계는 직무분석을 기초로 하고 있는데, 이는 직무개발 차원에서 인적자원부서와 관리자의 책임을 규정하여 관리적 효율성을 기해야 한다. 그리고 직무적 자원시스템의 합리적 운영을 기하여야 한다.

직무설계는 직무분석, 직무평가 등과 수평적인 연관성을 갖는 연구내용을 말하는데, 이를 직무연구라고 부르기도 한다. 그러므로 여기서 직무설계의 이론적 내용을 검토하여 보기로 한다(유기현, 2000 : 88~91).

1) 직무설계란?

직무설계는 직무내용(work content)과 보상(rewards) 및 개별직무가 요구하는 자질(qualification) 등의 총합화로 정의된다. 즉 직무설계는 과업 · 기능 · 관계성을 포괄하는 직무내용과 보상, 개별직무가 요구하는 기술 · 지식 · 능력을 포함하는 자질 등을 포괄하는 실제적인 계획을 의미한다. 따라서 직무설계는 조직 전체차원에서의 직무내용과 이에 수반되는 직무별 보상, 그리고 개별 직무수행에서 요구되는 자질 등을 계획하는 관리과정이라고 정의될 수 있다.

이러한 직무설계는 조직이 관리행위를 전개하기 이전에 계획되어야 하는 필수적 선행요건이다. 동시에 직무설계는 조직시스템의 기초적인 요인으로서 관리체제 정립과 직무의 성격 및 직무의 상대적 가치의 결정 등에 의해서 조직관리의 기준과 표준을 마련하는 중요한 계획과정이라고 볼 수 있다.

따라서 직무설계의 기본목적을 요약 · 정리하면 다음과 같다.

① 종업원의 모티베이션 향상

② 작업의 생산성 향상

③ 재화와 용역의 질과 양적 개선

④ 원가절감과 시간절약

⑤ 이직과 훈련비용의 감소

⑥ 새로운 기술에 신속한 대응

⑦ 인간공학과 산업공학에의 공헌

이상의 목적을 가지고 직무설계를 하게 되는데, 이를 효과적으로 달성하기 위해서는 직무의 역할과 중요성을 인식하는 직무설계과정에서 다음과 같은 접근방법이 고려되어야 한다.

2) 직무설계의 접근방법

이론과 조사연구과정에서 직무설계는 종업원과 조직의 효율성에 영향을 미치는 것으로 나타나고 있다. 이러한 직무설계의 4가지 접근방법은 직업의 심리적 차원과 전문화단계에 영향을 미치고 있는데, 그 내용을 체계적으로 검토해 보면 다음과 같다.

(1) 작업단순화(work simplification)

이 접근방법은 전문화된 직무를 선도하고 있다. 이 과정에서 작업의 단순화로 성과의 증대를 기대할 수 있고, 동시에 원가절감과 분업의 효과 및 직무수행의 성과증대로 작업능률의 증대를 기할 수 있다. 따라서 작업의 단순화는 완전운영 및 관리의 신속성을 기대할 수 있는 반면에, 세분화된 소규모의 작업단순화로 저임금 근로자의 불평을 조장할 가능성을 배제할 수 없다.

(2) 직무순환(job rotation)

직무순환은 종업원이 단순화 및 세분화된 업무를 일정기간 동안 순환하면서 직무를 수행하고, 동시에 직무수행과정에서 실무를 통해서 직무의 성질과 처리방법 및 절차와 유기적 상호관계성을 이해하게 된다. 그리고 직무순환은 단순화된 작업의 단조로움과 권태감을 감소시킬 수 있는 반면에, 스탭에게는 바람직하지 못한 직무가 될 수 있다.

따라서 직무순환은 조직 내 직무의 유기성과 수행능력을 파악하는 데에는 효과적이고, 또 동일직무를 장기간 수행하는 과정에서는 태만성과 권태감을 제거시키는 관리기법으로서 효과가 있다. 그러나 순환과정에서 업무의 성격과 내용에 따라 순환기간과 순환시점의 타당성분석이 선행되어야 효과를 증대시킬 수 있다.

(3) 직무확대(job enlargement)

직무확대는 직무(작업)단순화와 반대개념을 갖고 있다. 즉 직무확대는 측정인을 중심으로 하여 직무의 다양한 부분을 동시에 수행시켜 한 사람에 의해 몇 가지 직무가 수행되도록 직무를 확대시키는 것을 의미한다. 이 이론은 직무수행과정에서의 다양성을 통해 직무의 지루함과 권태감을 감소시키면서 작업의 능률을 증대하여야 한다고 주장한다. 그러나 직무확대는 직무수행의 중인 개인의 능력과 자질을 고려하지 않고 제도적으로 운영을 강요하다보면 업무수행 과정에서 작업결과의 질이 떨어질 가능성이 있다. 따라서 직무확대는 과학적이고 계량적인 분석결과를 기초로 하여 이루어져야 한다.

(4) 직무충실화(job enrichment)

직무충실화는 작업의 책임성이 증대되고 더 많은 자율성과 통제를 부여한다. 즉 직무충실화는 작업을 수행하는 과정에서 해당 직무수행과 성과에 책임성이 강하게 요구되는 반면에, 수행과정에서 자율성이 보장된다. 결국 직무충실화는 종업원에게 작업의 능률을 강조하고 있다.

직무충실화를 위한 접근방법으로는 ① 한 직무에 수평적 범위를 증대시키기 위한 것과, ② 한 직무에 수직적 · 수평적 범위를 확대시키기 위한 것 등 두 가지로 검토할 수 있다. 즉 [그림 2-5]는 (1)을 (2)로 수평적으로 범위를 확대하기 위한 것이고, [그림 2-6]은 특정직무 (1)에 상위직무, (2)와 하위직무, (2)를 수직적으로 추가시키는 방법이다.

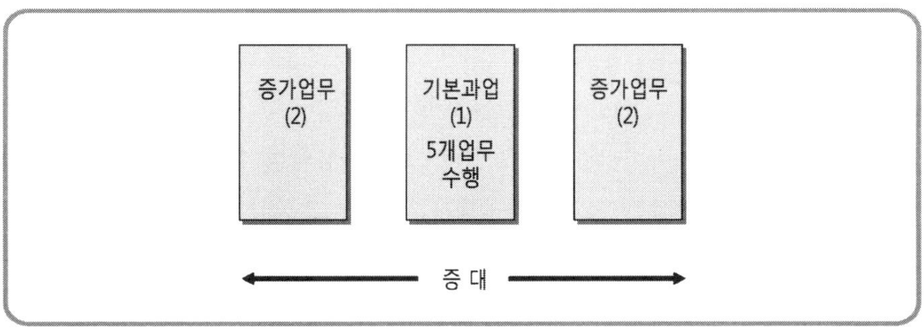

[그림 2-5] 직무충실화 방법 (1)

[그림 2-6]은 직무충실화를 위한 두 번째 접근방법으로서 수직적 범위를 증대시켜 주는 것을 보여 주는 예이고, [그림 2-5]는 수평적 범위를 증대시킨 예이다. 따라서 직무충실화는 종업원의 권한과 책임 및 자율성을 증대시킬 뿐

만 아니라, 이에 따른 보상의 증대를 기할 수 있으며, 동시에 결근율과 이동성을 감소시킬 수 있다. 이러한 직무설계의 활동은 긴 역사를 배경으로 하고 있다. 그리고 18～19세기의 기술진보는 직무충실화를 통한 작업설계를 기초로 생산작업의 공장시스템을 확립하는 데 기초가 되었다.

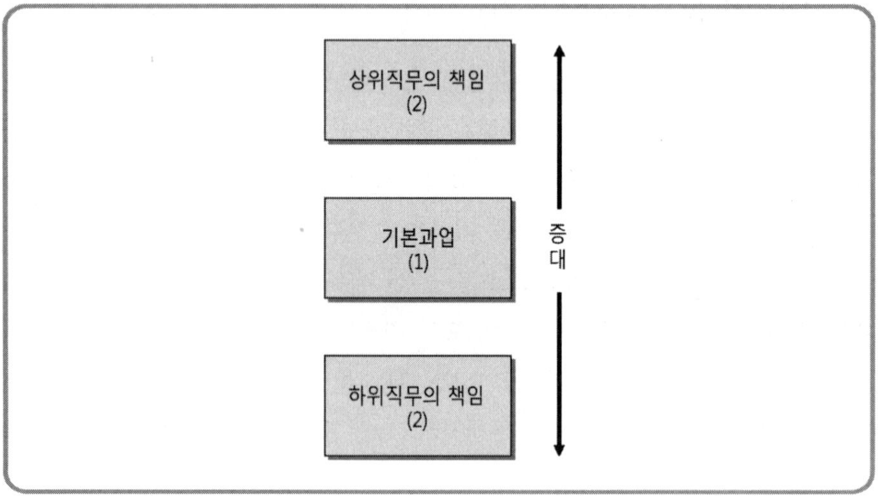

[그림 2-6] 직무충실화 방법 (2)

3) 직무설계의 도입 전제

앞에서 제시한 직무단순화, 직무충실화, 직무특성화를 실제로 기업에 도입하여 효과를 얻기 위해서는 적어도 두 가지 문제가 고려되어야 한다. 첫째는 직무의 재설계를 행할 때 사전에 어떤 조건 내지는 전제가 필요한가를 이해하는 일이며, 둘째는 여러 직무설계의 접근법 중에서 어느 것이 적합한지 또는 어떻게 믹스(mix)를 하여야 할지를 감안하면서 구체적으로 직무설계를 실천하는 방안을 강구해야 한다는 것이다(신유근, 1989 : 344～346).

(1) 직무설계의 필요성에 대한 인식

무엇보다 직무설계를 행하기 위해서는 조직을 운영하는 최고경영자들이 직무설계의 필요성과 그 배경에 깔려 있는 조작적 의미를 충분히 이해하고 있어야 한다. 최고경영자들이 정확한 판단과 지속적인 지원은 직무설계의 성패를 좌우하는 요소인 것이다. 아울러 중요한 것은 종업원의 이에 대한 인식이다. 즉 직무설계를 통하여 생산성이 증대한다는 것을 염두에 두고 순전히 생산성만을 겨냥하여 직무설계를 도입한다면, 이는 곧 종업원들에게 능률향상을 위해 새로운 도전에 불과하다는 인상만을 심어주게 되어 그 결과는 기대하던 것과는 전혀 다른 방향으로 흘러갈 수도 있다.

종래의 생산방식에 의하면, 이론적 사고에 기초를 두고 작업자에게 갖가지 규제를 가함으로써 능률을 높일 수 있다고 믿었다. 그래서 작업속도의 규제나 표준화 등에 의해서 이러한 목표를 달성하려고 하였고 제반 관리방식을 고안하였던 것이다. 결국 작업자를 견고한 틀 속에 묶어두고 그 속에서의 행동을 촉발시키기 위한 여러 가지 방법을 모색해 왔다고 볼 수 있다. 이러한 전통적 입장에 서 있는 경영자들은 그들의 최대목표를 생산성에만 둔 나머지, 작업자의 근로생활의 질(Quality of Working Life; QWL)이나 일하는 보람을 너무 등한시하여 온 것이 사실이다. 그러나 직무설계의 현대적인 개념들이 널리 보급이 되면서 경영자들의 직무설계에 대하여 새로운 인식을 하기에 이르렀다. 종업원에 대한 새로운 배려로서 직무설계는 근로생활의 질을 높여주는 것은 물론, 그 결과 생산성을 향상시키는 효과도 아울러 가지고 있는 것이다.

요컨대, 직무설계가 효율적으로 도입되기 위해서는 위로부터 아래까지의 관리층에 있는 구성원들 간에 직무설계의 이면에 있는 철학을 이해하여 일관성 있는 태도를 견지하는 것이 첫 조건이 된다.

(2) 직무설계의 제약요인에 대한 이해

직무설계를 전략적 차원에서 실제로 행할 때 영향을 미치는 제약요인들에 대한 이해가 선행되어야 한다. 그러한 제약요인으로 중요한 것은 다음의 두 가지로 들 수 있다(신유근, 1989 : 346~348).

① 직무속성요인

직무설계를 행할 경우 직무담당자들에 있어서 직무라는 것은 어디까지나 주어진 여건이라고 생각하기 쉽다. 그러나 오늘날 직무설계를 생각하는 방법은 직무담당자를 오히려 여건이라고 보고 이 사람에 대해서 직무를 어떻게 설계해 나가면 좋을까 하는 방향으로 나아가고 있다. 이 경우에 큰 의미를 갖는 것이 직무속성(job attributes)을 부여하도록 설계하여야 하는 것이다. 따라서 직무속성요인은 환언하면 직무담당자에게는 직무충실화를 가져다주기 위한 요인이라고 할 수 있다.

〈표 2-5〉 직무설계를 위한 직무속성요인

직무속성요인	인간요인
1. 과업의 확대	탈단조감, 자부, 책임감
2. 책임의 증대	책임감, 자부
3. 자유재량의 확대	자주성·자율성의 확대, 책임감, 탈구속감, 승인
4. 상호작용의 증대	친화감, 승인, 연대감
5. 일의 종합성의 증대	책임감
6. 계획적 직업의 증대	책임감, 충실감, 달성감
7. 도전성의 증대	학습, 성장감, 달성감, 승인
8. 일의 질적 다양성의 증대	탈단조감, 성장감
9. 성과의 피드백의 증대	승인, 충실감, 달성감
10. 작업환경조건의 향상	쾌적감

이러한 직무속성에 관한 여러 연구결과들을 정리해보면 앞의 <표 2-5>와 같이 10개 항목의 직무속성요인으로 요약할 수 있다.

이 각 직무속성요인이 담당직무 가운데에 포함되어 있다면 그 직무를 담당하는 사람은 충실성이 있으며 일에 대한 동기부여가 이루어지게 된다. 따라서 직무설계를 행하는 경우 이러한 요인들이 직무 가운데 포함되도록 유의하여야 한다.

② 직무설계의 상황요인

직무설계전략이 성공하기 위해서는 직무에 영향을 주는 상황요인들이 확인되어야 한다. 이러한 상황요인(situational factors)으로 전형적인 것들은 다음과 같다.

- 작업자의 기능의 변화, 집단상호작용 및 종업원의 성격을 포함하는 인적요소(human element)
- 현장에서의 기술수준, 일반적인 작업조건, 감독의 성격·작업의 할당 및 수행방법 등과 같은 환경요인(environmental factors)
- 기업의 성장 확대, 또는 다각화와 같은 경제적 측면(economic aspects), 시간의 경과에 의해 발생한 변화 그리고 시간제약에 의한 압박

경영자는 작업을 설계하거나 재설계에 앞서서 먼저 직무 그 자체와 상호작용하는 모든 변수를 평가해야 한다. 이러한 영향요인들을 좀더 부연해서 살펴보기로 하자.

첫째, 사람들은 서로 상이하다. 모든 종업원이 전부 변화있고 의사결정권이 주어진 도전적인 직무를 원하는 것은 아니다. 어떤 사람들은 단순하며 일상적 성격의 직무에 종사하는 데 만족을 느끼기도 한다. 또한 사람들은 그들의 사회적 상호작용의 욕구에 따라 다르게 행동한다. 사람에 따라서 혼자 일하는 것을 선호하기도 하며, 또 어떤 사람은 집단의 한 부분으로 일을 더 잘하기도 한다.

둘째, 때때로 경영자들은 종업원을 선발하고 배치하는 과정에서 오류를 범하기 쉽다. 예를 들면, 자격이 미달되었거나 초과되어 있는 사람을 어떤 직무에 배치하는 것이다. 자격미달인 사람은 직무가 요구하는 기술을 충족시키지 못하기 때문에 좌절하게 된다. 자격이 초과된 작업자는 그의 직무가 재미없고 사람들과 전반적인 교육수준의 상승 때문에 경영자들은 그들이 자격이 초과된 종업원을 협소하고 제한된 직무에 배치하고 있다는 사실을 알지 못하고 직무에 대한 고용조건만 높이기 쉽다.

셋째, 직무와 작업흐름의 변화는 때때로 사회적 및 개인 상호간의 관계를 파괴하기도 한다. 반대로 변화는 종업원, 동료, 감독자와의 과거에 좋지 못했던 관계를 개선하여 주기도 한다.

넷째, 기계적·관료적인 조직분위기는 단순하고 표준화된 직무에 대해 더욱 제한된 의사결정을 하게 만든다. 반면에, 유기적 조직분위기는 직무를 충실하게 하고 자기관리를 하는 작업집단을 지원해 준다.

다섯째, 기술은 직무충실화의 도입을 방해할 수도 있다. 예컨대, 과학적 관리와 대량생산 기계라인을 따라 작동하도록 기계와 설비에 많은 투자를 한 기업이 있다면 이 기업의 직무와 작업흐름을 재설계하는 것은 비용이 매우 많이 들 것이다. 반면에, 새로운 서비스조직 또는 사무집단 등 라인 혁신에 상당한 자유를 가질 수가 있다.

이처럼 직무와 상호작용하는 변수들은 매우 많지만, 이러한 변수 또는 요인들에 대한 분석을 소홀히 해서는 안 된다. 왜냐하면, 이들과의 상호관련 속에서 직무설계의 효과가 나타나기 때문이다.

제3장

인적자원계획

human resources management for the tourism sector

계획은 관광관리 프로그램에 있어서 하나의 과제이다. 계획의 주체가 인적자원관리로 평가되어지기도 한다. 이 장은 관광기업에 있어서 인적자원책임자(human resource manager)가 다양한 계획과 관리를 통합하는 데 있다. 또한 효과적인 인적자원관리의 필요성을 인식하는 데 있다.

① 인적자원계획과정의 개념 이해
② 인적자원관리계획의 정의
③ 효율적 인적자원관리의 필요성
④ 인적자원계획과정의 상호 관계성
⑤ 인적자원계획의 system approach와 관광기업에의 적용
⑥ 계획, 예측, 목표를 구분
⑦ 인적자원관리에 대한 운영적인 목표설정

모든 인적자원기능은 계획으로부터 발전한다. 관광기업에 있어서 인력은 가장 가치있는 자원이기도 하다. 목표를 분명하게 하는 것은 결과를 성취하기 위함이다.

목표는 직무분석에 근거하고 작업활동에 필요한 직무분류를 결정한다.

---

1. 인적자원계획의 의의

관리자는 계획을 통하여 인적자원에 대한 책임을 인지함으로써 어디서, 무엇을 시작해야 하는지 파악할 수 있다. 즉 단순한 고용의 차원을 벗어나 종업원의 모집, 교육, 개발, 보상 등에 가치를 두어야 한다.

일례로 호텔 레스토랑 주방관리자의 경우 주방설계가 메뉴설정보다 앞서서 계획되어서는 안 된다. 즉 메뉴는 주방설계에 대한 장비, 배치 등을 결정하는 지침이기도 하다. 훌륭한 주방관리자가 계획을 짜는 것과 같이 관리자도 인적자원에 대한 운영적인 책임이 있다.

새로운 운영은 융통성 있고 중앙집중적인 계획인 반면, 진보된 계획은 구조화되어 있고 점점 분산화되어 가는 경향을 보인다. 그래서 운영은 계획을 포함한다.

관광기업에서의 계획은 정보를 수집하는 과정으로서 관리자가 의사결정을 하여 목표를 도달하려는 하나의 과정이다. 인적자원계획의 틀은 다음과 같다.

① 필요인원

② 인원의 형태, 능력

③ 인력 공급장소

④ 인력 유지방법

전통적으로 기술적 경향을 중시하였지만, 더 이상 직감과 예감으로 운영하는 방식은 버려야 한다. 관광기업에 있어서 인적자원관리는 시스템적 접근(system approach)이다.

특히 관광기업은 급성장하고 있기 때문에 계획이 필요하다.

① 효율적이고 효과적인 인적자원관리계획이 요구된다.

② 계획은 운영측면에서 사람들이 수행하는 모든 것을 통제한다.

③ 인간행동계획은 관리자로서 이루어야만 하는 업적이다.

㉮ Operations-oriented planning(물리적 자원)

메뉴항목, 장비, 시설배치, 식기류, 린넨류 등

㉯ Behavior-oriented planning(인적자원)

통제, 기술, 역할수행, 보상 등

2. 인적자원계획의 개념적 과정

인적자원계획은 적재적소에 인력을 배치하고 선별하는 것이다. 적소배치는 기술과 경험이라는 측면에서 적당한 자격을 부여하는 것이다. 직무는 작업에 요구되는 것들을 결정하기 위한 철저한 분석수행을 의미한다.
인적자원계획은 여러 기능들이 동시에 발생한다. 현재 인적자원의 책임을 맡고 있다면, 계획과정은 고객에 제공되는 제품과 서비스를 고려해야만 한다. 어떻게 빨리 계획을 설정하느냐는 종업원에 관한 정보를 얼마나 지속적으로 유지하느냐에 있다.

여기에서는 목표설정에 대한 내용이다. 뒷부분은 직무분석, 직무묘사, 전반적인 직무요구사항들과 현재 공급상태 간의 차이(Gap)를 보여주는 인적자원 목록들에 관한 것들이다.

계획은 장기경영목적(long-range goal)과 단기경영목적(short-range goal)으로 구성된다. 장기경영계획은 성장과 개발에 관한 것이며, 단기경영계획은 운영측면에 관한 것이다.

우리는 고객의 지각된 요구(need)를 바탕으로 최고의 고객만족을 이끌어 내는 방법을 결정해야만 한다. 즉 서비스산업은 고객의 지각된 요구를 만족시키는 것이기 때문이다.

우선, 특별한 상황에 맞는 목표(objective)를 설정해야 한다. 즉 목표는 조직이나 운영에서 달성할 수 있는 것들이다. 많은 연구에서 목적이나 목표를 다루었으며 학자들마다 목표와 목적에 대해 각각의 정의를 두고 있다. 여기서는 기업사명에서 조직목적, 운영목표로 이르는 단계를 다룬다.

조직구조 내에서 지위가 낮을수록 목표는 더 작고 세분화된다. 반면, 지위가 높을수록 목표는 넓어진다. 목표수정 시 각 단계에서는 상위목표를 고려해야만 한다. 최우선의 목표는 인적자원목표가 우선이다.

① 매너

② 전문화

③ 조화

인적자원관리의 목표는 운영적 역할뿐만 아니라 역할수행(생산성)을 기대할 수 있다.

결과적으로 계획과정(planning process of the human resources)에서 계획의 개별적인 차원과 연결되는 기본개념을 요약하면 <표 3－1>과 같다(유기현, 2002 : 104).

〈표 3-1〉 계획의 차원별 개념

차원별	연 결
전략적 계획	주제분석
중기계획	프로그래밍의 요구
운영계획	종합적 통제요구
활동계획	행동의 실행(이해)

이상과 같은 계획의 차원별 개념에 따라 사업계획과 인적자원계획 간의 연결형태를 요약·설명하면 <표 3－2>의 내용과 같다.

〈표 3-2〉 사업계획과 인적자원계획 간의 연결 형태

계획차원과 범위	사업계획과정	←연결→	인적자원계획과정
전략적 계획 (5년 이상)	• 협동적 철학, 가치관 및 시스템 • 정책, 목표와 목적 • 주요 성공요소 • 제품시장범위, 경쟁력 • 자원배정 및 할당	주제분석	• 외적 요소에 의해 제기되는 주제의 분석 • 고용의 예측적 요구 • 인력공급의 분석과 예측
중기계획 (3년 이상 5년 미만)	• 조직발전 및 개발 • 적응전략을 위한 프로그램 • 자원개발 • 제품라인의 내적 개발과 확립 및 폐기	프로 그래밍 요구	• 전체스탭화 차원에서의 예측 • 주요 인적자원과 관리자의 수적 예측 • 연도별 주요 인적자원과 관리자의 변화 예측 • 인적자원계획의 지지 프로그램의 수립 및 계획
운영계획 (12개월)	• 특수행동과 책임전가 등 시간적 계획의 세부적 프로그램 및 조직이익	종합적 통제요구	• 연간 사업계획의 인적자원계획활동의 세분화
활동계획 (1일~주간)	• 기업에서 분권화된 매일/매주의 계획과 작업스케줄	적응 및 적용 행동	• 인적자원부서의 계획안과 목표지원을 위한 매일/매주 인적자원계획의 할당

3. 인적자원계획의 중요성

인적자원관리상 인적자원계획의 비중과 그 중요성이 점차로 커지고 있다. 산업사회의 발전과 더불어 기업의 기술시스템과 경제시스템이 급성장해 왔다. 그러나 인적자원시스템은 이러한 급성장에 적응하지 못하고 정체된 감이 있다. 즉 기술시스템과 경제시스템은 새 옷을 갈아입었으나, 이 양자를 묶어 주는 사회시스템, 즉 인적자원시스템은 아직 헌 옷을 그대로 입고 있는 상태인 셈이다. 상황변화에 적합한 새로운 체질의 인적자원시스템의 옷으로 갈아입기 위해서는 변화된 체질에 알맞은 '디자인' 활동이 인적자원관리상 시급히 요구되게 되어 있다. 따라서 인적자원계획이 인적자원관리상 중요한 영역으로 부각되었다.

특히 오늘날 기업을 둘러싸고 있는 기술·경제·사회적 환경의 급속한 변화에 따라 노동시장 및 고용구조에 많은 변화가 일어나고 있으며, 여기에 대처할 수 있는 계획적인 인적자원관리가 절실히 요구되고 있다. 기술적 환경의 기술구조 변화, 경제적 환경의 시장구조 변화, 그리고 사회적 환경의 작업동기 등 3대 노동부문의 구조적 변화에 대처하기 위해 경영의 인적자원계획의 위치와 역할이 급속도로 확대되어 가고 있다. 즉 기술·경제·사회적 기업환경의 변화는 3대 노동구조의 변화를 초래하여 이들의 구조적인 개편이 요청되었으며, 이에 따른 인적자원계획의 중요성이 그 어느 때보다도 가중되고 있는 실정이다(최종태, 2003 : 632~633).

구체적인 인적자원계획의 중요 요인을 살펴보면 다음과 같다.

① 계획은 효율성과 효과성을 향상시킨다. 효과성은 목적과 목표를 달성하기 위한 능력이며, 효율성은 최소 투입으로 최대의 결과를 이루는 능력이다.

② 계획은 사람들이 해야 할 지침서이다. 따라서 계획은 생산성을 향상시키고 인적 만족을 증가시킨다.

③ 사기(morale)는 계획에 영향을 받는다. 사기는 팀 노력에 있어서 매우 중

요하다.

④ 계획은 인적자원관리에 있어서 모든 기능에 영향을 미친다. 즉 고용, 기술, 급료 등이다.

⑤ 계획은 어떠한 환대부문에서도 가장 중요한 요인이다.

4. 예측이란?

예측은 계획과정 활동 중 한 부분이다. 예측은 과정이 시작되는 곳이기도 한다.

예측은 미래에 대한 가정을 만드는 과업으로 정의된다. 즉 사업환경 변화에 대한 예상과 평가이다. 관료제적 지위에 의존되어 있으면 예측 영역은 광범위하다.

예측 고려사항은 전쟁, 인구통계적인 것, 경제환경, 정부정책과 법, 기술적 진보와 변화, 경향분석, 사회문화적 차이에서 영향들이 나타난다.

인적자원 예측은 재정, 판촉, 마케팅 그리고 제품에 근거한다. 예측은 목적에 토대를 둔 종업원 채용, 교육, 개발, 증진이 되어야 한다. 인적자원요구에 대한 방법은 관리 또는 종업원 욕구를 예측한다.

관광기업에 있어서의 전통적 예측은 양적이거나 직감적·비통계적 방법을 다루었다. 관리욕구는 양적 그리고 질적 예측에 바탕을 두고 있다.

예측변수를 살펴보면 다음과 같다.

① 고객변화 요구

② 제품수요

③ 인건비 경향

④ 인건비 이용률

⑤ 직무당 종업원수

⑥ 교 육

⑦ 이직률

⑧ 부재율

⑨ 정부법률 : 인건비, 노동시간, 퇴직연령, 사회보장

예측의 가능은 운영크기에 관계없이 관광기업에서 필수요소가 되었다. 즉 역할수행 능력과 의사결정관리에 대한 효율성을 증가시키기 위함이다. 일반적으로 관광기업에 있어서의 예측은 양적보다 질적이다.

5. 인적자원계획의 문제점과 대책

인적자원 계획과정에서 공급이 수요를 초과하는 상황이 나타날 수 있다. 이 경우에 조직은 해고(decruitment)나 다운사이징(downsizing)을 고려하게 된다. 조직의 군살이나 거품을 빼기 위한 다운사이징은 효율적인 조직을 만드는 데에는 필요하지만 조직의 효율성만을 위한 감축은 적절하지 못하다. 오히려 숙련도, 지식, 그리고 능력을 갖춘 필요한 종업원을 정확하게 확보할 필요가 있다. 이를 적정규모화(rightsizing)라고 하는데, 이는 다운사이징 이전에 고려해 볼 가치가 있다.

따라서 종업원이 수행하는 직업의 다운사이징과 적정규모화(rightsizing)가 전략적 인적자원계획의 문제점으로 대두되고 있어 이에 관한 방법과 내용을 검토하고 그 대책을 알아보기로 한다(권용만 외 1명, 2008 : 139~143).

1) 다운사이징의 문제점과 대책

우리나라는 1998년에 접어들어 IMF시대를 맞아 전 산업에 걸쳐 경영에 어려움을 겪으면서 경쟁력의 회복과 강화를 위해 조직을 폐쇄하거나 다운사이징의 현실을 체험하였다. 이 중에서 하이테크산업이나 유망산업이 충분한 경쟁력이 있는데도 불구하고, 산업연관효과로 대량해고가 발생하거나 수익성 감소로 폐쇄 또는 철수하는 문제를 초래하였다. 재벌그룹이나 금융기관 그리고 유망기업까지도 다운사이징을 바람직한 방법으로 생각하면서 파산, 소유권 이전이나 매각, 인수합병(M&A), 수익성 없는 생산라인이나 업종을 제거하는 방향

을 선택하였다. 이는 인적자원의 효과적인 활용이라는 관점에서 바람직한 방법은 아니다.

인적자원계획 중에서 비용절감과 기업조직의 생존을 위한 정리해고나 조기정년퇴직, 일시해고 등의 방법은 단기적인 미봉책에 지나지 않고, 오히려 인력감축은 생산성 하락과 실업률의 증대로 고용정책에 차질을 빚을 수 있다. 그리고 전략적 기회와 목표의 상실, 미래지향적 성장성 상실 등의 경영기회의 장기적인 효율을 무시하는 결과가 될 수 있다.

따라서 인적자원계획은 조직의 목표와 전략이 일치하는데 초점을 맞추고 장·단기적인 관점에서 고용조정기법을 병행하는 방향으로 문제점을 해결하는 것이 바라직하다. 즉 인적자원계획에서는 다운사이징의 문제점을 [그림 3-1]의 고용조정방법을 활용하는 것이 효율성을 유지할 수 있다.

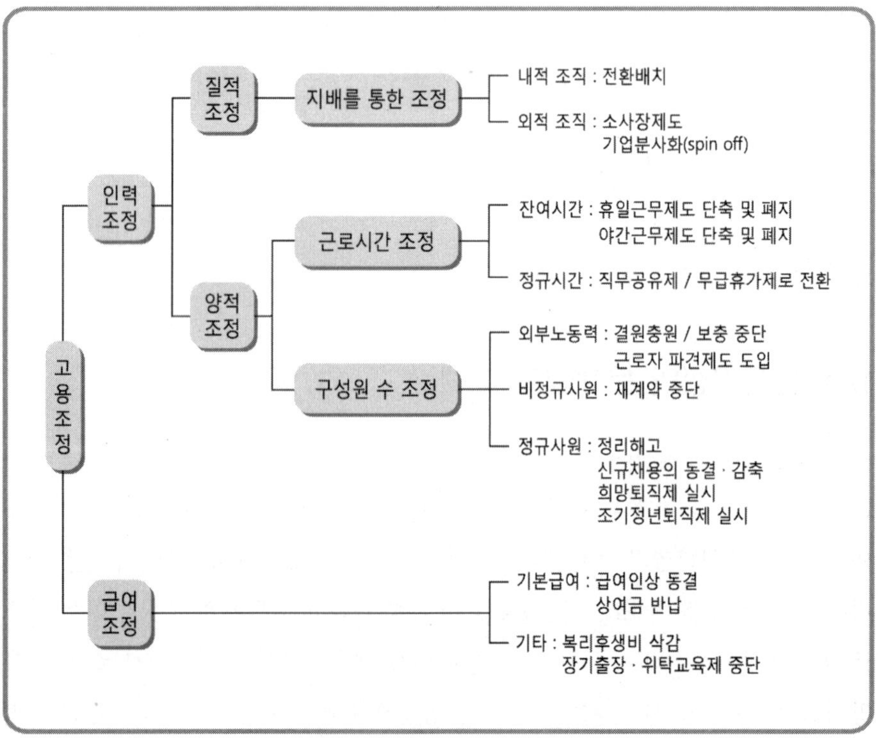

[그림 3-1] 효율적인 고용조정방법

2) 인력감축방법

조직에서 적정규모화(rightsizing)는 전략에 초점을 맞추어 구성인력을 항상 변화시키는 상황을 뜻한다. 이는 기업의 환경과 관리여건, 그리고 시장조건의 변화에 따라 인력의 수준을 조정 내지 변화시켜 계속 기업으로서 성장을 도모하는 방법이다. 일반적으로 규모의 단축화, 즉 다운사이징의 방법을 이용하고 있다. 그러나 다운사이징보다 라이트사이징을 우선 고려하는 것이 바람직하다. 왜냐하면, 경기침체나 계절적 특성, 국가적 경제위기를 극복하는 방법이 다양하고, 단기적인 측면보다는 장기적인 측면을 고려해야 하기 때문이다.

인력감축방법으로는 전통적인 일시해고뿐만 아니라 무급휴가, 대여, 작업공유로 작업시간단축, 조기퇴직, 자연감축 등이 있다. 이는 조직의 상황과 변화에 따라 인력감축방법으로 이용되고 있다. 따라서 인적자원계획 차원에서 이들의 구체적인 내용을 검토하기로 한다.

(1) 정리해고(layoffs)

정리해고는 영구적인 경우와 일시적인 경우로 구분된다. 일시적인 해고는 매출부진으로 생산량의 감소와 생산라인을 중단할 경우에 근로자의 수를 적정화시키는 감축방법이다. 일시해고는 작업이나 경기가 보통 수준으로 회복되면 근로자는 다시 정상근무하는 것이다. 다만, 일시해고 시에는 조직이 일시해고 확인증면서를 발급하여 실업해택을 받을 수 있도록 해야 한다. 즉 경기가 하락하거나 매출이 감소될 때에는 일시해고조치를 취하고 다시 경기가 회복되면 정상 근무를 보장하는 점이 영구적 해고와의 차이점이다.

(2) 무급휴가(leaves of absence without pay)

노동비용을 일시적으로 줄이는 방법 중의 하나는 무급휴가제를 실시하여 무급휴가서를 발행하는 일이다. 조직은 환경변화로 유휴인력이 발생될 경우에 교대로 무급휴가제를 실시하여 적정규모와 원칙을 지키는 방법이다. 이 방법은 조직은 재정적인 어려움을 해결하고 정상적으로 계속기업을 유지하면서 성장을 모색하는 이점이 있다. 반면에, 종업원은 개인적으로 자유롭게 시간을 활용하여 다양한 일을 할 수 있는 기회를 가질 수 있다는 이점을 갖고 있다(타업종에 근무, 진학, 자신의 사업개시 등). 따라서 이 방법은 종업원이 환경변화에 대한 대비책으로 종업원이 조직을 도울 수 있는 역할을 한다.

(3) 직원 대여(personnel loaning)

자사의 경영상태가 위기상황에 직면하거나 경영환경이 약화될 때에 자사의 유능한 근로자를 타사에 요원으로 일시적 또는 잠정적으로 대여(빌려주는 형식)하여 자사의 인적자원을 적정규모화하는 방법이다. 이 때 조직은 종업원 인사기록부에 대여된 종업원으로 기록하고, 위기상황이 끝나면 자사로 소환, 정상근무하는 것을 원칙으로 한다. 조직의 대여대상 종업원은 특수기술이나 기법을 가진 유능한 종업원을 전제로 하고, 이들은 일반적으로 고위경영자나 정부 또는 공공기관(예를 들면, 학교, 위원회, 자선단체, 시민단체)과 특별한 프로젝트를 위해 대여된다. 물론 대여된 경영자나 종업원에게는 그 기관에서 지불한 금액의 차액만큼 삭감한 봉급을 지불한다. 대여된 경영자나 종업원은 일부는 자사로 복귀하고 일부는 자사를 떠난다.

(4) 작업공유(work sharing)

1인의 작업량과 근무시간을 2인 공유하여 작업을 수행시키는 방법을 말한다. 예를 들면, 부부가 함께 동일한 직장에서 근무할 때, 조직의 인원감축 시 부부가 함께 1인의 작업을 분할하여 주당 40시간을 두 사람이 나누어 수행하는 경우이다. 이 방법은 조직은 한 사람의 비용을 절감시킬 수 있고, 유능한 종업원의 이직현상을 막을 수 있다. 반면에, 종업원은 일시적인 감축으로 실업을 면할 수 있고, 자신이 원하는 직무를 수행할 수 있으며, 인력의 적정규모화 원칙에 공헌할 수 있다.

(5) 조기퇴직(early retirement)

요원감축의 방법으로 법적 퇴직기간 이전에 일정한 조건을 제시하여 퇴직유인을 호소하는 방법이다. 고임금의 근로자를 저임금 근로자로 대체시키거나 고령근로자를 일정한 퇴직위로금 또는 공로급을 지급하는 조건으로 유인하고, 고령근로자는 잔여 법정기간의 급료 총액의 50~80%의 임금률을 퇴직 시 지급하는 조전으로 유도한다. 이 방법은 단기적인 인력감축의 효과는 있지만 장기적으로 손실이 있을 수 있다.

(6) 자연감축(attrition)

자연감축은 고용동결(hiring freeze) 전략을 전제로 정년퇴직, 사직, 전직 등의 사유로 자신의 직무를 떠나고, 이러한 일자리를 채우지 않을 때 발생되는 감축현상을 의미한다. 자연감축은 과잉종업원을 관리하는 단계적 수단은 될 수 있어도 장기적으로는 고용계획에 큰 손실을 입게 된다. 자연감축의 과대한 기대는 유능한 인력고용의 기회를 상실하게 되어 계속기업으로의 유지가 어려운 상황을 맞게 된다.

제4장

채용관리

human resources management for the tourism sector

① 금세기의 노동력 부족 : 오늘날 우리나라에서 나타나는 인구통계학적 변화 – 인력자원의 희소성이 급성장하고 있다.
② 창조적 접근을 통한 인력채용 계획수립의 당위성이 제기되고 있다.
③ 관광기업 경영자의 입장 변화 : 구직을 갈망하는 서류를 가득 채운 책상서랍을 갖는 사치를 더이상 지속할 수 없게 되었다.
④ 일례로 속성음료 사업체, 피자배달연쇄점, 식료품점포에서 일을 하는 사람의 주된 연령층이 16~24세 이하로 내려가고 있다.
⑤ 2000년대의 노동력 구조의 변화 : 단순노동 연령층의 노동력 획득이 어려워지고 있다. 식음료 경영자가 인적자원을 채용하기 위하여 해야 하는 것을 살펴보자. 그러면 오늘날 가장 혁신적인 접근법을 발견하게 될 것이다. 출산급등 구조변화에 따른 노동력 부족현상은 보다 공격적이고 혁신적인 인력채용방법을 요구하고 있으며, 관광기업 및 모든 용역산업에서의 소요되는 노동력의 인력채용은 매우 경쟁적으로 변하고 있기 때문에 실제 인력채용에서 보다 유연하게 대처해야 한다.

인력자원 책임자로서 관리자는 인력채용 전략계획을 개발하여 지속적인 노동시장과 인력채용방법의 효과적인 이용으로 자격있는 구직자를 찾는 목적달성에 부합되도록 노력해야 한다.

사람을 고용한다는 것은 회사의 전체를 맡기는 것과 다름없다. 관광기업에서의 가장 중요한 자원이 인력자원이다. 훌륭한 인력자원을 보유하는 것은 고용주로서는 가장 중요한 일이고 이를 잘 교육시켜서 최대한의 효과를 일으켜야 한다. 관광기업에서는 특히나 인력자원의 중요성이 무엇보다도 중요시된다.

물론 관광기업의 종업원들의 이직률이 높다고는 하나, 관광기업의 매니저는 인력자원을 고용할 때 정상적인 스크린(screening) 작업 및 고용절차를 거쳐 인력자원을 고용해야 한다.

1. 노동시장의 변화

관광기업의 노동력 부족현상이 초래하고 있다. 그 대표적인 이유는 인구통계학적인 측면에서의 유형 변화이다.

1) 연령요소

① 관광기업 : 초기 직업으로 젊은 층에 의존하고 있다.
② 1970~80년대 중반까지 구직이 어려웠으나 상황이 변하고 있다.
③ 1990년대 이후 16~19세 연령층이 축소되어 2000년대는 더욱 심화가 예상되고 있다.
④ 풍요로운 생활을 추구하고 있다(구직욕구 위축 유도).
⑤ 연령구조 변화가 심각해지고 있다(출산율 급락).
⑥ 21세기는 은퇴 증가, 조기 은퇴 현상이 보편화되고 있다.

2) 여성인력의 효과

① 여성 노동력의 확대로 여성 복지문제가 중요시되고 있다.
② 관광기업 : 여성 노동력이 수용되기에 적합한 분야이다.

3) 기타 인구통계학적 사항

비숙련 및 반숙련직의 이직률 증가가 큰 문제로 제기될 것이다.

4) 노동력 부족 해결책

① 임금인상
② 비전통부문 노동력의 확대 : 10~20대의 노동력 대체 발굴(은퇴자/장애자 등)
③ 혁신적 채용방법 시행

④ 사업장으로 종업원 교통편의 제공

⑤ 후생복지 개선

⑥ 근무시간의 유연성

⑦ 재미있는 근무환경 조성

⑧ 인간중심 경영철학

⑨ 교육훈련계획 개선

취직 - 인생의 전환기

1) 일생동안 세 번의 전환기를 가진다.

사람의 일생은 여러 가지 단계를 거친다.

첫번째 단계는 학교에 들어가서 사회에 나가기 위한 기본지식을 습득하는 것이다. 이것은 초등학교에서 시작하여 중 · 고교 나아가서는 대학 등 10여년 이상 지속된다. 장기간의 학교교육단계이다.

두번째 단계는 학교를 마치고 사회에 진출하여 회사 및 여러 사회단체에 취직하여 사회인으로서 일하며 생활하는 단계이다. 이 시기는 여러 가지 의미에서 학교교육기간과는 전혀 다른 성질의 기간이며 학교를 졸업하여 취직하는 것은 인생의 큰 전환점이다.

세번째 전환점은 이러한 직장에서의 근무도 끝나고 정년 등으로 제2의 인생에 들어가는 시기이다. 다른 직장에 일하는 사람도 있고 근무처도 없이 노후를 자신의 취미에 따라 지내는 사람도 있지만, 이것을 마지막 단계라 할 수 있다.

이렇게 생각해보면 인생은 유아기, 학교교육기, 사회활동기, 노후기의 4단계로 나누어 생각할 수 있다. 그리고 당신은 지금 막 학교교육기를 끝내고 사회활동기에 들어가려 하고 있는 것이다.

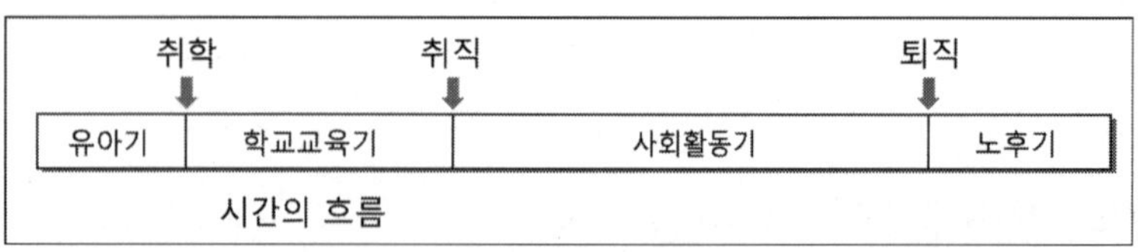

[인생의 단계]

2) 전환기의 의미를 생각하는 습관

지금부터 나아가야 할 사회활동기에도 여러 가지 단계가 있다. 당신은 아마 결혼하여 자녀를 갖고 학교에 보내며, 또한 사람을 고용하는 입장이 되기도 할 것이다.

그러나 이 중에서도 학교를 마치고 사회에 진출하는 것은 대단히 큰 전환점이라 할 수 있다. 이 시점을 전후하여 당신 주위의 환경은 너무나도 생소하기 때문에 사전에 충분한 마음가짐이 필요하다. 학교와 직장은 어떻게 다른가? 그 차이점을 어떻게 극복해야 하며, 어떤 노력과 주의가 요청되는가?

여기에서 분명히 사전준비가 필요하지만, 그전에 인생의 전환기에 대해 생각해보는 것이 무엇보다 중요하다. 취직할 때만 중요한 것이 아니라 결혼할 때에도, 관리자가 되었을 때도, 언제나 자신을 다시 한번 돌이켜 보고 새로운 의욕을 가지고 힘차게 출발하는 것이 중요하다.

2. 인력채용의 설계와 운영

개인과 조직의 적합성 모델을 기초로 조직은 인력충원활동을 하게 된다. 인력충원은 인력모집 · 선발 · 배치를 포함하는 것으로 [그림 4-1]에 인력충원의 전체 프로세스와 각 단계별 주요 내용이 소개되어 있다(이진규, 2001 : 173).

인력충원 프로세스의 첫 단계로 조직에서는 조직의 가치와 비전을 함유하고 있는 조직목표에 준해서 과연 어떤 사람이 필요한지를 먼저 규명한다. 개인 역시 자신이 원하는 직무가 무엇이고, 어떤 일을 할 것인지를 고려하여 조직모집에 응시한다. 두번째 단계로 조직은 모집과정에서 인력의 수와 형태에 대해 구체적으로 명시하여 모집한다. 개인 역시 조직의 모집공고를 통해 자신이 생각하는 가치에 합당한 일을 할 수 있는지를 판단한다.

마지막으로 개인과 조직이 적합성이 높다고 판단되는 인력을 선발하고 적합한 직무에 배치한다.

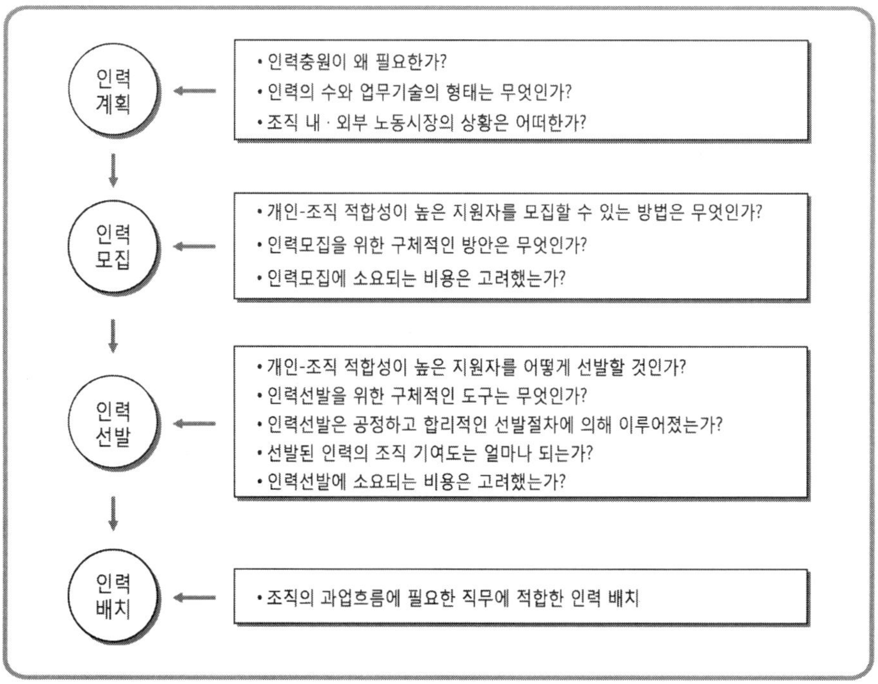

[그림 4-1] 인력충원 프로세스

> **인력채용 시 유의사항**
>
> 관광조직의 고용과정은 인력채용에서 시작된다. 이러한 상황에서 몇 가지 유념사항을 제시하면 다음과 같다.
>
> ① 관광기업에서 인력확보 책무를 가진 관리자로서 역할에 대하여 국내 · 외에서 나타나는 인구통계학적 변화와 연계하라.
> ② 내적 및 외적 인력채용방법을 구분하라.
> ③ 비전통적 노동공급의 다양한 시장을 인식하라.
> ④ 노동력 중 고령 노동자와 장애인 노동자를 통합할 수 있는 계획을 개발하라.
> ⑤ 인적자원계획 과정에서 인력채용이 어디에서 조화를 이루어야 하는지 이해하라.
> ⑥ 꽉 조여진 노동시장에서 인력을 찾는데 도움이 되는 다양한 인력채용방법을 그려 보라.
> ⑦ 인력채용에 대한 여러 가지 대안인식을 지속하라.
> ⑧ 인력의 채용과 관련된 법적 쟁점에 대하여 논의하라.
> ⑨ 오늘날 노동력의 필요성을 수용할 수 있는 직업구조를 변화시키도록 열린 마음을 견지하라.

3. 인력채용의 방법

인력채용의 정의는 고용에 있어 특정 직종의 결원에 대하여 가장 능력있는 자격을 갖춘 지원자를 찾는 과정이라고 할 수 있다.

1) 비전통적 노동시장의 원천

빈번한 이직현상은 힘든 직종일수록 이직에 따른 신규채용이 지속되고 있다. 노동력 공급의 원천은 크게 내부－조직, 내부와 외부로 크게 나눌 수 있다.

(1) 내부적 방법

내부탐색은 조직의 충원을 위한 모집행위 이전에 기존 종업원 중에서 최적임자를 물색하는 과정으로 정의할 수 있다. 즉 이는 조직의 내부 종업원을 개발하고 신뢰하면서 참여적 경영의 효과를 기대하는 전략으로 해석된다. 이러한 내부탐색의 효과는 중요한 직무충원에 내부원천의 우선권을 부여할 때 가능하다. 그리고 내부탐색은 조직이 전체 종업원에게 신뢰와 협동, 그리고 희망을 주게 되어 생산성 증대와 조직성장을 기대할 수 있다.

모집의 원천을 조직내부에서 모색하는 것은 자사의 종업원을 개발하려고 시도하는 전략을 볼 수 있다. 이때에 다음과 같은 이점을 기대할 수 있다.

① 바람직한 공공관계 유지

② 미래지향적인 사기형성과 응집력 강화

③ 희망을 가진 종업원의 고무적인 직무수행에 에너지 제공

④ 개인적 실적에 대한 정보를 쉽게 이용하여 정확한 선택의 가능성 증대

⑤ 모집의 비용절감

⑥ 조직의 종업원 간 유대증진의 가능성과 추진력에 협조가 가능

⑦ 내부승진은 중간·최고경영자 개발을 위한 훈련도구로의 활용이 가능

이러한 내부탐색은 장점이 있는 반면에 조직이 불리한 경우도 있다. 즉 모집 원천에서 내부탐색의 단점은 다음과 같다.

① 열등한 내부인적자원으로 충원하는 것은 역기능일 수도 있다.

② 내부탐색은 승진경쟁과 종업원 간의 갈등과 반목을 낳을 수 있고, 선발에서 제외된 사람의 사기를 저하시킬 수 있다.

③ 내부승진과 선발은 파벌주의를 조성할 수도 있다.

따라서 내부탐색의 이점을 살리고 단점을 소멸시키는 전략으로는 확고한 원칙을 수립하고 제도화시키는 전략이 필요하다. 즉 우리 조직은 아이디어와 전문지식 그리고 조직에 대한 열성을 높이 사고, 우수직무에는 내부승진을 우선한다는 원칙을 제도화시키는 방법이다(유기현, 2000 : 135).

(2) 고령층 노동력

① 노령화에 따라 고령층의 고용은 자연스러운 대안이 되고 있다.

② 60세의 인적자원은 10~15년의 생산능력을 가지고 있다.

③ 유인책으로는 업무시간의 유연성(전업, 시간제), 휴가연장, 고령층의 욕구를 이해해준다.

유인결과로는 지식이 풍부하고 성실한 노동력을 유인할 수 있고 타 고령 노

동력 유인을 위한 연결고리 역할을 할 수 있다.

고령층의 장점은 성실한 자세, 젊은 층에서 발생할 수 있는 문제가 없으며, 결근율이 감소하고, 고생산성, 즉 경험소유 및 젊은층에 이양할 수 있는 효과가 있다.

(3) 장애인

① 관광기업에서도 상당부문에서 장애인 채용이 가능하다.
② 장애인 고용결과 : 우호적이다.
③ 모든 장애인에 대한 형평한 권리부여를 독려한다.
④ 장애아동교육법 : 모든 장애아동에 대한 교육을 보장한다.

(4) 기타 대안적 원천

① 여성인력을 확대해 나간다.
② 기타 대안적 노동력 원천으로 은퇴자, 대기인력, 현재 종업원의 관련인(친척, 친구, 지인 등)을 적극 활용한다.

2) 외적 인력채용방법

(1) 광 고

① 가장 오래된 인력채용방법으로 자격을 지닌 취업희망자가 가장 많이 볼 수 있도록 장소, 시간을 결정해 광고하는 것이 핵심이다.
② 효과적인 광고로서 창조성과 시장조사를 요구하고 있다.
  • 기업이미지 확립
  • 정체성 확립
  • 경력기회 증진
  • 관광기업의 부정적 이미지 개선
③ 인력채용 광고에서 주시해야 할 점으로는 구직자가 바라보는 이상, 사람을 매료시키는 꺼리를 제공하여야 한다.

(2) 추 천

① 잠재적 구직자를 찾는 원천

② 친구, 공급자, 기타 산업의 직업으로부터 근간을 이루도록 한다.

(3) 학 교

① 학교 : 대학 + 고교 + α

② 방법 : 우편발송, 접촉, 강의실 특강기회

(4) 고용 알선기관

① 구인기업에 대한 전국 컴퓨터 전산망을 관리한다.

② 취직을 원하는 개인 실직자를 관리한다.

직업선택 영향 요인

영향 요인	내 용
임금수준 (pay level)	임금은 자신의 경제·사회적 욕구를 충족시킬 수 있는 기본적인 원천이 된다. 선택하고자 하는 직업이 자신의 경제·사회적 욕구수준을 충족시켜 줄 수 있는 임금수준인지 비교하게 된다.
도전과 책임감 (challenge and responsibility)	자신이 맡게 될 과업의 도전성과 책임감에 따라 직업을 선택한다. 일반적으로 도전적이고 책임감이 많이 부여된 직업일수록 일에 대한 흥미를 유발시키기 때문에 선호된다. 그러나 사람에 따라 반드시 도전적이고 책임감 있는 과업만이 선호되는 것은 아니다.
고용안정성 (job security)	사람들은 안정적인 직업일수록 선호한다. 1970년 후반과 1980년대 초반의 블루칼라 종업원들일수록 직업안정성에 대한 선호가 높았다. 그러나 요즘에는 조직 슬림화정책과 구조조정으로 인해 선호정도가 과거에 비해 그 비중이 낮아지고 있다.
발전가능성 (advancement opportunities)	자신이 조직에 소속될 경우 조직에서의 자기발전의 기회가 많은 것을 선호한다. 예컨대, 경력개발의 기회나 승진의 기회가 높은 직업일수록 직업선호정도는 높아진다. 신세대 종업원일수록, 자기계발의 기회를 많이 가질 수 있는 직장을 선호한다. 미래학자들에 의하면 이러한 경향은 앞으로 더욱 늘어날 것으로 예측된다고 한다.

지역적 위치 (geographic location)	사람들은 자신이 원하는 직업에서 일하는 것을 선호한다. 예컨대, 가족과 헤어져서 일을 해야 하는 경우는 가정생활은 물론 자녀들의 교육문제까지 불이익을 받기 때문이다. 미래학자 앨빈 토플러는 미래에는 가족공동체의 생활권으로 직업선택 시 지역적 위치가 지금보다 훨씬 강하게 작용할 것이라고 예측한다.
종업원 복지 (employee benefits)	종업원 복지는 임금과 달리 사회·문화적 생활을 가능케 하는 것으로 인간적인 삶의 질을 높일 수 있는 방법이다. 사람들은 직업선택 시 그들의 사회적 삶의 질을 향상시킬 수 있는 직업을 선택한다. 앞으로 사람들은 사회보장제도의 발전과 더불어 임금의 중요성은 낮아지고, 자신의 삶의 욕구를 충족시켜 줄 수 있는 복지에 유인될 것이다.

자료 : Dawis(1991), pp. 833－872 : *Noe, Hollenbeck, Gerhart & Wright*(1997), p. 285.

4. 채용활동에 영향을 미치는 요인과 고려사항들

1) 채용활동에 미치는 영향요인

채용활동에 영향을 주는 요인으로는 ① 채용의 규모, ② 근로조건과 처우(복지패키지), ③ 새로운 전략의 개발 등으로 요약되는데, 이를 구체적으로 살펴보기로 한다(유기현, 2000 : 130~131).

(1) 채용의 규모

채용은 조직규모에 따라 달라지고, 또 관리행위의 복잡성도 나타난다. 그리고 채용의 계속성 유지와 중요성도 조직규모가 결정하게 된다. 즉 대기업과 중소기업의 채용규모의 차이는 채용활동과 관리절차에 영향을 미친다. 대기업의 모집활동은 규모가 크고, 비용도 많이 들며, 관리적 업무절차도 복잡하다. 상대적으로 규모가 작은 중소기업은 다르다.

⑵ 근로조건과 처우

근로조건과 처우, 그리고 복지패키지(benefit packages) 등의 요인은 종업원 채용과 이직에 영향을 미치고, 장래 채용수요와 공급에 영향을 미친다. 유리한 근로조건과 처우는 모집에 대한 공급을 충족시키고, 사업의 전망이 좋으면 직무에 대한 수요가 증대된다. 동시에 복지패키지가 종업원의 욕구를 충족시키게 되면 이직을 감소시키는 데 영향을 미친다. 이는 결국 채용활동에 직접적인 영향을 미치는 요소로 조직성장에 크게 영향을 미친다.

⑶ 새로운 전략의 개발

급속도로 성장하는 조직은 채용의 수요가 증대되므로, 이에 따른 채용의 새로운 전략이 개발되어야 한다 이 전략의 개발은 인적자원관리에서 중요한 부분인 만큼 기업이 필요로 하는 기술을 가진 사람을 확보하고 고용하기 위한 새로운 전략을 개발하여야 한다. 이러한 개발은 원천과 우수노동력의 확보전략에 초점을 맞추어야 하고, 동시에 장기적인 유지전략에 내용이 포함되어야 한다.

2) 채용 시 고려사항들

흔히 관광조직의 인력수요가 공급을 초과하여 채용활동을 시작할 경우, 신규채용으로 인한 인건비 부담과 노동조합과의 세력문제 등이 발생할 수 있다. 따라서 기업은 다음과 같은 대체안을 활용하여 인력의 초과수요문제를 해결하도록 노력해야 한다(Mondy외 1인, 1993 : 177~179).

① 초과근무(overtime) : 인력수요가 단기적으로 발생할 때 사용되는 방법으로, 기업은 채용비용을 절약할 수 있고 종업원은 추가소득을 얻게 된다. 그러나 초관근무시간동안 생산성이 낮아지거나 종업원의 임금에 대한 기대수준이 높아질 수 있다.

② 하도급(subcontract) : 제품 및 서비스 수요가 지속적으로 증가할 것으로 예상되면 생산기능의 일부를 타기업에 맡길 수 있다. 이 방법은 제품 등의 수요증가가 계절적이거나 단기적일 때 효과적이다.

③ 임시직(temporary employee) : 업무의 급증으로 인력수요가 단기적으로 발생할 때 활용되며, 기업 입장에서 장기고용에 따른 위험부담을 줄일 수 있으나 조직에 대한 애착 정도는 낮아질 수 있다. 또 대리기관(agency)을 통해 인원을 임시로 찾는 경우 정식직원보다 시간당 고용원가가 높은 경우도 있다. 하지만 경영의 침체시기에 고용주는 보다 쉽게 고용관계를 해제할 수 있다.

④ 파견근로(employee leasing) : 인력파견업체로부터 필요한 인력을 제공받는 방법으로, 고용계약은 해당기업과 인력파견회사 사이에 이루어진다. 파견근로자에 대한 인사관리 관련 업무와 복지후생비 등의 간접인건비 등을 절약할 수 있고 노조의 세력을 억제하는 데도 유용하다.

그러나 이상의 대체안을 고려했음에도 불구하고 신규인력의 초과수요문제를 해결하기 어려운 경우, 기업은 필요한 인재를 확보하기 위하여 채용활동을 시작한다. 이 때 고려해야 할 중요한 사항들을 열거하면 다음과 같다(박성수 외 3인, 2009 : 111~113).

(1) 노동시장 여건

노동시장의 노동력은 끊임없이 변화하면서 기업의 인력구성에 영향을 미치므로 노동시장은 인적자원관리 관행 및 채용활동에 주요 환경요인으로 작용한다. 우리나라는 인구증가율이 점차 낮아지는 가운데 경제활동인구 및 경제활동 참가율은 계속 증가하였다. 또 청소년층의 감소와 고령인구 증가가 심화되고 여성의 학력수준 향상으로 인한 여성 전문직종 확대, 맞벌이부부의 증가, 노동력의 고학력화, 외국인 노동자의 증가 그리고 사무직 근로자와 임시직의 비중이 높다. 따라서 필요인력을 충원하기 위한 모집과 선발과정에서 남녀차별이 발생하지 않도록 배려하고, 고령자고용 촉진, 파견근로자 보호 등 인사관련 법규를 준수하여야 한다.

(2) 조직의 상황

회사의 조직구조가 어떠한가에 따라 모든 경영활동이 달라지고 인적자원관리 활동도 큰 영향을 받는다. 예를 들면, 조직이 관료제 구조인가 또는 유연한 팀 구조를 가졌는가에 따라서 채용형태가 달라질 수 있다. 관료제 조직의 경우 조직의 관행과 문화, 관리자의 지시와 직무규정을 따라줄 지원사를 원하는 반면, 유연한 팀 구조에서는 개인의 직무기능과 함께 창의력, 커뮤니케이션 능력 등이 채용인력 평가 시 더욱 고려될 것이다.

(3) 종업원의 구성

현 종업원의 평균연령, 남녀 성비, 지식 및 기술 수준의 정도에 따라 채용활동의 내용이 달라질 수 있다. 즉 종업원의 평균연령이 낮고 학력이 높다면 신입사원을 새롭게 충원하기보다 교육훈련을 통하여 필요인력을 조달하는 것이 합리적이다. 또 사람들이 새로운 사업에의 지원 열의가 대단하다면 외부모집보다는 기존 사원을 훈련시켜 재배치시키는 것이 효과적일 수 있다.

(4) 사회적 환경과 노동가치관

오늘날 사회구성원들은 기업이 자체의 이익뿐만 아니라 사회와 공공의 이익도 고려할 것을 요구한다. 따라서 채용담당자들은 유능한 지원자뿐만 아니라 사회적 소외계층에 속하는 구직희망자들을 선발함으로써 기업이미지를 개선할 필요가 있다. 한편, 신세대로 불리는 젊은이들은 여가와 가정생활 및 문화생활을 중시하고 정신노동이나 서비스 산업을 선호한다. 또 그들은 개성존중 및 자기중심적 사고가 강하며 신분과 지위에 집착하지 않고 일에 대한 자부심과 성취욕이 높다. 즉 양보다 생활의 질, 능률보다 공평, 획일성보다 다양성, 조직보다 개인을 더 중요시한다. 따라서 종업원 채용관리에 지원자들의 일반적인 능력보다 개성과 구체적인 능력 및 잠재적인 능력이 반영되도록 직무－사람 간 적합성(fitness)을 고려해야 한다.

5. 면접과정

고용신청서를 접수한 후에 고용자는 인터뷰할 후보자를 선정하게 된다. 선정한 후 면접을 보게 되는데, 면접은 양방향 커뮤니케이션(two way communication)으로서 지원자들의 업무수행능력과 관광기업에 맞는 능력을 가지고 있는지 등을 파악하게 된다. 이러한 결과를 위해서는 많은 준비와 노력이 필요하다.

1) 사전 면접과정

적절한 자리에 사람을 쓰기 위해서는 사전에 면접에 대한 준비가 철저해야 한다. 이는 면접관에 의해 이루어지는데, 이는 누구보다 그 자리에서 일할 사람이 필요한 업무능력 및 경험에 대해 많이 알기 때문이다.

사전에 면접을 준비하는 방법은 조직적 면접(structured interview)과 비조직적 면접(unstructured interview) 방식, 그리고 중간정도의 면접방식(semistructured interview)이 있다.

① 조직적 면접

조직적 면접(structured interview)은 면접관이 질문들을 세세하게 준비하여 인터뷰를 실시한다. 면접관은 질문리스트에 있는 것들만 지원자에게 물어보게 된다.

위의 면접방법은 다음과 같은 2가지 장점이 있다. 첫째, 같은 질문을 함으로써 지원자들을 똑같은 조건에서 비교할 수 있고, 둘째, 평등한 고용기회방식(EEO; equal employment opportunity)에 적용된다는 것이다.

② 비조직적 면접

비조직적 면접은 면접관은 어느정도 면접 질문을 준비한 상태에서 면접자에게 물어본다. 이는 면접관은 일에 대한 숙련정도 및 전반적인 것을 완전히 알고 있어야 한다. 이 방식은 다음과 같다. 예를 들면, 일반적인 질문을 던진 뒤에 실제적인 질문으로 지원자를 평가하는 방식이다. 이는 시간이 많이 걸리는 단점이 있다.

③ 중간 정도의 면접

중간 정도의 면접방식은 기본적인 사전 질문리스트를 작성하고 질문하여 응답자에서 답하는 내용으로 추가적인 질문을 유도하는 방식이다.

2) 면접의 기준개발

(1) 면접의 기준과 평가

① 면접의 기준

면접의 기준을 다음의 그림으로 비교해보면 4차원의 공간을 좌표상태로 설정하고 [그림(A)], y축은 일반적으로 우리가 생각할 수 있는 개인의 능력, 즉 학력이나 이에 따르는 실력 및 연령 등을 말하고, X축은 인간의 사고력의 장(field)이라고 본 것이다.

면접의 선행조건으로 서류심사를 하여 Y측상에 회사가 요구하는 기준을 표시하고 그 기준과 일치하는 사람을 면접ㅈ대상으로 정한다. 면접에서는 I과 IV차원을 극대, II와 III차원을 극소점으로 하고, 좌표의 원점 0을 중심으로 일정한 수준치에 대응하는 변화폭을 가지고 대화를 통한 채점에 들어간다.

각 차원의 공간에 Y측에 설정한 값과 동일한 백터(vector)량을 플롯(plot)하면서 그 변화폭을 이어나가면 [그림(B)]와 같은 형태가 나타난다. Y측의 a치와 동일한 값을 가지는 열거 4차원의 점(예 b와 c)을 지니게 되어 그 값에 의한 최종형태는 둥근 원이 될 것이다.

이 둥근 원은 그 회사의 전통을 지니고 있으며 분위기를 형성하고 있는 환경에 일치되는 것으로서, 즉 균형이 이루어진 사람이 채용대상이 되고 [그림(C)], 만일 어느 부분에 특징이 있어 플로트된 형태가 돌기부분을 좌표상에 나타낸다면 채용이 곤란한 것이다. 즉 [그림(D)]에서 일례를 보면 기준치를 초과하거나 부족치를 나타내는 경우가 생기게 된다. 이는 응모자의 자격이 회사가 요구하는 것보다 그 기준치가 높거나 낮은 경우이다.

구체적인 예로, 생산감독자로 박사학위를 소지한 사람이 있는데, 깊은 지식은 있으나 적응력이 없다면 [그림(E)]와 같은 형태를 나타난다. 즉 불균형으로 결과는 불합격으로 관리자(대졸 신입사원)를 지망한 사람이 면접 결과 사회적으로 인정되고 있는 그의 학력에 비하여 기본지식 수준이 낮고 타부분은 평범하다면 [그림(F)]와 같은 형태를 나타낸다. 이런 불균형적 요소는 타원형이 될 때도 있고 홀쭉한 형도 될 수 있다([그림 4-2 참조]).

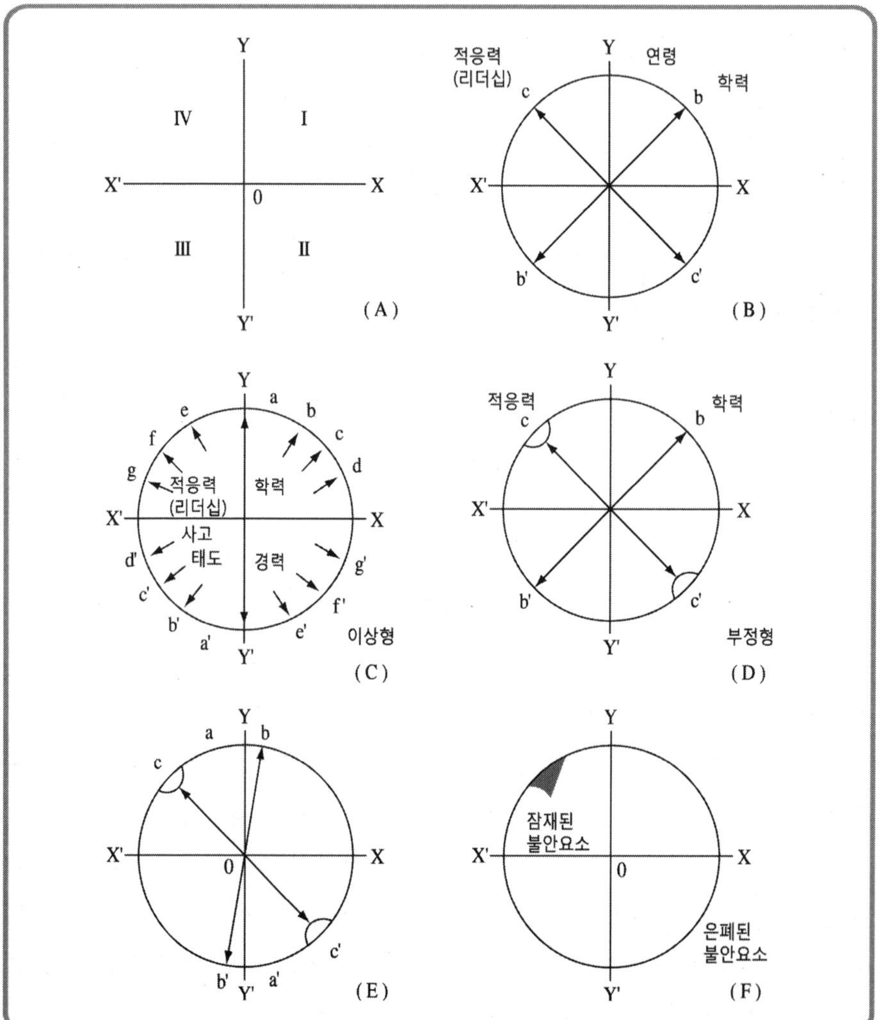

[그림 4-2] 면접도의 기준도

이 범례에 속하는 부류의 응모자는 회사가 요구하고 필요로 하는 기본체계에 적응하기 힘들고, 현대경영의 과학적 면접에서 볼 때 바람직한 적성의 소유자가 아니라고 할 수 있다. 돌출부와 굴곡지점이 언젠가는 장애로 나타나는 후유증을 보유하고 있기 때문이다.

② 평가과정 및 평점단계

㉮ 평가요소 : 인품(인상 및 태도 등), 표현력, 의욕, 외모 및 건강, 가정환경, 입사동기, 상식, 희망근 무지 등의 요소를 요소별로 평가

㉯ 평가기준 : 피면접자의 학교, 성적(학교 및 필기시험) 및 평가요소 등을 고려하여 피면접자 1인에 대하여 절대평가(피면접자 상호간의 비교평가가 아님)

㉰ 평가등급 : 면접의 평가등급은 <표 4-1>과 같다.

〈표 4-1〉 면접의 평가 등급

구 분	판단 기준	등 급	배 점	비 고
우수함	모든 면에서 우수하며, 그룹에 꼭 확보하고 싶은 사람	A	10	
양호함	대체로 양호한 편이며, 합격시켜도 좋겠음	B+	7	
보통임	보통 수준이며, 합격시키기에 무난함	B	5	
미흡함	약간 미흡한 감이 있으며, 합격은 재고해 보아야 함	B−	3	
모자람	모든 면에서 떨어지며, 합격시키기에는 곤란함	C	0	

(2) 질문개발(Question Development)

질문개발에 대한 예는 다음 <표 4-2>와 같다.

〈표 4-2〉 질문개발에 대한 면접질문

간단한 면접 질문
▸경력 – 현 직업에서는 어떤 책임을 가지고 일했는지 말하라. – 일을 하는 동안 어떠한 문제에 봉착하였고, 이를 어떻게 해결했나? – 당신의 마지막 직책에 대해 무엇이 가장 싫었나? – 당신의 상사는 당신의 업무수행능력을 뭐라고 말했었나? ▸교육 – 대학에서의 주요 성취요소들을 말하라. – 어떤 과목을 가장 좋아했나? ▸직업 전망 – 왜 관광기업에 대한 기업을 지원하게 되었나? – 만일 고용된다면 얼마동안 일할 수 있나? – 당신이 구하고 있는 다른 직업은 무엇인가? ▸동기 – 이 직업에서 당신이 얻는 혜택은 무엇인가? – 일년 뒤에 당신은 어느 위치에 있나? ▸개인적인 질문 – 당신은 2개국어를 구사하나? – 당신이 가지고 있는 취미는? – 당신에 대하여 설명해 봐라. ▸맺음 – 당신을 선택하는 데 우리가 알아야 하는 그밖의 것은? – 왜 우리가 이 일에 당신을 고려해야 하나?

면접시 평가되고 있는 질문들
① 면접자의 준비성 및 적극성에 관련된 질문 • 우리 회사는 어떤 일을 하고 있는 곳이라고 알고 있습니까? • 우리 회사에 응시함에 있어서 누구와 상의를 했습니까? • 당신은 왜 우리 회사의 영업직 사원으로 지원했습니까? • 당사의 상품이 연간 얼마의 매출을 올리고 있는지 알고 있습니까? • 당사의 TV 광고 중 기억나는 것은 무엇입니까? • OOO회사(회사제품명)의 의미를 아십니까? • 당신은 고객만족이 무엇이라고 생각하십니까?

② 응시자의 일반적 성향 및 인간관계에 관련된 질문
- 자기의 장점을 말씀해 보십시오.
- 타인과 비교해서 당신이 뛰어난 점을 말씀해 보십시오.
- 자신은 어떤 성격의 소유자라고 생각하십니까?
- 타인으로부터 상담을 많이 받는 편입니까?
- 긴장하고 있는 것 같은데 소심한 성격의 소유자라고 생각하십니까?
- 당신의 버릇은 무엇입니까?
- 친구들이 많은 편입니까?

③ 직업관과 인생관에 관련된 질문
- 당신이 일하고자 하는 목적은 무엇입니까?
- 사회인으로서의 포부를 말씀해 보십시오.
- 사회생활에서 당신이 중요하게 여기는 것은 무엇입니까?
- 당신의 삶의 보람은 무엇입니까?
- 당신이 영향을 받은 사람은 누구입니까?
- 우리 회사의 업무는 대단히 힘든 일이 많은데 어떻게 생각하십니까?
- 복사나 커피 등 잔일을 시킨다면 어떻게 하시겠습니까?
- 가장(주부)으로서의 직장과 가정을 어떻게 조화시키려 하십니까?
- 당신은 청소년기에 희망직업이 무엇이었습니까?

④ 학창시절 활동사항에 관련된 질문
- 대학(고교)생활은 즐거웠습니까?
- 자신 있는 과목과 재미없었던 과목은 무엇입니까?
- 학창시절에 인상이 남는 것이 있다면 말씀해 보십시오.
- 수업시간에 꼭 출석을 했습니까?
- 학창시절 서클활동은 했습니까? 어떤 서클?

⑤ 일상생활에 관련된 질문
- 가훈은 무엇입니까?
- 아르바이트 경험이 있습니까? 어떤?
- 취미는 무엇입니까?
- 당신의 친한 친구에 대하여 이야기해 보십시오.
- 주량은 얼마나 됩니까?
- 어떤 타입의 이성을 좋아하십니까?

⑥ 일반교양 시사에 관한 질문
- 어느 신문을 구독하십니까?
- 신문은 어느 면을 가장 먼저 읽으십니까?
- TV는 어떤 프로그램을 즐겨 보십니까?
- 최근 읽고 감명받은 책은 무엇입니까?
- 최근 정치, 경제 뉴스에서 제일 흥미를 가진 것은 무엇입니까?
- 해외여행을 해 보신 적이 있습니까?

자료 : 장수용, 프리젠테이션 면접을 읽으면 회사가 보인다. sbc전략기업컨설팅. 1998.

신입사원 1차 면접 보는 사장님

소니를 창업한 모리타 아키오(1921~1999)에게 사람 뽑는 일은 '중요한 쇼핑'이었다. '한 직원이 정년퇴직할 때까지 3억원을 받는다고 치자. 그러면 직원 한 명을 채용한다는 것은 3억원짜리 물건을 사는 셈이 된다. 이것은 상당한 고가상품이기 때문에 함부로 살 수 있는 것이 아니다.'〈모리타 아키오 '나는 어떻게 미래를 지배했는가'에서〉

기업에서 채용은 중요한 문제다. 기업의 생존이 사람한테 달려있다고 해도 과언이 아니다. 그래서 세계적 경영학자인 짐 콜린스는 "위대한 경영자들은 적합한 사람을 태운 다음 버스를 어디로 몰고 갈지 생각했다"고 갈파하지 않았다. '무엇'보다 '누구'가 먼저라는 것이다.

지금 사람이 넘쳐난다. '100만 실업자' 시대를 코앞에 두고 있다는 소식도 들린다. 청년 실업률이 8.8%라니 젊은이 열에 하나는 할일없이 놀고 있다는 얘기다. 그런데 기업에선 '사람이 없다'고 하소연한다. 심지어 '사람 때문에 기업 못해 먹겠다'고 엄포(?)를 놓기도 한다. 삼성전자, 현대자동차, LG전자 같은 대기업만 사정이 나아 보인다. 뒤집어 보면 300만개가 넘는 중소기업, 그러니까 대한민국 99%의 직장이 '구직난 속 구인난'을 겪고 있는 셈이다

핵심은 채용이다. 기업한테는 좋은 사람을 구하는 것이, 구직자한테는 궁합 맞는 직장을 구하는 것이 요체이다.

여기서 팁 하나, 현대산업개발 계열사인 아이서비스의 이치삼 사장은 지난해 이맘때부터 1차면접 심사위원으로 나간다. 기업의 채용과정이라는 게 서류전형을 거친 다음 으레 실무진, 임원진 면접이 있게 마련인데, 이 사장은 이 순서를 뒤집은 것이다.

수시채용을 하다보니 그는 한 달에 서른 명 가량 신입, 경력직 지원자를 만난다. '지원 동기가 뭐냐' 혹은 '회사를 옮기려는 이유가 뭐냐' 같은 간단한 질문을 던진다. 그렇지만 '기업의 수장은 주차장 청소상태나 화분 정돈 상태만 봐도 그 회사 사정을 짐작할 수 있다'고 하지 않나. 이 사장은 "짧은 시간이지만 지원자의 인성과 자질을 파악하고 회사가 찾는 인재상인지 판단하기에 모자라지 않다"고 했다. 실무능력은 사장이 뽑은 1차 합격자들 가운데 함께 일할 상사가 평가한다. 최종 합격자가 누가 될지 사장이 모르는 것이다.

이렇게 순서 하나 바꿨을 뿐인데 소득이 쏠쏠하다. 사장은 회사가 찾는 인재 가이드라인을 제시하고, 실무진은 윗사람 눈치보지 않고 '동료'를 구할 수 있다. 합격자도 '사장이 먼저 뽑은' 인재라는 자부심을 가질 수 있으니 일석삼조다. 이 사장은 '서로에 대한 신뢰가 높아지고 있는 것은 분명하다'고 자평했다.

채용을 잘하려면 시간과 비용이 든다. 대충 뽑고 잘하기를 바라는 것은 요행을 바라는 투기과 비슷한다. 이래서는 좋은 회사를 만들이 어렵다. 그래서 더 투자해야 한다. 지혜도 모아야 한다. '인재 미스매치'를 해결할 사람은 바로 사람 욕심으로 가득찬 사장님 아닐까.

그래야 "우리 회사에는 나 같은 (열정있는)사람이 열 명도 넘는다"고 큰소리 칠 수 있을 것이다.

자료 : 중앙선데이, 2009.4.26일자.

3) 면접실시

(1) 면접구조(interview structure)

면접은 다음 [그림 4-3]과 같은 4단계로 이루어져 있다.

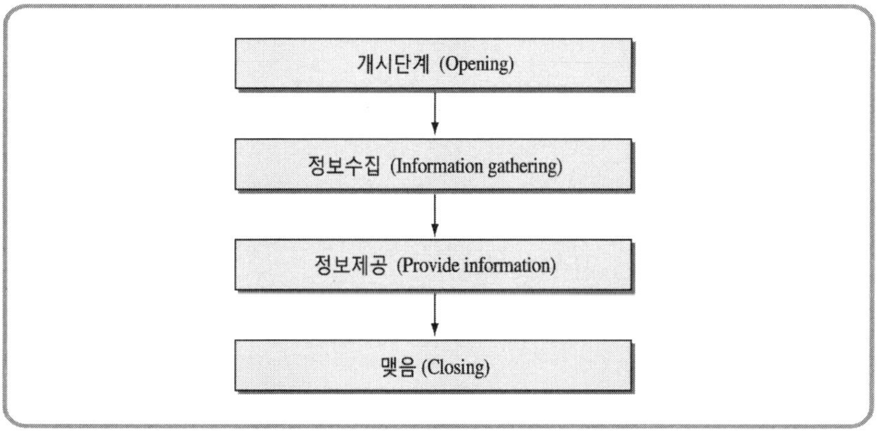

[그림 4-3] 면접구조

① 개시단계는 Icebreakers 단계로 표현할 수 있다. 예는 다음과 같다.

- 당신은 부산에서 온 걸로 아는데 서울에서 살 수 있나?
- 오늘 여기 오는데 무슨 어려움 없었어요?
- 당신은 우리 회사에 친밀감을 가지고 계신가요, 아니면 직업이 그렇나요?

② 두번째 단계는 정보수집단계이다.

- 가장 중요한 단계로서 이를 통하여 지원자의 모든 점을 면밀히 파악하는 단계
- 지원자의 직무숙련도 및 개인성향에 대한 것과 경력들에 대해 묻는다.
- 지원자의 응답시 매너와 보디랭귀지 및 말하는 태도(speech) 등을 알게 되는 단계

③ 세번째 단계는 정보제공단계

- 지원자에게 관광기업의 조직과 일의 성격에 대한 정보를 제공한다.

- 정보의 제공은 일에 대한 명확한 책임과 근무조건 및 근무시간 등에 대해 말한다.

④ 맺음

- 펜을 놓은 것은 가장 좋은 면접 맺음을 알리는 가장 좋은 방법이다.
- 면접을 끝낼 때에는 긍정적인 상태에서 끝내라. 아무리 지원자가 맘에 들지 않더라도 면접자가 불쾌한 감정을 갖도록 하지 않아야 한다.

⑵ 묻지 말아야 하는 질문(question you can't ask)

① 어디서 태어났나?

② 무슨 클럽, 조직, 사회집단에 속해있나?

③ 당신 자신에 대해 서술해 봐라.

④ 우리가 너에게 제공할 직책과 임금 중 어느 것이 가장 중요한가?

⑤ 자녀가 몇 명 있나?

⑥ 추천을 도와준 목사나 신부 등의 이름을 나에게 말해줄 수 있나?

⑦ 내가 왜 당신을 고용해야 하나?

⑧ 병으로 인하여 당신은 지난 과거에 학교나 일을 몇 번이나 잃었나?

⑨ 고용신청서에 사진을 포함시켜 줄 수 있나?

⑩ 친척들 이름을 알려줄 수 있나 등이다.

<표 4-3>과 같은 면접의 문제점을 최소화하기 위해서는 다음의 몇 가지 사항을 고려하여야 한다(이진규, 1988 : 53~55).

① 구조적인 면접을 활용하라.

면접유형은 조직의 면접방침과 지원자의 수에 따라 달라지겠지만, 일반적으로 구조적 면접을 통해 조직은 지원자에 알고자 하는 정보를 효과적으로 획득할 수 있다. 따라서 지원자에게 질문하고자 하는 항목을 미리 준비하여 짧은 시간에 양질의 정보를 획득할 수 있다.

〈표 4-3〉 면접 오류

면접 오류
① 면접관의 과도한 말은 지원자로부터 직무관련 정보를 획득하는 양을 제한한다.
② 지원자에 따라 상이한 질문은 지원자별로 상이한 정보를 얻는 것으로 지원자별 비교가 불가능하다.
③ 지원자 평가에 대한 면접관의 자만은 지원자 평가를 성급하게 한다.
④ 면접관의 개인적인 호감에 의해 지원자가 과대 혹은 과소평가될 수 있다.
⑤ 지원자의 비언어적 행동에 의해 지원자가 평가될 수 있다.
⑥ 지원자가 많을 경우 면접관은 일반적인 성과평가 오류인 관대화(지원자 모두에게 점수를 후하게 주는 경우), 중심화(평균점수를 주는 경우), 엄격화(점수를 매우 낮게 주는 경우) 등을 범할 수 있다.
⑦ 현혹효과로 지원자의 특정한 장점 혹은 단점이 전체 평가에 영향을 줄 수 있다.
⑧ 유사성 효과로 지원자가 면접관과 비슷한 취향을 가지고 있는 경우 높은 점수를 줄 수 있다.
⑨ 초기 인상효과로 몇 분 간에 본 지원자의 인상에 의해서 평가될 수 있다.
⑩ 대비효과로 현재 지원자가 그다지 뛰어나지 않았음에도 불구하고, 이전 지원자가 매우 낮게 평가가 되었다면 현재 지원자가 상대적으로 높게 평가된다.

자료 : Gatewood & Feild(1994), pp. 532-533.

② 직무기술서를 활용하라.

면접관에게 직무기술서를 제공하여 해당 직무수행에 필요한 지원자가 누구인지를 알 수 있어야 한다. 그리고 지원자의 특성을 통해 직무수행이 얼마나 성공적으로 수행될 수 있는지를 확실히 판가름할 수 있어야 한다.

③ 면접관을 훈련시켜라.

효과적인 면접을 위해서는 세부적인 질문과 지원자의 답변을 경청하는 등 면접에 대한 특별한 기술이 필요하다. 이를 위해 면접관은 지원자가 질문에 답할 수 있는 충분한 시간을 제공해야 한다. 특히, 면접관의 다소 강압적이거나 성별, 나이, 혹은 인종과 같이 개인 신상에 관한 질문을 통해 지원자가 스트레스를 받게 될 경우에는 지원자가 설령 면접에 합격된다고 하더라도 면접을 통한 부정적인 조직 이미지로 입사를 취소할 염려가 있다.

④ 다중면접을 활용하라.

다중면접(multiple interview)은 한 명의 면접관에 의해서 지원자를 면접하는 것이 아니라, 다수의 면접관이 지원자를 평가하여 면접관 개인의 면접오류를 최소화할 수 있다.

⑤ 면접이 유일한 선발도구는 아니다.

면접이 지원자 선발에 오직 하나의 도구로 사용해서는 안 된다. 면접은 다른 선발도구에서 획득하지 못한 지원자 정보, 예를 들어 지원자의 강점과 약점을 알 수 있게 하는 보완적인 역할을 한다. 면접 그 자체로만 지원자를 선발할 경우, 좋은 지원자들이 매우 나쁘게 평가되는 함정에 빠질 수 있다.

(3) 승자와 패자(winners vs. losers)

승리자를 선택하기 위한 가장 좋은 방법은 당신이 설정한 면접계획을 고수하는 것이다. 예를 들면, 일에 필요한 직업숙련도 및 능력을 결정하기 위해서 이에 맞는 질문을 개발하여 질문해야 한다.

이는 다음의 <표 4-4>로 설명할 수 있다.

〈표 4-4〉 면접평가시트(Interview Evaluation Worksheet)

구 분	Weak	Marginal	Meets Minimum Standards	Strong
외모(appearance)				
자기표현				
개 성				
직업관련도				
열 정				
성숙도				
직위의 관심수준				
근무시간				
배우려는 의지				
직업안정성				

(4) 일반적인 면접 실수(common interview mistakes)

① 인터뷰가 끝난 뒤는 지원자들을 평가하는 시간을 가져야 한다. 또한 면접관은 객관적인 시각에서 지원자들을 바라보고 면접을 진행해야 한다.

② 절대 지원자들을 현직 또는 전에 있던 직원들과 면접동안에는 비교하질 않아야 한다. 또한 지원자들이 말을 할 때 동의하거나 부정하지 말아야 한다.

③ 면접관은 고개를 끄덕이거나 의성어인 "uh, huh" 등을 섞어 말한다. 면접관은 자신이 선택한 특별한 인터뷰가 무엇이건 간에 가장 편안한 것을 선택하여 면접을 진행한다.

(5) 2차면접(secondary interview)

때로는 지원자들에게 더 많은 인터뷰를 갖는 경우도 생길 수 있다. 어떤 회사는 1차면접을 사전스크린의 도구(prescreening tool)로 사용하고, 2차로 진정한 지원자를 뽑기 위해 면접을 추가로 실시하기도 한다.

2차면접은 더욱더 많은 구체적인 정보를 얻기 위해 사용되어지곤 한다. 대부분의 관광조직의 매니저나 관리감독자는 이러한 인터뷰 방식을 선호한다. 2차면접은 좋은 인터뷰계획을 갖고 있지 않으면 상당히 어색한 가운데서 진행되어질 수도 있다. 따라서 명확한 목적과 의지를 가지고 2차면접을 진행하여야 한다.

대기업 인사담당자 78%, '첫인상 당락에 영향'

대기업 인사담당자 10명 중 8명은 지원자의 첫인상이 당락에 영향을 미친다고 밝혀 첫인상이 취업의 중요한 변수가 되는 것으로 나타났다.

온라인 채용정보업체 헬로잡(www.hellojob.com)은 최근 매출액 100개 기업 중 63개 기업 인사담당자를 대상으로 '면접전형에 관한 인사 담당자 의식 조사'를 벌인 결과 이같이 나타났다고 19일 밝혔다.

조사대상 기업은 삼성전자, LG전자, 포스코, KT, SK텔리콤, LG텔레콤, 신세계백화점, 롯데유통, 현대백화점, CJ, 롯데제과, 서울우유, 현대모비스, 삼성르노자동차, 현대건설, 대우조선, 현대카드, 외환은행, 한미은행, 하나은행 등이다. 조사결과, 전체 응답자의 22.2%(14개사)는 '첫인상이 당락에 심각한 영향을 준다'고 말했으며 55.5%(35개사)는 '조금 영향을 준다'고 밝혀 전체 조사대상자의 77.7%가 지원자의 첫인상에 영향을 받는 것으로 조사됐다. 반면, '영향이 없다'고 말한 응답자는 7.9%(5개사)에 불과했다.

'면접관의 주관적인 판단과 선입견을 줄이는 프로그램이 있나'를 묻는 질문에는 31.7%(20개사)가 '있다'고 답했으며, 41.2%(26개사)는 '프로그램은 없으나 면접관 교육과 다수 면접관이 참여하는 집단면접 등을 운용해 면접관의 주관적 판단과 선입견을 줄이고 있다'고 답했다.
선입견을 줄이는 프로그램으로는 블라인드 면접(LG전자, 현대중공업, 서울우유, 조흥은행, 하나은행), 다면평가(삼성르노자동차, 외한은행, SK텔레콤), 구조화된 면접(대우일렉트로닉스, 동부제강, CJ, 삼성중공업) 등이 있다.
'임원면접 시 주요 평가항목'에 대해서는 가장 많은 44.4%가 '인성'이라고 답했으며 '개인역량'(27.0%), '업무수행능력'(17.5%), '회사와 지원자의 적합도'(17.5%), '커뮤니케이션 능력'(12.7%), '인상'(3.2%), '출신학교'(1.6%) 등이 뒤를 이었다.
한편, 인사담당자가 채용과정에서 겪는 고충으로는 '온라인 지원자가 많아 서류전형 시 업무폭주'(23.7%), '합격자가 교육 받은 후 바로 퇴사할 때'(19.7%), '지원자 스스로 어느 회사, 어느 직무에 지원한 줄 모르고 면접에 온 경우'(14.7%), '중복합격으로 최종합격 후 출근 안할 때'(6.6%) 등이 꼽혔다.
헬로잡 관계자는 '대다수 대기업 인사담당자들이 지원자의 첫인상에 영향을 받는 것으로 나타났다'면서 '구직자들은 언행과 태도, 옷차림 등에서 면접관에게 좋은 인상을 주기 위해 신경을 써야 할 것'이라고 말했다.

자료 : 연합뉴스, 2004.4.19.

6. 고용과 배치

1) 결 정

고용을 결정할 수 있도록 도와주는 다음과 같은 가이드라인이 있다.

① 당신이 고용할 여유가 있을 때 고용해라. 이는 후보자의 경험과 자질을 보상해야 한다. 그러나 만일 당신이 봉급을 지원자의 가치보다 적게 주거나, 이들 개인에게 기회를 제대로 주지 않으면 이들은 다른 직업을 찾아 나설 수 있다.

② 매사 안전한 것을 선택하지 말아라. 이는 모든 관광조직은 일에 대해 '스타급(Star)'을 고용하려 한다. 그러나 이는 고위험에 노출되기 마련이다. 당신은 그들에 대해 모든 것을 좋아할 수 있지만 그들의 배경과 행동이 일치하는 것은 아니다. 이들을 고용하면 완전한 실패 또는 완전한 성공을 거둘 수 있다.

③ 고용의 목적이 무엇인가를 명확히 한다. 누군가가 일을 맡을 때 지금보다 나은 상황으로 만들려는 목적으로 고용하는 것인지, 아니면 현 상황을 유지

하기 위해 고용하는 것인지를 분명히 해야 한다.

④ 지원자의 열정을 파악해라. 이는 일에 대한 열정이 얼마나 되는지를 파악해서 고용에 반영되게 한다. 만일 지원자가 생생한 감각과 열정, 그리고 그 주어진 일을 적극적인 자세로 일하려는 모습이 보인다면 고용해야 한다. 그러나 항상 그런 것은 아니고 어떤 사람들은 주어진 근무환경에 행복해 하지 않는 사람들도 있다.

⑤ 지원자는 주변사람들을 좋아하는지를 파악해야 한다. 관광기업은 사람을 상대하는 비즈니스이다. 따라서 여가생활동안 그들이 하고자 하는 취미와 관심이 무엇인지를 파악해야 한다.

⑥ 재능 있는 사람을 고용하라. 이는 재능 있는 사람과 더욱 매력적이고 영리한 사람들을 고용하는 것을 꺼리지 말아야 한다.

⑦ 후보자의 에너지를 발산하는 수준은 무엇인가? 이는 생산성을 높이기 위해서는 적극적인 자세로 근무에 임하는지 파악해야 한다. 때론 관광기업은 최고의 생산성 수준을 높일 필요가 있는데, 이는 개인의 일하고자 하는 에너지를 최대로 올렸을 때 가능하게 된다.

2) 근무제안

근무제안을 할 때 다음과 같은 안내를 지원자에게 제공하여야 한다.

① 근무시작 날짜

② 오리엔테이션 및 훈련스케줄

③ 임금과 혜택

④ 일의 본질

⑤ 근무스케줄

이때는 지원자는 근무여건 등에 대하여 부정적일 수도 있고 긍정적일 수도 있다. 따라서 후보자에게 일에 대한 책임감과 의무를 명확히 밝힐 필요가 있다. 만일 후보자를 고용하지 않는다면 고용주는 최대한 빨리 고용되지 않았음을 통보해야 하고, 후보자가 거절당한 이유를 원하면 고용주는 즉시 사유를 말해야 한다. 또한 제안한 것들에 대하여는 문서로서 작성하여야 하는데, 이는 양자 간 고용조건에 있어 오해를 불식시키기 위함이다.

3) 배 치

만일 고용이 결정되면 추가적인 정보를 후보자로부터 획득해야 한다.

결혼상태, 나이, 자녀수, 국내·외에서 합법적으로 일할 수 있는지의 여부 등에 대하여 마지막 점검을 수행해야 한다. 왜냐하면, 고용이 이미 결정이 된 후에는 법적으로 어떤 책임을 물을 수 없기 때문이다.

고용이 결정되면 근로계약서(employment agreement)를 작성해야 한다. 이는 임금 등 여러 혜택에 관련되는 사항들이 있기 때문이다.

제5장

이동관리

human resources management for the tourism sector

관광기업구성원들은 모두가 현재 자기가 하고 있는 일보다 더 높은 수준의 서비스를 하기를 원하고 또 실제로 할 수 있다고 믿고 있다. 그리하여 그들은 조직체에서 일하면서 경험과 경력을 쌓고 자기 능력과 자질을 개발하면서 실제로 더 높은 수준의 서비스를 할 수 있는 자격을 갖추어 나가고 있다. 그 결과 퇴직이나 이직 등 인력의 자연감소가 발생할 때 조직체는 자격을 갖춘 내부 인원으로 필요인력을 충원해 나간다. 조직체가 성장하는 경우에는 이러한 자연적인 인사변동뿐만 아니라 새로운 기능과 직무도 설계되고, 따라서 이에 대한 인적자원의 계획과 확보가 더욱 중요해진다.

그렇지만 조직체가 항상 성장한다고만 가정할 수 없다. 경제환경변화와 조직체의 전략목적에 따라서 조직과 인력의 감축을 단행해야 할 필요성도 제기될 수 있다. 근래의 외환위기와 경쟁력의 약화는 우리나라 조직체에게 획기적인 구조조정과 경영혁신을 요구하면서 전례에 없는 많은 휴직과 퇴직, 그리고 해고 등 인력규모와 구성에 큰 변화를 가져왔다. 주변의 환경변화가 심해짐에 따라서 현대조직에서 이와 같은 인력 감축과 변화는 그 빈도가 점차 증가함으로써 새로운 인력공급만큼 인적자원상의 전략적 중요성이 커지고 있다.

전략적 인적자원관리 관점에서 승진과 전직, 그리고 휴직과 이직 및 해고 등의 인사이동은 전략목적달성을 위한 조직체계획과 인적자원계획, 적임자 외 이동 대상자의 선정, 인사고과에 의한 상벌결정, 그리고 경력계획과 인력개발 등 여러 인적자원관리 기능과의 밀접한 관계하에서 이루어진다. 따라서 현대조직에서 인사이동은 효율적인 전략적 인적자원관리의 중요한 부분으로 자리매김하고 있다.

1. 인사이동의 의의

인사이동이란 종업원이 어떤 관광기업에 고용되어, 특정한 직무에 배치된 뒤, 그의 능력이나 직무내용의 변화 또는 운영상의 여러 가지 여건변화에 따라 수직적·수평적으로 배치상의 변화를 가져오는 인적자원관리상의 절차를 의미한다. 따라서 배치관리가 일과 사람을 결부시키는 동태적인 것인데 반하여, 이동관리는 상황 변화를 고려하여 다시 조정하는 동태적인 것이라 할 수 있겠다. 이 이동관리에는 동일 수준의 다른 직무로 횡적인 재배치를 하는 경우도 있고, 능력의 향상에 따라서 높은 수준의 일로 이동되는 경우도 있으며, 관광기업 운영상의 여건변화에 따라 직무로부터 떠나는 경우 등 여러 가지가 있다. 즉 이동관리의 유형은 배치전환(transfer), 승진(promotion) 및 이직(separation) 등이 있다.

오늘날 관광기업환경의 변화는 극심하다. 이와 같은 기업 내·외의 제 여건변화에 능동적으로 나가야 관광기업의 성장·발전을 지속적으로 유지할 수 있다. 인력을 관리하는 인적자원관리에 있어서도 여건변화에 따라 신속하고 적절하게, 그리고 능동적으로 조정이 이루어져야 한다. 특히 관광기업에서의 인사이동은 인력과 직무 사이에 적합성의 결여, 즉 양자 간에 부적합성이 발생하였을 때에는 지체없이 이루어져야 한다. 그런데 이러한 부적합성이 발생하는 경우는 다음과 같이 세 가지로 나누어 볼 수 있으며, 이것이 바로 인사이동의 필요성이라고 할 수 있다(양운섭, 1993 : 209~210).

첫째, 종업원을 채용하여 일정한 직무에 배치하였으나, 직무배치 자체가 적절하지 않았기 때문에 그 인력이 가지고 있는 모든 기능 및 지식과 직무요건이 적합하지 않는 경우이다.

둘째, 종업원을 채용하여 이루어진 최초의 직무배치가 일단은 적절하였으나, 배치된 인력의 능력이 향상되었거나 그 인력이 직무가 요구하는 요건 이상 또는 이하의 기능과 지식을 가져 적합성이 결여된 경우이다.

셋째, 기업규모상의 변화, 즉 기업의 확장이나 축소로 말미암아 인력의 조정이 요구되는 경우이다.

이상과 같은 인사이동의 필요성이 발생할 때는 경영자는 인력의 유용한 이용을 위하여 끊임없이 인간과 직무와의 적합성 상태가 유지되도록 계획적 · 조직적으로 조정하는 인사이동 작업을 단행하여야 한다.

2. 인사이동의 목적

관광기업경영에 있어서 인사이동을 실시하는 중요한 목적을 들어보면 다음과 같다.

① 적재적소 배치의 실현

관광기업의 고용정책이나 선발방법이 아무리 잘되었다 할지라도, 처음 배치가 적성이나 능력, 직무요건에 잘 부합되도록 이루어지지 못하였을 때에는 근무평정이나 능력평가 또는 자기신고에 의하여 인사이동을 시켜 적재적소주의를 실현해야 한다.

② 직무전환을 통한 효과적 인재육성

관광기업이 필요로 하는 인재는 실무경험을 통하여 육성할 수 있는 인사이동이 요망된다. 특히 우리나라와 같은 연공서열제도가 대종을 이루는 나라에서는 실무경험을 통하여 여러 가지 직무내용을 잘 파악하여 다기능화거나 간부양성을 할 수 있다.

③ 조직활동에 활력주입과 근로의욕의 향상

종업원이 동일한 직무에 오래 근무함으로써 능역정지나 퇴보현상이 나타나거나, 종업원과 관리감독자 간 또는 종업원 상호간에 불화가 있어 사기가 저하된 경우에는 이동을 시킴으로써 조직활동을 원활하게 하고 사기를 높일 수 있다.

④ 공평한 처우실현

어느 종업원이 어느 곳에 배치된 뒤, 그 능력이 계속 신장되었을 때, 보다 상위직위로 이동시켜 공평한 처우를 받을 수 있게 해야 한다. 이 경우는 대개

승진이나 승격의 경우에 해당된다.

⑤ 업무의 번한을 시정

정원관리가 잘 이행되지 못하거나, 직무 구성부분과 능력 구성부분이 잘 조화·조정되지 못하여 업무상 번한(繁閑)이 있는 경우에는 이를 시정하기 위해 이동이 이루어져야 한다.

⑥ 조직계획의 대응

관광기업이 성장·발전함에 따라 조직계획, 즉 생산계획 및 판매계획 등이 변경되거나 또는 새로운 직무를 설정할 경우에는 이에 대응할 정원의 수정이 필요하게 되어, 이에 따른 인사이동이 있어야 한다.

인사이동은 그 시기에 따라 정기이동과 임시이동으로 구분된다. 정기이동이란 매년 일정시기에 전체조직에 걸쳐서 실시되는 계획적인 이동인데 반하여, 임시이동은 정기이동만으로는 인사상의 불균형을 해소하기 곤란하기 때문에 필요에 따라 그때그때 실시하는 이동이다. 그런데 이 두 가지 이동은 상호 관련성이 있기 때문에 어느 하나만의 인사이동을 실시해서는 안 된다. 따라서 인사이동은 인사이동정책에 따라 필요한 절차를 거쳐 실시하여야 한다. 그러므로 효율적인 인사이동을 위해서는 다음과 같은 몇 가지 준수하여야 할 사항이 있다. 이를 구체적으로 설명하면 다음과 같다(양운섭, 1993 : 213~214).

① 승진경로와 자격요건의 명확화

인사이동은 대개 직무내용과 조직적 지위의 변화를 의미하는 경우가 많다. 따라서 장기고용제도 하에서는 종업원들의 이동, 특히 승진에 대한 기대가 크기 때문에 모든 종업원에게 승진경로가 개방되어야 한다. 또한 승진상의 자격요건과 기준을 명확히 하고, 종업원의 성과의 근무태도를 공정하게 평가하는 것이 중요하다.

② 연공제와 능력제의 조화

인사이동은 종업원의 능력과 성과에 따른 능력주의에 입각하여 이루어져야 하나, 우리나라와 같은 연공존중의 경영풍토에 있어서는 이를 무시할 수 없다. 그러므로 양자 간의 적절한 조화방안을 모색하여 실시하는 것이 인사이동상의 중요한 과제이다.

③ 직무숙련화의 배려

내부직위에 공석이 생겼을 때 가급적 사내승진을 통한 이동을 함으로써 종업원의 사기를 진작시키는 것이 일반적이다. 그러나 지나치게 폐쇄적인 인사정책은 삼가고, 유능한 사외인재영입도 고려하여 인사이동이 이루어질 수 있도록 해야 한다.

④ 모티베이션 향상의 고려

기업은 인간을 중심으로 하는 조직체이므로 수평적·수직적인 인간관계가 존재한다. 이러한 관계가 양호하지 않으면 직무성과는 향상되지 못한다. 가령 어느 한 개인이 매우 유능하고 우수하며 특출한 직무수행능력을 가지고 있다 하더라도 잘못된 인사이동으로 집단팀워크가 파괴되면 그 개인의 능력은 조직에서 볼 때 비효율적인 것이 된다. 따라서 이동은 조직성과의 모티베이션을 충분히 고려하여 성과의 총합이 극대화될 수 있는 방향에서 이루어져야 한다.

3. 인사이동의 법칙

인사이동에는 다음과 같은 네 가지 원칙이 있다. 이를 좀더 구체적으로 설명하면 다음과 같다.

① 적재적소의 원칙

관광기업은 조직의 효율성을 존중하고 이것을 통하여 기업목적의 달성을 바라기 때문에 조직구성원들의 능력과 성격을 고려하여 최적의 직위에 배치함으로써 최고도의 능력이 발휘될 수 있도록 인력관리가 이루어져야 한다. 여기에 적재적소의 원칙(the principle of right person for the right job)이 적용된다. 능력과 적성을 고려하지 않고 인사이동을 하면, 아무리 우수한 능력과 적성을 가진 종업원이라도 충분히 자기 역할을 할 수 없게 되고, 오히려 직무에의 부적응현상이 나타나거나 불평·불만이 생길 가능성이 있다. 따라서 인사이동 시에는 반드시 적재를 골라 적소에 이동시켜야 한다. 그러나 인간은 상당한 유연성과 적응성을 갖고 있다는 사실도 고려해야 하며, 우수한 인재의 경우에는 특히 그러하다. 따라서 적재적소를 해석하는 것이 필요하다.

② 실력위주의 원칙

실력위주의 원칙이란 실력, 즉 능력을 발휘할 수 있는 업무영역을 제공하며, 그 일에 대하여 올바르게 평가하고, 평가된 업적과 실적에 대하여 만족할 수 있는 대우를 하는 원칙을 말한다. 이는 전술한 적재적소주의 원칙을 포함한 광의의 개념이다. 이 원칙은 인적자원관리 전반을 지배하는 것이지만, 특히 인사이동에 있어서 중요한 의의를 갖는다. 그런데 실력이란 기존의 실력에 국한되는 것만이 아니고 앞으로 새롭게 길러지는 성질도 가지므로 실력의 활용뿐만 아니라 개발·양성하는 측면에서도 충분히 배려가 있어야 한다. 이 때 실력, 즉 능력에 대한 정의는 다음과 같이 여러 가지로 볼 수 있다.

- 능력 = 지능 × 성격 × 의욕
- 능력 = 직무수행능력 = 체력 × 적성 × 지식 × 경험 × 성격 × 의욕
- 능력 = 개발할 수 있는 능력
- 능력 = 자기실현능력 + 실천능력
- 능력 = 가치실현능력 등이다.

능력이란 이처럼 다양하게 표현되고 또 매우 추상적인 개념이어서 그 측정에 있어서 문제가 있으나 대체로 다음과 같은 성격을 가지고 있다.

첫째, 능력은 기업의 구성원으로서 기업 목적달성을 위한 직무 수행능력이다.

둘째, 능력은 실천을 결정짓는 기초로서 업적과 밀접한 관계를 가지고 있다.

셋째, 능력은 기업환경의 급격한 변화로 인하여 계속 개발되지 못하면 퇴보할 수도 있는 유동적인 측면이 있다.

따라서 종업원의 능력, 즉 실력을 공평하게 평가·측정·개발하여 이동시켜야 한다.

③ 인재육성의 원칙

사람을 사용하는 방법에는 사람을 소모적으로 사용하는 방법과 사람을 성장시키면서 사용하는 방법이 있다. 장기적으로 보면 후자가 바람직한 방법이다. 특히 최근에 와서 성취동기의 중요성이 강조되고 있기 때문에 인재육성주의 원칙은 더욱 중요시 되고 있다. 여기서 주의하여야 할 것은 상사가 부하를 육성하는 면뿐만 아니라 종업원 자신의 의지와 의욕 및 욕망에 따라 자기육성이나 자기개발이 중요시되고 있다.

최근에 중요시되는 자기개발론(self development)이나 경력개발계획(career development program)에 있어서 경력의 자각 및 자기관리가 이와 관련된다.

④ 균형위주의 원칙

조직이란 인간과 인간의 관계로 형성된 하나의 사회이기 때문에 기업조직의 안사이동에 있어서도 단순히 종업원 개인의 적재적소만을 고려하여 이루어지는 것만이 중요한 것이 아니라, 조직구성원 모두에 의하여 평등하고 공평하게, 균형 있는 이동이 이루어져야 한다. 요컨대, 직장 전체의 실력증진과 사기양양 등을 꾀하는 의미로서 전체와 개인의 조화가 이루어지는 인사이동이 바람직하다.

4. 배치전환

1) 배치전환의 목적

배치전환(transfer)이란, 종업원이 새로 담당할 직무가 임금수준이나 직위, 위치, 소요, 기능 및 책임에 있어서 종전의 직무와 별 다른 차이가 없는 수준에서 수평적으로 인사이동을 하는 것을 말한다.

승진이 능력의 향상에 따라 등급이 높은 직무, 즉 조직적 서열과 권한 및 책임의 증대가 수반되는 직무로의 수직적인 이동인데 반하여, 배치전환은 같은 수준의 직무에로 자리바꿈을 하는 수평적인 이동이란 점에 차이가 있다. 또 이동 중에 이직은 현재 담당하는 직무에서 일시적 또는 영구적으로 떠나는 데 반하여, 배치전환은 현재 담당하는 직무에서 다른 직무로 옮긴다는 점에서 차이가 있다.

한편, 조직경영상 인력의 효율적 활용과 조직목적의 효과적인 달성을 위하여 배치전환을 하게 되는데, 그 주요목적을 요약하면 다음과 같다.

(1) 생산적 목적

① 직무요건의 변동에 적응하기 위해서 이루어진다.
② 융통성 있는 직무수행을 위한 능력을 배양하기 위해서 이루어진다.

(2) 개인적 목적

① 부적절한 배치를 시정하기 위해서 이루어진다.
② 작업의 단조로움으로부터 해방되기 위해서 이루어진다.
③ 종업원 상호간의 마찰을 해소하기 위해서 이루어진다.
④ 종업원의 연령 및 건강상태에 대한 배려를 위해서 이루어진다.
⑤ 전반관리자로서의 능력을 육성하기 위해서 이루어진다.

2) 배치전환의 유형

배치전환은 ① 종업원이 이동하는 범위에 따른 분류, ② 종업원이 이동하는 목적에 따른 분류가 있다(양운섭, 전게서 : 216~218).

(1) 이동범위별 분류

① 부서 간 배치전환(intersection transfers)

업무의 내용이 유사한 부서나 과관에 수평적으로 이루어지는 배치전환이다.

② 부문 간 배치전환(interdepartment transfers)

이는 부와 부 사이 또는 부문과 부문 사이에 이루어지는 배치전환이다.

③ 영업장 간 배치전환(interplant transfers)

이는 업장과 업장 사이에 이루어지는 배치전환으로서 생산업무가 유사한 것이 전제가 된다.

④ 회사 간 배치전환(over firm transfers)

이는 회사 전체를 통하여 필요한 인력을 폭넓게 배치전환시키는 것이다. 특히 관리직 분야에 많다.

(2) 이동목적별 분류

① 생산향상에 따른 배치전환(production transfers)

노동의 수요가 점차 감소되는 직무로부터 노동의 수요가 증대되거나 이직으로 인하여 결원이 생긴 직무로 옮기는 이동이다. 즉 생산이 증가되고 있는 부문에서는 새로운 종업원을 고용해야 하는데 반하여, 생산이 감소되고 있는 부문에서 기존 종업원을 일시 고용해야 할 경우에 그 대상인원을 생산이 신장되는 부분의 유사직무에 이동시킴으로서 인력운용의 부적합성을 해소하고, 조직 내부에서 고용의 안정을 꾀하기 위하여 실시하는 유형이다.

② 인력대체를 위한 배치전환(replacement transfers)

생산상황에 따른 배치전환과 마찬가지로 특정종업원에 대한 일시해고를 피하는 것을 목적으로 한다. 경제불황이나 조업단축으로 인하여 전체적인 인원조정이 필요할 때 근속연수가 오래된 사람, 즉 선임권을 중심으로 부서 간의 인원을 이동시키는 방법이다. 다시 말하자면, 근속년한이 긴 종업원을 다른 부서의 근속년한이 긴 종업원을 다른 부서의 근속년한이 짧은 종업원에 대체시킴으로서 근속자를 보호하고 안정을 꾀하려는 유형이다.

③ 만능공 양성을 위한 배치전환(versatility transfers)

종업원의 기술능력이 신장되어 직무배치상 융통성과 신축성을 높이기 위해 실시하는 유형이다. 특히 한 종업원에게 특정한 직무만 시킬 수 없을 정도로 충분한 작업량이 없는 소규모 작업장에서 조업의 탄력성을 유지하기 위해 실시하는 경우도 있고, 또 장래의 경영간부를 양성하기 위한 경우도 있으며, 또 업무가 한창 바쁠 때 여러 가지 작업을 처리할 수 있는 특별히 훈련된 유격대를 기르기 위하여 실시되는 유형이다.

④ 근무교대를 위한 배치전환(shift transfers)

하루에 두 번 이상의 교대근무반을 운영하고 있는 경우, 종업원을 하나의 시간대에서 다른 시간대로 이동시키는 유형이다. 예컨대, 주간반에서 또는 주간 A반 또는 야간 B반으로 이동시키는 것이다. 이 방법은 주로 생산직의 종업원의 교대근무에서 많이 볼 수 있는 이동이다.

⑤ 구체적 배치전환(remedial transfers)

최초의 배치가 적당치 않았거나, 감독자와 동료 사이에 불화가 되었거나, 나이가 너무 많다거나, 건강상태가 사고기록을 보아 필요하거나, 또는 현 직무가 단조로워 싫증이 나서 다른 직무로 옮기기를 원한다든가 하는 따위의 여러 가지 이유로 인하여 실시되는 이동이다.

이상과 같은 여러 가지 유형의 배치전환은 서로가 완전히 배타적인 것은 아니며, 오히려 상호 보완적인 것으로 다목적적인 성격을 띠고 있다. 따라서 이들 배치전환은 인적자원관리 기본방침의 테두리 안에서 이동정책에 따라 실시되어야 한다.

5. 승진관리

1) 승진관리란?

승진관리의 의미는 크게 종업원 측면과 경영자 측면에서 그 의미를 찾아 볼 수 있다. 먼저 종업원 측에서 볼 때 자기발전의 실현과 욕구충족을 꾀할 수 있다. 즉 직장생활의 희망전개의 대상이 된다. 그리고 경영자측으로 볼 때 인재의 효율적인 확보배분을 통한 조직의 효율성을 증대시킬 수 있다. 즉 생산능률

증대의 대상이 된다. 이와 같은 욕구와 필요성에 따라 승진관리가 갖는 의미는 지대한 것이다. 상기의 목적을 달성하려면 다음과 같은 입장에서 승진관리가 이루어져야 한다.

종업원도 누구나 각자 가지고 있는 능력과 공헌도에 따라 종합적으로 평가받아 승진할 기회와 권리가 있으며, 관광기업이 종업원을 최고도로 활용하여야 하는 입장에서나 종업원이 자기발전을 극대화하여야 하는 입장에서 승진의 원칙을 설정하여 합당한 직위에로 승진시키는 것이 이상적이다.

인간의 능력판단의 기술과 방법이 꾸준한 노력에 의해 개선되고 있지만, 장래의 적성과 잠재능력을 포함한 능력판정은 채용당시 한 번의 시험으로서는 예측할 수 없다. 이러한 승진이란 종업원이 보다 유리한 직무에로 이동되었을 경우로서 직책의 증가, 소요기능의 확대, 임금의 증가, 근무시간, 환경조건 등의 향상을 수반하는 것을 의미한다. 그리고 승격과 승급의 경우도 큰 차이가 없으며, 다같이 승진이라는 의미로 보는 것이다. 관광기업에서는 5급직에서 4급직으로 올라가는 것을 승격인 동시에 승진이라고 보고 있다.

2) 승진의 기준

승진의 기준은 승진방침에 따라 설정되는 것이므로 시대와 기업에 따라 각양각색이듯이 그 기준도 시대와 기업에 따라 다르게 된다. 여기서는 대체로 일반화된 몇 가지 요건을 중심으로 그 기준을 살펴보면 다음과 같다.

(1) 근무평정의 결과

인적자원관리도구 중 하나인 근무평정제도의 궁극적인 목표는 종업원의 근무의욕을 높이기 위하여 개개인을 각각의 능력과 업적에 따라 공정하게 처우하는 관리체계를 구축하며, 인사상의 제문제에 사실상의 근거를 제시하여 승급, 상여, 배치 등을 공평하고 객관적으로 할 수 있게 하기 위해서이다. 이와 같은 목표를 가진 인사고과가 구체화되고 제도화하는 경우에 직무 수행능력, 공헌도(실적), 장래 발전성, 태도 및 적성 등의 자료가 정비된다.

근무평정의 대상이 되는 것은 현재 직위의 자격요건이기 때문에 그 성적이 좋다고 해서 상위직위에서 자격요건을 갖추었다고 속단할 수 없으며, 이 때 더욱 문제시되는 것은 때로는 현재의 직위에서는 실적을 올리지 못하고, 능력을 충분히 발휘하지 못하더라도 상급직위에 맞는 능력요건을 갖고 실적을 올릴 수 있다는 것이다. 그러나 승진에 관한 한 현재의 직무수행상태와 관련시켜 그의 잠재능력 및 기대 가능성을 고려하지 않을 수 없다는 사실은 어느 정도 위험성과 곤란성을 내포하고 있는 것도 사실이다.

근무평정의 내용을 실적, 태도, 능력, 장래성의 네 요소로 크게 나눌 때 실적과 태도의 비중이 능력과 장래성보다 낮다고 할 수 있으므로, 승인기준으로 설정할 수 있는 것은 종합평가 성적이 일반적으로 우수하여야 함과 동시에, 그들 요소 중 능력과 장래성의 비중을 높이 다루는 것이 바람직하다. 예컨대, 종합점수가 같은 A, B 두사람 중에서 한사람만 승진시켜야 할 경우라면, 근무성적에 관한 실적이나 태도보다는 능력과 장래성이 좋은 사람이 승진되어야 한다.

(2) 승진시험의 결과

승진의 대상자를 시험에 의해서 결정하는 승진시험을 제도화하려는 경향이 높아져가고 있다. 이와 같은 승진시험의 결과에 승진대상자를 결정하려는 방침은 합리적이라 할 수 있고, 더욱이 능력주의 인적자원관리체제 하에서는 바람직한 기준이다.

그러나 승진시험에 있어서도 ① 누구를, ② 어떤 시험방법으로, ③ 어떤 문제를 시험내용으로 하여, ④ 언제 실시할 것인가 하는 것들이 문제점들이다. 이런 문제점에 대한 확실한 해답을 얻고 승진시험을 실시한 뒤 그 결과에 따라 승진이 이뤄져야 한다.

(3) 연공평가

연공이 승진대상자 선정의 기본이 되는 것은 세계적인 현상이다. 서양에서는 선임권의 개념으로, 동양에서는 연공서열주의라는 개념으로 사용된다. 연공에 대해서는 승진방침에서 설명된 바 있으나 우리 나라에서 많이 사용되고 있는 승진기준이다.

그러나 오늘날과 같이 기술과 과학이 급속도로 발전하여 점차 기계화됨으로써 기능에 의존하는 것보다는 두뇌의 발달과 기술에 의존하게 되어 능력주의 인적관리를 하지 않을 수 없다는 시점에서 연공의 의미와 그 비중이 낮아지게 됨은 필연적인 사실이다. 과도기적으로 연공을 승진자 선정의 기준으로 할 때에는 승진대상직위가 요구하는 자격요건을 명확히 제시할 수 있고, 그같은 요건과 관련하는 직위에서의 근속 연수만을 고려한다는 기준선을 축으로 하여 연공주의를 적용하는 기준절차를 명확히 함이 바람직하다.

(4) 학 력

학력이 승진기준도 되는 것은 능력에 의하여 얻은 것이 '학력'이고, 이 학력과 직무수행능력과는 상관관계가 있다는 전제에서이다. 우리나라에서는 학력이 승진기준으로 널리 활용되고 있다. 높은 학력에 대한 기업의 요청이 시대적인 경향이 되고 있는 것은 높은 직위에 있는 사람에게 높은 자질이 요구되기 때문이다. 그러므로 학력존중 그 자체가 불합리하다거나 능력주의 개념과 상치한 것이 아닌 것은 분명하다. 그러나 최근에 능력주의 인사정책이 실현됨에 따라 학력은 없으나 능력이 있는 유능한 종업원들이 오히려 조직의 성장, 발전을 위하여 크게 공헌하게 되고, 이들을 승진에서 탈락시킬 때 그들은 조직을 탈선하는 경향이 있어서 문제점이 되고 있다. 따라서 학력을 승진기준으로 할 때는 직무수행능력과 관련시켜 파악하는 것이 바람직하다.

(5) 경력평정

경력기간을 승진기준으로 하는 것도 일반화되어 있다. 관광기업마다 경력기간을 승진기준으로 삼기 위하여 승진요소 최소년수 또는 직급별 정체년수를 정하여 최소한도의 능력훈련기간을 통제하고 있으나 점차로, 능력주의 정신에 따라 그 기간을 단축하려는 경향으로 가고 있다.

그런데 경력을 승진기준으로 하기 위해서는 다음과 같은 가설 중 어느 것 또는 그 전부를 적용해서 경력을 평정해야 한다. 중요한 가설을 들어보면 ① 승진 대상이 되는 직위의 직무에 대하여 유사성 또는 친근성이 높은 경험은 낮은 경험보다 유효하다. ② 직무수행능력은 일반적으로 학력연수에 비례한다. ③ 어떤 경력이 어떤 직무에 유효하기 위해서는 그 이전에 일정한도의 경력 및 학력이 있어야 한다. ④ 어떤 직무에 대하여 유효한 경력과 학력은 동등하다. ⑤ 일정한도 이상의 경력이나 학력은 그 이상 증가하더라도 유효성은 증가되지 않는다. ⑥ 새로운 경력은 오래된 것보다 가치가 있다. ⑦ 책임이 무거운 직위경력은 가벼운 직위의 경력보다 가치가 있다. ⑧ 진보성이 있는 경력은 그 정도가 낮은 경력보다 가치가 크다. 이들 제거설은 적용상에 많은 문제가 따르게 된다.

(6) 교육훈련의 결과

승진대상직위에 대한 직무 수행능력을 판단하는 기준을 ① 어떤 특정 연수과정을 마치거나, ② 연수의 결과(시험결과)를 활용하는 경우가 있다. 어떤 특정 연수과정의 완료로써 어떤 특정직위로 승진하기 위한 최저자격요건으로 정하거나, 연수의 내용이나 정도에 따라 이를 그 직위에서 경험이나 필요한 지식·교육·정도 등 승진을 위한 필요한 자격요건으로 대신 평정해 주는 경우도 일반화되어 있다. 또 일부 큰 관광기업에서는 특정 연수훈련을 실시하고 그 결과로 얻은 성적이 바로 승진에 영향을 미치게 되어 있다.

(7) 인사기록

승진자의 선정기준으로 인사기록이 활용된다. 인사기록이란 종업원의 입사 이전의 교육·경력 등을 포함하여 입사에서 퇴사까지의 고용관계에 관한 기록으로서, 관광기업이 종업원의 능력이나 목표달성을 인적자원관리상의 자료로써 이용할 수 있도록 고안되어야 한다.

인사기록에는 다음과 같은 다섯 가지 조건을 구비하여야 한다.

① 현재 담당하거나 앞으로 담당할지도 모르는 직무를 능률적이며 성공적으로 수행하는데 관계되는 모든 정보를 담고 있어야 한다.

② 이들 모든 정보는 간결하게 기록되고, 당면문제와 관계없는 사항을 기록하지 않아야 한다.
③ 종업원은 정태적·고정적인 능력의 단위가 아니므로, 현재의 현상만이 아니라 발전과 퇴보를 포함한 모든 변화상을 기록하여야 한다.
④ 언제든지 필요할 때 즉시 쉽게 이용할 수 있도록 기록·정리·보관되어야 한다.
⑤ EDPS의 개발·도입을 전제로 한 내용의 배열에 맞도록 설계되어야 한다.

이상 다섯 가지의 승진기준을 살펴보았다. 모든 제도는 일반적으로 그 조직이 갖는 내용 및 목적을 보다 효과적으로 달성하기 위하여 비교적 안정성·고정성·경제성을 지녀야 한다. 승진제도도 마찬가지이다. 승진기준도 관광기업의 목적·대상·범위에 따라서 달라진다. 종래의 신분적 자격제도에서는 학력·연령·근속 등의 요건을 종합하여 승진기준을 결정하였으나, 최근 능력주의 인사제도에서 능력의 요건, 기타 기준이 되는 근무평정의 결과, 교육훈련을 포함한 시험성적, 적성평가 등에 의하여 승진기준을 결정하고 있다.

승진기준을 설정함에 있어서 요망되는 몇 가지 사항을 요약하면 다음과 같다.
① 직무분석을 통하여 승진직위가 요구하는 직무수행 자격요건을 정비한다.
② 승진후보자를 선정하는 방법 중 가장 큰 비중을 차지하는 근무평정을 합리적으로 제도화한다.
③ 승진이 요구하는 능력평가방법이 근무평정, 시험제도 및 적성검사 등에 의하여 제도화되어야 한다.
④ 승진제도 중 큰 비중을 차지하는 후계자양성 등이 계획적으로 이루어져야 한다.
⑤ 승진의 기회가 범위를 균등하게 하기 위한 계획적·제도적 인사이동정책의 일환으로 구현되어야 한다.

3) 승진의 종류

승진은 일반적으로 대별하여 ① 직계승진제도 또는 직위승진제도, ② 신분 및 능력을 중심으로 한 자격승진제도, ③ 역직승진제도(役職昇進制度), ④ 대용승진제도, ⑤ 조직변화승진제도가 있다.

이를 좀더 구체적으로 설명하면 다음과 같다(양운섭, 전게서 : 225~226).

① 직위승진

직위승진 또는 직계승진이란 보다 상급직위나 상급직계로 변경하는 것을 말한다. 종업원이 하위의 직위에서 상위의 직위로 이동하는 것을 말한다. 이 직계승진은 직무중심적 능력주의에 있어야 하며, 이를 토대로 하여 직무자격요건에 비추어 적격자를 선정 · 승진시킨다.

이 직계(직위)승진제도가 성공적으로 운영되기 위하여서는 다음과 같은 전제조건이 필요하다. 첫째, 직위관리체계가 정비되어 있어야 하며, 둘째, 인적능력구성과 직계구성이 서로 일치되어야 하며, 셋째, 업무내용이 안정되고 조직기구, 생산양식, 관광기업규모와 같은 것에 커다란 변동이 없어야 한다. 일반적으로 직무담당자의 경험 · 능력 · 기능 등의 신장에 의하여 새로 담당하는 직무가 보다 높은 직무에 있는 경우에 승진이 되는 것이다. 이는 직무와 직결된 속직적(屬職的) 승진제도이다.

(2) 자격승진

자격승진이란 직무내용과는 직접적으로 관계없이 각 개인이 갖추고 있는 학력 · 연령 · 근무년수 또는 지식 · 기능 · 능력과 같은 속인적 자격요건에 따라 보다 상위의 처우구분으로 이동하는 것을 말한다. 자격승진에서 신분자격승진과 능력자격승진이 있다.

① 신분자격승진

학력, 근속연수, 근무상황 등 개인의 속인적 자격요건이 승진되어 상위적 처우구분으로 이동되는 것을 말한다. 그리고 이들 속인적 요건은 직무와 관계없는 것이다.

② 능력자격승진

개인이 보유하고 있는 지식·기능·능력 등의 잠재적 능력이 승진기준이 되어 장래에 유용성이 있다고 평가받아 자격제도상 상위의 처우 구분으로 이동되는 것을 말한다.

그리고 이들 속인적 요건은 직무와 관련이 있는 것들이다. 일반적으로 자격승진이라고 할 때는 이 능력자격승진을 의미한다.

(3) 역직승진

역직승진이랑 관리체계로의 직위, 즉 라인직위체계(계장, 과장, 차장, 부장 등) 상의 승진을 말한다. 조직은 업무를 능률적으로 운영하기 위하여 과업을 분화하여 가지만, 조직의 각 단위별로 소속구성원을 효율적으로 지위·통제하기 위해서 조직의 장 또는 보조자(주임, 계장, 차장, 부장 등)를 두는데, 이것이 역직이다. 역직승진은 이들 역직의 담당자가 상위의 역직위로 이동하는 것을 말한다.

(4) 대용승진

대용승진이란 준승진이라고 하는데, 직책과 권한 등 직무내용상의 실질적은 변화는 없이 직위명칭 또는 자격호칭 등의 형식적인 승진이 이루어지고, 임금·복리·후생·사회적·신분 등의 부수적인 혜택도 받는 것을 말한다. 이는 조직의 인사정체현상이 두드러지고 종업원의 승진에 대한 욕구가 강렬하며, 조직의 효율성을 높여야 할 때 이를 해결하기 위하여 이루어지는 승진이다.

(5) 조직변화승진

조직변화승진이란 승진대상에 비하여 직위가 부족한 경우에 조직구조 자체를 변화시켜 조직의 직위계층을 만들고 승진의 기회를 확대하여 실시하는 승진을 말한다. 이 경우는 조직구조를 변화시킴으로써 직무구조의 재편성까지 뒤따르는 것이 일반적이다.

4) 승진제도

어느 기간동안 일정한 업무를 담당한 종업원이 그 업무에 대해서 많은 경험과 지식을 가지게 되어, 보다 더 나은 업무를 수행할 수 있는 능력을 갖추게 되었을 때 그 중대한 인력을 최대한으로 제고하는데 있어 대단히 유리하다.

기술혁신과 경영관리기술의 개발이 요구되는 오늘날 우수한 인재를 사내에서 계획적으로 육성한다는 것은 대단히 중요하며, 종업원은 누구나 자신의 노력이 인정되고 능력이 완전하게 이용될 수 있는 기회가 주어지기를 원하는 것이다. 이러한 희망을 승진의 형태로 실현되도록 해 줌으로써 당사자뿐만 아니라 일반 종업원들에 대해서도 자극제가 되어 근로의욕을 높이는데 크게 영향을 미치게 한다.

한 업무에만 오래 정착해 있으면 개선의욕이 감퇴하고, 매사에 소극적이기 때문에 승진제도에 의해 상급직으로 승진될 수 있는 가능성을 제시한다는 것은 종업원의 의욕을 새롭게 하고, 개선의욕을 일으키는 데 효과가 크다. 종업원이 승진의 기회도 없이 한 가지 직무에만 계속 근무하게 되면 근로의욕 상실도 문제지만 더 좋은 근무조건과 승진의 기회가 주어지는 다른 관광기업으로 이동하려고 한다. 그러므로 승진제도에 의해서 종업원들에게 승진 가능성을 보여 준다는 것은 근무의욕의 제고뿐만 아니라 이직 방지를 위해서도 대단히 중요하다.

승진제도에서 제일 중요한 것은 객관적 타당성이 있어야 하고, 공평하게 행해져야 하며, 그 운용에 있어서도 방침과 기준이 명확해야 한다. 앞에서도 논한 바와 같이 승진 기준에는 재직연수, 직무경력연수에 의한 기준과 능력에 의한 기준을 들 수 있다.

관광기업경영에 있어 능력의 문제란 대단히 중요한 것으로서 관광기업에 입사 후 상당한 기간이 경과하지 않고는 각 개인의 능력차가 정확히 판단되기 어려우며, 재직연수와 직무경력연수와 같은 객관적 인정기준을 적용함으로써 쉽게 납득이 되기 때문에 일반기업에서 광범위에서 실시되고 있다. 그러나 기술혁신과 종업원의 의식구조 변화와 관광기업의 경쟁이 격화됨에 따라 종업원의 질이 문제가 되어 능력위주 승진제도의 필요성이 대두하게 되었으며, 능력에 따라 승진이 되는 방향으로 나아가게 된다.

① 신분자격 승진

신분자격 승진은 승진기준을 단순히 학력, 근속년수, 근무상황, 기본급 등의 개인적 요소에 두고, 여기에 의해서 승진을 결정하는 것이다.

② 능력자격 승진

이 승진기준은 현재 담당하는 직무의 자격요건에는 직결되지 않지만 각자가 가진 지식·기술·능력 등과 같은 잠재능력을 평가하여 그 장래성과 이용성, 그리고 신장도를 측정해 승진을 결정하는 것이다. 이와 같은 승진제도는 그 운용에 있어 어려움이 대단히 많지만 공정성과 신뢰성을 잃지 않도록 주의를 요하게 된다.

오늘날 승진제도가 합리적으로 운영되기 위해서는 다음과 같은 구체적인 내용이 충분히 고려되어야 한다.

(1) 승진계획의 수립

승진계획은 승진제도의 중핵(中核)을 이루는 보다 구체적인 규정으로 특정 직위의 집단에 대하여 종업원을 승진시킴에 있어서 따라야 할 절차나 기준을 정하는 것이다.

이같은 승진계획을 수립할 때 주의하여야 할 사항들을 열거하면 다음과 같다.

① 승진계획은 승진방침에 따라 조직 내의 모든 적용 가능한 직위에 대하여 작성·수립되고 실시되어야 한다.

② 새로운 승진계획을 실시하거나 실시 중인 계획을 고치려고 할 때 그에 앞서 종업원 및 종업원 단체의 의견을 참조하여야 한다.

③ 승진계획은 다른 부문의 인사계획, 특히 인력계획과 모집계획 및 교육훈련계획 등을 고려하여 조화되도록 해야 한다.

④ 승진계획이 어떤 절차에 의하여 경영되고 있는가를 종업원들이 언제나

알 수 있도록 해야 한다.

⑤ 승진계획은 모든 종업원에 대하여 동일적이고 공평하게 적용되어야 한다.

이와 같은 주의사항을 고려해 승진계획을 수립할 때 포함되어야 할 사항은 다음과 같다.

① 승진계획에 적용될 대상직위의 범위
② 승진후보자의 선정범위
③ 승진후보자의 탐색방법
④ 승진에 필요한 자격기준
⑤ 승진후보자의 평가방법
⑥ 승진후보자의 서열 및 선택방법

종업원은 누구나 각자의 능력과 공헌도를 종합적으로 평가받아 승진할 권리를 가지고 있으며, 관광기업은 효과적인 승진 및 장기적인 인사계획과 연결하기 위해서 승진경로를 설정하여야 한다. 즉 관광기업이 종업원을 최고도로 활용하여야 할 입장이나, 종업원이 자기발전을 극대화하여야 하는 입장에서 각 종업원에게 알맞은 승진경로를 예정해서 능력을 한계점까지 개발시켜 합당한 직위로 승진시키는 것이 이상적이다. 승진경로란 직무책임의 분석에 의한 종업원 발전의 논리적인 경로이다. 직무책임의 분석을 통하여 직무의 상·하 전·후의 관련 관계가 파악되면 승진경로는 더욱 명확해진다.

승진경로를 설정하기 위해서는 지금까지의 자료를 분석하여 그 경로와 속도를 참고로 하여 직무분석에 의해 직무의 유사성·연속성을 분명히 하고, 소요능력의 종류 및 정도를 명확히 하여야 한다. 직무분석, 직위분류, 자격요건, 기준 등이 완전히 설정되어 있지 않을 경우에는 종업원이 거쳐 온 경력을 조사·분석하고, 이제까지의 승진경로나 승진속도의 기록을 참고하여 거꾸로 승진경로를 만드는 것도 필요한 절차이다.

일반적으로 조직적이고 체계적인 승진관리의 도구로서 필요한 것이 승진경로도(promotion chart)이다. 이는 승진후보자의 선정, 연수의 필요성, 배치전환 등이 입체적인 파악에 응용되며, 승진계획이 합리적이고 계획적으로 진행되기 위한 장기인사계획을 확립하기 위해서 필요하고, 특히 관리층에 연결될 종업원의 인적자원관리에 유효하다. 즉 ① 종업원의 사내경력을 분석하고, 승진경로 및 역직위 자격요견을 명확히 정하여 이것을 도표화한다. ② 그것에 따라 적격자를 배치하고, 장래의 경영간부 및 전문가를 육성하는 승진경로 및 경로의 한계를 정한다. ③ 이 각 경로를 거칠 승진후보자를 선정한다. 이렇게 하여 모든 직위의 상호관계를 추진될 수 있게 된다.

⑵ 승진방식의 결정

승진의 경로에 따라서 승진방식이 결정되어야 하는데, 이에는 직선방식(直線方式)과 다각방식(多角方式)이 있다.

① 직선방식

직선방식이란, 예컨대 경리분야 또는 전산분야와 같은 직무계통 중에서 하위직위로부터 상위직위로 옮기는 방식이다. 이 방식의 특징은 전문가 양성의 경우에 적당한 승진방법이다. 즉 이는 기술적 능력을 중요시하며, 잠재적 능력보다 현재의 능력이나 기능에 의하여 승진시키는 경우에 많이 쓰이고, 타직능계열에의 승진 가능성에 대해서는 고려되지 않는 방법이다.

② 다각방식

다각방식이란, 다른 계통의 직무를 경험하면서 상위직위로 옮겨가는 방식이다. 따라서 이 방식을 직무순환방식(job rotation)이라고 한다. 예컨대, 라인과 스탭의 직무를 모두 경험하면서 라인 관리자 또는 스탭의 리더로서의 능력이 판정되어 가장 적당한 직위로 옮겨가는 방식이다. 이 방식은 폭넓은 경험을 가진 인재를 육성하며, 각자의 적성에 옮겨가는 방식이다. 이 방식은 폭넓은 경험을 가진 인재를 육성하며, 각자의 적성에 맞는 직무를 발견하고, 직무정체에 빠진 자를 구한다는 장점이 있는 반면에, 넓고 얕은 지식에 그치며, 능력이 충분히 활용되지 못하고, 새로운 직장에서 인사관계가 원만하지 못한다는 단점이 있다. 위 두 승진방식을 나타내면 [그림 5-1]과 같다.

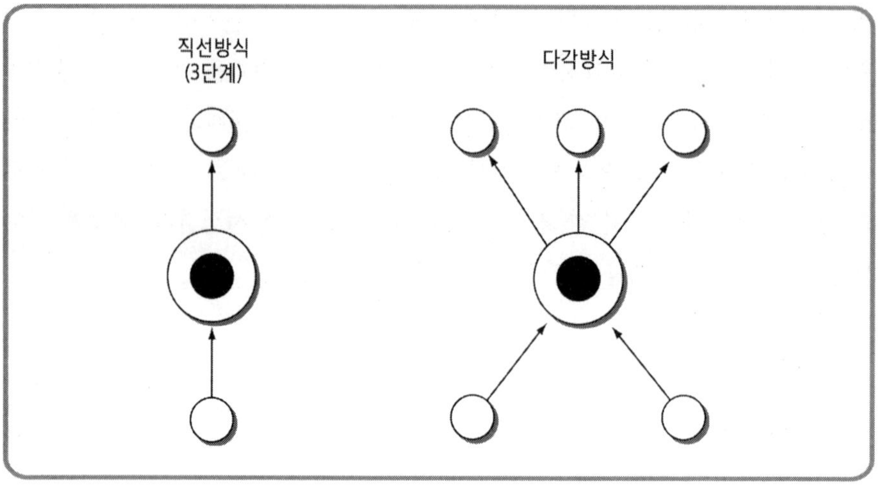

[그림 5-1] 승진방식

일반적으로는 간부경로는 상급직위를 향하여 다각방식이 되고, 직능별 경로는 중급직위에서 다각방식이 되고, 최하급직위에서는 직선방식이 되는 경우가 많다. 또 전문직위와 하위직위일수록 직선방식을, 상위직위일수록 다각방식이 채용된다.

(3) 승진의 실행

승진을 실제로 집행하는 권한과 책임은 라인경영자의 책임이다. 인사부서의 장은 라인경영자가 승진을 집행함에 있어서 필요한 전문적인 사항에 대한 조언을 함으로써 승진방침에 성공적인 집행을 할 수 있도록 하여야 한다.

라인 경영자는 승진기준에 의한 여러 가지 요소의 평가결과를 종합하여 적격성을 판정한다. 이들 제요소들의 상대적 비중이나 반영은 각 관광기업의 업종·직종·직급에 따라 달라질 수 있으므로 승진방침으로 규정해 놓은 것이 항상성을 유지하고, 공평성을 잃지 않게 되어 종업원에게 승진방침에 대한 신뢰감을 줄 수 있게 된다. 이렇게 하여 승진결정자가 결정되면 승진직위로 발령하여 업무집행에 들어 갈 수 있게 한다.

(4) 승진의 사후관리

승진결정자가 결정되어 승진이 이루어진 뒤에는 다음과 같은 사후관리가 필요하다.

① 최적격자가 승진을 거부하는 경우가 있으므로 승진대상자의 최종의사를 확인한다. 승진에 따른 책임의 증가에 대한 심리적 압박감, 또는 승진에 수반되는 타지역 전출에 따른 부담감 때문에 승진을 거부하거나 포기하는 경우에는 그 대책을 강구하여야 한다.

② 승진이 확정된 종업원은 현재의 직무에서 신속하게 해방되도록 조치해야 한다. 현직무에서 승진자의 상사는 후임자가 올 때까지 승진자를 잡아두려는 경향이 있으므로, 이에 대한 조치가 필요하다.

③ 승진이 이루어져 정해진 뒤 일정한 시기에 면담을 하여 승진이 잘 이루어졌는지를 확인하는 좋다.

④ 승진탈락자에 대한 대책을 강구하여야 한다. 탈락자는 사기가 저하되기 쉽고, 불평 불만이 많아지며, 조직 내의 인화나 팀워크에 지장을 주어 직무성과가 떨어질 수 있으므로 그 대비책이 필요하다.

(5) 승진제도의 문제점

조직적인 인적자원관리가 제도적으로 실천되기 위해서는 인적자원관리 전반에 관계되는 직무와 종업원과의 관계 연구가 필요하다. 그러나 제도라고 하는 것은 언제나 변화하고 변질되기 때문에 현재 처해 있는 제반여건을 충분히 고려하지 않으면 안 된다. 어떤 제도가 바람직하다 해도 현제도를 일시에 변혁하거나 바꿀 수는 없는 것이다. 점차적으로 직계승진제도로 발전을 시도하면서 보완해 나감으로써 승진문제에 대처해 나가야 한다.

따라서 승진제도에 있어서 문제점은 경영질서를 직능적으로만 규제할 수 없다는 점, 상위직의 심한 정체현상이 있다는 점, 기술혁신과 산업구조의 변화에 의해 양과 질이 변화된다는 점이다. 특히 우리의 경우 직무의 분화와 권한의 위양이 제대로 되어 있지 않고 조직정비의 필요가 많다는 문제점이 있다. 그리고 능력에 대한 정당한 대가와 평가를 욕하는 현대적 직업의식이 결여되어 있고, 학력에 의해 계층을 구분하는 인식이 잔존하고 있다.

그러므로 승진제도의 핵심을 이루는 보다 구체적인 규정으로서 승진시켜야 할 종업원에 대해서 승진절차나 기준을 정해 놓아야 하며, 제도 자체를 수시로 검토하고 개선하여 합리적으로 운영되도록 한다.

① 승진의 필요한 자격기준 결정

② 승진후보의 선정이 모든 종업원에게 공정하게 행해지도록 보장

③ 승진후보의 평가방법

④ 서열 및 선택방법

이와 같은 승진방침을 확정하고, 그에 따라 제도 자체가 수시로 검토되어야 하며, 종업원과 감독자로부터 훌륭한 제도라는 신뢰를 받도록 하지 않으면 안 된다.

제6장

교육훈련

관광기업은 그 목적달성을 위해서는 종업원의 능력을 향상시켜 이를 조직화하여 최대로 활용하여야 한다. 그런데 관광기업에 채용된 종업원은 장래 어떤 직무를 수행할 수 있는 정신적·육체적인 기본적 능력만을 갖추고 있을 뿐이다. 따라서 관광기업은 이들이 기업 환경에 신속히 적응하고 일정직무를 담당할 수 있는 능력을 배양시켜야 할 필요성에서 교육훈련은 필요한 것이며, 또는 이의 효과는 경영활동의 전과정에서 나타나며 기업성과에 직결된다.

① 오리엔테이션과 트레이닝 프로그램은 관광조직 인적자원관리자의 가장 유용한 교육방법이다.

② 성공적인 훈련은 공허 속에서는 나타나지 않으며, 성취평가, 이점증가, 성취에 대한 지불 등으로 많은 다른 요소들에 의해 작용된다.

③ 인적자원관리자는 훈련프로그램 계획시에 조직의 목적, 학습이론, 직무의 필요성과 피훈련자, 다양한 훈련방법, 미디어, 피드백 방법 및 평가를 검토해야 한다.

④ 수준 높은 접객서비스의 질은 훈련프로그램의 질이 향상되어야만 유지될 수 있다.

⑤ 훈련은 인력이 직면할 수 있는 그 어떠한 상황에서 어떻게 대처하는가를 교육시킬 뿐만 아니라, 생산성을 향상시키기 위하여 경영진에 의해 이용되는 도구이다.

1. 오리엔테이션

오리엔테이션은 종업원이 새로운 책무나 지위를 시작할 때마다 일어나지만, 여기에서는 신규채용 오리엔테이션에 대하여 논하고자 한다.

모든 신입사원들에게는 새로운 직무에 긍정적인 출발을 위하여 도움이 될 수 있는 잘 계획된 오리엔테이션이 주어져야 한다.

전반적인 오리엔테이션 프로그램은 신입사원에게 특수한 직무단위와 책무를 알린다. 즉 오리엔테이션 과정은 넓은 의미에서 사원모집과 선발과정의 확장이라는 관점으로 볼 수 있다.

1) 신입사원을 위해 관리자는 무엇을 할 수 있는가?

① 관리자, 종업원, 고용주 사이에 형성되는 접촉은 매우 중요하다.

② 당신이 지금 하고 있는 일에 관해 처음 시작한 때를 기억하는가?

③ 다른 관광기업에서 수행했던 일의 경우에 바텐더나 룸서비스 같은 것일지라도 첫날 일을 시작할 때 최소한 약간의 걱정을 느끼지는 않았는가? 첫날의 의미는 예기치 않은 직무를 맡게 된다.

④ 인사책임이 있는 관리자로서 신입사원들의 즐거운 첫 근무를 위해 무엇을 할 수 있는가?

⑤ 오리엔테이션 프로그램의 정의는 신입사원의 직무단위 혹은 부서 그리고 그들의 직책을 관광조직에 사회화시키는 방법이다. 그러므로 그들이 관광조직 업무에 최대한 전념할 수 있는 동시에 개인적 만족을 느낄 수 있고, 계획된 프로그램의 중요성과 가치를 가질 수 있게 한다.

⑥ 관광관리자들은 너무나 많은 상황에서 오리엔테이션의 책임을 신입사원의 동료들에게 떠맡기고 있으며, 이러한 비조직적인 오리엔테이션 과정은 결국 관광조직 성공에 매우 파괴적이고 계획적이지 않을 뿐만 아니라, 잘못 인도될 수 있다는 것이다.

2) 관광 오리엔테이션 프로그램의 목적

① 신입사원들의 기대에 대한 의사소통과 선입견을 제거할 수 있다.
② 신규채용 몇 달 동안에 문화, 행위, 시설, 사람 그리고 생존기술 등을 제공한다.
③ 성공적인 경험을 제공한다.

위 임
① 단위수준 관리자에 의해 필요할 뿐 아니라, 관광조직의 일부라고 느끼는 새로운 인력을 생성할 수석 관리자들에 의한 위임이 필요하다. ② 경영의 모든 수준에서 오리엔테이션 프로그램 참여는 신입사원들에게 중요한 팀구성원이라는 것을 보여주는 한 방법이다.

3) 무엇을 다루는가?

① 무엇이 조직의 사명, 목적, 목표인가?
② 피고용자로서 신입사원에게 무엇이 기대되는가?
③ 관광조직은 신입사원을 위해 무엇을 제공할 것인가?

그러면 오리엔테이션은 누구를 위하여, 누구에 의해 실행되는가를 살펴보면 다음과 같다.

① 오리엔테이션 프로그램은 시간급 인력뿐만 아니라, 경영연수생들을 위해 효과적으로 개발되고 수행될 수 있다.
② 오리엔테이션은 인사관리부서, 각각의 부서장 혹은 관리자에 의해 수행될 수 있으며 교육효과를 극대화하기 위하여 각 부분의 협력이 요구된다.
③ 통상적으로 오리엔테이션은 많은 조직이 참여하게 되는데, 이는 인사담당부서가 전사적인 정책을 설명하기 위함이며, 부서의 장이나 관리자에 의해 신입사원은 직무부서를 인도받게 된다.
④ 오리엔테이션 과정은 최상의 정보가 신입사원들에게 제공될 수 있도록 편안하고 안락한 분위기를 조성하는 것이 매우 중요하다.

⑤ 신입사원에게 한번에 너무 많은 양의 정보를 주지 않는 것이 중요하다.

4) 잘 설계된 오리엔테이션 프로그램의 특성

① 관광기업에 있어서 인력자원은 관광조직의 전반적인 시각을 갖는다는 것이 중요하며, 조직문화가 왜 중요한가에 대해 강조되어야 한다.

② 종업원들은 그들의 업무가 조직 내에서 다른 업무 또는 부서와 연관성이 있는지를 볼 수 있어야만 한다.

③ 일례로 호텔의 프런트 오피스직과 청소직 관계의 중요성을 살펴보면 다음과 같다.

먼저 특성으로서 관광은 서비스산업이므로 종업원 자체도 환영받으며 팀의 구성원으로 인식될 때, 자신의 고객에게 만족스런 직무태도를 가질 수 있게 된다. 이러한 측면에서 서비스 오리엔테이션은 반드시 신입사원들을 위해 실행되어야 한다.

- 그들에게 접대가 무엇인가를 말하지 말고 행동으로 보여줘라.
- 모든 신입사원들에게 업무시작 이틀 전에 저녁초대를 하라.
- 잘 구성된 오리엔테이션은 종업원들에게 환영받고 있음을 느끼게 해주고 근무 첫날의 긴장감을 해소시켜 줄 수 있다.

오리엔테이션은 직무유형에 의해 매우 다양하지만, 다음을 포함하는 최소한의 것들이 있다.

① the company

이 단계에서는 조직의 역사와 발전을 논하는 것이 적당하며, 관광조직구조와 명령에 관한 논의가 유도될 수 있다. 관광업의 임무를 포함하는 조직의 목적 및 운영목표에 대한 전반적인 설명으로 발표되어야 한다.

② survival information

당신이 신입사원들과 공유하는 모든 정보들이 비록 흥미로운 것들이 아닐지라도, 확실한 것은 당신이 가장 중요한 정보를 공유할 수 있다는 것이다.

필수적인 survival information은 다음과 같은 것들을 포함한다.

- 체크 인(check-in) 과정 : 타임카드 사용
- 열쇠 발행, 유니폼 필수품 공급
- 의료보험 및 기타 혜택
- 수표 영수증 처리방법에 대한 설명
- 화장실, 사물함, 종업원식당, 휴게실, 자판기, 주차장, 종업원 출입구의 위치 설명
- 작업시간과 스케줄 과정
- 조직정책 : 휴가, 유급휴가, 병가, 대체약관, 식사약관
- 운영정책 : 신입사원에게 관광기업에 대해 잘 설명하였다면, 신입사원은 그들 자신이 기업에서 무엇을 하는가에 대한 이해력이 중요하다.
- 순회(tour) : 신입사원이 업무를 양호하게 수행할 수 있도록 각 분야를 모두 둘러보아야 한다.
- 부서 간의 책임 : 모든 인력은 부서 간의 관련성 뿐만 아니라, 관광기업운영을 위한 조직기여에 관한 이해가 요구된다.
- 직책 : 각 개인의 업무구성과 부서 내의 업무관련성에 관한 소개
- 안전 · 공중위생 : 음식서비스에 종사하는 많은 관광기업들은 모든 식품서비스 종업원의 안전위생과정에 관한 세션들을 통합

관광기업에서 주된 훈련의 목적은 다음과 같다.

① 종업원과 고객 모두에게 안전한 환대를 형성하기 위해, 예를 들면 사고예방과 보안수단으로 실시되고 있다.

② 종업원의 만족을 증대시키기 위함과 인사이동 비용의 절감을 얻기 위해 실시되고 있다.

③ 할당된 직무수행을 위해 필요한 지식과 기술제공을 위해 실시되고 있다.

④ 인력의 기술수준과 업무수행능력 향상을 위해, 즉 생산성 향상, 노동효율성 향상, 진급기회 향상을 목적으로 하고 있다.

2. 교육훈련 의의

종업원의 개인적 자질과 개발(management developement)의 문제는 관광기업활동이 계속성을 갖고 전개되는 과정에서 항상 요구되고 있다. 특히 효율적인 조직을 운영하기 위해서는 합리적이고 능률적인 인적자원을 통한 요원화가 요구되고 있다.

요원화는 교육과 훈련을 통해서 종업원의 능력을 최적상태로 개발시켜 유용성을 극대화시키는 과정을 의미한다. 그러므로 종업원의 교육시스템을 광범위한 지식은 물론이고, 주어진 환경에 성공적으로 대처하기 위한 인간이 될 수 있는 기술을 교육시키는 방향으로 지향되어야 한다. 미국의 교육학자 듀이가 운명론까지 역설하고 있는 내용에서 이것을 잘 나타내 주고 있다.

우선 훈련프로그램은 오리엔테이션과 구별될 필요성이 있다.

오리엔테이션은 정보를 제공하는 반면에, 훈련은 더 나아가 기술과 개념을 가르치거나 향상시키는 것을 추구한다.

훈련의 주요 목적 중 하나는 직무를 어느 수준에서 유지시키거나 향상시키는 반면에, 오리엔테이션은 이러한 훈련목표 달성을 도와주고 있다.

① 인간은 사고가 바뀌면 행동이 바뀌고,

② 행동이 바뀌면 습관이 바뀐다.

③ 습관이 바뀌면 인격이 바뀌고,

④ 인격이 바뀌면 운명이 바뀐다.

위에서 주장하고 있는 의미를 분석할 때 교육훈련은 정신적·지적 개발은 물론, 육체적 기술개발이란 양면성을 동시에 추진해 나가야 할 필요성이 있다. 그래서 인재개발은 우선적으로 본인·관리자·교육상담부서의 협력이 없이는 불가능한 것이다.

특히 직종이 다양하고 교육배경과 자격이 다양한 종업원들이 환자에게 양질의 관광서비스를 보다 저렴한 수가로 친절·성실하게 제공하며, 또한 효율적인 행정관리를 통하여 건실한 재정상태를 유지해 나가기 위하여는 무엇보다도 여러 직종의 협력된 팀워크가 필요하다. 야구나 축구 등 단체경기에서는 특출한 선수도 필요하지만 팀워크의 중요성이 특히 강조된다. 그러므로 선수들은 개개인의 기량향상을 위하여도 최대한으로 노력하지만, 동시에 감독과 코치의 지시·감독에 따라 팀워크를 다지는 연습에 많은 시간을 할애해야 한다. 관광기업은 여러 직종이 협력하여야 하는 조직이기 때문에 권투나 씨름과 같은 개인경기보다는 야구나 축구 같은 단체경기와 유사한 성격을 갖고 있다. 그러나 관광기업에 근무하는 종업원들이 팀워크를 다지기 위하여 얼마나 교육과 훈련을 받으며 협력하기 위하여 노력하는가는 의문시된다.

예를 들면, 관리직의 종업원이 새로 입사한 경우에 관광기업은 이 종업원에게 얼마나 많은 시간을 할애하여 오리엔테이션과 같은 교육을 하고 있는 것일까? 대부분의 관광기업에서는 반나절 또는 하루 정도 각 부서의 여러 종업원에게 인사를 시키고 시설을 구경시키며, 앞으로 맡을 일을 간단히 설명해주는 것으로 끝내고 있다.

그 다음부터 종업원은 자기의 직속상관이나 동료 종업원으로부터 자기가 맡은 업무에 대하여 좀더 자세하게 설명을 듣거나 그렇지 않은 경우 어깨 너머로 일을 배우게 된다.

이런 경우에 그 종업원이 맡을 업무에 대한 업무편람이나 기타 업무를 이해하는데 필요한 자료도 별로 없는 실정이다. 그 결과 대부분 관광기업의 경우 행정처리가 제대로 안되고 있으며 영리기업에 비해 행정수준이 낙후되어 있는 것으로 판단된다. 따라서 관광기업은 다른 어느 조직보다도 교육훈련의 필요성이 강조되는 기관이라고 볼 수 있다.

인적자원관리 활동 중에서 또 하나의 중요한 사항은 종업원의 교육 및 훈련으로서 종업원의 능력을 개발하고 직무수행에 필요한 지식과 기술을 지속적으로 발전시켜 조직체의 목표를 보다 발전적으로 수행케 하는 데 목적이 있다. 일반적으로 ① 생산성에 기여, ② 사기앙양에 기여, ③ 개인의 경력 발전에 기여, ④ 직장 내에서 팀워크의 조성, ⑤ 조직의 안정성과 융통성 확보 등을 도모하는데 있다.

전세계 유수한 조직들 예컨대, GE, Texas Instruments, Anderson Consulting,

그리고 Federal Express 등은 신입사원을 비롯해 종업원 훈련비로 수익금의 3~5% 이상을 소비하고 있다(Kelly, 1994).

우선 훈련프로그램은 오리엔테이션과 구별될 필요성이 있다.
오리엔테이션은 정보를 제공하는 반면에, 훈련은 더 나아가 기술과 개념을 가르치거나 향상시키는 것을 추구한다.
훈련의 주요 목적 중 하나는 직무를 어느 수준에서 유지시키거나 향상시키는 반면에, 오리엔테이션은 이러한 훈련목표 달성을 도와주고 있다.

What it is

관광기업에 있어서 접객서비스가 점점 증대되는 중요성으로 인하여 우리는 효과적인 교육프로그램을 어떻게 개발, 시행, 유지하는가에 관하여 이해해야만 한다.

- 훈련의 정의 : 관광기업에 있어서 향상된 직무활동을 위한 지도, 지식습득 그리고 기술개발 등은 인적자원을 통한 체계적인 과정이다.
- 훈련 프로그램은 종종 승급인력을 위한 구성이 요구된다.
- 재교육은 결함을 보이는 종업원 혹은 특정분야에서 훈련을 필요로 하는 종업원들로 인하여 요구된다.

훈련이 요구되는 이유는 다음과 같다.

① 저생산성

② 과소비

③ 사원들의 불평과 높은 이직률

④ 고객 불만

역사적으로는 훈련의 개념은 도제가 기술을 전수하기 위해 개발된 초기 사회에서부터 출현하였으며, 1970년대와 1980년대 직업교육을 통하여 급속하게 변화하였다.

2000년대에는 트레이닝이 미봉책 활동으로 간주되지 않으며, 현재는 학생들이 관광산업의 부분에 노출될 수 있는 입지로서 이용되고 있다.

궁극적으로 훈련(training)은 종업원의 직무와 관련된 KSA(Knowledge, Skill, Ability)를 촉진시키기 위해서 조직이 제공하는 일련의 계획화된 노력으로(Wexley & Latham, 1991), 종업원들이 직무를 수행하는 데 필요한 지식과 업무기술을 배양시키기 위한 일련의 학습과정이다.

훈련은 <표 6－1>에서와 같이 엄밀히 교육과 훈련으로 구분하기도 한다. 교육은 직무의 일반적이고 개념적인 지식(knowledge)에 초점을 둔다. 훈련은 기초지식을 포함해 직무에 관련된 특별한 업무기술(skill)을 향상시키는 것을 강조한다.

〈표 6-1〉 교육 · 훈련 · 개발의 개념적 차이

방 법	영 역		
	교 육	훈 련	개 발
초 점	기초적인 직무지식 (Knowledge)	현재 직무의 업무기술 (Skill)	현재와 미래의 직무수행 능력(Ability)
대 상	개별 종업원	개별 종업원, 집단	개별 종업원, 집단, 경영자
내 용	이론적 · 개념적	실무적 · 기능적	이론과 실무
시 간	직접적 · 단기적	직접적 · 단기적	간접적 · 장기간
특 징	기초적인 직무지식 배양	현재 업무기술의 결점보완 및 향상	미래의 직무수행 능력의 배양

한편, 개발(development)은 훈련에 비해 보다 미래지향적인 노력을 뜻한다. 개발은 종업원이 현재 직무에 필요한 능력뿐만 아니라, 미래에 필요한 직무능력을 배양시키기 위한 것이다.

그러나 교육 · 훈련 · 개발은 모두 개발관리의 영역에 포함되며, 단지 대상자에 따라 초점과 목적이 다소 상이할 뿐이다. 교육과 훈련은 개별 종업원들이 부족한 현재의 직무관련 지식과 기술을 습득시키는데 초점을 두기 때문에 매우 단기적이며 직접적인 효과를 볼 수 있다. 개발은 개별 종업원, 집단, 특히 경영자의 미래지향적인 노력에 초점을 두기 때문에 장기적인 시간이 필요하고, 그 효과가 직접적이기보다는 간접적으로 나타난다.

여기에서는 교육 · 훈련 · 개발을 명확히 구분해서 사용하지 않고 훈련으로 포함한다(이진규, 2001 : 260~261).

학습은 지는 연습부터

한국 교민 자녀가 미국 외국인학교에 다녔다. 교사는 아이들과 날마다 재미있는 게임을 하였다. 아이들은 교사와의 게임에서 번번이 지고 돌아왔다. 매일 지고 돌아온 아이들을 본 학부모가 참다못해 학교로 찾아가 교사에게 따졌다. "도대체 왜 아이들에게 져주지 않고 교사가 이기기만 하는 것이냐"고 따졌다.
교사의 대답은 이러했다. "학교는 아이들에게 이 세상을 살아가는 방법을 가르치는 곳입니다. 사람이 살다보면 남에게 이기는 경우는 별로 없습니다. 대부분 남에게 지면서 살아가게 되지요. 남에게 이기는 것보다는 지는 것을 먼저 배워야 합니다."
한국교민은 항의했던 사실이 창피하여 고개를 들 수가 없었다.〈수필가 이의용〉

3. 교육훈련의 발전과정

우리나라 기업에 있어서 인력개발을 위한 교육훈련의 개발과정은 미국·일본 등의 선진국에 비교하여 볼 때 기업의 짧은 연령과 함께 40여 년의 역사를 갖고 있는데, 우리나라 산업교육의 발전과정을 개관해 보면 다음 <표 6-2>와 같다. <표 6-2>에서 보는 바와 같이 우리 나라의 산업교육은 30여 년의 비교적 짧은 역사 속에서 성장하여 왔다. 1960년대에는 도입·생성기로부터 몇몇 주요 산업교육 전문단체와 소수의 대기업이 주도적 역할을 하였을 뿐 기업 내 교육훈련의 중요성이 전산업계에 인식되지 못하였었다. 이 후 1970년대 들어와서 '기업은 곧 사람'이라는 말과 함께 인재양성의 중요성이 자각되면서 산업교육에 대한 관심이 높아지게 된 것이다.

또한 1980년대 이후에 들어와서는 급격히 변화하는 기업 내외의 환경에 맞추어 기업의 전략적인 인재육성에 대한 관심이 제기되고 있으며, 기업의 교육훈련에 대한 전통적 관점으로부터 전환되고 있는 과도기적 양상을 나타내고 있다(<표 6-3>와 <표 6-4>참조).

〈표 6-2〉 한국 산업교육의 발전과정

시대 구분	발전과정	산업교육의 흐름
1960년대 초 ~1960년대 후	도입기	• 제3공화국 출범 후 새마을 교육이 집합교육의 효시 • 직업훈련법 제정(1987.1.26) • 기업단위의 소규모 orientation 교육 시작
1970년대 초 ~1970년대 후	성장기	• 각종 산업훈련단체 설립 • 계층별 교육 도입 • 단체합숙교육을 통한 정신교육 강화 • 교육스탭과 조직의 확보
1970년대 후 ~1980년대 초	성숙기	• 기업교육의 자생적 운영기관 확충 (hardware + software) • 정형 교육훈련프로그램 도입 • 경영관리교육(management education) • 직능별 교육(functional education) • 해외연수 및 외국어교육 확대
1980년대 중 ~현재	발전기	• 장기계획에 의한 기업교육의 system approach • 경영관리교육의 확대 및 고도화 • 정보화시대에 대응한 교육(OA 및 computer 연수) • 부문별 전문교육의 확대 • 조직활성화를 위한 교육(OD. FT)

그러나 이와 같은 산업교육의 성장·발전에 따라서 관광기업이 인력개발을 위한 스스로의 교육훈련을 수행해 나가는 기업들이 증가하고 있기는 하지만, 현존하는 산업교육의 실태와 관광기업의 인력개발 현황을 분석해 보면 보다 효율적으로 개선되고 극복되어야 할 과제들이 많은 것이 현실이다.

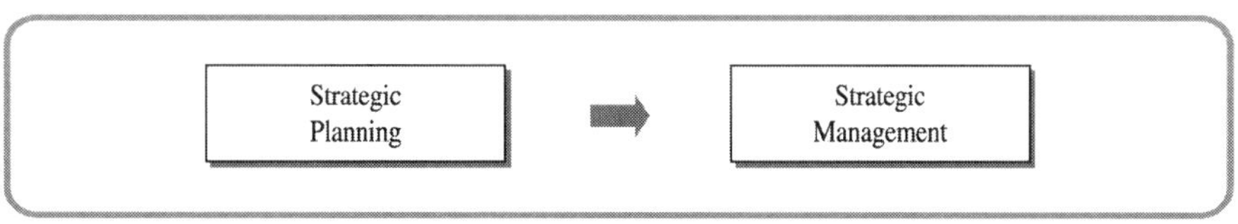

〈표 6-3〉 인력개발을 둘러싼 경영환경의 변화

부 문	변화의 방향
경영 Issue	Corporate Strategy → Corporate Culture
성장패턴	고도성장 → 저성장 (외적 확대 · 수직통합) (국제화 · 다각화)
시장환경	Sellers Market → Buyers Market
기술환경	High Tech · Me(Micro Electronics)화
사회환경	• 개방화 · 정보화 • 산업구조 고도화 • 고령화, 남녀평등화
문화환경	• 교육과 국민의식 수준의 향상 • 욕구 및 가치관의 고도화 · 다양화 • Quality 추구
노동시장	노동집약(단순인력) → 지식집약(고급기술인력)
국제환경	• 국제적 비교우위(경쟁력) 재편성 • 기업의 다국적화(해외현지 생산, 판매, 투자확대)

이와 같은 필요점 측정단계의 부재 또는 경시현장은 우리나라의 관광기업들로 하여금 교육되어진다.

〈표 6-4〉 교육훈련에 대한 관점의 전환

전통적 관점(과거)		현대적 관점(현대)
• 단기적 사고 • 획일적 · 모방적 · 양적 · 타율적 (기업발전을 위한 교육) • Implementation(운영)중심 • Top Down • Entrepreneurial • Operational Level • 실무교육중심	⇨	• 장기적 사고 • 개성적 · 창조적 · 질적 · 자율적 (종업원의 인간적 성장 원조) • Development(개발)중심 • Top Down+Bottom Up (Enterpreneurial+Adaptive+Planning) • Strategic Level • 직무교육+의식개혁(기업문화적 접근)

훈련의 개발적 측면보다는 실행과 진행적인 측면에만 치우치게 하여 관광기업의 인력개발이 양적인 성장에 수반하는 질적 성장을 가져오기는 커녕 효율적인 교육훈련에 많은 문제점을 노출시키고 있는 것이다. 지금까지 우리나라의 관광기업교육은 기업의 조직환경변화에 대응하여 자기 관광기업의 문화적 특성과 조직풍토에 적합한 교육훈련의 개발 없이 유행적이고 모방적이며, 기존 프로그램을 답습하는 단발적인 교육훈련의 실행에만 급급하였던 것이다. 그러나 앞으로 장기적인 측면에서는 그 관광기업에 필요한 인적자원을 확보하기 위하여 조직과 개인의 양 측면으로부터 요구되는 교육훈련의 필요점을 조사, 분석하여 그에 적합한 교육훈련의 내용과 방법을 설계하고, 개인의 능력개발과 조직의 기술 축적을 조화시키는 교육훈련의 개발부문을 더욱 강화해 나가지 않으면 안 될 것이다. 그리하여 교육훈련의 내용, 방법, 평가를 그 관광기업의 실정에 알맞도록 설계하는 개발영역과 이를 효율적으로 진행시키는 실행영역이 확립되고, 또 유기적으로 상호작용되도록 함으로써 교육훈련의 효과를 극대화함은 물론 효율적인 인력개발계획을 수립, 운영해 나가도록 해야 할 것이다.

4. 교육훈련 현황(호텔사례)

1) W호텔의 교육훈련 내용

〈표 6-5〉 W호텔의 교육훈련 내용

구분	교육과목	시간	강의방법	교육내역
회사안내	개강식	3	기념식	대표이사 환영사
	Mgmt와의 시간	2	강 의	- Sheraton SVC - 직장인의 정신자세
	Ice Breaking	2	강 의	자기소개, 실습생 성격, 특성파악
	자기개발	3	토론식	교육에 임하는 정신자세
	워커힐소개	1	강 의	워커힐의 사계 VTR, 회사연혁
	Hotel Tour I, II	4	견 학	본관 객실 및 Villa 등 회사견학
	교육과정 안내	1	설명회	교육내용 및 교육 중 수칙안내
	생활안내	1	설명회	회사 편의시설 안내, 생활요령 안내
	안전관리	2	강의, 시연	화재예방 및 소화 안전수칙
	워커힐 조직 및 업무분장	2	강 의	워커힐 이해, 각 부서의 업무이해
	인사관리	1	강 의	인사규정 안내, 제출서류 안내
	복지후생	2	강 의	회사 근린시설 및 복지후생제도 안내
	KTR Show 관람	2	관 람	회사 상품에 대한 이해
AttItude	복장과 용모	2	강의 및 점검	- 매일 체크 - 규정준수
	자기연출	2	실 기	- 피부관리 및 SVC시의 Make-Up - 매력적인 걸음걸이
	인사예절	23	이론 및 실기	- 정신교육, 몸에 체득교육, 호텔 각 업장에서 실습, Smile 연습
	보행자세	2	이론 및 실기	- 강의에 이어 매일 체크 및 강조
	말씨와 호칭	1	강 의	- 강의에 이어 수시 교정 및 교육 - 사무실 출입요령 등
	전화예절	3	강의 및 실기	- 전화에 대한 개념 주입 - 기본 전화예절 실기
	내방객 응대 및 근무와 에티켓	2	강의 및 실기	직장인으로서 갖추어야 할 일반예절
Theory	Hotel operation	2	강 의	- HOTEL의 기본개념과 역할 - HOTEL산업의 Vision
	객실 기초이론	2	강 의	객실조직 및 업무소개
	식음료 기초이론	2	강 의	식음료 조직 및 업무소개

	상품지식	4	강 의	Hotel Tour와 병행 상품개요 파악 Slide방영, 상품내역 숙지
	SVC Communication	2	강 의	대화방법 및 의사전달과 개념에 대한 이해
MInd	SGSS I－IV	2	강 의 Role Play Brain－Storming	－ 고객만족에 대한 사명감 주의 － SVC 실체에 대한 이해 － 몸으로 나타낼 수 있게 하는 실기 교육(Hire Vision 활용) : 토론식
어학	영 어	48	강 의 (외국인강사)	－ SVC 접객용어 － 서비스 순서에 따른 Role Play － 주문시 Recommend － Complaint － 일반대화(날씨, 교통, 호텔소개 및 안내)
	일 어	48	강 의 Role Play	－ 호텔 관광일본어 교재 강의 － 고객 접객시 필요한 일본어 Role Play － SVC 접객용어 습득
SVC실기	Table Setting	6	실 기	－ Cloth 교체 － 기물 Setting － Glass Setting － 냅킨 접는 법
	Beverage SVC	2	실 기	－ Cocktail － Whisky － Class명칭 숙지
	Wine SVC	2	실 기	－ Wine주문, Tasting － Open － Serve
	Plate파지	11	실 기	－ Convention Center에서 집중 Hard Training
	Tray 운반	－	－	서비스 교육 집중교육
	Water Serve	3	실 기	기본적인 자세 체득훈련
	기타 서브	－	－	서비스시 수시로 발생할 수 있는 행위에 대한 기준 제시 － 재떨이 교환 － 기물이 바닥에 떨어졌을 때 － 담배 서비스
	Cocktail	2	실 기	벨바에서 Cocktail 조주법 실시

F/B Theory	메뉴의 이해	2	강 의	메뉴에 대한 기초이해
	Food	4	강 의	- Food 재료 및 분류 - 조리법의 이해 - Sauce의 이해
	Beverage		견 학	현장에서 실물견학
	Cocktail	2	강 의	VTR시청, Cocktail에 대한 이해
	Beverage개론	2	강 의	- 음료의 구분 및 종류 - Bell Bar에서 견학
	Wine	2	실 기	Wine 종류별 제조법
	SVC기물	2	강 의	기물의 분류와 사용법, 명칭 숙지
SVC순서	기본접객용어	6	실 기	지속적 반복교육으로 SVC기본 접객 용어 체득
	환 영	2	실 기	고객영접
	안 내	2	실 기	고객안내
	착 석	2	실 기	착석 SVC
	주 문	6	실 기	메뉴제시 및 판매 (Coffee Shop Supex 참조)
	음료SVC	4	실 기	반복적 자세교정
	Food SVC	4	실 기	기본자세 제시
	배 웅	2	실 기	-고객배웅방법 - 유의사항 - 언어표현
	French SVC	2	견 학	French SVC 진수를 견학 - Full Course 1인분 - Frambee
	Table Manner	2	시 식	식사 manner 및 시식(Buffet)
	SVC 사례연구	2	Brain-Storming	당 호텔에서 발생되었던 SVC 사례에 대한 연구
	선배와의 시간	2	대 담	각 업장별 기존사원들을 선발, 신입 사원들과의 대담기회 제공
	Team Spirit Work Shop	16	사외교육	- 1박 2일 수련회 - 정신교육 및 단합대회
	SVC 경진대회	2	시청각교육	SVC 경진대회를 통한 현재의 SVC 기준 및 수준에 대한 이해 모드
	OJT 안내	3	설명회	OJT리더 및 수강자가 동시에 참석하여 OJT에 대한 계획수립과 인사부 OJT운영방침 설명
	평 가			- Orientation 후 1회 평가 - 집합교육 중 4회 평가 - 3개월 간 집합교육 종료시 평가 1회

2) S호텔의 교육훈련 내용

(1) 부분별 교육 내용

① 서비스 기본과정

〈표 6-6〉 서비스 기본교육내용

과목명	내 용	시 간
서비스 기본매너 (Hospitality Manner)	서비스업 입문과정으로 인사하는 법, 전화, 용모, 유니폼, 고객응대 등의 유형과 측면 교육	6
고객응대기법 (Guest Contact Skill)	서비스의 실체로 Complaints Handing, Guest Relation, Selling Skill 등 서비스의 동적인 측면교육	6
판매기법 (Selling Skill)	서비스를 매출증대로 연결시키기 위한 Internal Sale, Up-Selling, Cross-Selling, suggestive Selling 등의 기법을 교육	4
사회성 개발 (Social Skill)	Transaction Analysis 및 Myers-Brigges의 이론을 도구로 자신과 고객의 행동을 이해하고, 이를 바탕으로 서비스를 개선함	6
리더십 개발 (Leadership & Motivation)	조직의 인간관계와 Team Work, Leadership을 개발하고, Motivation을 부여하여 업무능력과 자질을 함양하고, 개인과 집단에 대한 이해력 증진	6
레저사업관리 (Leisure Management)	레저부문의 다양한 사업체를 대상으로 영업력을 제고하고, 고객에 대한 서비스를 향상시키기 위하여 필요한 서비스, 조리부문의 과정을 선정하여 실무적인 교육실시	6
고객만족 (Guest Satisfaction)	고객의 실체를 밝히고 고객의 기대를 만족시켜 신규고객의 확보, 유지, 고정고객으로 연결시키기 위한 다양한 서비스기법 교육	4

② 객실부문

〈표 6-7〉 객실부문 교육내용

구 분	내 용	시 간
객실예약관리 (Reservation)	예약업무의 개요, 예약접수, 예약카드의 처리, 해외 예약시스템, 전화기법 등의 기술을 교육	4
프런트관리 (Front Reception)	Room assignment, Check-In, Change, Roming Control, VIP Treatment, Key관리, 단체객의 처리 Information 처리 등과 신기술, 새로운 Trends 등 교육	6
컨시어지관리 (Concierge)	Bell업무, Door업무, Limousine, Lobby관리, Paging, 의전 등의 업무를 교육	6
호텔회계 (Accounting)	호텔의 영업회계 원리, 캐셔업무, 회계서비스의 향상, 전산화와 재무제표의 이해, 관리회계 기본	6
객실관리 (House Keeping)	F.F.E의 관리, Amenity의 제공, 객실정비, 린넨관리, 안전, Lost & Found관리, 객실서비스 등	4
컴퓨터 (Computer)	컴퓨터의 기본이론과 SPC의 W·P 및 MYSHT, IBM의 HIS 및 고객관리 프로그램 이용기술	8
고객관리 (Guest History)	Buyer's Market, 고객만족, 모니터링, Direct Mail, Guest Data Control, 등록관리, Pre-registration 등의 기법 교육	4
호텔마케팅 (Hotel Marketing)	마케팅의 개념, 전략적 서비스 마케팅, Market Structure, Segmentation, 소비자 구매활동, Positioning, Communication 및 Case Study를 통한 마케팅 기법교육	8

③ 식음부문

〈표 6-8〉 식음부문 교육내용

과목명	내 용	시 간
서비스이론 (Service Theory)	호텔과 케이터링산업, 서비스의 개념, F&B의 조직구성, F&B서비스의 형태, Menu Planning, Job Discription, Restaurant Equipment, Banqueting, Stewarding, Room Service	8
서비스 실제 (Service Practical)	Role of Waiter, Professionalism, Negative Atti-tude, Mannerisms, Service Sequence, Identi-fying Good Personal apperarance, Duty of Food Sevice Personnal, Restaurant Sevice Procedures	8
음료지식(Wine & Bar Knowledge)	Beverage의 역사 및 분류, Wine의 역사, 제조과정 장비 및 기물의 종류, 와인서비스 방법, 세계의 와인의 특징, 맥주의 역사와 제조방법, 와인 List작성법, 증류수, 발효수, 혼성주의 제조방법의 역사	8
상품지식 (Product Knowledge)	The Origin of Food, Plant Food, Beverage, Fish, Seafood, Butch's Meat, Poultry, Game, Food Derived From Animal and Plant Sources	6
Bar 연출 (Bar Showmanship)	Bar의 장비 및 도구, Bar의 저장관리, Cocktail과 Mixed Drinds의 종류, 표준용량 서비스, Decoration	6
서비스 연출(Restaurant Showmanship)	Introduction of Showmanship, Carvig Tech-nique, Wagon Service Flambae, Special Coffee	6
중식개론 (Chinese Service)	북경요리, 남경요리, 광동요리, 사천요리의 소개, 조미료와 향신료, 메뉴, 해독법, 정탁요리, 일품요리, 특선요리의 특징, 중식서비스 방법, 중국술과 중국차	4
일식개론 (Japanese Sevice)	본선요리, 희석요리, 다회석 요리, 정진요리, 보채요리의 소개, 관동요리, 관서요리의 소개, 일식서비스의 방법, 일본술과 일본차	4
한식개론 (Korean Sevice)	한식의 특징, 궁중요리, 조미료, 향신료, 민속요리 소개, 향토별 전통요리(서울, 경기도, 충청도, 경상도, 전라도, 강원도, 황해도, 평안도, 함경도 요리), 고유술 소개	4
테이블매너 (Table manner)	서양식 식탁 예절 및 식사법	2

④ 조리부문

〈표 6-9〉 조리부문 교육내용

과목명	내 용	시 간
후식 (Dessert)	Pie, Souffle, Canapé, Babarois, 기타 디저트	4
주방관리 (Kitchen Management)	Food Service facility Development 시설관리, 조직관리, 원가관리, 식재료 관리	8
한식조리 (Korean Food)	한식개요, 전통 한식 및 궁중요리	2
일식조리 (Japanese Food)	일식개요, 관동요리, 관서요리, 회석요리	2
중식조리 (Chinese Food)	중식개요, 사천요리, 광동요리, 전통 중국요리 및 최신 유행의 중국요리 소개	2
서양식조리 (Western Food)	프랑스 요리, 이태리 요리, 러시아 요리, 덴마크 요리, 각종 Promotion 강좌	10
구매관리 (Puchasing Management)	입고, 검수, 저장, 재고관리(재고회전율)	2
메뉴관리 (Menu Control)	메뉴의 계획, 메뉴의 분류, 메뉴 철자법, 메뉴 작성법, 메뉴평가(Menu Engineering) ※ 원하는 업체에 메뉴 평가 프로그램을 만들어 드립니다. 1. Data관리(업체별) 2. Menu Engineering 전산 Report 발행 3. 영업분석자료 제공(月, 분기, 반기, 年)	10
양식조리개요 (Western Cooking Summary)	한국에 있어서의 서양요리, 유럽 및 프랑스 요리의 특징, 조리인의 직업윤리, 계량과 온도	2
시설 및 장비 (Equipment)	조리공구, 주방의 조리기기, Miss en place	2
조리원리 (Cooking Method)	14가지 양식조리 익히는 방법	4
영양학 (Nuturition)	영양의 기본원칙, 소화, 영양소, 식이조절	2
조리용어 (Cooking Terminology)	조리법 관련용어, 기초상용 조리용어 해설	2

향신료 (Spice & Herb)	향신료의 종류 및 사용법	2
갸드망제 (Gard Manger)	차가운 오드볼류, 각종 냉요리, 샐러드 및 드레싱 Pat's & Terrine	8
소스 (Sauce)	Sauce 개요, 백색 소스류, 갈색 소스류, 버터 소스류, Oil 소스류, 기타 소스류, 디저트 소스류	8
스톡 · 수프 (Stock · Soup)	Stock의 종류, 맑은 수프류, 걸죽한 수프류, 스페셜 수프류	4
호텔식 재료 (Food Ingredients)	쇠고기, 송아지, 돼지, 양, 채소, 과일, 향신료, 미국산 쇠고기, 식재료 관리, 저장학	12
원가관리 (F&B Cost Control)	생산계획, 표준량 목표, 표준수율표, 표준재료비율, 실행 재료비 계산, 메뉴 가격결정, 실행재료비와 표준재료비의 비교, 사전 · 사후의 재료비 관리	12

(2) 주요 호텔별 교육현황

〈표 6-10〉 호텔별 교육현황

구 분	교육내용	교육방법	총괄부서	교육계획
Meridien Hotel	직무에 따른 OJT Workshop, Seminar	사설교육기관 교재 · 시설이용	종합경영 관리부	필요에 따라 연중 실시
Inter-Continental Hotel	소방, 안전 등 기본과목과 직무에 따른 분야별 교육	담담부서별 Staff들에 대한 직무상 이수 필요 강좌를 지정	인사교육부	부서장의 재량으로 필요한 강좌개설
Marriott Hotel	소방, 안전 등 기본 과목과 직무에 따른 분야별 교육	담당부서별 Staff들에 대한 직무상 이수 필요 강좌를 지정	해당부서별 실시	부서장의 재량으로 필요한 강좌개설
Best Western International	각 분야별 실습 위주	사설교육기관 교재 · 시설 이용 및 위탁 교육병행 실시	교육부	필요에 따라 계획수립 수시 실시
Sheraton Hotel	소방, 안전 등 기본 과목과 직무에 따른 분야별 교육	부서의 장이 Staff들의 필수 이수강좌 지정	인력관리부	필요에 따라 연중 실시

5. 교육훈련 방법

1) 환대훈련 프로그램 개발 가이드

- 계획과 훈련 노력에 대한 공헌이 필요하다.
- 훈련을 시작하기 전에 반드시 운영의 필요성을 먼저 사정해야 한다.
- 훈련 프로그램의 틀을 구성하여 현재와 미래의 수요를 충족시킬 수 있도록 한다.

(1) 훈련의 필요시기 파악

- 교육프로그램을 시작하기 전에 다루어야 할 주제의 아웃라인 설계가 우선시되어야 한다.
- 관광조직, 직위 그리고 교육생의 지식과 기술수준 등의 훈련 필요성 파악을 위한 세 가지 부분은 다음과 같다.

① 조직평가

② 직무분석

다양한 인력기능의 중요한 정보를 제공하며, 정보는 직무를 습득함에 있어서의 어려움을 인식하게 해주며, 훈련수단과 교육방법을 선택하는 데 유용하게 작용한다.

③ 인력자원의 평가

- 직원충원과 선택의 노력은 공석에 가장 적합한 사람을 배치할 수 있도록 한다.
- 오리엔테이션 이후에 직무배치와 기업의 향상된 업무수준으로 직무에 필요한 모든 지식 및 기술습득을 하게 된다.
- 훈련의 필요성은 직무의 성공적 수행에 필요한 책무의 기준인 직무수행 수준에 의해 제기된다.

• 훈련은 단지 기술상 결함이 발생시 뿐만 아니라, 종업원의 태도와 행위를 개선할 필요성이 제기될 때 필수적이다.
• 지식의 필요성 평가가 보다 광범위하게 실행되지 않는 이유는 필요평가가 무엇인지 모른다는 점과 그것이 발생시키는 결과를 이해하지 못하고 있다는 점에서 기인한다.

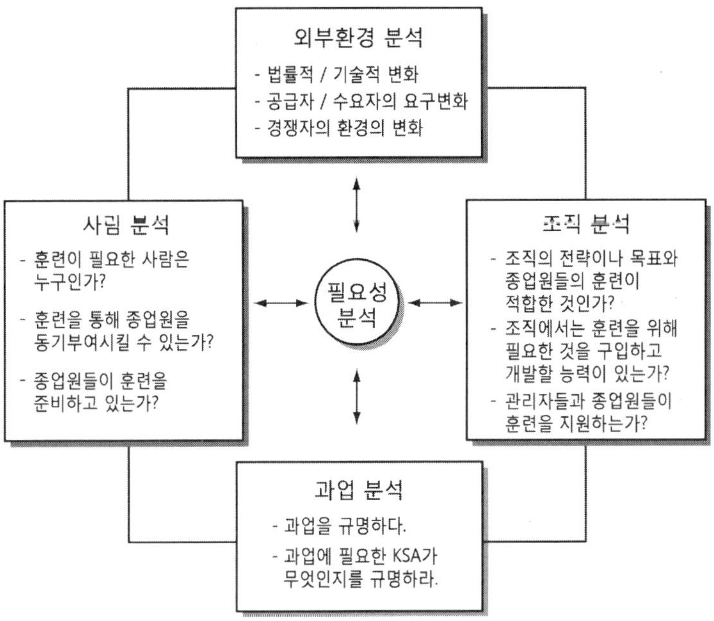

자료 : Noe, Hollenbeck, Gerhart & Wright(1997), p. 345. 수정 인용.

[그림 6-1] 필요성 분석의 고려사항

(2) 훈련목표

• 특정한 훈련목표는 광범위한 훈련의 목적과 필요성을 나타내는 것이 중요하다.
• 반드시 현실적이어야 하며, 훈련의 실행에 대해 평가를 할 수 있다.
• 관광조직에 적합할 것 같은 교과서의 리스트들을 찾는 것이 아니라, 반드시 관광조직의 현실에 비추어 개발되어야 한다.

2) 교육훈련방법

관광조직에서 종업원의 훈련방법으로는 다양한 형태가 있다. 그러나 조직이 사용하는 대중적인 훈련과 개발방법으로는 크게 직장 내 훈련과 직장 외 훈련으로 나눈다. 따라서 이에 관련된 훈련방법을 구체적으로 검토해 보기로 한다 (유기현, 2000 : 166~170).

① 직장 내 훈련(OJT : on-the-job training)

직장 내 훈련은 가장 널리 쓰이는 훈련방법으로 직접 근무하는 직장에서 훈련을 실시하는 방법이다. 이를 현장훈련이라고도 한다. 이 훈련방법이 많이 이용되는 이유는 방법의 단순성과 비용이 저렴하게 들고, 필요시 쉽게 실시할 수 있기 때문이다. 이 훈련은 종업원을 근무현장에 투입시켜 실제 작업을 하면서 배우는 생산적 훈련효과를 기대하는 장점을 갖고 있다.

반면에, 직장 내 훈련은 종업원의 훈련기간 동안에는 생산성이 낮고, 훈련과정에서 과오나 실수로 손실을 증대시킬 가능성이 있다는 점이 단점으로 지적된다. 그러나 훈련기간 중에 발생한 실수가 미미하거나 훈련시설과 인력이 부족하거나 인건비가 저렴한 경우, 그리고 정상적인 직무환경에서 일을 배우는 것이 바람직한 경우에는 현장훈련의 단점을 상쇄하게 한다.

이러한 직장 내 훈련에는 도제공제도프로그램(apprenticeship program)과 직무교육훈련(JIT : job introduction training) 등이 있다.

도제공제도란 도제훈련을 뜻하고, 장인(특정분야의 최고전문가)으로부터 특정기술을 익히기 위해 일정기간, 즉 2년에서 5년 동안의 훈련과정을 거쳐 장인이 되는 훈련방법을 가리키는 제도이다. 이러한 도제훈련은 장인의 지도를 전제로 하고, 도제프로그램의 요지는 요구되는 전문기술과 지식이 너무 복잡하여 훈련생이 숙련된 장인을 대리하는 연습기간이 반드시 필요하다. 도제공제도의 대표적인 훈련은 독일의 마이스터제도를 들 수 있다.

한편, 직무교육훈련은 직무수행의 효율성과 능률성을 증대시켜 생산적 효과를 증대시키기 위해 직장 내에서 단계적으로 실시하는 훈련방법이다. 이 훈련은 사전준비가 요구된다. 첫째, 직무를 효율적이고 안전하게, 그리고 경제적이고 지능적으로 수행하기 위한 학습자의 훈련내용과 초범을 결정하여야 한다. 둘째, 올바른 도구와 장비, 공급품 그리고 재료를 준비한다. 셋째, 훈련생, 즉 작업자들이 작업장을 청결하게 유지하고 작업도구와 기구를 사용하기 편리하도록 적절히 정돈한다. 그리고 나서 직무교육훈련은 <표 6-11>의 네 가지 기본적인 단계에 따라 훈련생을 지도해야 한다.

〈표 6-11〉 작업장 내 훈련을 위한 직무교육 훈련 절차

▸1단계 - 훈련준비
- 훈련생을 심리적으로 편안하게 하라.
- 그 직무에 관하여 훈련생이 이미 알고 있는 내용을 파악하라.
- 훈련생으로 하여금 직무를 학습·훈련하는 데 흥미를 갖도록 유도하라.

▸2단계 - (운영과 지식의) 소개
- 새로운 지식과 운영을 전달하기 위하여 설명하고, 시범을 보여주며, 이해를 확인하는 질문을 하라.
- 한 번에 한 가지 요점을 천천히, 명확하게, 완전히, 그리고 끈기있게 가르쳐 주라.
- 확인·검사하고 질문하는 방식을 반복하라.

▸3단계 - 성과예행연습
- 훈련생으로 하여금 그 직무를 실제 수행하게 함으로써 실제능력을 테스트하라.
- 왜, 어떻게, 언제 또는 어디서로 질문을 시작하라.
- 성과를 관찰하고, 실수를 바로잡고, 필요하다면 교육을 반복하라.
- 훈련생이 알고 있다는 내용을 확인할 때까지 계속 훈련시켜라.

▸4단계 - 추적검사(follow-up)
- 지시사항을 따르고 있는지를 확실히 하기 위하여 작업과정을 수시로 체크하라.
- 훈련생이 정상적인 감독으로 작업을 수행하는 능력이 갖추어지면 감독의 시간을 줄이고 추적검사를 중단하라.

앞에서 설명한 직무교육훈련(JIT)의 절차를 요약하면 다음과 같다.

① 훈련생에게 직무수행에 관한 설명을 해주고, 불확실성을 극복시켜 줌으로써 주의를 환기시킴과 동시에 준비를 유도하고,

② 직무수행에 관한 지침을 제시하고, 필수적인 정보를 분명한 태도로 전달하며,

③ 훈련생의 이해를 확인하기 위해 직접 직무를 수행하도록 하고,

④ 직접 직무나 현장에 투입시키고, 도움이 필요한 경우에 지원할 수 있는 사람을 정한다.

이상과 같은 직무교육훈련은 제2차 세계대전 기간동안 체계적으로 훈련방법이 개발되어 감독관들이 직업훈련을 준비하기 위해 이용되었다. 그리고 이 방법은 직원의 이동률의 감소와 사기향상, 산업재해율의 감소차원에서 효과적인 방법으로 입증되어 큰 인기를 끌기도 했다.

② 직장 외 훈련(off JT : off-the-job training)

직장 외 훈련은 직장이나 현장을 떠나 외부의 전문교육장소나 교육기관에서 훈련이 실시되는 방법을 말한다. 이 훈련에는 많은 기법이 있는데, 구체적으로는 강의실 훈련을 비롯하여 비디오와 영화, 발표회, 사례연구, 기타 시뮬레이션과 프로그램에 의한 교육 등이 포함된다. 이러한 기법에 따른 시설은 사회교육과 기업의 훈련제도의 개발과 강화에 따라 급속히 발전되었다. 즉 훈련장소가 작은 세미나실이나 강의실에서부터 대강의실과 첨단 훈련장비를 갖춘 전문기관의 회의실 또는 훈련개발센터까지 다양하다. 따라서 직장 외 훈련방법을 요약·정리하면 <표 6-12>와 같다.

〈표 6-12〉 직장 외 훈련방법의 유형과 내용

훈련방법의 유형	훈련의 내용
① 강의식 훈련 (lectures)	정해진 강사와 교재 중심으로 훈련내용을 전달·주입시키는 훈련방법이다. 전달이 신속하고 비용이 적게 드는 장점이 있는 반면, 일방적 의사소통, 훈련자 간의 차이에 대한 무감각, 피드백의 부족 등이 단점으로 지적된다. 주로 특수한 인간관계, 기술능력 또는 문제해결능력을 위해 고안된 훈련방법이다.
② 프로그램화된 교육 (pro-grammed instruction)	이 방법은 다양한 훈련기계를 사용하여 훈련자료를 체계적으로 집약시킨 프로그램에 의해 개인적인 반응을 지도하는 방법이다. 올바른 반응과 올바르지 못한 반응을 즉시 피드백시켜 훈련효과를 증대시키고 포인트별 지도방법을 강구하는 장점이 있다. 반면에, 훈련코스의 개발과 준비비용의 증대, 그리고 훈련자의 소외감과 저항 등이 단점으로 지적된다. 여기에는 컴퓨터 개인지도, 쌍방향 비디오디스크 또는 가상현실시뮬레이션 등이 포함된다.

③ 비디오 · 오디오 화상회의	이 방법은 미래지향적 훈련에 많이 이용되고 있다. 이는 집단을 전사적으로 다양한 기술을 이용하거나 오디오와 비디오 기술 및 World Wide Web의 사용으로 전문지식을 전달하여 훈련하는 방법이다. 여기에는 전문지식의 전달과 원거리 학습(distance learning), 녹음, 영화, 슬라이드 등과 전자장치에 따른 화상회의 등이 포함된다. 훈련자에게는 쌍방향 커뮤니케이션의 효과 등으로 시간절약 훈련의 효과를 증대시키는 장점이 있다. 반면에, 장비구입과 설치비용이 단기적으로 과다지출된다는 점이 단점으로 지적된다.
④ 하이테크훈련 (컴퓨터와 멀티미디어)	이 방법은 컴퓨터를 기초로 프로그램화된 훈련의 이점을 공유하면서 학습요점을 설명하기 위해 피훈련자에게 훈련비용을 맞출 수 있는 능력을 증가시켜 준다. 즉 컴퓨터를 이용해서 작업현실과 유사하게 컴퓨터를 프로그래밍하여 작업환경을 모방·제공한다.
⑤ 시뮬레이션 (모방훈련)	Simulation은 모방 또는 모의훈련방법이라고도 부른다. 즉 비행모의실험은 다른 작업상황의 청각적·시각적 그리고 물리적 환경을 모방해서 피훈련자의 효과를 극대화시키는 방법이다.
⑥ 비즈니스 게임 (business games)	이는 전통적인 전쟁게임에서 유래된 훈련방법이다. 이는 피훈련자에게 다른 개인이나 팀과 경쟁하면서 생산성과 능률증대에 관한 의사결정기법을 개발시키는 방법이다. 이 훈련은 결과를 추적하고 계산하는데 컴퓨터가 이용된다.
⑦ 사례연구 (case study)	이는 현실적인 상황보고서나 자료를 피훈련자에게 전달·배포하고, 이를 분석·검토·추정하여 효율적인 해결책을 모색 준비하는 훈련방법이다. 이는 가장 많이 이용되고 있는 방법이다.
⑧ 역할연기 (role-playing)	이 방법은 심리극이라고 한다. 이는 우수사례와 증언할 수 없는 범죄행위 등에서 파급효과 또는 원인확인효과를 위해 피훈련자가 상호작용을 하면서 모의역할을 하는 방법이다. 이 방법은 범죄심리학에서 유래되었다.
⑨ 행위 모델링 (behavior- modeling)	이는 인간은 적절한 행위에 대해서는 정신적 모델을 형성한다는 심리학이론에 기초를 두고 훈련시키는 방법이다. 이 기법은 학습자료나 기능을 소개하고, 학습포인트와 관련되는 성공적인 행위의 사례를 보고하여, 그 행위의 유효성을 실습 또는 공개함으로써 행위의 유효성에 관한 피드백을 반복시켜 훈련효과를 기대하는 방법이다.
⑩ 가상현실 시스템 (virtual reality system)	이는 새로운 유형의 기업훈련방법이다. 가상현실시스템은 다양한 메시지를 피훈련자의 뇌에 전달하여 실제 직무나 작업활동과 유사한 환경을 만들어 훈련시키는 방법이다. 예를 들어, 헬멧 안에 센서를 부착시켜 두면, 피훈련자가 헬멧을 쓸 경우 어떤 상황의 시청각적 시뮬레이션을 가능하게 한다. 즉 스키어들은 가상현실을 통해 스키를 배울 수 있다. 이 시스템으로 개인은 마른 땅 위에 서서 모의·창조된 속도와 장애물, 날씨 등을 느끼면서 실제 스키를 타고 언덕을 내려가는 느낌을 갖게 된다. 이러한 가상현실시스템은 훈련효과에는 가장 좋은 방법으로 인정받고 있으나 비용이 너무 많이 들기 때문에 이용률이 낮다.

교육훈련의 요구분석

교육훈련 활동을 계획과 실천과 통제로 구분하여 설명하면, 먼저 계획활동, 즉 교육훈련에 대한 필요성(요구)을 조사하여, 이를 구체화시킨 것이 바로 교육훈련의 목표가 되며, 목표가 확정되면 이를 달성하기 위한 교육훈련을 실시하고, 그 다음으로 계획과 실천의 차이를 살피는 교육훈련 평가를 하여야 한다. 여기서는 교육훈련 계획과 관련된 내용을 설명하고자 한다. 교육훈련의 필요성을 분석하기 위해서 다음 세 가지의 질문을 할 수 있다.

① 질문1 : 현재 우리 기업이 가지고 있는 문제점은 무엇이며, 왜 문제가 되는가?
② 질문2 : 비해 우선적으로 교육훈련이 필요한 부서는 어디인가?
③ 질문3 : 종업원 개인에게 필요한 지식, 기술, 능력은 무엇인가?

이러한 질문이 생겼다면 이제 교육훈련 분석을 시행해야 한다. 교육훈련의 요구분석은 조직분석, 과업분석, 개인분석 등 세 가지 분석수준에서 이루어진다(홍용기, 2009 : 127~129).

(1) 1단계－조직분석

조직분석인 1단계의 목적은 조직 전체의 전략이나 사업부의 전략, 특정부서의 전략, 목적을 조사하는 것이다. 오늘날의 사업환경은 계속해서 변화하기 때문에 조직분석은 기업의 새로운 사업목표나 도전에 초점을 둔다. 기업의 강점과 약점, 환경의 기회와 위협요인에 대한 분석이라 할 수 있다. 조직분석을 통해 밝히려는 최근 기업환경의 변화에는 어떤 것들이 있는가? 예를 들어, 설명하면 다음과 같다.

① 대형 계약이 파기된 적이 있는가?
② 신규사업 혹은 기존 사업부문에서 경쟁이 증가하고 있는가?
③ 고객 욕구에 맞춘 제품의 요구가 증가하고 있는가?
④ 비용절감과 효용이 강조되고 있는가?
⑤ 다른 외부 환경과의 협력이 중시되고 있는가?

이러한 외부환경의 분석이 끝나고 나면 내부의 강점과 약점에 대한 분석을 해야 하는데, 이에 대한 것을 살펴보면 다음과 같다.

① 사업전략과 목적은 무엇인가? 과거로부터 이러한 전력이나 목적이 어떻게 변화해 왔는가?
② 외부환경과 조직이 어떻게 상호교류하고 있는가? 외부환경은 안정적인가 역동적인가?
③ 조직의 문화, 분위기, 조직규범 등은 어떻게 변화하고 있는가?

(2) 2단계－과업분석

기업환경의 변화는 조직을 변화시키고, 결국 과업에도 변화를 초래한다.

따라서 조직분석이 끝나면 곧바로 과업분석에 들어가야 한다. 과업분석 단계에서는 조직분석을 통해서 얻은 정보와 함께 각각의 직무에서 수행된 과업을 평가하게 되는데, 그러한 과업이 효과적으로 수행되기 위해서 필요한 지식, 기술, 능력이 무엇인지를 결정하게 된다. 이런 것들에는 효과적인 의사소통이 이루어지고 있는지, 과업 수행을 위한 시간은 제대로 관리되고 있는지, 종업원들의 업무수행능력은 어떠한지 등에 대한 분석이 이루어져야 한다. 일반적인 과업분석의 절차를 보면 다음과 같다.

① 과업을 정의하는 리스트를 개발 : 관련 직무에 있어 수행될 과업의 리스트를 개발할 때는 감독자와 작업자 간의 면접, 관찰 등의 방법을 통해 리스트를 작성한다.
② 분류된 과업의 집단(cluster)별 리스트를 개발 : 리스트가 개발되면 과업의 집단별로 과업을 구분짓는다.
③ 과업수행에 필요한 지식, 기술, 능력 리스트의 개발 : 이를 위해서 전문가 집단(패널)의 자문을 구하도록 한다.

④ 필요한 지식, 기술, 능력과 과업의 중요성 평가 : 과업 중에서 중요한 과업이 무엇인지, 어떤 과업이 더 우선적인지를 규명한다.

(3) 3단계 – 개인분석

개인수준에서의 교육훈련 요구분석은 종업원 개인별 교육훈련이 현재 필요한지를 분석하는 것으로 조직분석과 과업분석을 통해 거론되었던 교육훈련의 필요성을 개인별로 분석하는 것이다. 이는 현재 필요한 사항뿐만 아니리 승진에 대비하여 어떠한 사항까지도 가르쳐 주어야 할 것인지, 개인이 지녀야 할 기본적 적성은 무엇인지, 미래의 변화에 대비하여 개인이 보유해야 할 지식, 기술, 능력은 무엇인지를 세밀하게 밝히는 것이다.

6. 교육훈련 효과

우선 급변하는 경영환경과 경쟁의 심화 등으로 인력의 중요성이 커지고 있고, 동시에 교육훈련의 중요성이 부각되고 있다. 또한 사회는 정보화, 지식화, 디지털화, 글로벌화 등의 모습을 보이고 있어 교육훈련의 방향 역시 그러한 경영환경을 반영하여 이루어질 필요성이 늘어나고 있다. 따라서 기업의 지속적 성장과 교육훈련의 효과를 높이기 위해서 다음과 같은 제안에 착안하여 접근할 필요가 있다(박성수 외 3인, 2009 : 277).

첫째, 비전과 전략 그리고 지식가치에 적합한 교육훈련이어야 한다. 기업의 비전과 전략은 기업의 교육훈련프로그램이 어떻게 구성되어야 하고 어떤 방향으로 나아가야 하느냐를 제시하여 준다.

둘째, 글로벌화에 적합한 교육훈련이어야 한다. 기업의 국제 경영인 양성은 한 기업의 성장과 확대과정이 세계의 경영환경과 여건변화와 더불어 중요한 생존요인이다. 따라서 국제경영인에 대한 양성은 거시적 안목에서 최고경영자의 강한 의지와 과감한 투자, 그리고 전사적인 국제화 분위기가 조성되어야 한다.

셋째, 정보화와 디지털화에 적합한 교육훈련이어야 한다. 최근 전략정보로서 질적 변화가 더욱 고도화 됨에 따라 기업에 필요한 정보를 수집하고 데이터베이스로서 활용하는 것은 기업활동에 있어 중요한 요소이기 때문이다.

넷째, 경영이념, 기업문화 형성에 기여하는 교육훈련이어야 한다. 기업은 경영다각화, 조직다양화, 종업원의식의 개성화 등 새로운 방향으로 끊임없이 변화되고 있어 경영이념 및 비전을 명시함으로써 조직에 활력을 불어넣을 수 있다.

다섯째, 교육훈련 측정결과를 인사정책에 반영하여야 한다. 교육훈련 평가는 훈련 전, 훈련 직후 그리고 일정기간 후의 3단계 평가방법이 바람직하다. 특히 평가의 신뢰성을 확보하기 위해 교육훈련 전·후의 평가는 반드시 실행되어야 한다.

바람직한 교육훈련의 핵심은 최고경영자의 의지이다. 최고경영자가 기업 목표를 달성하는데 필요한 생산성 목표와 함께 교육훈련이 기업목표를 뒷받침하고 있는다는 사실을 인식하고 주도적인 노력과 지원을 아끼지 않아야 한다.

교육훈련의 목적은 앞에서도 기술되었듯이 종업원의 지식·기술·태도를 향상 발전시켜서 종업원들로 하여금 그들의 직무에 만족을 느끼게 하고, 직무수행능력을 더욱 발전시켜 한층 더 중요한 직무를 수행할 수 있도록 하는 데 있다.

따라서 교육훈련은 다음과 같은 보편적인 효과를 가지고 있다.

첫째, 신입사원은 입직훈련을 통해 가능한 빠른 시일 안에 조직의 방침이나 규칙에 익숙해지게 된다(조직적응).

둘째, 현재의 종업원들은 기술을 증진시켜서 내부이동에 대비한 기능의 다양화와 승진에 대비한 능력의 질적 향상을 꾀할 수 있다(잠재력 향상).

셋째, 새로 도입되는 신기술이나 생산기법에 대하여 종업원들의 신속한 적응을 도모할 수 있다(학습능력 향상).

넷째, 사고·불량품 및 기계설비의 소모율을 감소시킬 수 있다(경비절약).

다섯째, 훌륭한 교육훈련은 종업원의 능력을 최대한도로 발휘할 수 있도록 하기 때문에 종업원들의 불만·결근율·이직률 등을 감소시킨다(학습조직).

〈표 6-13〉 교육훈련의 목적과 효과의 관계

교육목적		교육효과
직접목적	간접목적	
1. 지식과 기능향상·기술축적	인재육성	조직적응·잠재력향상·학습능력향상·경비절약
2. 근무태도 향상	구성원 자기개발	학습조직
3. 의사소통		조직협력

이와 같은 교육훈련의 효과에도 불구하고 교육훈련의 실시에 문제점이 있었던 이유를 살펴보면 다음과 같다.

첫째, 인력 자산의 중요성에 대한 최고 경영층의 이해가 부족하였다.

둘째, 장기적 교육계획이 없고 단발적 세미나 등으로 기업생활과 관계가 없는 개인적 지식을 교육하고 있었다.

셋째, 훈련과 개발의 필요성을 불명확하게 파악하고 있었다.

넷째, 훈련과 개발 이전에 개인능력을 평가하지 않고, 개인기준의 교육계획이 없었다.

다섯째, 개인의 훈련과 개발이 조직 전체의 개발이나 인사고과제도와 관계가 적었다.

여섯째, 이론 위주로 되어 있어 실천성이 적었다.

여기에서는 교육훈련의 효과를 직무와 관련한 것과 생산성 측면에서 살펴보고자 한다(이진규, 2001 : 261~263).

1) 직무관련 효과

직무관련 효과는 종업원 훈련을 통해 획득할 수 있는 다양한 직무수행 관련 이득을 말한다. 첫째, 일반 직무수행 효과이다. 훈련을 통해 피교육자는 직무수행을 위해 필요한 기본적인 KSA를 습득한다. 신입사원의 직능교육이 이에 해당된다.

둘째, 특수 직무수행 효과이다. 훈련을 통해 피교육자는 직무수행을 위해 특별히 필요한 기술을 습득한다. 신기술을 적용하는 직무나 전문적 기술을 요하는 직무, 예컨대 새로운 정보시스템 인프라를 구축하기 위한 것이 이에 해당된다.

셋째, 조직혁신 효과이다. 훈련과정을 통해 동료 피교육자와의 지속적인 정보공유와 지식창출을 통해 창의적 사고와 아이디어를 발현시켜 조직혁신이 가능해진다. 특히 경영자 개발을 통한 혁신적인 기술의 습득과 활용으로 조직의 기술혁신에 교두보를 마련할 수 있다.

넷째, 학습조직 문화의 토대가 된다. 종업원들의 지속적인 훈련은 새로운 업무기술과 자질을 배양할 수 있는 학습조직의 토대가 된다.

2) 생산성 효과

조직에서 종업원들을 훈련시키는 가장 큰 목적은 조직의 수익성을 높여준다는 것이다(Baron and Kreps, 1999 : 327). 종업원들의 훈련과 개발에 투입된 비용에 비해 그들이 산출하는 업무 생산성이 더 높기 때문에 조직의 지속적인 수익을 보장해 준다.

예를 들면, 조직에서 종업원 훈련에 소요되는 비용을 C라고 한다. 그리고 종업원들 훈련을 통해 조직에서는 총수익 B를 얻게 된다. 물론 종업원들에게 생산활동에 대한 임금 S를 뺀 비용이 종업원 훈련비용으로 들어간 C보다 많다면 훈련에 대한 조직의 투자는 경제학적으로 타당하다고 볼 수 있다. 아래의 공식에서 훈련에 대한 타당성 효과성을 구체적으로 확인하면 다음과 같다.

$$\text{if } B-S > C \quad \cdots\cdots \text{①}$$

$$\text{if } B-S = C \quad \cdots\cdots \text{②}$$

$$\text{if } B-S < C \quad \cdots\cdots \text{③}$$

①의 경우는 훈련에 소요된 비용에 비해서 조직의 총수익이 종업원 임금을 뺀 것에 비해 많기 때문에 훈련의 실행은 매우 타당하다. 더구나 조직의 총수익에서 종업원들에게 지불해야 할 임금을 뺀 부분, 즉 B-S는 조직이 얻게 되는 순이익이 되는데, 훈련에 들어간 비용에 비해 조직의 총수익이 상승할수록 조직은 순이익이 증가하게 된다.

②의 경우는 어떠한가? 조직의 총수이과 총임금에 대한 비용이 훈련에 소요된 비용과 같은 경우이다. 훈련비용이나 종업원들의 임금을 감소시키거나 혹은 조직의 생산성을 훨씬 높여야만 훈련에 대한 비용의 지출이 타당해진다.

그러나 ③은 훈련비용이 조직의 총수익을 초과한 경우로 훈련의 지속적인 실행을 이루기 어렵다. 그렇다면 역(逆)으로 총수익을 증가시키기 위해서 훈련에 대한 투자비용을 반드시 줄여야 하는가에 대한 문제에 직면하게 된다.

결론부터 말하면, 반드시 그렇지 않다. 훈련에 들어간 비용은 항상 조직의 총수익을 향상시켜 준다. 종업원 훈련을 통해 사전경험 학습이 많아질수록 단위당 생산량이 증가하기 때문이다. 종업원의 과업수행에 대한 시간이 지날수록 반복적인 경험과 노하우가 축적하게 된다. 그리고 과업을 수행하는데 요구되는 시간이 감소되고 단위당 생산비용이 증가되어 조직의 총수익이 증가된다. 따라서 훈련에 대한 초기 투자비용이 설령 조직수익성에 비해 높더라도 장기적으로 보면 종업원들의 경험효과가 시작되는 시간을 단축시키고 조직의 생산성을 향상시킬 수 있다.

MIND MANAGEMENT

자아혁신, 정신력 강화, 잠재능력 개발, 창의력, 문제해결능력, 설계적 사고, 정신적 성숙, 건강관리

마음관리법(MMP) 교육수련효과

수련 전		수련 후
잠재의식이 어둡다. 현재의식 잠재의식 운동신경계 · 자율신경계가 긴장된 모습 정신산만 · 피로 · 두통 · 스트레스 · 불안 · 초조 · 긴장 · 소심 · 소극적 · 의타심 · 부정적 사고방식 지배 문제가 많은 사람	강의와 수련	잠재의식이 밝아진다. 현재의식 잠재의식 문제가 없고 창의적으로 문제를 해결해 가는 사람 정신집중 · 기억력 · 상상력 · 창의력강화 · 문제해결능력 강화 · 판매증대 · 생산성 향상 · 친절 · 서비스 · 인간관계개선
무능한 사람		능력 있는 사람

(1) 자아혁신 선언

나 OOO는 수련하는 사람
수련은 몸과 마음을 갈고 닦는 것, 새로워지는 것
나는 수련으로 날로날로 새로워진다.
오늘은 새롭게 시작하는 새 인생의 첫날!

보라. 나는 새로워졌다. 나에게 과거를 묻지 마라.
어제는 다 끝난 부도수표와 같고, 내일은 알 수 없는 약속어음
오직 오늘만이 내게 주어진 현금이다.
오늘은 성실하게 새롭게 열심히 그리고 창조적인 생활을 하는 것은
내일을 준비하는 저축이며 성공의 지름길임을 확신한다.
모든 것은 마음먹기 달린 것
내 마음 내 뜻대로 만들어 가는 수련으로 새로워지면 기쁘고 즐겁고 보람되게 일할 것이며
그 결과는 나를 자랑스럽게 하며 직장과 사회에 봉사하는 길이 됨을 굳게 믿는다.
그러므로 나는 직장을 위해 꼭 필요한 사람이며 직장은 나의 발전을 원하고 있다.
오늘은 새롭게 시작하는 새 인생의 첫날
보라! 나는 새로워졌다.
나에게 과거를 묻지 마라.
밝은 마음은 나의 빛이며 수련은 능력자의 길
밝은 마음과 수련은 나의 삶의 지표요,
조직구성원으로서 회사 발전을 위한 원동력임을 선언한다.

(2) '나'란 무엇인가?

〈마음이란 무엇인가?〉
구체적으로 자기를 이해하게 되고 깨달음을 유발하는 도입부분
마음관리 능력과 자기분석

- 나란 무엇인가? 마음 : 생각하는 생명에너지
  몸 : 마음을 싣고 다니는 자동차
- 마음이란 무엇인가?
- 정신이란 무엇인가?
- 자기 마음은 누가 만드는가?

환경, 경험, 교육에 영향을 받는다.
환경을 개선 창조하고 경험을 적극적으로 하며 교육을 선택하는 성숙한 마음

- 잠재의식이란 무엇인가?
- 잠재능력이란 무엇인가?

(3) 자기분석

〈자기분석〉
자기분석 및 피로, 스트레스 해소법 수련

① 현재의 자기 마음 상태를 분석하고 문제점을 파악하는 시간
마음상태를 점수로 표현되는 자기 마음상태 테스트

② 잠재의식 몰입 의식화

심리테스트	자기분석

제7장

경력개발

우리의 목표는 종업원 및 관광조직 모두에게 최고가 될 수 있는 것을 하는 것이다. 이러한 목표를 달성하기 위해서는 지도하고 팀을 만드는 기술에 대하여 알아야 한다.

① 개발프로그램은 종사자가 성공하도록 도울 수 있는 과정(process)을 인사관리자에게 제공한다.
② 개발활동을 통해서 종사자의 야망, 관심과 목표 등을 평가할 수 있다.
③ 성공목표와 개발활동은 구분될 수 있다.
④ 진보적인 관광조직은 종업원이 성공개발을 추구하고 종업원에게 유용한 기회를 이용할 수 있도록 고무한다.
⑤ 성공개발프로그램은 개인종사자뿐만 아니라 관광조직에도 이익을 준다.
⑥ 개발프로그램은 인력자원이 성공할 수 있는 기회를 가질 수 있도록 제공함으로써 동기를 자극한다.
⑦ 긍정적인 노동경험은 자극된 인력을 변화시킨다.
⑧ 동기는 행동을 변화시킬 수 있을 뿐만 아니라 일에 대한 수행능력을 증가시킨다.
⑨ 지도와 팀구성은 효율적인 동기전략이 되어 왔다.
⑩ 지도를 통해서 인력자원은 최고가 되도록 자극되어진다.
⑪ 팀구성을 통해서 관광조직은 창조성과 혁신성을 고무시킨다.

1. 경력개발의 의의

경력관리제도는 미국에서 발생하였다. 1955년 미국의회에 제출된 제2차 후버위원회의 인사부문 권고안에 의해 당시 미국 연방정부조직의 비능률에 대한 비판이 제기되었을 때, 관리인력 과잉과 인건비 부담증대 등을 해소하기 위한 타개방안으로 관리자로서의 잠재능력을 가진 자를 채용하여 장기적으로 계획적인 육성을 꾀하려는 경력관리제도를 구상하게 되었다.

후버위원회의 권고안이 하나의 관리자 육성방안의 기본지침이었다고 한다면, 이것이 구체적인 경력관리 프로그램으로서 실행된 것은 1957년경의 '미국 육군문관의 경력관리 프로그램(army ciuvilian career program)'이었다. 정부차원에서 시행된 경력관리제도가 민간기업에 보급된 것은 이보다 조금 후인 1960년대부터이다. 장기적으로 계획적인 관리자 육성을 꾀하려고 구상된 경력관리제도는 1960년대 초반에 종신고용제의 기반이 탄탄한 일본에 상륙하여 소화전공(昭和電工)을 위시한 민간기업에 뿌리를 내리기 시작하였다. 경력관리는 현대 인적자원관리의 관점에서 효율적인 인재확보 및 배분과 더불어 종업원들의 성취동기 유발을 동시에 추구할 수 있도록 하는 CDP(career development program)이다. 이러한 CDP는 종합적인 인사관리가 가능하다는 취지에서 특히 오늘날 그 중요성이 부각되고 있다(김식현 외 1인, 2000 : 126).

① 개발프로그램의 목적은 우리의 종업원이 매일 최고가 되도록 돕는 것이다.
② 개인 종업원이 성공 열망을 이루도록 도울 때, 좀더 생산적인 조직이 될 뿐만 아니라 좀더 일하기에 바람직한 환경이 될 것이다.
③ 종업원들에 대한 개발은 수많은 인력자원 기능들을 함께 묶는 것이다.
④ 이들 프로그램은 수행을 증진시키고 유지를 고무시키기 위해 고안됐을 뿐만 아니라 조직과 종업원 양쪽 모두 인력계획에 영향을 미친다.
⑤ 이것을 달성하기 위해 개발프로그램은 수행개발, 연속계획, 수행평가시스템과 연계되어 있다.
⑥ 연속계획은 관광조직의 지속적인 성장을 대비하도록 지원하며 장기적인

인력 목표에 대한 개발과 연계된다.

⑦ 성공개발프로그램은 그 조직 내에 재능의 지속적인 성장을 고무시킴으로써 연속계획을 지원한다.

⑧ 수행평가는 보상결정에 대한 기초가 되는 종업원의 수행결과를 평가하는 활동이다.

⑨ 수행개발 상담은 종업원이 개인적인 성공열망을 이룰 수 있도록 지원하는 지도와 팀 구성기술을 포함하고 있다.

⑩ 훈련프로그램은 이미 존재하는 재능과 잠재력을 개발하는 도구가 된다.

〈표 7-1〉 수행평가와 성공개발과의 비교

수행평가(관리자가 응답)	성공개발(종사자가 응답)
종사자가 기여한 것은 무엇인가?	나의 성공목표는 무엇인가?
종사자는 기대에 얼마나 도달해 있는가?	성공에 대한 나의 선택은 무엇인가?
현재의 수행에 대해 종업원에게 무엇을 물어야 하는가?	무슨 기술과 능력을 습득하여야 하나?
현재의 수행은 보상에 어떻게 반영되는가?	나의 목표를 이루기 위해 어떠한 계획을 세워야 하는가?
다른 종업원들을 어떻게 순위화할 것인가?	나의 수행단계와 시간표는?

2. 경력개발 프로그램

경력개발은 종업원이 직장에서 그들 자신의 개인적인 성장과 성숙을 지원하는 프로그램이다.

1) 개발프로그램의 목적

(1) 경력개발 프로그램의 결과

① 조직에 대한 결과

- 성장 잠재력을 지닌 인적자원의 확인
- 좀더 나은 양질의 기술력을 지닌 인적자원의 확보
- 교차 훈련량에 있어서의 증가
- 유지의 개선과 감소된 노동이동
- 잘 훈련된 개인에 대한 채용경비의 감소
- 일에 대한 불만족과 좌절로부터 야기되는 일에 대한 수행문제의 최소화
- 팀워크가 요구되어짐
- 관리와 인력사이의 커뮤니케이션이 개선됨

② 종사자에 대한 결과

- 일에 대한 만족의 증대
- 승진기회에 대한 현실적인 기대
- 잠재적인 재능을 개발시킬 수 있는 기회
- 경력의 개발에 대한 지원과 지도
- 개인적인 성장과 발전에 대한 책임감을 가지게 되는 기회
- 한 개인으로 인정받음

(2) 개발프로그램은 인력자원 관리자에게는 강력한 동기와 유지 도구가 될 수 있다.

〈표 7-2〉 개인이 일을 하는 이유

유 형	내 용
경제성	일을 통해 얻게 되는 임금이나 봉급은 사람들이 생계를 유지하는 인간의 경제적인 욕구충족의 기본적인 수단이며 자원이다.
능력개발	일은 기술과 능력을 습득하고 활용할 수 있는 기반을 제공한다. 자신의 기술과 능력을 일을 통해 발휘하여 성취욕구를 만족시킨다.
다양한 상황의 경험	일은 가정적 환경과 달리 다양한 사회적 상황을 불러일으키고 경험하게 한다. 자신의 직무가 상대적으로 지겨울지라도 종업원들은 일을 통해 다양한 경험을 쌓을 수 있다고 여긴다. 따라서 이러한 다양한 상황을 경험함으로써 인생의 단조로움에서 벗어나 삶의 질을 높일 수 있다.
생산적 시간소비	직장에 상시적으로 고용된 사람들에게 하루는 일을 중심으로 구성되어 있다. 때로는 일에 대한 시간적 제약이 심한 압박감을 주기도 하지만, 하루 생활에서 일정한 방향감각을 제공한다. 그래서 자주 일을 하지 않는 사람들은 지루함을 주된 문제로 인식하고 시간에 대해서 무감각해진다. 일반적으로 실업자들에게 심한 고통을 주는 것은 무료한 시간이라고 말하는 것은 이러한 이유에서이다.
사회적 접촉	일의 환경은 친구, 동료관계와 다른 사람들과 함께 하는 활동 기회를 제공한다. 그래서 작업환경으로부터 분리되면, 동료나 아는 사람의 사회적 범위는 그만큼 축소된다.
개인의 정체성	일은 자신의 정체성을 일깨워주는 데 가장 큰 힘을 발휘한다. 일을 함으로써 자신이 왜 이 세상에 있는지를 인식하게 되고 사회의 일원으로 자긍심을 갖게 된다.

2) How Does a Career Development Program Work?

① 인력자원의 개발경로는 관광조직의 개발경로와 분리될 수 없다.

② 조직에 있어 개인은 기업의 목표와 관련되어 있다.

③ 모든 개인은 가치, 관심, 일에 대한 목표가 다르다. 따라서 성공적인 인적개발은 정확하게 개인적인 욕구와 행동들을 구분하는 상호교환적인 노력에 기인한다.

④ 성공계획은 개인의 단기, 장기 성공목표가 구분되어진 과정이다.

〈표 7-3〉 개발프로그램에 있어서의 단계

단 계	비 고
1. 관광조직의 임무와 목표 구분	
2. 개인적인 목표와 요구를 결정하도록 종업원 지원 • 현재의 기술과 지식의 평가 • 경력과정 파악	
3. 조직의 요구와 우선순위에 대한 속하는 정보 획득	
4. 종업원의 요구와 조직의 요구를 결합시키는 행동계획을 개발	
5. 행동계획을 실행하기 위한 환류와 지침 제공	

3) 개발 재검토

① 개발 재검토는 인력의 잠재력을 관리하는데 지원하는 도구이다.

② 재검토는 환류프로그램이 포함된다.

③ 개발 재검토의 효율성을 극대화하기 위하여 각 종사자는 배경정보를 제공하는 양식을 작성하는 것이 유용하다.

④ 개발 재검토는 각 종사자들에게 정보가 널리 알려진 것임을 확신하도록 하는 기회를 부여한다.

⑤ 행동계획은 개발재검토의 결과이다.

3. 자기경력개발과 발전을 위한 고려요인

관광조직에서 종업원들의 경력개발 모두를 책임져 주는 것은 아니다. 개인 스스로 자신의 경력관리를 위해 노력해야 한다. 개인적인 경력관리를 통해 승진과 보상과 같은 보다 나은 경력경로와 새로운 경력경로를 개척할 수 있다. 특히 자기경력관리를 통해 경력정체를 미연에 방지할 수 있다.

관광조직이 종업원 경력개발을 후원하는 것과 상관없이 자기 스스로 경력개발을 어떻게 해야 되는지와 조직에서 승진기회에 초점을 두고 자기발전을 위해 고려해야 할 요인들을 제시하면 다음과 같다(<표 7-4> 참조)(이진규, 2001 : 343~345).

〈표 7-4〉 자기개발과 발전의 고려 요인

개 발	발 전
• 자신의 개인적 사명을 만들어라. • 자신의 방향과 성장에 책임져라. • 자신의 발전보다는 우선순위의 일을 강화하라. • 합리적인 목표를 세워라. • 자신이 갈망하는 직위의 사람들과 대화하고 어떻게 전진할 것인지에 대한 제안을 얻어라.	• 올바른 가치와 우선순위를 설정하라. • 자신이 한 일이 중요한 것처럼 행동하라. • 팀 플레이를 하라. • 소비자 지향성을 가져라. • 자신의 성과는 중요하다. 그러나 원만한 대인관계는 자신의 발전에 결정적인 역할을 한다.

자료 : Gomez-Mejia et al.(1998), p. 288 참조.

1) 자기개발을 위한 고려요인

① 자신의 개인적 사명을 만들어라.

구체적인 사명을 토대로 자신이 무엇을 준비하고 실행해야 될지를 명확히 알 수 있기 때문에 개인의 사명은 목표달성을 판가름하는 데 매우 중요한 역할을 한다. 물론 사명을 개인의 역량과 환경적인 요소를 고려하여 세워야 한다. 사명을 세움으로써 자신의 행동방향과 우선순위를 가진 행동에 시간과 에너지를 집중할 수 있다.

② 자신의 방향과 성장에 책임져라.

자신이 원하는 사명에 도달하기 위해서는 모든 것에 자신이 책임져야 한다. 예컨대, 조직의 상황은 수시로 변화되기 때문에 조직의 경력관리 프로그램에 너무 의존해서는 안 된다. 조직의 경력관리 프로그램 역시 조직의 다운사이징이나 재조기화 등으로 매우 변동적일 수 있다. 자신이 원하는 경력은 자신이 책임져야 한다.

③ 자신의 발전보다는 우선순위의 일을 강화하라.

조직에서의 경력경로는 매우 불확실한 경우가 많다. 승진과 같이 자신의 발전을 기대하기보다는 단기간에 자신의 업무기술을 강화하는 편이 적절하다. 단기간의 업무기술 향상은 장기적인 발전을 가져다준다.

④ 합리적인 목표를 세워라.

합리적이고 달성가능한 목표는 자신의 성취욕구를 자극시킨다. 달성을 위한 하위목표를 구체적으로 설정할 수 있다.

⑤ 자신이 갈망하는 직위의 사람들과 대화하고 어떻게 발전할 것인지에 대한 제안을 얻어라.

자신이 원하는 직위의 사람들과의 대화를 통해 구체적인 자격요건에 대한 정보를 얻을 수 있다. 더구나 그들과의 친분관계를 통해 더 효과적인 발전경로를 구축할 수 있다.

2) 자기발전을 위한 고려요인

자기개발과 달리 자기발전은 조직에서 승진의 기회를 효과적으로 달성할 수 있는 요인들에 초점을 둔다.

① 올바른 가치와 우선순위를 설정하라.

우선순위가 무엇인지에 따라 행동해야 조직에서 자신의 가치가 향상된다. 예컨대, 조직에서 팀워크를 통한 협력을 강조한다면, 자신 역시 팀워크 플레이를 통한 협동심에 초점을 두고 행동을 해야 발전의 기회가 생긴다.

② 자신이 한 일이 중요한 것처럼 행동하라.

자신이 효과적으로 업무를 수행했다고 하더라도, 조직에서 자신의 능력이나 태도를 부정적으로 인식하는 경우가 있다. 조직에서 요구하는 일에 자신이 생각하는 가치와 욕구가 상반될 때 부정적인 태도를 나타내는 것이 그 원인이 된다. 즉 자신에게 요구된 일을 부정적으로 생각하고 행동했을 때, 그 일이 아무리 좋은 성과를 달성했다고 하더라도 조직에서는 부정적인 성과로 오인할 수 있다. 반면, 긍정적인 태도로 일을 처리할 경우, 조직에서 자신을 가치있는 구성원으로 생각한다.

③ 팀 플레이를 하라.

자신의 팀이 달성하는 목표에 자신의 공헌이 없는 것처럼 보여서는 안 된다. 팀의 목표달성에 자신이 기여했음을 인정받아야 한다. 물론 팀 구성원들을 무시하고 개인적인 역할만을 강조하는 것이 아니다. 팀의 노력에 자신의 역할이 기여했음을 팀 동료들에 의해서 인정받도록 적극적으로 참여해야 한다.

④ 소비자 지향성을 가져라.

소비자 지향성이란, 반드시 조직 외부의 거래자와의 관계를 말하는 것이 아니다. 조직 내·외부인에 상관없이 자신과 관계하는 모든 사람들이 소비자이다. 그리고 그들의 가치와 요구가 최고의 우선순위임을 인식하고 욕구를 충족시켜 주어야 한다. 조직에서는 이런 사람이 조직을 위해 공헌할 수 있는 것으로 간주한다.

⑤ 자신의 성과는 중요하다. 그러나 웬만한 대인관계는 자신의 발전에 결정적인 역할을 한다.

사람들과 집단 사이에서 볼 수 있는 의사소통과 협동심은 조직에서 자신의 성과에도 직접적으로 작용하기 때문에, 조직에서는 원만한 대인관계를 조직협동의 원천으로 여긴다.

4. 개발프로그램의 선택

① 개발프로그램을 평가하는 여러 다른 접근방법이 있다.
② 각각의 접근법은 개발프로그램의 의도된 결과물에 다소 다른 관점을 제공한다.
③ 많은 관광조직은 기술들의 조합을 사용한다.

1) 지도자 프로그램

① 개발프로그램에 있어, 멘토(mentor)는 종사자를 안내해주는 사람을 의미한다.

② 지도자 프로그램의 이점 중 하나는 훌륭한 지도자가 된 사람은 개인적으로 주목을 받는다는 것이다.

③ 지도자는 관광조직의 임무, 목표 등을 알고 있다.

④ 훌륭한 지도자는 종업원의 관리자에 대한 대체자가 아니다.

2) 경영개발위원회

① 이 프로그램은 관리자의 개발재조사를 위해 기본적으로 사용되어진다.

② 위원회는 관리자의 성공목표를 달성하기 위한 개인적인 관리자와 함께 일하고 있는 높은 수준의 관리자로 구성된다.

5. 우리나라형 경력개발 모형

1) 우리나라 기업의 경력관리 문제점

우리나라에서는 학계와 실무분야에서 경력개발과 경력관리에 대한 중요성을 인식하고는 있지만, 우리나라의 기업경영현실이나 사회적인 현실로 보았을 때 경력개발제도를 도입하는 데에는 다음과 같은 여러 가지의 문제점이 지적될 수 있다.

① 우리나라 기업들은 합리적이고 장기적인 경영전략보다는 비합리적이고 단기적인 수익을 위주로 경영하기 때문에 종업원의 경력개발에 대한 관심이 약하다.

② 우리나라 기업들은 종업원에 대한 복지적인 측면이 선진국에 비하여 미흡하기 때문에 경력개발에 대한 관심도가 적다.

③ 우리나라 기업의 CEO들은 전문경영자로서의 사회적 책임(내부 이해관계자 집단으로서의 종업원에 대한 책임)에 대한 인식이 부족하다.

④ 고객만족경영(customer satisfaction management; CSM)은 강조하면서도, 막상 고객을 만족시켜야 할 종업원만족(employee satisfaction)에 대해서는 소홀히 하는 경향이 있다.

⑤ 경력개발에 대한 합리적인 제도의 마련이 미흡하고, 경력개발에 대한 전문가로서의 인사담당자가 소신대로 일할 수 없는 풍토이다(민경호, 2003 : 327).

또한 우리기업의 경력관리 문제점에 대하여 이진규 교수는 다음과 같이 열거하고 있다(이진규, 2001 : 352).

① 인사담당자의 자질부족 : 또한 조직의 경력관리를 인사담당자 혼자 하는 일도 있지만, 업무의 촉매인으로서의 역할이 부족하다.

② 경영자들의 경력관리제도 실시에 대한 이해부족 : 우리나라 경영자들은 인력고용과 등용을 우선시하고, 실제 종업원들의 경력개발과 배치는 등한시하는 경향이 있다. 종업원개발의 단기적인 효과만 생각하고 장기적인 안목의 경력개발의 필요성을 감지하지 못하고 있기도 하다.

③ 경력개발에 대한 이론 및 이해부족 : 모든 인사실무는 기본적인 이론을 토대로 실시해야 한다. 그러나 많은 조직의 인사제도가 행정편의주의에만 관심을 두기 때문에 종업원들의 경력개발의 중요성을 인식하지 못하고 있다.

2) 우리나라형 경력개발 프로그램

우리나라의 조직실정에 맞는 경력개발 프로그램을 정립하기 위해서는 한국사람에 따른 경력주기모델, 개인목적과 조직목적의 통합적 개발, 조직전략과 통합적 방향성, 그리고 인본주의적 인사제도가 필요하다(이진규, 2001 : 352~353).

① 한국 사람의 인생, 가족, 경력주기모델의 개발 : 경력수명주기모델은 서구남자를 대상으로 개발된 것이기 때문에 한국 사람의 신체적・심리적・사회적 특성에 알맞게 새롭게 개발되어야 할 것이다.

② 조직의 경력개발은 미시적 차원에서 집단 특유의 프로그램개발 : 개인과 조직의 통합적 경력개발 프로그램관리자로서 서로의 욕구 및 목표를 조화시키는 방향으로 프로그램을 설계하고 실행하여야 한다.

③ 조직전략과 통합적 방향성을 갖는 프로그램 개발 : 경력개발 프로그램은 개인의 능력을 향상시키면서 조직의 생산성을 향상시키는 데 목적을 두어야 한다. 즉 조직의 경영전략과 경력개발이 동일한 방향으로 설정되어 있고 장기적인 경영전략이 수립될 때 그 효과를 기대할 수 있다.

④ 인본주의적 경력개발 중심의 인사제도 : 우리나라는 전통적으로 인본주의 사상이라고 하면서도 급격한 산업화와 단기적인 경제발전을 추구하였으며, 서구사상의 영향을 받아 오히려 인간존중주의는 실종되어 가는 추세에 있다. 우리는 전통적 가치인 인본주의사상을 살려 기업이나 경영현장에서도 명실공히 인본주의적인 인사제도가 정착되도록 하여야 할 것이다.

〈표 7-5〉 경력정체 발생유형 관리방안

경력정체 유형	특징과 관리방안
적절하지 못한 업무기술과 능력을 소지한 경우	조직에서 필요한 업무기술과 능력을 습득하지 못한 경우로 고용이 잘못되었거나 교육훈련이 미비한 경우, 그리고 개인에 대한 성과평가가 잘못된 경우에 발생된다. 이런 경우가 많다면 조직의 모집과 선발시스템 자체의 결함이 문제된다. 고용방법을 재평가하고 교육훈련의 필요성 분석을 다시 해야 한다. 그리고 성과평가의 타당성을 재검토하여 그 사람이 정말로 업무기술과 능력이 부족한지를 확인해야 한다.
경력이동에 대해 낮은 욕구를 갖는 경우	개인 스스로 경력에 대한 성장욕구가 없는 경우이다. 따라서 경력이동에 전혀 관심이 없고 한 곳에서 안주하려고 한다. 이런 경우는 성과나 태도변화에 따른 보상을 간헐적이고 적절히 제공함으로써 성장욕구를 자극할 수 있다.
내재적으로 동기부여되는 일이 부족한 경우	과업이 정형화되어 다양성이 부족한 경우나 과업수행에 대한 자율성이 부족한 경우에 발생한다. 이런 경우는 정형화된 일을 중지시키고, 직무확장과 충실화된 업무를 수행토록 하여 내적 동기부여를 높이고 조직생산성을 향상시키도록 한다.
내재적으로 동기부여되는 일이 부족한 경우	과업이 정형화되어 다양성이 부족한 경우나 과업수행에 대한 자율성이 부족한 경우에 발생한다. 이런 경우는 정형화된 일을 중지시키고, 직무확장과 충실화된 업무를 수행토록 하여 내적 동기부여를 높이고 조직생산성을 향상시키도록 한다.

스트레스와 능력이 소진된 경우	개인의 역할이 애매하거나 과중한 경우에 발생한다. 즉 어떤 일을 해야 될지, 어떻게 일을 해결해야 될지에 대한 혼돈에서 비롯된다. 여기서 개인의 능력이 조절작용을 하게 되는데, 능력이 많은 사람과 그렇지 않은 사람 간에 경력목표 달성에 대한 의욕이 달라진다. 또한 조직의 가치와 규범이 자신의 가치와 생활양식과 일치하지 않을 경우 심한 스트레스를 받게 되어 경력개발에 대한 의욕을 상실하게 된다.
외재적 보상이 결여된 경우	개인적인 문제보다는 조직에서 제공하는 외재적 보상의 정도가 낮다고 인식하기 때문에 발생된다. 예컨대 임금수준이 낮거나, 승진의 기회가 많지 않고 또한 불공정한 보상이 지속될 경우에 경력개발에 대한 의욕을 상실하게 된다. 이럴 경우 조직에서는 보상체제와 성과평가에 대한 문제를 심각하게 고려해야 한다. 그러나 조직의 성과보상 시스템에 결함이 발견되지 않고 개인적인 인식에 불과할 경우는 개인적인 이직을 강요하여 다른 구성원들과의 동화를 방지할 필요가 있다.
조직성장의 둔화	개인의 경력개발에 대한 의욕과 조직내부의 시스템적 문제라기보다는 조직성장이 둔화되어 일어나는 경우이다. 외부환경의 악조건과 조직전략의 실패로 수익성이 악화되어 구성원들의 경력이동을 할 수 없을 때 발생한다. 또한 적정 인원보다 많은 인력을 충원하여 결과적으로 불경기시 여유인력이 너무 많은 경우에도 나타난다. 이럴 경우 조직은 효과적인 조직전략을 다시 모색하고 자원배분의 효율성을 점검해야 한다. 최악의 경우 구조조정을 통해 인력 슬림화를 추구할 수 있다. 물론 해고된 인력에 대한 적절한 보상이 이루어져야 한다.

자료 : 이진규, 인사관리, 박영사, 2001, p. 342.

6. 지도(coaching)

① 지도는 개발프로그램의 효율성을 증가시키기 위해 사용되는 방법이다.

② 지도는 개인적인 발전과 개선된 일에 대한 수행을 위해 종사자 동기를 강화하는 직접적인 전략이다.

③ 지도기술은 상담기술과 다르다.

④ 지도는 경력개발에 있어 충고, 도움, 지원, 안내 등을 제공한다.

⑤ 지도는 그것의 이행(수행)에 있어 상담보다 좀더 강력하고, 동기부여적이고 활동적이다.

동기이론

(1) **피그말리온 효과(the pygmalion effect)**

① 예언(예정)대로 성취되는 예언(self-fulfilling prophecy)으로 알려져 있으며, 하버드대의 로버트 로센탈에 의해 효과가 발견되었다.

② 만약 위대한 것을 기대한다면, 위대한 것이 이루어진다.

③ 긍정적인 기대는 긍정적인 결과를 초래한다.

(2) **매슬로우의 욕구 단계(Maslow's Hierachy of Needs)**

① 욕구 5단계

- 1단계 : 생리적 욕구(의, 식, 주)
- 2단계 : 안전 욕구(일, 주 상실에 대한 두려움으로부터의 자유)
- 3단계 : 대인 욕구(소속되고 다른 사람들에게 받아들여짐)
- 4단계 : 존중 욕구(자위, 명예, 힘)
- 5단계 : 자아실현 욕구(자신의 잠재력을 극대화)

② 매슬로우는 1단계(생리적 욕구)가 해결되지 않고서는 다른 욕구가 발생되지 않는다고 본다.

③ 매슬로우의 이론은 일에 있어서는 적용되지 않는다.

④ Clayton Alderfer는 매슬로우의 이론을 일에 적용시킨다.

- 5단계를 3단계(존재 : 임금과 안정, 관계성 : 일의 사회적 측면, 성장 : 개인적 발전)로 줄인다.

(3) **허즈버그의 두 요인 이론(Hertzberg's Two-Factor Theory)**

① 개인으로 하여금 열심히 일하게 하고 성과를 높여주며 만족을 주는 요인을 만족 요인이라 하고, 불만족을 가져다주는 요인을 불만족 요인이라 한다.

② 두 요인은 단일 차원의 양극에 놓여있는 것이 아니라 각각 독립적인 요인으로 작용한다.

(4) **X-이론, Y-이론(Theory X, Theory Y)**

① 맥그리거(Douglas McGregor)에 의해 창안되었다.

② X이론 : 사람들은 일반적으로 천성이 게을러서 일에 있어 생산적인 활동을 하도록 강요되어져야 한다.

③ Y이론 : 사람들은 일을 즐길 수 있고 좋은 환경이 주어진다면 자기 동기화가 가능하다.

④ 맥그리거는 '대부분 사람들은 Y이론에 적합한 반면, 대부분의 관리 스타일은 X이론이다'라고 하였다.

(5) **기대 이론**

① Victor Vroom에 의해 창안되었다.

② 한 개인이 하고 있는 것과 그것에 대한 보상이 무엇인지를 인지하게 될 때 동기가 유발된다.

③ 노력을 많이 할수록 보상도 많아진다.

④ 보상은 얻어질 수 있어야 하며, 인적자원은 생산한 노력에 대한 보상이라고 느낄 수 있는 것이 중요하다.

⑤ 정해진 봉급 등은 동기를 유발시키지 못한다(노력과 보수에 대한 연계가 없으므로).

(6) **동기 유발자로서의 돈**

인센티브 프로그램이 종종 사용되어진다.

(7) 일의 부유(job enrichment)
종업원에게 동기를 부여하는 유일한 방법은 그들에게 책임을 떠맡을 수 있는 도전적인 일을 주는 것이다. 그러나 동기유효성 측면에서 그 내용을 살펴보면 다음과 같이 요약된다.
① 동기를 유발시키는 최선의 방법에 대한 일치는 아직까지 없었다.
② 보상은 돈을 수반하는 것은 아니다.
③ 유연성이 있는 근무시간, 인식된 성취, 증가된 책임, 그들 자신과 성공목표를 발전시킬 수 있는 기회 등이 유발된 노동력에 직접적으로 작용하고 있다.
④ 커뮤니케이션 창구는 개방되어야 하고, 조직의 목표는 명확히 정의되어야 한다.

7. 팀 빌딩

1) 팀워크의 기반

부서조직은 둘 이상의 사람이 모여 하나하나의 성과의 합계 이상의 성과를 올리기 위해 만들어진다. 한 사람 한 사람이 담당업무에 최선을 다하는 것만으로는 충분치 않다. 부서의 공통 목표를 달성하기 위한 역할기능을 분담하여 서로가 협력하는 멤버십(membership)이 중요한 것이다.

① 담당하는 업무목표는 부서의 공통목표 없이는 존재하지 않는다.
② 담당하는 업무목표는 동료의 일과 상호관계에 있다.
③ 멤버 하나하나의 성과의 합계가 부서의 성과는 아니다.
④ 부서의 공통목표는 팀워크 정신에 의해 달성된다.
⑤ 팀워크 정신이란 공통목표를 달성하기 위해 부서의 멤버와 서로 협력하고 싶다는 소망이다.
⑥ 팀워크의 정신은 실천 속에서 자란다.

2) 팀 구성

① 당신의 노동력 사이의 갈등을 줄일 것이다.
② 동기유발인자로서 행할 것이다.
③ 의사결정의 질을 증가시킬 것이다.

④ 문화적 다양성을 관리하는 데 도움을 줄 것이다.
⑤ 힘의 기반을 분산시킬 것이다.
⑥ 개발 역할로서 관리를 재조명한다.
⑦ 증가된 수행을 증가시킬 것이다.
⑧ 양자 커뮤니케이션을 증가시킬 것이다.

3) 팀워크를 깨뜨리는 것

① 조직에 대한 이해의 부족 : 조직을 단지 개인의 집합체와 같이 생각하고 있다.
② 이기주의 : 자기만 좋으면 타인의 일은 생각지 않는다.
③ 자아의식의 과잉 : 자기가 제일 올바르다든가 '내가, 내가' 하는 잘난 체 하는 마음
④ 파벌 싸움 : 불평분자의 그룹에 의한 직장의 교란
⑤ 잘못된 정실 : 좋지 않은 행위의 묵인, 잘못된 우정
⑥ 사고방식의 차이에 대한 무시 : 자기의 입장에서만 사물을 생각하고 독선적으로 결론을 내린다.

궁극적으로 동기가 유발된 인력이 없으면 팀 정신을 창조하는 것은 불가능하다.

제8장

성과평가

human resources management for the tourism sector

성과평가는 인력의 유효성을 개선하기 위해서 관광기업의 인적자원관리가 제대로 운영되고 있는가를 평가하는 것이다. 즉 관광산업의 목표달성과 유효성의 증진을 위해 가장 중요한 과정이면서 관리상 가장 어려운 과정 중의 하나이다.

이러한 성과평가는 조직 구성원이 가지고 있는 개인의 지식, 능력 및 업적을 일정한 기준에 기초해서 과학적으로 평가하는 것이며, 여기에서 얻은 정보는 인사관리상의 승진, 교육훈련 및 임금관리상의 기초적인 정보로 활용된다. 이러한 성과평가 과정이 효과적으로 시행되는 경우, 종업원들은 자기들의 과업을 보다 잘 수행할 수 있도록 동기유발되며, 종전의 성과와 현재의 성과를 비교하며 강점과 약점에 관심을 갖게 함으로써 종업원의 계발에도 공헌할 수 있다. 따라서 성과평가는 조직의 의사결정에 기초가 될 수 있도록 공정하고 정확하며 타당성 있는 정보를 제공할 수 있어야 한다.

인력에 대한 평가는 실현 가능한 목표를 설정하고 업무의 성과를 효과적으로 측정하기 위한 방법을 선정하는 것이 필요하다. 성과평가의 도구들은 인력의 행태를 평가하기 위한 정보를 수집하고 설계할 필요가 있다. 또한 성과평가자와 대상자들 상호간의 의사소통이 적절하게 이루어져야 하며 그 결과는 지속적으로 환류되어야 한다. 물론 이러한 성과평가는 어려운 과정이다. 그러나 관광산업의 발전은 바로 인적자원에 달려 있기 때문에 효율적인 인력자원의 관리를 위해 성과평가는 필요한 과정이다. 적절하게 성과평가의 기법이 집행된다면 생산성의 증진과 업무에 대한 만족, 업무 환경의 향상 등이 이루어질 것이다. 따라서 성과평가의 과정에 대한 철저한 계획과 목표의 설정은 치밀하게 이루어져야 할 것이다.

1. 성과평가의 의의

관광조직에서 근무하고 있는 종업원이 과거의 성과에 대해 평가를 받는다는 것은 당연한 일이다. 이러한 평가는 평가자와 피평가자 간에 불만과 갈등을 일으킬 수 있으며, 또 종업원의 직장수명과 경력개발 및 훈련기회의 제공에 이르기까지 직접적으로 영향을 미치게 된다. 따라서 성과평가(performance appraisal)는 간단한 과정으로 이루어져서는 안 된다. 특히 핵심직무활동에 전념하면서 동시에 평가를 수행하는 일은 매우 중요하면서 어려운 일이다. 그러나 종업원 업무실적의 실행여부를 알기 위해서는 개별 또는 팀 단위의 성과를 측정해야 한다. 물론 성과평가과정에는 많은 요인들이 개입되기 때문에 쉬운 일은 아니다. 따라서 성과평가의 목적과 대상 그리고 평가방법에 관해서 유효하고, 객관성과 실용성이 있는 투명한 대답을 할 수 있도록 신중을 기해야 한다(유기현, 2000 : 261).

이러한 취지 하에 성과평가의 목적을 살펴보면 다음과 같다.

1) 계획수립

인력자원에 관한 계획의 수립은 노동력 수요, 공급에 관한 분석이다. 이 과정에는 노동력의 유효한 이용을 목적으로 종업원의 직무수행도를 측정하는 것으로서 종업원들의 기술과 자질에 관한 내용을 결정하는 과정이다.

2) 선발과 모집

성과평가의 척도들은 직무 지원자의 높은 미래성과를 예측하는 데 도움이 될 수 있다. 타당성 있는 선발시험을 위해서 종업원의 평정과정이 시험점수를 비교하는 하나의 변수로 활용된다. 이러한 경우 선발시험의 타당성은 성과평가 결과의 정확성 정도에 따라 좌우된다.

3) 의사소통

대다수의 종업원들은 자기의 과업을 잘 수행할 수 있는 방법에 관하여 알고 싶어한다. 훌륭한 업적 평가시스템은 원하는 정보를 피드백하여 제공해 준다. 따라서 평가프로그램은 감독자와 부하 간 그리고 동료 간에 의사소통을 증진시킬 수 있다.

4) 훈련 및 개발

완전한 평가시스템은 조직구성원들의 성과를 증진시키기 위해 필요로 하는 훈련과 계발프로그램에 관한 정보를 제공해 준다.

5) 보 상

성과평가에 의해 얻은 결과는 임금인상, 승진, 강등, 배치전환 등에 관한 의사결정을 하는 데 기초가 된다. 성과평가를 통해 산출된 정보를 기초로 해서 공정한 보상을 실시해야 한다. 그럴 경우 조직의 유효성은 증대될 수 있다.

6) 종업원의 잠재력 평가

균형 있는 성과평가는 평가시에 발견한 종업원들의 잠재력을 기초로 해서 미래 지도자로서의 가능성을 예측할 수 있게 해준다.

아울러 성과평가의 중요성을 살펴보면 다음과 같다.

① 관리와 개별적인 인적자원 쌍방 간의 의사소통

② 업무성과를 측정하기 위한 객관적 기준 설정

③ 업무성과의 향상

④ 열악한 근무 습관의 수정에 대한 근거

⑤ 성과, 성과평가기법, 사기를 향상하기 위한 종업원들의 제안 수집의 방법

⑥ 문제에 대한 직접적인 인식

⑦ 직무만족의 향상

⑧ 승진과 임금상승을 결정하기 위한 근거

⑨ 종업원의 향상과 개발을 위한 미래의 방향 설정

2. 성과평가의 과정

성과평가의 과정은 첫째, 조직의 전략적인 목적에 부합하는 성과표준이나 기준을 결정하여 이를 기초로 조직의 전략적 지침을 결정하는 것에서부터 출발한다.

둘째, 성과표준이나 기준은 이해될 수 있고 측정가능할 정도로 객관적으로 명확해야 한다. 업무 자체가 다양한 경우에는 표준과 현실과의 괴리성이 나타날 가능성이 있기 때문에 쌍방적 커뮤니케이션으로 의사소통이 이루어져야 할 것이다.

세 번째 단계는 성과를 측정, 평가하는 단계로 결정에 필요한 실제적인 정보 입수와 무엇을 어떻게 측정할 것인가에 대해 관심을 가져야 한다. 이 때 고려되어야 할 공통적인 요인은 개인적인 관찰, 통계적인 보고서, 구두 보고서, 서면 보고서 등이며, 이들 요인은 각각의 장, 단점을 갖고 있으므로 요인별 혼합방법을 통해서 정보를 정리할 필요가 있다. 측정은 측정방법과 측정대상요인이 중요하고, 측정대상은 미래지향적인 노력과 교정 및 수정사항의 구체적인 내용을 지적해야 한다.

네 번째 단계는 실제성과와 표준이나 기준을 비교하는 단계이다. 여기에는 실제성과와 표준이나 기준을 비교하여 그 차이를 규명하고 동시에 불합리한 요인의 제거를 위한 교정이나 수정사항을 파악하여 실천에 옮기는 일이 중요하다.

다섯 번째 단계에서는 성과평가에 관해 전체적인 논의 과정을 거쳐 평가의 객관성을 입증함과 동시에 불합리한 요인을 지적, 색출하여 형평성과 공정성을 입증할 수 있도록 총체적인 커뮤니케이션이 이루어져야 한다.

마지막으로 각 단계별로 필요한 곳에 교정조치를 취하게 되는데, 이 때 교정조치는 두 가지 유형으로 나뉘어진다. 하나는 오차나 오류에 대한 잘못된 증상을 치유하는 일이고, 다른 하나는 문제의 근본적인 원인을 조사하는 일이다. 이는 성과 극대화를 위한 조치이다.

이상의 내용을 요약하면 <표 8－1>과 같다.

〈표 8-1〉 성과평가의 과정

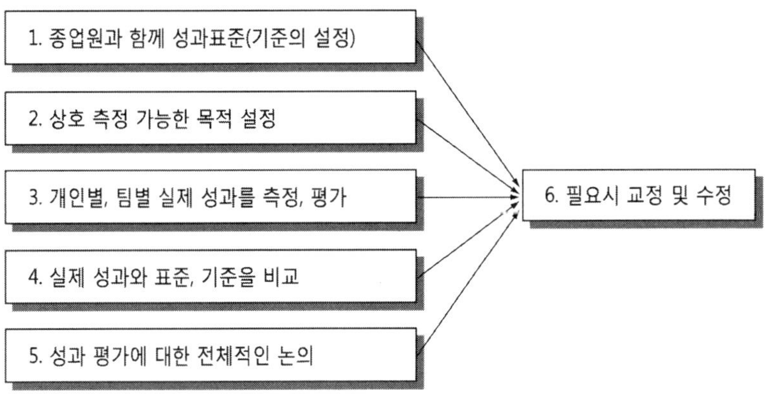

3. 성과평가방법

1) 중요사실 기록법(critical incidents method)

성과평가방법 중에서 중요사실 기록법은 종업원들의 작업과정에서 일어나는 중요한 사건들을 기록・평가하여 평가에 활용하는 방법이다. 종업원의 행동이 부서의 유효성에 중대한 영향을 미치는 것이라고 판단되는 경우에 관리자는 그 사실을 기록한다. 그리고 평가의 마지막 단계에서 평가자는 종업원의 성과평가에 관련 자료를 활용한다.

2) 행동기준평정척도(behaviorally anchored rating scales)

행동기준평정척도(BARS)는 전통적인 평정척도와 중요 사건서술법의 요소를 결합한 방법이다. 행동기준평정척도에서는 전형적으로 종업원들의 참여를 필요로 하는데, 그것은 감독자들과 부하종업원들이 그것을 수용하도록 하기 위한 것이다. 행동기준평정척도에서 여러 가지 성과 수준들은 척도에 따라서 제시되며 종업원들의 구체적인 직무행동 관점으로 기술된다.

특정직무를 위한 행동기준평정척도의 개발과정은 매우 복잡하다. 첫째, 그 직무에 익숙한 사람들 중 첫 번째 집단에게 그 직무의 효과적인 성과와 비효과적인 성과에 대한 예를 가능한 한 많이 제시하여 어떻게 생각하는지를 물어본다. 이런 절차를 거치면 여러 가지 다른 수준의 직무성과에서 나타날 수 있는 행동이나 사건의 예제를 얻을 수 있다. 이러한 특정의 구체적인 작업 행동과 사건들은 지식과 기술, 의사결정, 문제해결 등과 같은 직무성과의 차원에 따라서 소집단으로 분류된다.

둘째, 그 직무에 익숙한 두 번째 집단에게 직무 차원별 리스트와 직무행동의 사건들에 관한 리스트를 제시한다. 직무행동의 차원들을 결정하기 위해서 그들이 느끼는 직무행동의 사건들이 직무의 각 차원들과 관련성이 있는지를 그 사람에게 물어본다. 이 단계는 첫 번째 집단 사람들의 판단에 대하여 크로스 체크하는 형태이다.

셋째, 그 직무의 각 차원에 따라서 최우수에서 최불량에 이르기까지의 다양한 조직 내에서 모든 직무에 활용하기 위한 척도를 개발하는 데 있어야만 하는 과정이다.

행동기준평가척도(BARS)가 갖는 장점은 다음과 같다.

① 관련 직무 차원들이 명쾌하게 정의되고 행동기준들은 평정자가 활용할 수 있도록 응답범주를 분명하게 나타내 주기 때문에 평정오류를 줄일 수 있다.

② 시스템 개발에는 그 직무의 요구와 필수조건에 관한 충분한 지식을 가지고 있는 종업원들이 참여하기 때문에 성과 평가가 신뢰성 있고 타당성이 있으며 의미 있고 완전할 수 있다.

BARS가 갖는 단점은 다음과 같다.

① BARS는 조직 내의 각 직무에 따라서 필요하기 때문에 BARS를 개발하는데 시간, 노력, 비용이 많이 든다는 것이 일차적인 단점이다. BARS의 개발에 필요한 투자는 여러 개의 책무(incumbents)를 갖는 직무를 위해서만 정당성이 있을 수 있다.

② 평정자들은 그들이 관찰한 행동과 행동기준평정척도의 기준에서 사용되고 있는 특정행동에 관한 예들 간의 유사성 정도를 결정하는데 때때로 어려움을 겪는다. 행동기준평정척도에서 사용한 직무행동의 예들이 여러 수준의 종업원 성과에 대한 모든 예를 커버할 수 없다.

3) 행동관찰척도(behavioral observation scales)

행동관찰척도(BOS)는 행동기준평정척도법의 단점을 피하고 장점을 활용하기 위해서 개발된 기법이다. 행동기준평정척도 접근방법에 있어서 직무상에 기대될 수 있는 작업행동의 예들은 각 차원의 직무성과에 따라서 여러 가지의 평정척도를 고착시키기 위해 사용된다. 각 차원의 직무성과들은 행동관찰척도에 의해서 평가되며, 작업행동에 관한 여러 가지 예들이 나열되고 평가자는 실제로 관찰된 종업원의 행동을 5점 척도로 평가한다. BOS는 실질적인 종업원들의 행동을 기초로 하기 때문에 상대적으로 신뢰성 있고 타당성이 있으며 척도의 개발에 종업원들이 참여하기 때문에 종업원이 그 시스템을 이해하고 수용하게 된다. 반면에 BOS의 개발에 많은 시간과 비용이 많이 들고 육체적으로 관찰이 불가능한 직무에는 적용이 어렵다(<표 8-2> 참조).

〈표 8-2〉 행동관찰척도 성과차원의 예

1. 변화에 대한 저항 극복
   (1) 부하의 변화를 위해 상세한 내용을 기술한다.
   거의 그렇지 않다 1 2 3 4 5 거의 항상 그렇다

   (2) 변화의 필요성을 설명한다.
   거의 그렇지 않다 1 2 3 4 5 거의 항상 그렇다

   (3) 변화가 종업원들에게 어떠한 영향을 미칠 것인가를 토의한다.
   거의 그렇지 않다 1 2 3 4 5 거의 항상 그렇다

   (4) 종업원들의 관심을 청취한다.
   거의 그렇지 않다 1 2 3 4 5 거의 항상 그렇다

   (5) 변화 작업을 수행하는 데 종업원들에게 도움을 요청한다.
   거의 그렇지 않다 1 2 3 4 5 거의 항상 그렇다

   (6) 필요하다면, 종업원들의 관심사항에 대응하기 위해서 모임날짜를 잡는다.
   거의 그렇지 않다 1 2 3 4 5 거의 항상 그렇다

총점 = ______________

적정 이하	적정	평균	우수	뛰어남
6~10	11~15	16~20	21~25	26~30

4) 목표관리(management by objectives)

목표관리(MBO)는 일정기간 동안 경영자가 종업원과 함께 구체적이고 측정 가능한 목표를 설정하는 과정을 말한다. 종업원들은 일정 시간 내에 그 목표의 성취를 책임진다. MBO는 행동들이 미리 관찰될 수 없는 직무에 적합하다. MBO는 결과 중심적인 업적평가방법의 한 예이다. MBO 하에서 개인들은 그들이 성취한 결과에 따라서 평가된다. 업적평가에는 MBO를 적용하는 데 두 가지 중요한 단계가 있는데, 첫째는 목표의 설정이고, 둘째는 성과의 검토이다. 목표설정단계에서 경영자는 부하 종업원들이 구체적이고 실질적이며 명쾌한 성과 목표를 설정할 수 있도록 도와줘야 한다. 성과평가단계에서 경영자들과 부하들은 목표의 성취과정을 토의하기 위해서 모임을 갖고 합의된 구체적 목표를 기준으로 해서 평가된다. MBO는 구체적이고 도전적인 목표를 설정하는데 개인들을 독려함으로써 업적평가의 기초를 제공할 뿐만 아니라 종업원의 동기유발 및 성과증진을 위한 잠재력을 갖는다. 종업원들은 그들이 긍정적으로 평가되는 경우 그들에 관한 기대가 무엇이며 성취해야 되는 것이 무엇인지를 분명하게 안다. 그러나 MBO는 지나치게 결과를 강조함으로써 결과의 성취방법에는 관심이 결여되는 수가 있다.

5) 기타의 평가방법

(1) 절대적 표준에 따른 평가방법

① 자유기술법(essay method)

평가자가 개별 종업원의 장·단점과 과거 성과 및 잠재적 요인의 행상을 위한 제언을 사실적으로 평가하는 방법이다. 이 방법의 장점은 간단하고 단순하다는 점이다. 그러나 구조화되지 못해서 내용이 다양하게 나타날 수 없어 개인간의 비교가 어려워 평가자의 기술내용에 따라 평가결과가 상이할 수 있다.

② 체크리스트법(checklist method)

일명 대조법이라 부르는데, 이는 평가자가 행동을 기술한 계획된 일련의 리스트를 사용해서 종업원의 행동과 부합되는 행동을 체크하는 방법이다. 일단 체크리스트가 작성되면 평가는 인적자원스탭이 평가하게 되어 결국 평가자는 기록만 할 뿐이다.

③ 강제선택평가법(forced choice description)

평가자는 평가과정에서 싫든 좋든 간에 두 개 이상의 진술내용 중에서 반드시 한 가지를 선택해야 하는 방법이다. 이 방법은 평가자는 어떤 기술내용이 피평가자를 잘 묘사하고 있는지를 선택하고 편견을 없애기 위해 정답은 평가자에게 알려주지 않으며, 채점과 집계는 인사부서의 일부 사람만을 참석시킨다.

(2) 상대적 표준에 따른 평가방법

① 강제할당법(forced distribution method)

평가자가 특정분류에 맞게 평가점수를 할당하는 방법이다.

② 개인서열법(ranking method)

평가자는 종업원을 최고에서 최저까지 순서대로 배열하는 방법이다.

4. 성과평가를 왜곡시키는 요인

1) 관대화 오류

평가자는 평가기준으로 사용될 수 있는 가치체계를 나름대로 갖고 있다. 그래서 개별적으로 달성한 실제성과에 대해 어떤 평가자는 높게, 또 어떤 평가자는 낮게 점수를 준다.

2) 후광오류

어떤 특정요인에 대해 높거나 낮은 수준의 현혹된 인상 때문에 모든 요인이 현혹된 영향을 받아 평가요인 전체가 높거나 낮게 평가되는 경향을 의미한다.

3) 유사성 오류

평가자가 종업원을 평가할 때 자신이 지각하는 방식과 동일하게 피평가자를 평가한다면 이는 유사성 오류를 발생시킨다.

4) 중심화 경향

어느 쪽으로든 극단적인 평가를 내리는 것을 꺼리거나 피평가자들의 차이를 인식하지 못하는 무능력, 한정된 범위 안에서 평가하는 형태를 의미한다.

이러한 다양한 유형의 평가오류는 평가자 모두에게서 발생할 수 있다.

왜냐하면, 인간은 경제성 법칙에 의해 평가를 하는 경향이 있기 때문이다. 따라서 평가자에 의해서 발생하는 평가오류를 줄이기 위해서는 평가자에 대한 훈련이 필요하다(박성수 외 3인, 2007 : 234~235).

평가자 훈련의 첫번째 단계는 어떤 유형의 평가오류들이 있으며, 그러한 평가오류들이 어떠한 상황일 때 주로 발생하는지를 깨닫게 하는 것이다. 즉 평가자들 자신에게서 주로 발생할 수 있는 오류유형을 인식하도록 함으로써 경계하도록 하는 것이다.

두 번째 훈련은 성과차원인식훈련이다. 각 직무별로 여러 성과차원이 존재한다. 대표적으로 지식과 기능, 행동, 결과에 관련된 성과차원에 어떠한 것들이 있는지를 깨닫게 함으로써 주관적 판단보다는 해당 성과평가차원에 입각하여 평가하도록 유도하는 것이다. 이러한 훈련은 현혹효과나 중심화 경향을 막아준다.

세 번째 훈련은 준거틀 훈련으로써 어떤 행동이 바람직한 행동이고 어떤 행동이 바람직하지 못하며, 그 수준은 어느 정도인지에 관한 여러 가지 행동유형을 인식하도록 하는 훈련이다. 피평가자에게서 나타날 수 있는 행동의 호불호를 판단할 수 있는 준거틀을 인식할 경우 중심화 경향이나 현혹 효과, 그리고 대조 효과를 막을 수 있다.

네 번째 훈련은 행위관찰훈련으로써 언제 어떤 방식으로 종업원의 행동을 관찰해야 하는지를 깨닫게 하는 훈련이다. 이러한 훈련을 받을 경우 최근 효과나 초기효과에 의한 평가오류를 막을 수 있다.

인사평가란, 종업원의 업적과 업적을 창출할 수 있게 한 능력과 노력을 파악하고자 종업원에 대한 관리자의 관찰내용을 제시하는 것으로, 특히 좋은 성과와 좋지 못한 성과를 확인하고, 그러한 결과를 가져온 강점과 약점을 파악하며, 강・약점을 강화・보완하는 방안을 강구하는 과정이라고 할 수 있다. 물론 등급이나 서열을 매겨 보상수준이나 승진을 결정하는 데 사용하기도 하는데, 이러한 과정은 그 다음의 일이다. 이러한 성과평가과정은 조직 및 개인의 성과와 구성원의 역량개발과 모티베이션 향상 등에 미치는 영향이 크기 때문에 성과평가가 효과적으로 관리될 수 있도록 바른 방침을 설정할 필요가 있다.

또한 성과평가는 단지 조직 내의 문제에 한정되는 것이 아니라 법적 판단의 영역까지 그 범위가 넓어지고 있다. 왜냐하면, 성과평가의 결과는 승진, 해고, 임금수준 등 종업원의 주요 관심사와 직결되기 때문에 불공정한 성과평가로 불이익을 받았다고 느끼는 종업원들이 제기하는 소송이 발생하고 있고, 그러한 소송에 대해 법원은 성과평가시스템과 평가과정을 검토하여 공정성 여부와 차별여부를 판단하고 있기 때문이다.

미국의 경우 고용평등기회(EEO)에 관한 소송에 관하여 양성평등기회위원회와 연방기구가 제시하고 있는 가이드라인은 성과평가는 직무와 관련된 것이어야 하며 비차별적이어야 한다는 것을 제시하고 있다. 사실 성과평가 자체가 직무와 관련된 것임에도 불구하고, 미국의 경우 많은 판결에서 성과평가가 차별적이고 직무와 관련되지 않은 부분이 있었다고 지적하고 있다.

따라서 사용자는 평가시스템을 설계할 때 법원이나 행정기구 및 종업원들이 요구하는 것을 만족시킬 수 있도록 하여야 하며, 그러기 위해서는 다음과 같은 사항에 주의를 기울여 운영해야 한다(박성수, 상게서 : 236~238).

① 평가목적의 명확한 설정과 이해

무엇보다도 성과평가관리의 목적을 명확하게 설정함으로써 평가자나 피평가자 모두 그 목적을 정확하게 이해하고 있어야 한다. 성과평가의 목적이 분명하면 합리적인 성과기준과 성과평가방법의 선택이 가능하지만 평가목적이 분명하지 않은 경우에는 그러하지 못할 가능성이 높다.

② 개발목적을 우선시하는 평가

성과평가는 되도록 종업원의 개발목적으로 시행하고자 하여야 하며, 관리목적의 성과평가는 필요에 맞추어 최소화하되 피평가자들로부터 공정하게 지각될 수 있도록 하여야 한다. 성과평가가 개발목적으로 이루어지는 경우에는 조직과 종업원 모두에게 도움이 되기 때문에 평가자(상사)와 피평가자(부하) 간의 관계가 상승할 가능성이 있고 부하직원의 의욕도 높아질 수 있는 반면에,

관리목적으로 이루어지는 평가는 기대한 만큼의 평가결과가 도출되지 않을 때 불공정하게 인식할 가능성이 높으며 상사와 부하 간의 관계도 악화될 가능성이 크기 때문이다.

③ 조직의 전략적 목표와의 연결

성과기준과 성과표준은 조직의 전략적 목표와 연결되어 있어야 하고, 직무기준과도 관련된 것이어야 한다. 성과기준이나 성과표준이 전략적 목표와 연결되어 있는 경우 평가자와 피평가자는 자연스럽게 조직이 추구하는 목표를 생각하게 되고, 특히 전력적 목표 달성에 어떤 행동과 성과가 중요한지를 파악하면서 직무를 수행할 수 있기 때문이다. 또한 직무기준과도 연결되어 있어야 하는데, 만일 직무기준과 관련이 없는 성과기준이 제시될 경우 직무 외 사항을 평가하는 모순에 빠지며 법원의 판결시 사용자측이 불리한 입장에 처하게 된다.

④ 성과평가방법의 요건확보

성가평가방법은 평가목적에 일치하며 업무의 특성 및 평가방법의 장·단점을 고려하여 효과성과 효율성을 확보할 수 있는 것으로 선정하여야 하고, 선정된 성과평가 방법은 공식적으로 명시한 후에 사용하여야 한다.

⑤ 공정한 평가자의 요건확보

평가자는 평가동기의 왜곡 가능성이 적고, 관찰기회가 많으며, 평가능력이 있는 사람으로 선정하고, 선정된 평가자에 대해서는 평가훈련을 실시하여 평가과정의 공정성 확보와 평가오류의 최소화를 유도해야 한다. 또한 평가자(관리자)의 재량권은 제한적이어야 하며, 평가자의 재량권에 대한 범위는 공식적으로 명시되어 있어야 한다.

⑥ 복수평가의 실시

단일 평가자보다는 복수의 평가자를 선정하여야 하며, 단일 평가자 체계인 경우에는 독단적 평가로 인해 종업원 경력이 침해받는 것을 방지할 수 있도록 피평가자의 이의신청이 있는 경우 조직 자체적으로 재검토하는 과정이 존재해야 한다.

⑦ 명확한 평가근거의 확보

종업원의 성과에 대한 기록이 상세하게 정리되어 성과평가결과의 근거로 제시될 수 있어야 하며, 성과와 무관한 다른 요인이 영향을 미치지 않도록 해야 한다. 성과평가결과는 종업원의 신상에 중대한 영향을 미치기 때문에 평가결과에 대한 공정성 시비는 항상 도사리고 있다. 따라서 성과평가결과의 충분한 근거가 될 수 있도록 성과기록이 정확하고 완전하며 적절하게 보존・제시되어야 한다.

⑧ 성과평가결과에 대한 피드백

성과평가에 대한 피드백은 성과평가과정을 마무리하는 매우 중요한 과정이므로 평가자의 피드백 능력을 향상시키기 위한 피드백향상 훈련프로그램을 제공하여야 하며, 동시에 성과가 좋지 않은 종업원을 개선시키는 데 도움이 되는 카운슬링제도와 개발프로그램이 존재하여야 한다. 효과적인 성과평가에 관하여 여러 가지 권고사항을 제시하였지만, 그러한 권고사항의 기저에는 성과평가의 목적에 맞는 타당성과 인사평가의 제도・절차・결과 등에 대한 구성원들의 공정성 인식과 수용성, 평가도구 및 평가자의 평가행위에 대한 신뢰성, 그리고 평가비용 이상의 실익을 얻을 수 있는 실용성이 확보되어야 한다.

5. 관광산업의 성과평가 증진방안

1) 유지관리

직장이동을 줄이고 관광산업의 인력자원의 지속적인 기간의 연장을 최대화하기 위해 프로그램의 다양화를 통해 높은 질의 노동력을 유지하는 것이다. 관광산업의 유지를 통해 인적자원의 노동력을 효율적으로 이용하고 종업원을 인간적으로 배려하는 인간성 회복, 노사관계의 건전화, 참여를 통한 현장의 민주화, 이해 당사자 간의 공정한 이해 조정을 합리적으로 관리해야 한다.

2) 직장이동

관광산업에서 직장이동이 높게 나타나고 있다. 이러한 이유는 대체로 직장으로서 매력을 상실하기 때문이다. 관광산업의 업무는 육체적으로 힘들고, 오랜 시간 동안 일을 해야 하며, 근무조건은 열악하며 휴일과 여가시간도 제대로 보장되지 않는다는 것이 공통적으로 인식되고 있다. 따라서 직장이동의 비율을 줄이고 적절한 직장 분위기 조성 및 복리후생의 여건 개선이 필요하다.

3) 사전직무훈련

사전직무훈련은 신입 종업원들이 업무에 배치되기 전에 직업의 바람직하지 못한 측면에 대해 보고, 경험하고, 이야기할 수 있는 절차를 말한다. 이것은 업무에 대한 긍정적인 측면과 부정적인 측면의 모두를 현실적으로 파악하여 인식시킴으로써 미래에 발생할 수 있는 직장이동을 감소시키기 위한 방법이다.

4) 동기부여와의 연계성

관광산업에서 성과평가와 관련된 제반 기법이나 내용은 동기부여와의 연계성을 갖고 있어야 미래지향적 성과를 증대시킬 수 있다.

종업원들의 조직목표에 공헌할 수 있는 성취의지와 실천력이 절대적인 요소 → 동기부여 종업원들은 자신에게 기대되고 있는 것이 무엇이고 성과는 어떤 방법으로 측정되고 있는지를 알 필요가 있다. 특히 자신의 능력을 중심으로 노력하면 좋은 성과를 얻을 수 있다는 확신이 있어야 한다.

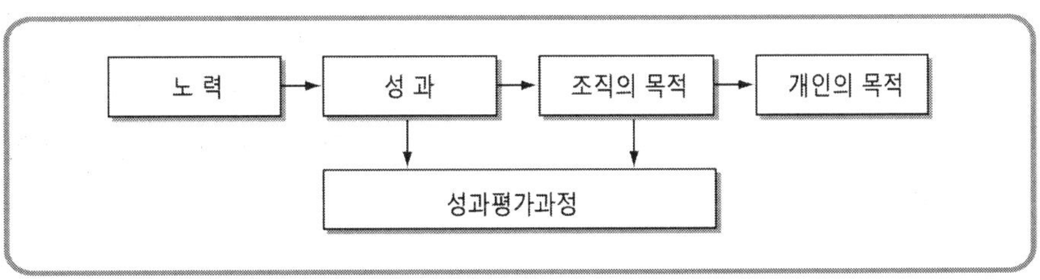

자신의 업무를 효과적으로 수행하게 되면 성과에 따른 보상이 있다는 확신이 있어야 한다. 종업원은 노력하면 바람직한 성과를 낼 수 있고 그 성과는 가치 있는 보상과 연관될 수 있다는 믿음이 필요하다.

6. 미래의 성과평가 방향

1) 절대평가기준의 공개

우선 성과평가의 운영상 중요한 4가지의 요소를 알아보면, 첫째, 성과평가에 대한 절대평가의 기준은 사전에 모든 종업원에게 공개되어야 한다. 고과기준을 사전에 명확하게 제시한다고 하는 것은 기업의 목표와 수준을 명시한다는 내용과 같다.

2) 성과결과의 피드백

성과결과에 대해서는 피고과자에게 피드백되어야 한다. 조직의 목표가 확실히 제시되면 다음으로 중요한 것은 상사의 부하에 대한 평가와 부하 자신에 대한 평가를 토대로 상호간에 면담의 과정을 거치는 것이 필수적이다. 이러한 과정을 통해서 상호 신뢰할 수 있는 분위기를 갖게 될 뿐만 아니라 새로운 도약을 위한 부하 본인의 계획이 가능해진다.

3) 인사정보로 활용

또한 성과결과에 대해서는 이를 인사정보로 활용할 수 있다. 성과평가란 인사관리에 있어 만능은 아니다. 이러한 고과과정을 통해서 종업원들이 가지고 있는 현재 능력뿐만 아니라 잠재능력을 파악하여 적재적소에 배치하는 일이야말로 인사관리가 지향해야 할 기본과제이다.

4) 성과평가의 처우연계

마지막으로 인사고과는 반드시 처우와 연결되어야만 한다. 처우에 대한 형태는 승격, 승진, 이동 등 다양한 형태로 발전할 수 있지만, 그 중에서도 임금과의 연계는 필수적이라고 할 수 있다. 임금은 종업원들의 피부에 가장 민감하게 작용하는 요소이기 때문이다.

7. 공정한 근무평정방법(미국의 사례)

1) 최소한의 법적 기준

근무평정방법은 우선 객관·타당성 있는 체제가 확립되어 있어야 하고, 종업원의 맡은 바 직무에 성공할 수 있는 잠재능력을 예지할 수 있는 것이어야 한다. 예를 들면, 지배인들을 대상으로 그들의 의사전달기법(communication skill)의 능력을 평가할 때에는 정확한 평가척도를 사용해야 함은 물론이다. 그리고 의사전달기법이 자기의 맡은 바 직무를 훌륭하게 수행하는 데 필요한 필수요건임을 실질적으로 제시할 수 있는 것이어야 한다. 더구나 사용되고 있는 평가척도가 아무리 정교하다해도 일반적으로 남성은 높이 평가되고, 여성은 낮게 평가된다면, 이것은 분명히 주관적인 평가도구로서 객관성이 결여되어 있으므로 기업이 채택하고 있는 근무평정체제는 법적인 측면에서 그 유용성을 인정하기가 곤란하게 될 것이다.

그러나 법적 요구사항들이 평가체제결정의 모든 것이라고 믿는 것은 현명한 처사가 못된다. 물론 평가체제가 법적으로 대항력이 있어야 함은 재론의 여지가 없다. 그러나 최소한의 법적 기준에 도달했다해도 그것이 반드시 경영에 적합한 유용한 도구는 되지 못할 것이다. 법정의 판례에 따라 즉각적으로 추종하는 것보다는 이를 기초로 하여 진실로 효율적인 인사고과체제를 구축하는 것이 바람직하다. 평가양식을 선택하고자 할 때에는 주어진 정보 활용의 목적에 따라 직종의 형태와 다양성에 따라 적절히 결정하는 것이 좋다.

만일 종업원 신규채용의 결정시 여자라는 이유만으로 남자직원보다 적은 임금차별대우를 하게 되면 이유여하를 막론하고 법적인 문제가 되고 있다. 만일 근로자 한 사람이 인사고과에 대한 불평·불만을 품고 소송을 제기하면 법정에서는 근무평정체제를 심사하게 되고, 유용한지의 여부, 그리고 성·연령 등에 차별을 두고 있지 아니한지의 여부를 판정하게 된다. 불평을 하는 종업원은 인사정책이 잘못되어 불이익 처우를 받게 되었다고 주장하게 될 경우도 있을 것이다. 기존 근로종업원에 대하여 연로하다고 하여 차별대우를 하는 사례는 어떠한 경우든 법정심사의 대상이 되고 있다.

성 또는 연령차별로 인하여 회사가 근로자를 승진에서 누락시키거나 휴가(lay-off)를 실시한 경우에 기업측에서 그 정확한 사유를 개별종업원에게 좀처럼 밝히지 않는다. 이러한 기업측의 태도는 명백하게 법령에 위배된다. 만약 승진의 대상이 되고 있는 어떤 여성근로자에 대하여 여자라는 이유만으로 이를 탈락시키고 무자격 남성근로자로 대체했다면 남녀차별이라는 불평등처우로 희생당했다는 이유로 고소당할 것이다. 재언급하게 되지만, 이러한 경우 법정에서는 인사고과체제를 면밀히 검토할 것이며, 여자라는 이유만으로 승진에서 누락되었는지, 또는 업무처리능력과 근무실적이 일정한 기준에 의거 미달하여 승진에서 누락되었는지를 판정하기 위하여 고용주로 하여금 근무평정의 인사기록서류를 제출하라는 명령을 받게 될 것이다.

2) 심사기준작성

바람직한 인사고과체제라고 법적으로 인정받기 위해서 최소한 준수해야 될 기준을 최근 조사연구한 결과를 기초로 하여 다음과 같은 10가지 기준을 제시하고자 한다.

10개 중 5개는 근무평정의 대상이 되는 내용에 관한 기준이다. 왜냐하면, 인사고과는 직무와 그 직무를 책임맡고 있는 담당자와의 관계를 평가하는 내용으로 국한되어야 하기 때문이다. 그리고 나머지 5개 기준은 평정절차에 관한 사항으로 적당히 변칙적으로 평가하는 사례가 없도록 이를 견제하는 기준이다.

(1) 내용상의 필수요건

첫째, 인사고과기준은 직무분석요건에 근거하여 설정해야 한다. 회사로부터 불이익처우를 받았다고 주장하는 기소를 접수했을 때 법원은 기업주가 회사의 인사고과기준을 직무기술서(job descriptions)와 관련시켜 설명하지 못한다면 종업원을 옹호하여 판결할 수 있다. 공식적인 직무분석(the formal job analysis)은 엄격하게 말해서 반드시 필수적인 사항은 아니지만, 직무분석 자체는 매우 귀중하고 가치있는 일이다. 종업원들의 직무평가를 실시하기 이전에 적어도 현행 직무기술서를 종업원들에게 제시하고 검토와 토의과정을 거치는 것이 바람직하다. 인사고과기준이 잘못되었을 때에는 직무기술서를 다시 점검해야 한다. 실제의 근무성과와 무관한 것처럼 보이는 애매모호한 평가기준은 혐의의 대상이 되고 있다.

둘째, 인사고과는 단순히 일반적으로 측정할 것이 아니라 특정사업에 대하여 구체적인 수치에 근거해야 한다. 일반적인 측정방법으로 가장 전형적인 것은 생산성 성과에 대한 결과만을 보고 평가하는 경우를 예로 들 수 있다. 그러나 이러한 측정방식은 다른 많은 사항들(예 상품의 품질향상을 위한 목표달성에 소요되는 비용, 또는 종업원의 이직률)을 이해하기 힘들게 만든다. 동일직종에 강제할당법에 의한 근무평정방식은 역시 문제점이 많다. 왜냐하면, 근무하는 지배인들을 대상으로 쌍대비교(paired comparisons)하는 고과방식이나 강제할당법은 직종의 분야에 따라 그 중요도를 책정하기가 어렵고, 모든 지배인들의 직무의 능률성을 측정하는데 일관성 있고 동일한 평가절차가 적용되고 있는지 여부를 파악할 수가 없기 때문이다. 이러한 경우 공식적인 정규의 직무분석을 실시함으로써 근무평정에 기록되는 중요한 수치를 명확히 밝히는 데 필요한 모든 정보를 제공할 수 있게 될 것이다. 직무분석을 통하여 모든 직종의 상대적 중요도, 시행착오로 인한 결과, 그리고 작업에 소요되는 시간의 양 등을 파악할 수 있다.

셋째, 인사고과기준은 객관적이고 타당성 있고 확인 가능한 것이어야 한다. 성격상의 특징(personality traits)에 관한 측정치는 인정할 수 있는 성질의 것이 못된다. 그럼에도 불구하고 작업의 양, 작업의 질, 협동성, 신뢰성, 근무태도 등에 관한 넓은 범위의 속성들을 대상으로 소량밖에 측정할 수 없는 측정도구들을 사용하여 평가하는 경우가 많다. 따라서 이러한 유형의 평가결과에 대해서는 매우 비판적이며 의심을 갖는 태도를 취하게 된다.

평가자들은 일관성 있는 평가태도를 견지해야 한다. 평가기준항목이 신뢰성 또는 협동성을 측정할 경우 일관성 있는 평가를 하기란 거의 불가능한 일이다. 왜냐하면, 신뢰성이나 협동성 자체의 개념이나 정의에 대하여 평가자마다 어느 정도 상이한 견해를 갖고 있기 때문이다. 그러므로 기업이 지향하고 있는 목표달성에 어느 정도 직접적으로 기여하고 생산성 있는 행동을 하느냐에 기초하여 근무평정기준을 설정하여야 한다. 이렇게 하면 객관적인 측정이 가능할 뿐만 아니라 공정한 인사고과를 마련하면 직무수행과 별로 관계가 없는 개인의 성격상의 특징을 위주로 평가하는 왜곡된 인사고과체제를 시정할 수 있을 것이다.

넷째, 인사고과의 채점결과는 서류로 보존해야 한다. 인사고과의 기간 동안에 실시하여 얻은 근무성적의 채점결과는 정형화된 절차에 따라 문서화하여 보관하되, 평가과정에서 실시기간 이전의 과거로 소급시켜 이론적 해석에 따라 과거의 잘못이나 업적을 연관시켜 평가하거나 평가서식에 의견서를 첨부할 필요는 없다. 평가의 대상이 되는 해당지배인의 특정업적이나 또는 업무적인 실패 또는 비판의 대상이 될 만한 사건에 대해서는 문서화하여 채점기록에 반영시키도록 해야 한다. 업무수행에 대한 제양상을 문서화하여 표면화시키도록 제안하는 이유는 평가자들로 하여금 종업원들의 두드러진 업무실적이나 과실에만 집착하는 사례가 없도록 경고하기 위한 것이다. 왜냐하면, 종업원의 업무상의 커다란 성공이나 실패에만 집착하고 선택적으로 관심을 기울이는 조직풍토에서는 균형있는 노력을 전면적으로 기울일 수 없기 때문이다.

다섯째, 개별평가자들의 채점결과는 재심과정을 거쳐야 한다. 이렇게 함으로써 타당성을 인정받을 수 있는 근거가 마련된다. 어떤 평가자들은 다른 평가자들에 비하여 훨씬 낮은 점수를 책정하는 경우가 있는데, 그 이유를 입증할 만한 근거를 제시할 것을 요청하는 경우가 있다. 그러므로 채점결과가 평가자들

사이에 격차가 너무 심할 때 이를 객관적으로 인정받을 수 있을 만큼 입증하지 못할 경우 가치있고 유용한 평점이라고 인정할 길이 없다.

⑵ 절차상의 필수요건

첫째, 인사고과기준은 종업원들에게 알려주어 이해시켜야 한다. 바람직하게 기대되는 근무자세가 종업원들에게 충분히 전달되지 않는 경우가 많다. 많은 기업들이 근무평정을 실시하는 절차가 비공식적이고 통합되어 있지 않다. 그리하여 근무평가도 요약해서 기술하고 점수에 차등을 두는 것에 불과했기 때문에 지배인들도 종업원들에게 인사고과기준을 알려주어 표면화시킬 필요성을 느끼지 못했다. 더구나 대부분의 직무평가는 기대하지 않았던 문제점이 발생할 때 국한하여 일시적으로 실시하게 된다.

이상에서 어떠한 경우에 해당하든 평가자들은 소정의 직무에서 기대되는 바람직한 업무수행이나 평정기준(the rating criteria)에 대하여 설명하기가 불가능한 것이다. 따라서 종업원들에게 최소한 직무기술서만은 제시해주어야 한다.

지배인들에게 주어지는 유일한 인사고과준거는 회계년도의 초기에 설정된 당해년도의 기업의 업무실적목표 이외에는 거의 없다. 업무목표를 달성하기 위하여 모든 노력을 수렴하는 과정에서 수반되는 문제에 대해 지배인들이 통제력을 발휘할 수 없다. 왜냐하면, 기업의 목표달성을 위해 적절하게 요구되는 근무행동에 대한 지침이 지배인들에게 제대로 전달되지 않기 때문이다. 실제에 있어서 때로는 평가자들이 고의로 그러한 기준을 공개하지 않고 자기들만의 비밀로 지키고 있다. 그렇게 함으로써 지배인들이 잘 모르는 상태에서 더욱 많은 노력을 기울이도록 자극제의 역할을 하고 있다.

평가자들의 이러한 태도는 '스트레스경영'이라는 주제 하에 열린 워크숍(workshop)에서 거론된 다음의 몇 마디 이야기 속에 전형적으로 가장 잘 표현되어 있다.

'나의 회사에서는 종업원들이 땀흘려 일하기를 원하고, 결코 휴식을 취하는 일이 없도록 하고 있다. 약간 모르는 상태에서 겁을 먹도록 함으로써 계속적으로 장기근속할 수 있게 만든다.'

둘째, 평가자들의 지시사항은 명문화되어야 한다. 문서화하여 종업원 모두에게 알려주어 공개하여야 한다. 그렇게 하지 않는 한 평가자들이 알고 있는 인사고과기준 및 업무수행방식 그리고 종업원들에 대한 인사고과 채점결과를 문서로 보관하고 있다는 사실을 알 수 없고, 외부에 증빙서류로 제시할 수도 없게 된다.

셋째, 평가자들은 2인 이상이 바람직하다. 예를 들어, 특정종업원에 대한 근무평정을 할 때 직속상위자에게 평정에 대한 모든 책임을 일임해서는 안 된다. 직속감독자도 개별종업원에 대한 모든 것을 관찰할 수도 없고, 만약 1인이 전담할 경우 개인적인 편견이 개입되기 쉽다. 특히 승진이나 임금증액에 반영할 기초자료로서 사용될 경우 동료평가자들을 포함한 다른 지배인들로 구성된 다수의 평가자들이어야 한다. 그러나 주목해야 될 사실은 평가자들이 당해직무에 대하여 잘 알고 훈련된 자들이어야 한다는 것이다. 만약 그렇지 못할 경우 다수평가자들에 의한 평가결과가 단일평가자에 의한 평가결과보다 반드시 월등하다고 볼 수는 없다.

넷째, 평가자는 인사고과 결과를 해당종업원과 함께 열람하고 검토하는 것이 좋다. 평가자는 인사고과 결과를 문서로 작성・비치하고 해당종업원에게 설명해주도록 의무화하여 평가판정에 대하여 토의함으로써 확정된 평가결과에 대하여 매우 가치있는 통찰력을 갖게 되고, 평가자는 미비했던 점을 보완하여 기록・작성된 서류를 추가로 첨부할 수도 있다. 이러한 절차를 밟지 않은 평가결과에 대해서는 종업원에게 불리한 일방적인 조치라고 해석될 가능성이 있다.

다섯째, 평가결과에 대하여 억울하다고 생각되는 종업원에게 정식으로 호소하고 청원할 수 있는 절차를 마련해주어야 한다. 이렇게 함으로써 평가자들로 하여금 보다 공정하고 양심적인 평정을 하도록 촉구해준다.

3) 평가체제

관광기업의 실정에 맞는 가장 적절한 고과평정서식을 선정하려 할 때에는 지금까지 서술한 바와 같은 합법적이라고 인정받을 수 있는 테스트절차들을 충분히 고려한 후 결정해야 한다. 그 이유는 만일 종업원차별처우로 인한 소송이 제기되어 있을 경우 이와 관련한 인사고과체제상의 특징 등이 승소할 수 있는 관건이 되기 때문이다. 또한 경영의 필요에 의해 기초자료로서 유용하기 때문이다. 따라서 4개의 평가체제들을 상호 대조하면서 설명하고자 한다. 평가체제 4개 중 3개, 즉 재무상의 지표(financial indices), 인적 특징상의 척도(trait taring), 그리고 목표관리(management by objectives)가 일반적으로 널리 통용되고 있다.

목표관리

성문조직상에서 할당된 임무분담만을 중심으로 하는 것이 아니라 개인이 욕구하는 자기가 설정한 목표의 원수가 기업목표에의 공헌에 연결된다는 모습으로서 개인욕구의 충족과 조직목표의 원수와 연결된다. 전통적인 기술적 관리, 행동과학적 어프로치(approach)와의 결합을 생각하는 새로운 관리방식이다.

목표관리(MBO)의 실시방법을 간단히 요약하면, 각 업무담당자가 상위자로부터 각종 정보를 제공받아 자신의 목표를 측정가능한 목표로 설정, 상위자와 협의하여 조직목표와 비교 · 수정하여 ① 목표확정, ② 업무수행, ③ 기말에 업무수행과정과 결과를 목표와 비교 · 평가하고, ④ 문제점 · 개선점을 공동으로 검토하여 다음 기의 목표를 설정하는 4단계로 설명된다.

1945년 드럭커(Drucker)에 의해 처음 제기되고, 맥그리거(McGregor)의 뒷받침으로 주목을 끌게 된 기법으로 집단참가를 통한 관리방식이다. 종래의 경영방식은 업무활동방식 및 목표설정 등이 상위자에 의해 주어지고, 하위자는 집행만 하면 되므로 자주적인 사고를 할 필요가 없어 자발적인 활동의욕이나 창의가 발휘되지 못했다.

행동과학적인 측면에서 접근 · 시도된 네 번째의 평가체제는 새로이 개발된 것 중의 하나이다.

(1) 직무상의 지표(financial indices)

서비스업의 기업들은 종종 지배인들의 근무성적을 평가할 때 이윤실적이나 재무상의 지표에 의해 평가한다. 예를 들면, 호텔지배인들은 각 영업부서의 고정자금(fixed charge), 수익창출(revenue generation) 또는 기 해당된 영업비(operating expenses)의 통제 이전에 영업총수익에 의거하여 업무실적평가를 받는 경향이 있다. 한 연구조사에 의하면, 다음의 재무지표는 업무성과평가를 위한 최적기준이 될 수 있다고 설명하고 있다. 연간객실판매평균수익금, 객실판매액에 대한 지급임금액과의 비율, 그리고 식음료판매액에 대한 지급임금액과의 비율을 말한다.

영업비
영업활동에 필요한 제경비의 총칭이다. 일반적으로 영업비 및 일반관리비를 포함하는 것으로 사용하고 있지만, 일부의 학자는 판매비와 대립하는 것으로 일반관리비만을 영업비라 하고 있다.

⑵ 인적 특성상의 척도(trait ratings)

재무지표(financial indices) 또는 기타 마지막 성과만을 보아 측정하려고 하는 평가체제들은 인적 특성상의 척도법에서 시발되어 많이 이용되어 왔다. 이러한 평가체제에서 재산관리지배인들은 성공적인 직무수행에 필수적으로 요구되는 중요한 자질상의 특징들에 의해서 평가되어 왔다. 이러한 측정도구의 척도는 우수(excellent), 보통(average), 그리고 미달(unsatisfactory)로 3등분되어 있다. 측정대상이 되는 특징항목들은 근무태도(attitude), 의사전달기법(communication skill), 창의성(creativity), 신뢰성(dependability), 그리고 주도성(initiative) 등이 포함된다.

⑶ 목표관리(management by objective)

재무지표와 마찬가지로 목표관리도 성과를 위주로 판단하려는 평가방식이다. 목표관리는 해당 지배인의 기여도를 측정하려는 것으로 회사조직의 성공적인 목표달성에 어느 정도 기여했는가를 대상으로 한다. 목표관리 프로그램에 대하여 매코니(M. L. MacConie)는 그의 저서 『*A Clarification of the Goal Setting and Appraisal Process in MBO*』에서 다음과 같이 설명하고 있다. "목표관리 프로그램이란 기업조직의 목적을 진단하고, 이러한 목적을 설정하고 달성하는 경영상의 일련의 과정을 말하며, 이렇게 설정된 목표는 특징적 그리고 측정가능한 것이어야 하며, 일정기일에 공동으로 달성할 수 있는 실천가능한 계획이어야 한다.

일례로, 총지배인이 설정할 수 있는 목표관리는 특정시장의 점유율, 당해 호텔에 대한 고객들의 평판호전(부정적인 악평에서 긍정적인 호평으로 전환), 불평하는 종업원들의 수적인 감소, 종업원들의 생산성 증대 또는 개선된 안전관리실적 등이 포함될 수 있을 것이다.

시장점유율
특정회사의 특정상품이 시장에서 어느 정도의 힘을 가지고 있는가를 나타내는 척도이다. 보통 품종별·지역별의 판매량으로 나타낸다. 시장점유율=특정생산자의 제품의 매상고 / 그 산업 전체의 매상고×100%

(4) 행위기준고과법(behaviorally anchored rating scales)

업무실적평가나 인격적인 특징을 행동과학적으로 분석·평가하려는 새로운 평가방식이 고안되어 종래 실적위주의 평가방식의 결점을 보완하고 극복하려는 취지 하에 착안된 것이다.

행동과학
객관적인 방법으로 수집된 경험적 증거에 기초를 두고, 인간의 개인행동과 집단행동을 과학적으로 이해하고 설명하여 예측하려는 연구영역이다. 1946년경 시카고대학의 학자들에 의해서 생물·사회과학의 쌍방에 의해 인간행동의 일반이론을 구하는 새로운 형태의 과학을 확립하려는 구상이 싹텄으며, 그 이후 인류학·사회학·심리학 등을 중심으로 이들을 통합·형성함으로써 경영학에 있어서 조직론·의사결정론·인간관계론 등에 크게 영향을 미치고 있다.

측정대상이 되는 특정의 제행동들은 경영에 성공하기 위해 필수적으로 요구되는 것들로서 지배인들이나 종업원들 각자가 직책수행을 위하여 어떻게 행동하고 있는가를 평가하려는 것이다. 따라서 성과나 효율적인 측면은 부수적인 문제가 되고 있다. 행위기준고과법은 호텔지배인들을 대상으로 그들의 업무수행 행동에다가 차등을 두어 점수를 매기고 있다. 이외에 측정대상이 되는 항목을 다음과 같이 소개한다.

① 고객불평처리 및 대고객관계증진
② 마케팅 전략개발 및 판매계획에 따른 지도・관리
③ 종업원들의 동기유발촉구와 함께 그들의 행동양식 수정
④ 기업방침에 따른 이행, 의사결정 그리고 책임・권한의 위임
⑤ 영업부서 간의 감독・조정
⑥ 종업원 업무수행상의 책임관계 취급 및 처리

4) 평가체제 비교분석

종업원에 대한 불이익차등처우와 관련해서 통용되고 있는 인사고과체제상의 특징은 승패를 가름하는 데 매우 중요한 요인으로 간주되고 있다. 우리가 이미 언급했던 바와 같이 평가체제가 최소한의 법적 기준에 도달해야 함은 물론, 엄격한 법정심사에서도 항변할 수 있고, 동시에 근무평정 고유의 기교와도 부합될 수 있는 것이어야 한다. 그러한 기준에 가장 적합하게 충족시켜 줄 수 있는 평가체제는 행위기준고과법이라 불리기도 한다.

행위기준고과법은 법적 책임부여(legal-liability assessment)에 일관성있게 대항할 수 있고, 직무분석과도 밀접하게 연결되어 있고, 어떤 행동에 대하여 평정결과를 문서화하여 보존하게끔 적극 권장하고 있다. 한편, 목표관리 프로그램이나 행위기준고과법에 대한 체제를 개발하기 위해서는 재무지표나 특성규모보다 훨씬 많은 비용이 소요된다.

따라서 행위기준고과법의 평가체제를 채택하려 할 때에는 그것에 대한 이점을 고려함과 동시에 거기에 소요되는 비용도 산정・평가해야 될 것이다.

(1) 내용상의 표준(content standards)

근무평정은 수행되는 직무와 직접적인 관련을 맺어 측정하도록 하는 체제가 마련되어야 한다. 그리고 인사고과와 관련된 문제는 우리가 반드시 알아야 될 필요성이 있다. 특성규모척도법을 예로 들면, 많은 사업체에서 널리 통용되고 있지만 객관성이 결여되어 있고, 구체적인 특성적인 면에서 미흡하다. 인품과 자질상의 특징이 특정행동상의 측면에서 정의되고, 과업과 직결된 정보체제로서 문서화된다면, 특성규모측정방법도 법적 차원에서 합당한 심사대상이 될 수 있다.

재무지표평가체제는 객관성이 있고 완벽한 문서화 내지 서류보존도 가능하지만, 측정대상이 되는 지배인의 직무상 책임의 일부만을 평가함에 불과하다. 또한 지배인의 감독능력에 대한 평가문제는 논외로 되어 있기 때문에 알 수가 없다. 더구나 전반적인 생산성만을 강조함은 마치 직무 전반에 걸친 근무평정을 하는 것과 비슷하여 지배인에게 실제적인 통제력을 발휘할 수 없는 부분에까지 관여하여 평가하게끔 한다. 그래서 재무지표는 경영상의 특정직무에 대한 근무평정에는 곧바로 적용하기 곤란한 경우가 많다. 호텔지배인의 광범위한 업무능력은 재무상의 몇 가지 측정항목에 의하여 파악될 수 없는 것이다.

목표관리체제는 경영기법을 개발하기 위한 우수한 평가도구로 사용된다. 목표관리는 개별지배인들을 대상으로 별도로 작성될 경우 상호 비교·분석할 수 없다. 재무지표와 마찬가지로 목표관리는 재량화할 수 있고, 객관성이 있으며, 종업원이 달성해야 될 목표가 특정적이다.

그러나 목표관리평가척도는 직무내용과 직결되면서 안 될 수도 있으며, 관련직무의 제양상에 영향력을 행사하되, 때로는 무관할 수도 있다. 모든 지배인들이 달성하고자 하는 그들의 업무목표가 서로 유사하다해도 현재의 목표달성이 곧 장래의 성공을 예측해주는 것은 아니다. 실제에 있어서 목표달성에 계속적으로 성공한 기록을 남긴 사람은 거의 없다. 목표관리에 부가해서 업무수행행동에 대한 소정의 평가에 의해 보완시킬 필요도 있다.

업무수행행동을 대상으로 한 평가체제(BARS)는 직무수행을 대상으로 한

합법적 근무평정기준에 합당하다. 행위기준고과법은 직무분석절차에서 추출된 것으로 평가를 하고자 하는 당해지배인이 실제 확인된 업무수행행동을 평가서식상의 측정항목에 비교하여 해당항목을 평가해야 한다.

행위기준고과법의 평가체제는 지배인의 담당직무에 대한 제능력과 기능을 대상으로 하되, 특정행동에 대하여 평가하며, 특히 그러한 행동에 문서화하도록 유도한다. 행위기준고과법의 평가체제가 외형적으로 볼 때 절대적으로 근거가 확실하고 정당하며 합법적이라고 볼 수는 없겠지만, 한편 어떠한 평가체제도 편견을 완전히 배제할 수는 없다. 행위기준고과법의 평가체제는 직무에 대한 제양상을 평정한다. 그럼에도 만일 행위기준고과법의 평가체제를 승진 및 임금책정 결정을 위한 기초자료로 사용하고자 할 때에는 현재 선호하고 있는 행위기준고과방식이 성공적인 직무수행을 위한 지표가 되고 있음을 제시할 수 있어야 할 것이다.

⑵ 평가과정기준(process standards)

평가과정이 잘못되어 있으면 아무리 훌륭해도 무용하게 만든다. 행위기준고과법은 지배인에게 기대되는 행위지표를 눈에 보이게끔 설명해주고, 바람직한 행동양식, 그리고 그러한 행동은 어떠한 방식으로 평정되는가를 기술해주고 있으므로 평가자로 하여금 평정하기 용이하게 해준다. 여타평가체제(appraisal format), 다시 말하면 재무지표나 인품자질평정(trait ratings)의 경우, 그것이 어떠한 방식으로 자료수집이 되며 또한 평가되고, 업무목표달성 여부는 어떠한 방식으로 측정되는가를 평가자들이 구체적으로 특정화하여 설명하기가 매우 곤란하다.

만일 목표관리나 행동에 근거하여 평정하는 행위기준고과법을 선정하여 채택하는 경우 평가자들을 사전에 교육시켜 행동에 대한 관찰방법과 서류작성 및 보존에 대한 제준칙을 숙지시켜야 한다.

한편, 이와는 대조적으로 재무지표와 특성규모의 경우 비교적 별다른 지시와 주의사항을 요하지 않는다. 우리가 이미 언급한 바와 같이 근무평정이 경영개발을 위한 유용한 도구로 사용되고 있음은 주지의 사실이다.

그러나 근무평정기법 중의 하나인 재무지표나 특성규모에 의한 평정법은 피고과자로 하여금 그들의 업무수행능력과 기법을 개선・증진시키게끔 별다른 지표를 제시해주지 못한다. 이러한 평정체제 하에서 평정결과를 놓고 평가자와 피고과자인 종업원이 대면하여 논의하고 검토하게 되면 측정기준이 불명료하여 이 때문에 논란이 있게 된다. 이 때 평가자는 종업원들의 업무수행방법을 증진시키는 문제에 더욱 많은 관심을 보여 이야기하게 된다. 업무수행에 관한 행동을 논의하면 목표관리나 행위기준고과법 쪽으로 화제의 방향이 기울어지게 된다.

이러한 토의과정에서 평가자와 종업원은 도달해야 될 특정경영목표설정에 대하여 검토하고, 이것과 관련하여 목표달성에 크게 기여하는 적극적 행동 또는 목표미달을 유발케 한 부정적 행동들에 관하여 검토하게 된다. 목표관리와 행위기준고과법은 양자 공히 평가자로 하여금 종업원들을 참여시켜 그들과 함께 직무수행에 관한 행동을 검토하게 하여 여기에 필요한 정보를 제공해줌과 동시에 건설적인 의견을 교환토록 하여 종업원과의 관계를 증진시켜 준다.

5) 평가방식에 대한 재평가

근무평정방식을 검토할 때에는 여러 가지 사항들을 고려해야 한다. 즉 앞에서 제기한 법적 기준만을 고려해서도 안 된다는 것이다. 평가체제의 적정성 여부를 진단하기 위하여 여기에 필요한 정보를 수집하고 연구・분석할 목적으로 태스크포스(task force) 조직 구성을 원할지도 모르겠다.

태스크포스

어떤 특정과제 내지 목표를 달성하기 위해 창설되는 임시적인 동태적 조직으로서 프로젝트 팀(project team)이라 부르기도 한다. 기업환경이 다양하게 변동되고, 또한 기술혁신이 급격하게 이루어지게 됨에 따라 기업이 이러한 변화에 창조적으로 적용함으로써 존속・유지하기 위해서는 종래의 정태적 내지 고정적인 기능적 조직(functional organization)으로는 부적합하였기 때문이다. 특히 신제품 개발이나 상품화계획, 신공장건설, 대형 프로젝트 및 대형 플랜트(plant) 수주 등과 같은 업무를 전담하는 새로운 조직형태가 요청되지 않을 수 없게 된 것이다. 이러한 조직은 일정 과제가 달성되면 해산하는 방식을 취한다.

특정회사에 유효적절하게 활용되는 평가체제라고 해서 다른 회사에도 알맞게 그대로 적용되리라 기대할 수 없는 것이다. 여하튼 장차 호텔에서 목표관리 또는 행위기준고과법 중에서 양자택일할 것으로 기대된다. 그리고 이러한 택일은 평가하고자 하는 직무의 성격에 주로 달려 있다. 예를 들어, 아래와 같이 하우스 키퍼(house keeper)는 객실관리에 대한 그들의 노력과 성과에 따라 평가해야 한다.

① 호텔에서 설정한 일정기준에 도달할 만큼 객실의 청소와 정돈이 깨끗이 되어 있는가?

② 일정시간에 청소와 정돈을 완료한 객실의 수는?

③ 객실에 공급한 소모품의 비용절감상태는?

이상의 3가지 예가 하우스 키퍼에 대한 근무평정대상 및 기준이 될 것이다. 레스토랑에서 또는 현관과 사무실 데스크에서 일하는 접객종업원들을 대상으로 평가하는 근무평정기준은 본질적으로 그들의 업무수행행동이 고객의 욕구와 요구를 어느 정도 충족시켜 주느냐에 따라 평가한다. 그러나 호텔지배인의 직무는 성격상 매우 복잡하므로, 행동을 근거로 하여 평가하는 행위기준고과법과 목표관리에 따라 평가하는 목표관리에 의하여 양면으로 평정함이 타당할 것이다.

간단히 말해서, 단일평가방식만으로는 충분하지 못한 경우가 있다. 경영형태와 성격에 따라 세분화하는 작업을 완료한 후에는 복합적인 평가체제(evaluation system)를 마련하여 개별경영담당자에 대한 유용한 근무평정을 하도록 해야 할 것이다. 종업원들을 대상으로 하여 횡적으로 상호 비교평가하고자 할 때에는 행위기준고과법의 평가방식이 더욱 적합하다. 행동기준(behavior standards)을 미리 예정하고자 할 때에 행위 기준고과법의 평정척도는 절대적으로 유용하게 사용할 수 있다. 한편, 종업원들의 업무 수행능력을 개발하기 위해서는 목표관리의 평가방식이 적합하다. 그러나 목표관리의 경우 종업원들에 대하여 상호 비교평가하고자 할 때에는 유용한 평가방식이라고 하기에는 문제점이 있다. 왜냐하면, 달성하고자 하는 업무목표의 형태와 수준이 서로 상이하기 때문이다.

종업원들을 참여시켜 그들과 함께 근무평정결과를 놓고 검토·논의하는 일은 미국의 경우 많은 기업에서 매년 실시하고 있다. 이와 같이 연중행사처럼 실시하면 정해진 일자까지 1년 동안 기다려야 하므로, 종업원의 근무태도를 개선하고 증진시키려고 하는 평가 본래의 주된 목적을 손상시키게 된다. 그러나 행위기준고과법과 목표관리는 공히 필요에 따라 수시로 비공식적인 모임을 갖고 검토하고 논의할 수 있다.

호텔인사관리에 있어서 근무평정의 역할과 중요성이 충분히 인식되어 있는 상황에 기존의 평정체제에 어떠한 변화를 기하고자 계획할 때에는 신중하게 검토하여 체계화하도록 해야 할 것이며, 종업원들에 의해서 사전에 수락되어야 함은 물론, 적절한 통제와 조정을 통하여 효율성을 제고해야 할 것이다. 호텔에서 현재 운용하고 있는 근무평정체제가 현행 기준에 적법한 것인가 여부를 판정한다고 가상할 때 이제 시작에 불과하므로 앞으로 신중을 기하여 가장 적합한 근무평정체제를 채용하고자 할 때에는 유용하게 개선시킬 수 있고, 개발가능하며, 종업원들에게도 최상의 것이 될 수 있는 체제가 되어야 할 것이다.

제9장

임금과 보상

관광기업에서의 보상 개발은 인적자원 경영의 일종으로 볼 수 있다. 근본적으로, 업무인력에 대한 만족과 경영의 성공과 실패는 서비스 산업체에서 요구되는 우수한 인력자원의 유치 및 유지관리하기 위한 보상제도에 달려 있다고 볼 수 있다.

이상적인 보상제도를 위한 제시조건들은 다음과 같다.

① 경쟁력 있는 임금조율은 유능한 인력자원을 유치하게 한다.
② 직장 장기근무에 대한 보상
③ 승진 인텐시브
④ 훌륭한 업무에 대한 시상
⑤ 모든 인력자원에 대한 평등한 제도 적용
⑥ 보상 변화에 대한 동등한 접근
⑦ 보상금 관리에 대한 효과적인 방법은 회사의 지불능력에 근거를 둔다.

---

1. 임금의 의의

임금과 급여관리(wage and salary administration)는 견해에 따라 상이한 관점에서 정의되고 있으나, 이들이 개개의 종업원에게 노동의 반대급부로 얼마의 액수를 지급할 것이며, 그 액수는 무엇을 기준으로 하여 계산할 것이며, 종업원 간의 임금수준에는 어떠한 격차를 둘 것이며, 그 액수는 생활급으로 안정될 수 있는지의 여부와 또 일정기간에 변화가 있는지 등에 적절한 결정을 내리기 위해 발전된 기술이란 점에서 본다면, 임금관리는 ① 임금지급액, ② 임금기준, ③ 임금의 사회적 수준, ④ 생활급으로서의 안정여부, ⑤ 승급의 가능성 등에 관한 합리적이고 효율적인 결정을 내리기 위한 기술이라고 정의할 수 있다.

또 슈르든과 셔만(H. J. Chruden & A. W. Sherman, Jr)은 임금계획(wage program), 임금결정(wage determination), 임금규제법(legislation affecting wage) 및 임금지급제도(wage payment system) 등에 관한 효율적인 운영의 기법을 임금관리(wage and salary administration)라고 정의하고 있다. 결국 이와 같은 정의에 의하면, 기업과 종업원 간의 직무적인 관계를 합리적으로 해결하기 위한 방안을 모색하는 기법을 임금관리라고 할 수 있을 것이다.

그러나 임금관리의 합리화를 강구하기 어려운 문제가 대두되기 때문에 노사간에 이해가 용이하고 상호 신뢰할 수 있는 환경조성을 위해서 ① 연공급 임금체계의 심화, ② 임금체계의 복잡성, ③ 상여금의 고정급화, ④ 임금관리의 차별성, ⑤ 베이스업 중심의 승급관리 등에 대하여 문제해결을 위주로 인적자원관리가 전개되어야 하겠다(김윤태, 2009 : 301～302).

1) 연공급 임금체계의 심화

우리나라 기업의 임금체계는 연공급이 주류를 이루고 있다. 즉 입사시에 학력을 기준으로 초임직급이 부여되면, 그 이후부터는 근속년수가 늘어남에 따라 이와 연동하여 자동적으로 임금이 인상되는 전형적인 연공서열형 임금체계이다. 이는 장기 근속자가 많아지고 근로자의 고령화가 진행됨에 따라 기업의 인건비 부담이 가중되어 경쟁력이 떨어지고, 내부적으로 업무의 성과와 관계없이 고령자에게 높은 임금을 지급함으로써 신기술을 습득하고 기술개발 및 주요업종에 종사하는 젊은 종업원들의 불만요인이 될 수 있다.

2) 임금체계의 복잡성

한국기업의 임금체계는 낮은 기본급비율과 제수당관리의 비효율성으로 인하여 복잡하게 구성되어 있다. 이는 임금체계의 왜곡을 초래하게 되고, 기업의 인건비 부담을 가중시키며, 임금효율성을 떨어뜨리는 요인이 된다.

3) 상여금의 고정급화

우리나라 기업들은 상여금의 종류와 산정기준도 다양하다. 또한 본래 상여금은 변동급적 성격을 띠고 있으나, 대부분의 기업이 업적·성과와 무관하게 고정적·일률적으로 지급하고 있다.

이는 임금과 성과를 연계시키기가 곤란하게 할 뿐 아니라 고정임금의 성격을 갖고 있기 때문에 유연성을 상실하여 임금의 효율성을 잃게 된다.

4) 임금관리의 차별성

우리나라 기업들은 동일기업 내에서도 학력·직종·직급 등에 따라 합리적인 이유나 근거 없이 임금체계·지급형태 등이 구분되어 있다. 당사자들은 이를 차별이라 인식하고 있으며, 사안에 따라 공정성 문제가 제기될 수 있다.

5) 베이스업 중심의 승급관리

임금인상 시 임금결정이 주로 노사 간 임금협상의 결과에 의하여 베이스업(base-up)과 자동승급으로 이루어지고 있어 개인의 능력이나 공헌도를 거의 반영하지 못하고 있는 실정이다. 이는 임금관리의 효율성을 떨어뜨리고 임금의 고정급화를 촉진하는 문제점을 야기시킨다.

2. 임금관리의 제도적 측면과 운용적 측면

임금관리는 총액임금관리로서의 임금수준관리와 개별임금관리로서의 임금체계 및 형태관리로서 이루어진다. 임금수준관리는 관광기업이 창출한 부가가치를 얼마나 종업원들에게 분배할 것인가의 문제를 다루는 것으로서 관광기업과 종업원 모두가 적정하다고 생각하는 수준에서 이루어져야 한다. 반면에, 임금체계 및 형태관리는 임금수준관리에 의해서 결정된 임금총액을 종업원들에게 배분하는 문제를 다루는 것으로서 종업원들이 공정하다고 인식하여 일에 대한 의욕을 높일 수 있도록 행해져야 한다. 따라서 임금수준관리에서는 적정성의 원칙을 중시하며, 임금체계 및 형태관리에서는 공정성의 원칙이 중요한 지주(支柱)가 되고 있다.

1) 임금관리의 제도적 측면

(1) 임금체계와 형태의 개념

임금체계가 체계확립에 있어서 보다 근본적 골격형성인 상위개념인데 대하여, 임금형태는 구체적 지급형태인 하위개념으로 인식되는 것이 일반적이다.

<table>
<tr><th>구 분</th><th>기본급 구성요소</th><th colspan="3">임금체계</th><th colspan="2">임금형태</th></tr>
<tr><td rowspan="3">노 동</td><td>성 과</td><td></td><td></td><td></td><td rowspan="2">능률급</td><td></td></tr>
<tr><td>직 무</td><td rowspan="2">직무급</td><td></td><td rowspan="4">직능급
(자격급)</td><td rowspan="4">고정급</td></tr>
<tr><td>능 력</td><td rowspan="3">능력급
(연공급)</td><td rowspan="3"></td></tr>
<tr><td rowspan="2">사 람</td><td>근 속</td><td rowspan="2"></td></tr>
<tr><td>연 령</td></tr>
</table>

[그림 9-1] 5가지 구성요소에 의한 분류

반면에, 임금형태를 임금체계 내에 포함시켜서 별개의 차원으로 구분하지 않고 파악하기도 한다. 이것은 현실에 있어서 체계와 형태의 개념이 뚜렷하게 구분하기 어려운 상호중복과 모호성을 내포하고 있기 때문이다([그림 9-1참조]).

임금체계란, 임금항목의 구성내용으로서의 의미와 개별임금의 격차를 결정하는 기준의 차이에 따른 임금체계의 성격으로서 두 가지 의미를 갖고 있다. 첫 번째 의미로서의 임금체계의 초점은 어떠한 항목을 선정하고 그 구성비율은 어떻게 할 것인가에 두어지며, 두 번째에서는 공정성의 원칙을 달성하여 근로의욕을 제고시키고 노사대립의 완화를 위해서 어떤 기준에 의해 임금을 배분하는가의 문제가 그 중심내용이 된다. 따라서 임금체계의 두 개념 중에서 당연히 배분기준과 관련된 두 번째의 의미로서의 임금체계에 초점을 맞추게 되는 것이다.

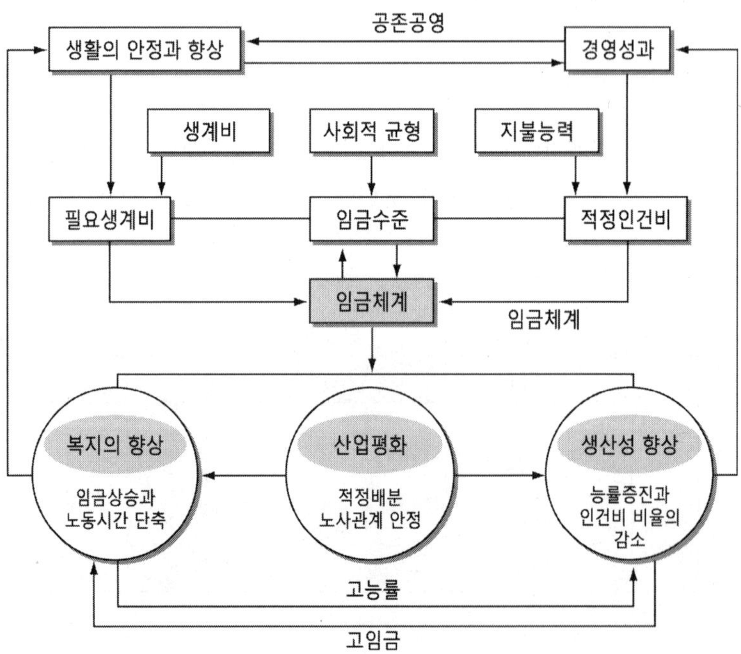

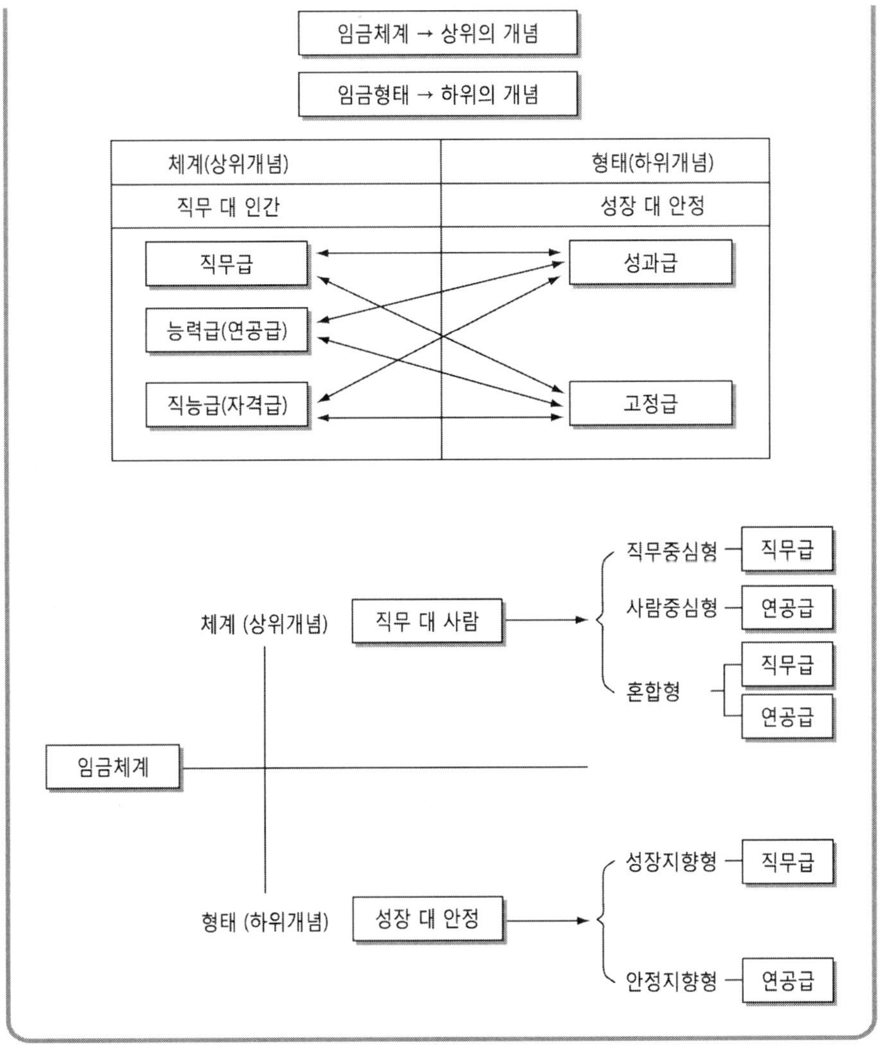

[그림 9-2] 임금체계 및 형태관리

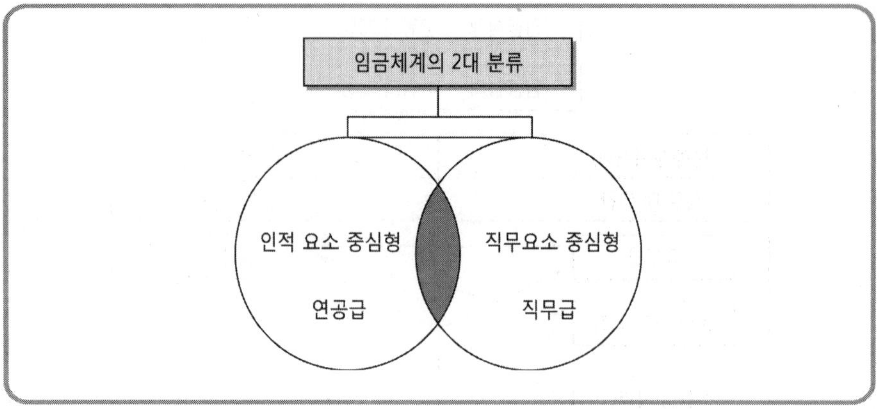

[그림 9-3] 임금체계의 분류

임금체계는 [그림 9-3]에서 보는 바와 같이 인적요소 중심의 연공급과 직무요소 중심의 직무급 두 가지로 대별할 수 있다. 그리고 이 양자가 결합된 것으로서 직능급을 들 수 있다.

한편, 하위개념으로서 임금형태는 안정지향적 성격과 성장지향적 성격에 따라 각각 고정급과 성과급으로 구분된다. 고정급이란 노동시간을 단위로 하여 정액으로 임금을 지불하는 방식이며, 성과에 대한 고려를 하지 않는 형태를 말한다. 반면에, 성과급은 개인 또는 집단의 작업성과나 능률에 대해 지급되는 형태로서 기업의 노동성과를 자극하려는 데 그 목적이 있다(최종태, 1988 : 150~151).

혹자는 임금체계를 [그림 9-2]와 같이 도식화하여 설명하기도 한다.

(2) 연공급체계

연공급은 근속, 연령, 학력, 성별 등의 개인적 요소에 기초하여 임금을 결정하는 임금체계이다. 이것은 동양의 위계질서적인 전통에서 생성된 것으로서 오늘날 우리나라 임금체계의 주류를 이루고 있다고 해도 과언이 아니다. 이 연공급은 최근 성과의 비관련성으로 인한 동기부여 효과의 결여로 인하여 많은 비판을 받고 있으나, 그 자체로는 우리 현실에 있어서 적합성도 가지고 있기 때문에 일반적으로 그 적부를 논할 수 없는 것이다.

연공급은 정기승급제도에 의해서 운영된다. 즉 승급이 정기적으로 근속년수나 연령에 따라 일률적으로 행해진다. 따라서 연공급에 있어서는 승진곡선의 설정이 중요한 문제가 된다. 이상적으로 생각되는 승급곡선의 형태는 첫째, [그림 9−4]와 같은 스티글리츠(J. E. Stiglitz)의 능력곡선의 형태를 감안하여 작성하는 것이다. 이것은 연공급이 가지고 있는 단점을 어느 정도 보완하는 의미를 갖는다.

둘째, 종업원의 생계비를 감안하여야 한다. 이것은 연공급의 바탕이 되는 사고라 할 수 있다.

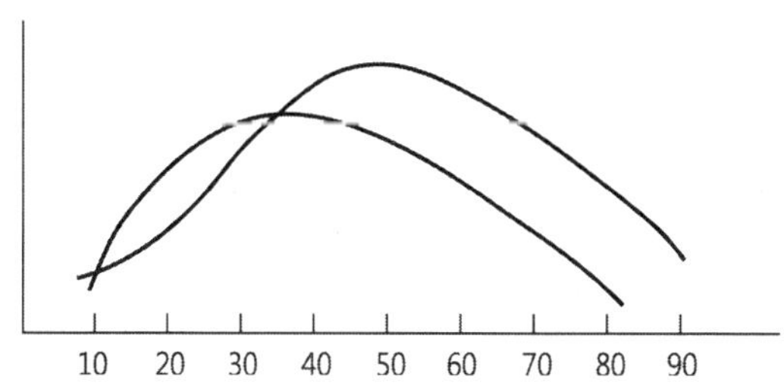

[그림 9−4] 스티글리츠 (J. E. Stiglitz)의 능력곡선

셋째, 동종업계의 임금곡선을 고려하여야 한다. 이를 위한 방법으로 평균연령은 (근속)동일화 방법이 사용될 수 있다.

넷째, 미래의 전망을 고려하여야 한다. 즉 임금격차의 변화, 연령별 생계비의 변화, 기술격차의 변호, 사회보장과의 관계 등을 고려하여 설정되어야 한다.

이와 같은 연령공급은 다음과 같은 장점과 단점을 가지고 있다.

연공급의 장점은 다음과 같다.

① 과다경쟁을 방지하여 팀워크를 유지할 수 있다.

② 라이프 사이클에 따른 임금의 상승으로 생계비를 보장하여 생활에 안정감을 줄 수 있다.

③ 관광기업 내의 배치전환이나 이동 등의 경우 탄력적이다.

④ 정기승급에 의해 임금이 증가하여 고용의 안정과 노동의 정착이 진전되어 귀속감을 높일 수 있다.

⑤ 폐쇄적 노동시장 하에서의 인력관리가 용이하다.

연공급의 단점은 다음과 같다.

① 동기부여 효과가 미약하여 소극적 근무태도를 야기시킨다.

② 비합리적인 인건비를 지출하게 된다.

(3) 직무급체계

① 직무급의 의의

직무급은 직무평가에 의해 설정된 각 직무의 상대적 가치에 따라 개별임금을 결정하여 같은 직무를 수행하는 사람에 대해서는 연령·근속 등에 관계없이 같은 임금을 지급하는 동일노동, 동일임금(equal pay equal work)의 이상을 실현할 수 있는 이론적으로 합리적인 임금체계이다. 이 직무급은 서구의 합리적인 사고와 산업화의 진전에 의해 생성·발전된 것으로서 미국을 중심으로 선진제국에서 널리 실시되고 있으며, 연공급과는 달리 자유로운 노동이동에 의해 임금과 공헌 사이의 단기적 균형을 취한다.

직종구분

직무분류등급

직종 / 등급	A	B	C	D	
Ⅰ					
Ⅱ	각 구분마다 단일임률 또는 범위임률이 설정된다.				
Ⅲ	직무내용이 높아지지 않는 한 상위등급에 승격할 수 없다.				
Ⅳ					

[그림 9-5] 직무급의 개념적 모형

직무급은 [그림 9-5]에서 보는 바와 같이 직무분석 및 직무평가에 의한 직무분류제도에 의해 운영된다. 따라서 직무분석과 직무평가는 직무급의 실시를 위한 전제조건이 된다.

이러한 실시를 위해서는 다음과 같은 조건들이 만족되어야 한다.

첫째, 합리적이며 실용적 의식이 노사 간에 타당하게 인식되어야 한다.

둘째, 직무가 충분히 분화되고 표전화되어 있어야 한다.

셋째, 임금수준이 하위직무에 대해서도 노동의 재생산이 가능한 정도가 되어야 한다.

넷째, 직무급은 직무구분 여부에 따라 직급별 직무급과 개별 직무급으로 구분되며, 임금률의 여부에 따라 범위 직무급과 단일 직무급 또는 평점별 직무급으로 구분된다.

직급별 직무급은 범위 내의 모든 직무를 중요성의 정도가 비슷한 직무들로서 적당한 수의 직급으로 분류하여 각 직급에 대해서 임금을 결정하여 운영하는 것이다. 이에 대해서 개별 직무급은 직급으로 구분하지 않고 개개의 직무에 대해 각각의 임금을 결정하여 운영한다.

개별 직무급은 직무의 수가 적은 경우에나 사용될 수 있으며, 일반적으로 수많은 직무에 대해서 임금을 각각 결정하는 것은 관리상 불가능하기 때문에 직급의 구분에 의한 직급별 직무급을 채택하고 있다. 또한 단일 직무급은 직급마다 하나의 임금률을 설정하여서 운영하는 직무급으로 동일노동, 동일임금의 원칙을 실현할 수 있지만, 동일직급 내에서 개인 간의 능력이나 업적의 차이를 반영할 수 없으므로 단일직무급은 직무의 숙련에 시간이 걸리지 않거나 일정한 수준의 직무수행만을 요하는 직무에 적합한 형태라 할 수 있다.

범위 직무급은 직급마다 일정한 범위의 임금률을 설정하여 운영하는 것으로서 동일노동, 동일임금의 원칙이 약화되기는 하지만, 범위 내에서의 임금결정에 직무수행의 업적을 반영시킬 수 있어 보다 자극적인 것으로서 가장 일반적인 형태라 할 수 있다.

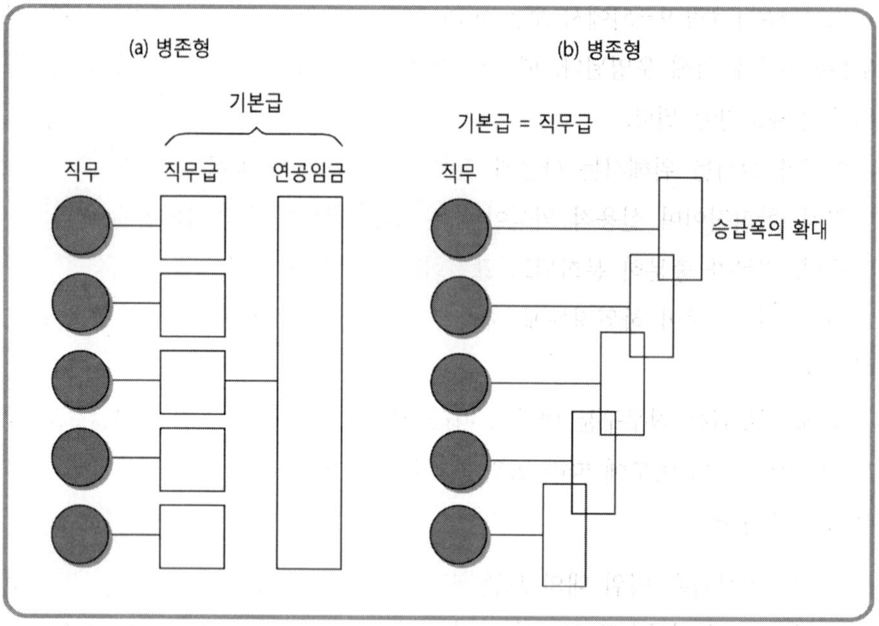

[그림 9-6] 병존형과 단일형 직무급

한편, 우리나라와 같은 경우에 직무급을 도입할 때 보통 기본급은 두 가지 형태를 구성하는 병존형 직무급이고, 다른 하나는 직무급만으로 기본급을 구성하는 단일형 직무급이다. 병존형 직무급은 연공급과 직무급을 명확하게 구분하여 사용하기 때문에 직무급은 순수하게 직무가치에 따라 운영된다.

반면에, 단일형 직무급에서는 기본급을 직무급만으로 운영하는 것으로서 연공적 요소는 고려하지 않게 된다. 그러나 연공주의적 기반이 강한 상황에서 직무급을 실시하는 경우에는 직무급의 범위에 연공요소에 의한 승급을 결합하는 경우가 많다. 따라서 이것은 혼합형 직무급으로 불리기도 한다.

(4) 직능급체계

① 직능급의 의의

직능급은 직무 수행능력의 발전단계에 따라 개별임금을 결정하는 임금체계이다. 직무급이 직무의 상대적 가치를 직무평가에 의해 평정하여 그 결과에 따라 임금을 결정하는 것임에 비해 직능급은 종업원의 능력을 평가하여 임금을 결정하는 것이다.

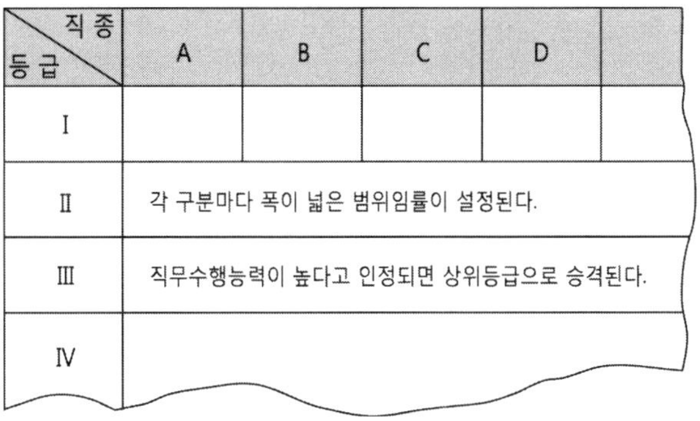

[그림 9-7] 직능급의 개념적 모형

이 직능급은 연공급의 단점을 극복하려는 사고를 바탕으로 생겨난 임금체계로서 동일직종 내의 숙련의 정도에 따라 숙련, 반숙련, 미숙련으로 나누어 임금을 결정하는 직종급의 숙련도 등급, 그리고 직무급에서의 직무등급에 대응해서 직능자격등급에 따라 임금을 결정한다. 따라서 능력을 등급화한다는 점에서 어느 정도 직종급과 유사하다고 할 수 있다. [그림 9-7]은 이와 같은 개념적 모형을 나타내준다. [그림 9-7]에서 볼 수 있는 것처럼 직능급도 외형상 직무급과 유사해 보인다. 그러나 그 근본이 되는 임금결정의 기준이 직무수행능력의 등급화에 있는다는 점을 주목해야 한다.

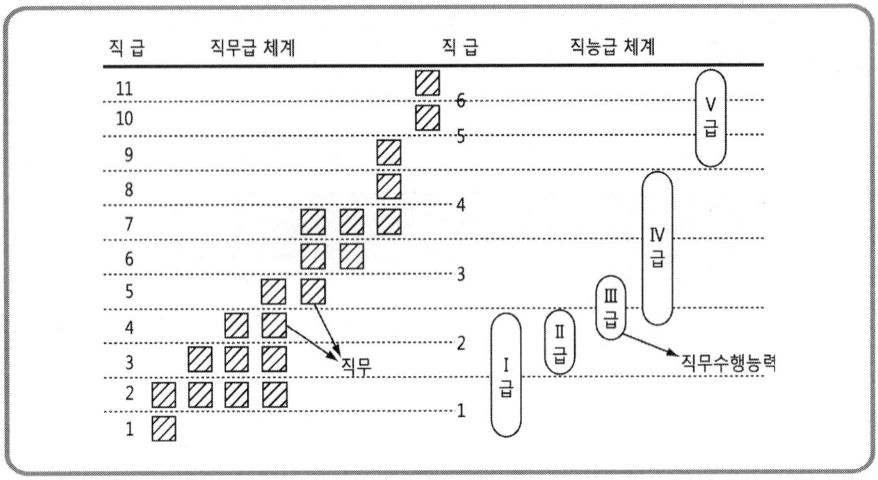

[그림 9-8] 직무급과 직능급의 비교

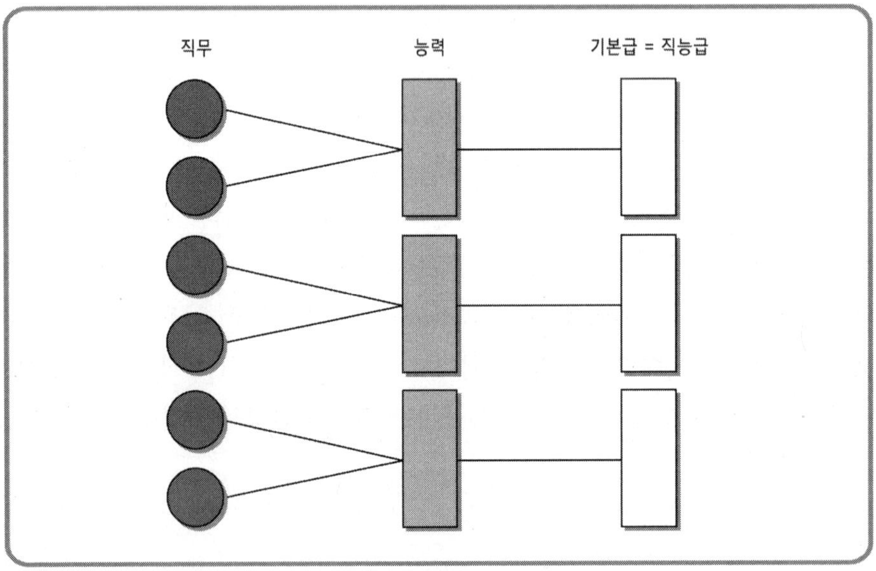

[그림 9-9] 직능급의 개념모형

직능급에 대한 이해를 보다 확실히 하기 위해서 [그림 9-8]과 [그림 9-9]를 제시할 수 있다. [그림 9-8]에서는 직무급화 직능급의 형태를 개념적으로 비교해 본 것이며, [그림 9-9]는 직능급의 기본적 논리를 도식화한 것이다.

[그림 9-8]과 [그림 9-9]에서 볼 수 있듯이, 직능급은 직무와 직무 수행능력을 매개로 하여 연결시키는 직무를 전제로 한 사람에 대한 임금으로서 그 의미를 찾는 것이다.

② 직능급의 승급과 승격

직능급은 형태상 직무급의 경우와 비슷하며, 그 유형도 같은 사고에 입각하여 분류될 수 있다. 그러나 일반적으로 직능급은 범위임금률을 그 폭이 넓게 설정한 형태를 취한다. 따라서 직능급에서는 그 승급의 운용이 중요한 문제가 된다.

순수한 직능급의 사고에 입각하면 승급은 고과에 의해 실시되는 것이 원칙이다. 직능급표가 설정되는 경우에는 고과에 의해서 1년에 승급하는 호봉표로서 결정된다. 같은 직능등급에 위치한 사람 중에서도 고과에 의해서 1호봉 승급하는 사람과 2호봉 또는 3호봉 승급하는 사람이 있을 수 있다. 또한 직능급표가 각각의 호봉에 대해서 A, B, C, D의 등급으로 설정된 경우에는 고과의 결과에 따라 A로 승급하는 사람과 B 또는 C, D로 승급하는 사람이 있을 수 있게 된다.

그러나 연공급으로부터 직능급으로 이행하는 경우에는 처음부터 이와 같이 완전히 능력에 의해서 운영되기는 어렵다. 따라서 승급도 연공적 요소를 많은 부분 가미하는 것이 일반적이다. 하지만 연공요소가 너무 많이 포함되어 운영된다면 외형상 직능급의 형태를 취하고 있어도 결국 연공급과 다를 바 없게 된다. 우리나라에서 실시되고 있는 직급별 호봉제도의 상당한 수는 직능급의 형태를 취하고 있으나, 그 성격이 연공급의 범주를 결코 넘어서지 못하고 있는 것이 그 예라 할 수 있다.

한편, 직능급에서는 하나의 직능급에 있던 사람이 능력이 높아지면 상위등급으로 승격하게 된다. 이 경우에 승격한 자는 상위등급의 임금표에 의해서 임금을 받게 된다. 승격의 임금에 대한 반영 정도로 직능급의 성격을 규정하는 하나의 요인이 된다.

[그림 9-10]은 직능급의 형태를 승급 및 승격과 관련시켜서 네 가지로 도시한 것이다. 각각에 대한 설명은 다음과 같다.

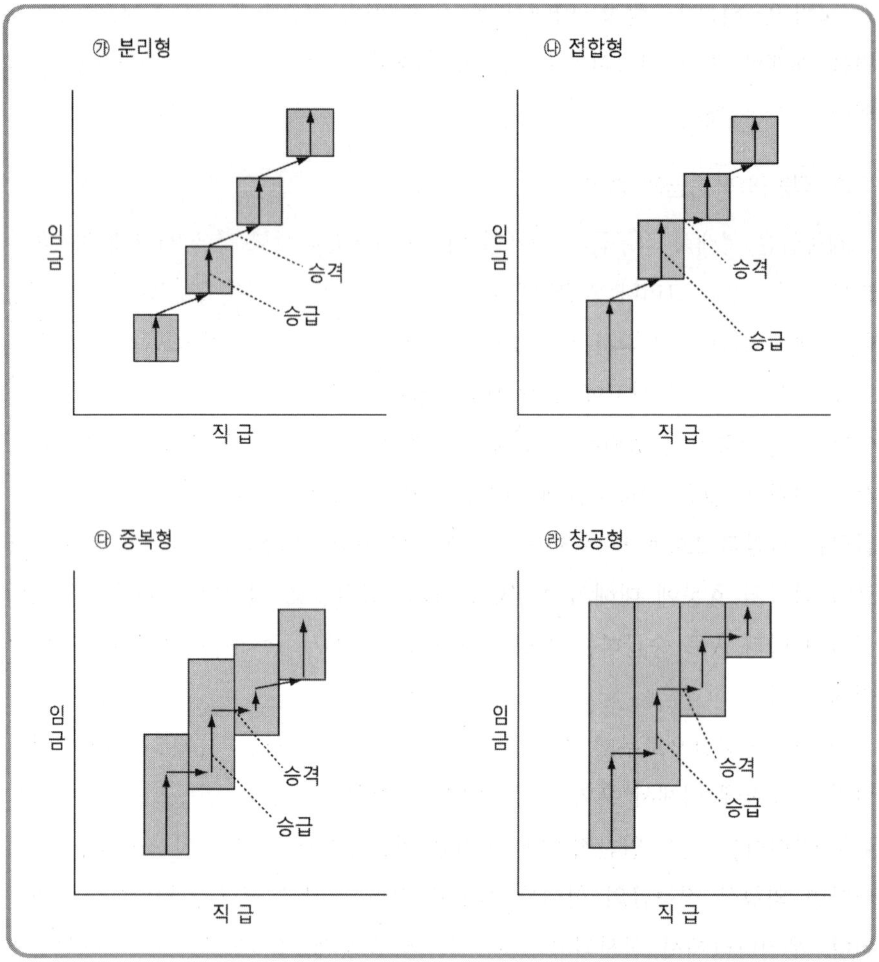

[그림 9-10] 직능급의 형태

㉮ 분리형

직급과 직급 간에 폭을 두어 승격승급의 폭을 크게 하는 형이다.

㉯ 접합형

하위직급의 최고임금률과 상위직급의 최저임금률을 같게 책정하는 것으로서 한 직급에서 최고임금률에 도달하지 않고 승격할 때에는 분리형과 같은 효과를 얻지만, 최고임금률에 도달하고 나서야 승격하는 경우에는 승격승급의 효과도 없다.

㉰ 중복형

직급의 임금률을 상호 중복시킨 형으로서 승격하게 되면 상위직급의 적당한 임금률을 갖게 된다. 즉 승격의 폭을 정책적으로 정해 놓으면 그에 따라 상위직급의 임금률 중에서 책정하게 된다. 따라서 배치전환이나 승격 등의 경우에 탄력적으로 운영할 수 있다.

㉱ 창공형(蒼空型)

직급마다 무한정 승급할 수 있도록 설계되어 있는 형으로서 그 중복의 폭이 매우 큰 것이 특징이다.

③ 직능급과 직무급의 비교

직능급과 직무급도 언급한 바와 같이 여러 가지 차이점을 가지고 있다. 그 차이를 성격, 필요도구, 임금결정기준, 전제조건, 효과의 측면에서 비교해 보면 <표 9-1>과 같이 정리할 수 있다.

〈표 9-1〉 직무급과 직능급의 비교

구 분	직무급	직능급
성 격	직무를 중심으로 한 임금	직무를 전제로 한 사람에 대한 임금(직무수행 능력을 중심으로 한 임금)
필요도구	직무분석, 직무평가, 직위분류제	직능분류, 직능자격제도
임금산정기준 전제조건	직무의 상대적 가치 ① 최저임금수준이 생계비수준 이상이라야 한다. ② 직무의 표준화와 전문화가 이루어져야 한다. ③ 직무중심의 채용과 고과제도가 확립되어야 한다. ④ 노동시장 내에서 직종별 임금형성이 되어 있어야 한다. ⑤ 직종 간 고용의 유동성이 있어야 한다. ⑥ 적정배치가 충분히 이루어져 있어야 한다.	직무수행능력 ① 직무분류제도가 확립되어 있어야 한다. ② 직무자격제도가 설정되어 있으면 더욱 좋다. ③ 직능이 신장될 수 있는 직종이라야 한다. ④ 적정배치가 충분하지 않아도 적용이 가능하다.

효 과	① 동일직무에 대한 동일임금으로 직종 간 공정한 임금격차를 유지할 수 있다. ② 직장 내 규율확립이나 교육훈련과 작업능률의 증진을 위한 수단이 될 수 있다.	① 직무수행능력에 대한 임금으로 능력신장에 따라 임금이 증가된다. ② 직무를 전제로 한 사람에 대한 임금이므로 연공이 어느 정도 반영될 수 있다. ③ 어떤 직무에 종사하든지 최저생활보장이 가능하다. ④ 능력본위의 임금관리가 실현된다.

자료 : 신유근, 전게서, p. 149.

2) 임금관리의 운용적 측면

(1) 종업원의 평가

관광기업은 여러 가지 목적으로 종업원에 대한 평가를 하게 된다. 종업원에 대한 평가는 직접 또는 간접적으로 종업원의 임금과 관련성을 갖게 되기 때문에 종업원에 대한 평가는 임금제도에 대한 운용적인 측면에서 그 중요성을 갖는다.

앞으로의 임금관리의 방향은 경쟁의 심화, 국제화, 대규모화 등의 경제여건을 고려해 본다면 능력주의를 지향할 수밖에 없을 것이다. 따라서 여기서는 그러한 관점에서 임금관리의 운용적 측면에서의 평가체제를 설명하고자 한다. 임금은 종업원의 소득으로서 생활의 수단이 되기 때문에 임금과 관련된 종업원의 평가는 신중한 배려를 하여 이루어져야 한다.

이에 따라 다음과 같은 점에 주의를 하여 평가와 임금이 결부되는 것이 바람직하다.

첫째, 기본적인 고려사항으로서 생계비와 과다경쟁의 위험 등을 감안하여 적정한 점 위에서 공평하게 반영되어야 한다.

둘째, 하위직무에서는 적은 능력차는 무시하고 큰 능력차만을 중점적으로 반영하며, 어느 정도 임금수준도 높으므로 능력의 반영 폭을 높인다.

셋째, 임금체계의 차이에 따라 평가와 임금의 관련성이 변화되어야 한다.

넷째, 임금항목, 즉 상여금, 기본급의 승격 등의 항목에 따라 결합방법을 달리하도록 한다.

여기서는 임금체계별로 종업원의 평가와 임금의 관련성을 능력별로 강조하는 관점에서 살펴보면 다음과 같다(신유근, 상게서 : 213~215).

① 연공급체계의 경우

연공급에서는 승급이 근속년수에 따라 이루어진다는 것은 이미 언급했다. 그러나 여기서는 이 승급에 능력을 어느 정도 반영하여야 한다는 시각에서 설명하고자 한다.

기본급은 장기적으로 능력의 신장을 고려한 평가가 필요하다. 반면에, 상여금은 단기적으로 업적을 평가하여 반영되도록 한다. 이것은 다음과 같이 나타낼 수 있다.

능력평가 → 승급

업적평가 → 상여금

② 직능급체계의 경우

직능급에서는 동일직급 내에서 급내승급과 직급이 상승할 경우의 승격승급이 있다. 급내승급은 직무수행능력이 변화되지 않은 범위에서의 승급이기 때문에 노력・근면성・책임감 등에 중점을 두어 평가하는 것이 바람직하다. 반면에, 승격승급은 직무수행 능력이 상승하는 경우이기 때문에 기능도・업무지식 등의 능력평가를 중심으로 행해져야 한다. 이것은 다음과 같이 나타낼 수 있다.

업무태도평가 → 급내승급

능력평가 → 승격승급

업적평가 → 상여금

③ 직무급체계의 경우

직무급에서는 단일형으로 승급폭이 넓은 경우에는 직능급에서와 같은 사고로 행해질 수 있다. 그러나 변종형으로서 직무급이 순수한 경우에는 약간 차이가 있다. 이 경우에는 능력평가에 의한 적정배치가 이루어져야 하며, 이것을 전제로 평가하기 때문에 업적에 중점을 두게 된다. 이것은 다음과 같이 나타낼 수 있다.

업무태도 평가 – (연공급)
능력평가 – (적정배치)
업무평가 – 승격 및 급내승급
– 상여금

이와 같은 내용을 확장하여 포괄적으로 정리하면 <표 9–2>와 같이 나타낼 수 있다.

〈표 9–2〉 직무급의 평가체계의 평가

	연공급	직무급	직능급	상여	승진	배치	교육훈련
업적평가	○	◎	○	◎	○	○	◎
능력평가	○	○	◎	○	◎	◎	◎
집무능력	○	○	◎	○	○	○	○
성격평가					○	◎	○
적성평가						◎	○

주 : ○ : 어느 정도 반영, ◎ : 강하게 반영.

(2) 공개와 비공개

임금관리의 내용, 즉 임금률, 임금의 격차 등을 공개적으로 행하여 종업원들에게 개방적으로 실시하는가, 아니면 비공개로 하여 종업원들로 하여금 명확한 정보를 갖지 못하도록 하는가 하는 임금관리의 의사소통의 문제는 최근 임금관리의 운용적 측면에서 많은 논란의 대상이 되고 있다.

일반적으로 많은 경우에는 임금관리의 비공개(pay secrcy)를 경영자들이 선호하는 경향이 있으나, 연구결과에 따르면 임금관리가 공개적으로 행해질수록 QWL과 조직 유효성이 상승하게 되며 긍정적인 조직분위기를 이룰 수 있다고 한다. 또한 롤러(E. E. Lawler)의 연구와 밀코비치(Milkovich)의 연구를 보면, 비공개적으로 관리하는 경우에는 동료들의 임금을 자신보다 크게 인식하게 되고, 크게 인식하면 할수록 만족이 낮아진다. 그리고 상급자의 임금에 대해서는 실제보다 낮게 인식하는 경향이 있고, 하급자의 임금은 높이 인식하는 경향이 있다. 또한 임금관리의 공개 여부는 모티베이션에도 영향을 미치게 된다. 공개적으로 행해질수록 성과와 임금의 관계에 대한 이해가 커지고, 조직에 대한 신뢰가 크게 되어 모티베이션의 크기가 커진다는 주장도 있다.

그러나 임금관리를 비공개로 하는 이유는 현재의 임금제도에서 성과가 높은 종업원이 항상 높은 임금을 받고 있지 않는 경우를 발견하게 되며, 제도의 공평성에 대한 의문이 야기된다는 것이다. 또한 높은 성과를 올리고 높은 임금을 받는 사람들이 그렇지 않은 사람보다 임금관리의 비공개를 더 선호하는 연구결과도 있다.

그것은 종업원들이 열심히 일해서 보다 많은 임금을 받기를 원하더라도 열심히 일하지 않은 종업원들로부터 소외당하는 것을 염려한다는 점을 시사해주고 있는 것이다. 이와 같이 임금관리의 공개 또는 비공개의 문제는 아직도 계속 논란이 되고 있다. 따라서 앞으로의 연구초점도 과연 임금관리의 공개여부가 임금에 대한 만족에 어떻게 영향을 미치는가에 두어야 한다. 이에 따라 중요한 관리방향을 얻어낼 수 있기 때문이다.

(3) 종업원의 참여

임금과 관련된 제도의 설계와 관리에 대하여 수많은 복잡하고 어려운 의사결정이 행해지게 된다. 따라서 이러한 의사결정에 있어서의 종업원의 참여 정도는 임금관리의 운용적 측면에서 또 하나의 중요성을 갖게 된다.

롤러는 임금제도에 관한 참여의 효과에 관하여 [그림 9-11]과 같이 설명하고 있다. 그림에서 보는 바와 같이 설계의 참여에 의해서 보다 많은 제도에 대한 정보를 갖게 되고, 보다 큰 책임감과 동조감을 느끼게 된다. 그 결과로 제도에 관한 신뢰가 커지고 제도에 대한 우호적인 인식을 하게 된다.

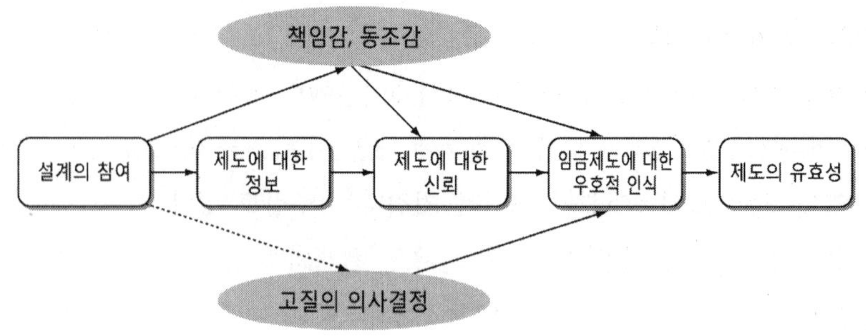

자료 : E. E. Lawier III, op. cit., p. 51.

[그림 9-11] 참여의 효과

〈표 9-3〉 참여에 의한 태도변화 결과(N=58)

구 분	참여 전(%)	참여 후(%)	차이	p
직무만족	44.4	72.2	27.8	.05
임금만족	7.1	37.5	30.4	.001
경영층신뢰	30.2	45.3	15.1	.05
동참신뢰	35.7	32.1	-3.6	-
임금관리만족	12.7	54.5	41.8	.001
이직성향	40.0	70.9	30.9	.01
직무투입	48.2	64.3	16.1	-

자료 : E. E. Lawler III & G. D. Jenkins, Employ Participatipn in Plan Development, 1976 : E. E. Lawler Pay and Organization Development, 1981에서 재인용.

따라서 제도는 종업원의 행위를 바람직한 방향으로 유도할 수 있어 그 유효성이 커지게 된다. 또한 다루어지는 정보가 매우 중요한 경우에는 고질(高質)의 의사결정이 이루어지기도 한다.

그러나 어떠한 경우에 참여가 이루어지고 어떠한 경우에는 이루어지지 말아야 하는가에 대해서는 거의 연구가 이루어지지 않고 있다. 롤러와 젠킨스(Jenkins)의 연구에 의하면, 종업원 참여에 의하여 임금제도를 설계하고, 6개월 후에 직무만족, 임금만족, 경영층에 제도에서와 그 이전을 비교분석하고 있다.

그 결과 임금만족, 직무만족, 임금관리에 대한 만족, 이직태도 등에서 <표 9-3>과 같이 현저한 개선을 보여주고 있다.

따라서 참여는 회사의 경제상황, 임금관리의 운용 등에 대한 종업원의 이해를 높일 수 있어 바람직한 결과를 유도한다고 말할 수 있다. 그러나 이 방면에 대한 연구는 거의 없는 실정이기 때문에 관리방향에 대한 일반적인 지침을 말하기는 어렵다.

3. 임금관리의 이념과 방침

임금관리는 항상 임금에 관한 기본이념과 기본방침에 의거해서 운영되어진다.

첫째, 임금관리의 기본이념으로서 종업원의 임금과 보수라는 것은 종업원의 노동 이외의 다른 원인으로 수여되는 것이 아니다. 오로지 자신의 노력에 의한 성과, 즉 반대급부의 행위로서 지급되는 것이다. 자기가 가지고 있는 능력을 최대로 발휘해서 직분을 수행할 때 비로소 높은 임금과 보수를 기대할 수 있을 것이다. 그리하여 기업측에서는 종업원의 임금과 보수 및 처우에 있어 개인의 능력과 업무수행 및 결과에 대한 성과를 공정히 평가하는 것에 의해 결정되어진다고 하고 있다. 다시 말하면, 능력이 있고 일에 대한 성과가 높은 종업원에 대해서는 높은 임금과 보수, 그리고 처우가 개선되어야 한다는 것이 현대적 의미에 있어 기본이념이라 할 수 있겠다.

둘째, 임금관리의 기본방침으로서 임금관리는 다음과 같은 예를 설정할 수 있다.

1) 임금 수준의 상승

① 장기적인 임금상승은 생산성의 향상에 의해서 이것을 흡수하는 것이다.
② 생산성 향상을 달성하기 위해서는 적극적으로 종업원의 능력개발을 촉진한다.

2) 개별임금의 결정

① 종업원의 임금 보수는 개인의 능력보유 및 기업에 대한 공헌성과에 의해 공정·명확히 결정한다.

② 종업원의 생활안정과 가정의 번영을 이상으로 삼아 보수의 결정은 이와 같은 개념을 갖고 생계요소를 고려해야 한다.

이상과 같이 임금에 관한 기본적인 형과 방향을 토대로 세부실천사항이 작성되어질 때 비로소 기업주와 종업원 양자 간의 추구하는 목적과 목표에 부합될 수 있을 것이다.

4. 임금관리의 목표와 기능

먼저 임금관리는 다음과 같은 개념을 가지고 있다(Chruden & Sherman, 1976 : 576).

① 임금지급액

② 임금기준 및 지급방법

③ 임금의 사회적 수준

④ 생활급으로서의 안정성

⑤ 승급의 가능성에 있어 합리적이고 능률적인 결정을 내리기 위한 기술

그래서 관광산업은 노사 간에 공정하고 합리적인 임금정책을 수립하고 목표를 설정해 놓고 있으며, 이를 통하여 다음과 같은 목표를 기하고자 함에 있다.

① 관광기업이 필요로 하는 질과 양의 노동력을 확보할 수 있다.

② 종업원의 능력을 충분히 발휘할 수 있도록 적정한 보수를 지급한다.

③ 관광기업경영의 입장에서 노무비의 적정도를 유지한다.

④ 납득이 가는 배분으로 노사관계를 원활히 하고 일치협력해서 기업발전과 종업원 복지향상을 도모할 수 있다.

그리고 임금관리기능에는 첫째, 기업주와 종업원 간에 서로 이해할 수 있고, 사회적으로 공정한 기능을 수행하도록 역할을 다해야 하며, 둘째, 제반기업활

동에 이니셔티브(initiative)를 위한 동기부여의 요소로 그 역할을 다해야 한다.

5. 임금결정

1) 임금결정요인의 제유형

관광기업의 임금결정(wage determination)은 수많은 직무의 상호 관련성과 이에 수반되는 다양한 요소 때문에 결코 용이한 일이 아니다. 임금관리자가 특정 직무에 대한 구체적인 임금수준을 결정할 때 고려해야 할 요인을 임금결정요인이라 한다.

여러 학자들 중 슈르든(H. J. Chruden)과 셔먼(A. W. Sherman)의 유형을 살펴보면 다음과 같다.

① 우세한 임금률(prevailing rate)
② 직무의 상대적 가치(relative worth of the job)
③ 생계비(cost of living)
④ 단체교섭(collective bargaining)
⑤ 기업의 지급능력(company ability to pay)

등 다섯 가지 요인이 임금결정에 절대적인 영향력을 행사한다고 주장하고 있으며, 최근에는 부가급부(fringe benefit)를 추가하고 있다.

한편, 비치(D. S. Beach)는 다음과 같이 주장하고 있다.

① 우세한 임금(prevailing wage)
② 지급능력(ability to pay)
③ 생계비(cost of living)
④ 생산성(productivity)
⑤ 교섭력(bargaining power)

이를 슈르든과 셔먼의 분류와 비교하면 직무의 상대적 가치를 생산성으로 대치하고 있음이 상이한 점이고, 다른 네 개의 요인은 동일하게 분류하고 있다.

또 메긴슨(Megginson)은 다음과 같이 분류하고 있다.

① 수요·공급의 법칙(law of supply and demand)

② 행정적 요인(governmental factor)

③ 산업임금(industry wage)

④ 지역임금(area wage)

⑤ 표준생계비(standard and cost of living)

⑥ 단체교섭(collective bargaining)

⑦ 지급능력(ability to pay)

이와 같이 임금결정에 미치는 요인들이 다양함을 알 수 있으며, 이러한 점은 임금결정 자체가 인적자원관리상 중요하다는 사실을 간접적으로 시사해주고 있다고 볼 수 있다.

2) 임금믹스의 구성요소

임금에 대한 내·외적 요소의 결합 및 혼합은 직·간접적으로 종업원 임률에 영향을 미칠 수 있다. 다음의 [그림 9-12]는 임금믹스(wage mix)에 영향을 미치는 내·외적 요소의 상호활동을 나타낸다(유기현, 2000 : 308~310).

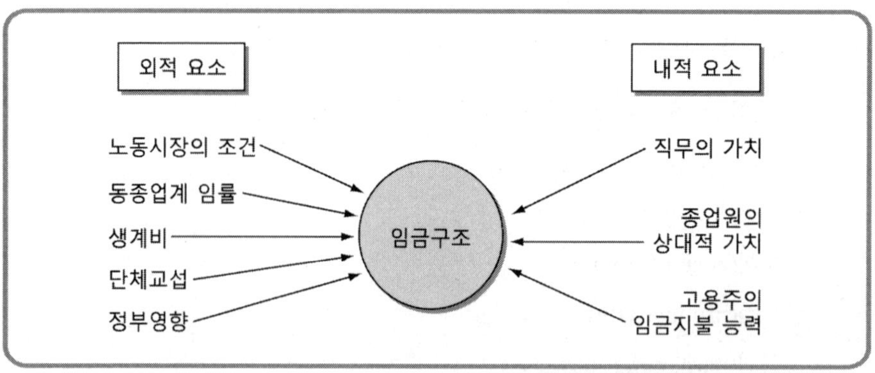

[그림 9-12] 임금믹스에 영향을 미치는 내·외적 요소

(1) 외적 요소

노동시장의 조건(conditions of the labor market) : 노동시장은 노동력에 대한 수요와 공급의 세력에 적격한 영향을 준다. 예를 들면, 비고용자가 노조원 사이에서 주석으로 많을 때 노조는 근로자의 임금률이 낮아지는 것을 방지해준다. 또한 취업률이 높고 노동공급이 부족할 때 조직체의 임금수준은 일반적으로 높은 경향을 보이게 된다.

① 동종업계 임금률(Competitors wage rates)

공식적 임금구조는 그 지역 내의 공통된 직업에서 근로자 간에는 동일한 수준의 비율로 임금이 지급되어야 한다. 임금수준의 격차는 양질의 노동력을 유인하는 데 장애요인으로 적용하게 된다.

② 생계비(cost of living)

인플레이션 때문에 종업원들의 구매력을 유지시키기 위하여 정기적으로 보상비율이 상향조정되고 있다. 이것은 생계비적응(cost of living adjustments)이라고 하는 자동조절조항(escalator clauses)에 의한 것이다. 이 생계비의 적응은 소비자물가지수(consumer price index; CPI)의 변화에 기초를 둔다.

③ 정부영향

정부는 임금인상과 인상률을 통제할 경우에 종업원의 생계비 적응과 그 효과에까지 영향을 미친다. 즉 소비자 물가지수는 음식, 의류, 집, 연료, 교통요금, 의료서비스요금, 생활 속에서 구입해야 하는 재화와 서비스 등의 가격에 기초를 둔다. 그리고 소비자물가지수에 기초한 임금의 인상으로 인한 임금을 받는 사람들 사이에서 불평등은 비율의 기초보다도 시간당 임금으로 이루어지는 조정으로부터 기인한다. 소비자물가지수와 임금인상을 연계함으로써 발생한 불평등은 제거되기 어렵다.

④ 단체교섭(collective bargaining)

노동조합의 가장 중요한 기능 중의 하나는 종업원의 현재 임금에 대한 단체교섭이다. 새로운 협약에 있어서 노조의 목표는 조합원의 구매력과 생활수준을 증진시키는 실질임금의 인상을 이루는 것이다. 따라서 단체교섭은 임금인상의 요소가 된다.

(2) 내적 요소

① 직무의 가치(worth of the job)

공식적 보상프로그램이 마련되지 않은 조직의 보상비율 결정은 조직을 잘 아는 사람들의 주관적 의견에 의한 직무의 가치를 기준으로 한다. 그러나 공식적 보상프로그램이 마련되어 있는 조직은 보상비율 결정에 있어 직무평가시스템에 더 의존하는데, 이는 준비된 기준에 따라 운영효율을 증대시킬 수 있기 때문이다.

② 종업원의 상대적 가치(employee's relative worth)

일정한 자격을 가진 종업원은 그것에 상응하는 같은 비율의 보상을 받아야 한다. 종업원 성과의 차이는 승진과 다양한 인센티브에 의해 인지될 수 있고, 보상될 수 있다.

③ 고용주의 임금지불능력(employer's ability to pay)

사기업에서 임금수준은 종업원이 생산하는 재화나 서비스로부터 파생되는 이익에 의하여 제한되고 있다. 따라서 조직의 임금지불능력은 종업원의 생산성에 따라 결정된다. 또한 종업원이 경험하는 경제적 상황이나 경쟁은 임금률에 영향을 줄 수 있고, 경쟁과 경기침체는 시장가격을 낮출 수 있으며, 보상을 파생시켜 기업이익을 감소시킬 수 있다.

동기이론

임금이 그 중요성을 어떻게 획득하게 되는가를 보이고 있는데, 임금의 중요성은 '매슬로우(Maslow)의 6개 유형의 욕구에 대한 지각된 중요성(perceived importance)'과 '그 욕구의 충족을 위한 임금의 지각된 도구성(perceived instrumentality)' 간의 연결(積算)부터 얻어진다는 것이다(the model shows that a given amount of pay derives its importance from its perceived associations with the six types of needs mentioned by Maslow).

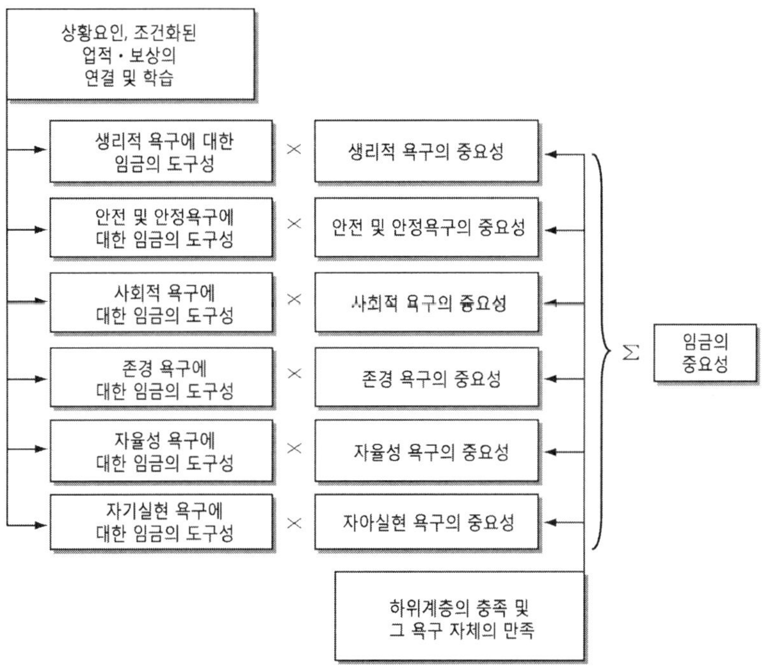

6. 보 상

1) 보상제도

오늘날 관광기업에서 평등한 임금계획 수립을 위해 보편적으로 사용되고 있는 관례들과 정책들에 관해 논하고 있다.

임금과 월급이 특별히 효과적으로 구별되어 사용되지 않는다.

대부분의 회사들이 임금과 월급을 명백히 구별짓지 않고 단지 지불방식(시간제, 격주제, 주급제)에 따라 다르게 사용된다.

① wage는 시간제 고용인에게 지불되는 돈이다(피고용인의 기술수준이 숙련·비숙련과 관계 없음).

② salary는 주급, 월급, 연봉으로 일하는 피고용인에게 지불되는 것이다.

③ compensation : 서비스에서 인적자원에게 지불하는 보상으로 해석할 수 있다.

④ exempt personnel(면제직원)은 법에 따른 시간 외 수당을 지불할 필요가 없는 피고용인들이다.

⑤ nonexempt personnel(비면제직원)은 시간 외 수당을 꼭 지불해야 할 필요가 있는 피고용인들이다.

2) 보상제도 수립에 따른 고려요인

먼저 보상제도 수립의 목표를 정한다(업무만족, 불만제거 등).

경영의 관점에서 볼 때 회사의 내부 임금지불 구조에서 가장 중요한 고려사항이 무엇인가?

보상제도 수립에 따른 종업원들의 생각이 공평과 공정하다고 생각하도록 해야 한다(예 학교 졸업 후 학생들의 구직 기준이 월급에 많이 좌우되는 걸 볼 때 타당성 있는 보상제도의 도입이 중요하다).

〈표 9-4〉 보상제도의 결과들

서비스산업에서 보상제도의 결과들
목표 : 보수와 월급 사이의 불공정 사례 제거
파생된 결과 : 증가된 동기 향상된 업무 수행력 승진기회 근절된 장기근속 피고용인 유지 피고용인의 업무만족 최상의 사원 유치 경력 개발

3) 직무평가

직무평가는 고용인의 수행능력을 평가하는 것이 아니라, 서비스제공에 있어서의 각 직무에 맞는 의무와 책임을 다했는가에 기준을 두어야 하며 각 직무에 맞는 임금수준을 결정짓는 데 필요한 도구이다.

4) 보상조사

동일업종 회사의 보상조건 조사 및 반영 시 서비스 경영은 동 업종에 종사하는 경쟁사들의 관점에서 조사되어야 한다.

고려 조건
• 지형적 근접도 • 비슷한 제품 혹은 서비스를 지급하는지 여부 • 자신의 직원 스카우트 여부

5) 직무등급화

직무에 대한 평가제는 보상제도의 기준이 된다.

일례로 식음료서비스산업에서 적절한 보상요소들은 아래 4분야이다.

(1) 직무요구사항

① 학력

② 경력

③ 훈련 습득력

④ 지식

⑤ 판단력

⑥ 직무 습득력

(2) 효 과

① 집중력
② 체격요건
③ 체력

(3) 일에 대한 책임감

① 금전적 책임감
② 수단과 진행
③ 고객과의 접촉
④ 대외관계
⑤ 협력
⑥ 안전
⑦ 통솔력
⑧ 의존성
⑨ 조정력
⑩ 시스템 통제력

(4) 근무조건

① 장비에 대한 위험성
② 작업장 온도
③ 교대시간

다음으로는 각각의 보상요소들에 대한 표준척도가 필요하다. Skill level 하위의 2가지 보상 요소를 살펴보면 다음과 같다.

1. 학 력	
고졸 미만	5점
고 졸	15점
전문대졸	20점
대 졸	25점
대학원 석사 졸	30점

2. 업무습득에 요구되는 시간	
0~1주	5점
2~3주	10점
4~8주	15점
9~26주	20점
27~52주	25점
1~2년	30점

위에서 보는 바와 같이 서비스 조직 내에서는 작업 등급이 직무평가의 수단으로 종종 사용된다.

6) 직무가치

다음 단계인 직업 가치(job pricing)는 각 직무 등급에 따른 임금서열을 매기는 수단으로 정의내릴 수 있다.

일의 가치를 결정짓는 요인
일에 대한 정보, 외부인력시장

서비스조직에서 직업의 수와 서로 얼마나 비슷한가에 달려 있다.

임금 등급을 결정지을 때 각각의 직무등급에 맞는 최저임금과 최고임금을 먼저 결정지어야 한다. 또한 각 등급들 사이에 얼마나 중복되는지를 결정지어야 한다.

등급결정은 경영자, 비경영자 모두의 위치에서 결정지어야 한다.

임금 조율의 최저 수준은 무경력자이거나 아주 약간의 경력만을 소지한 자에게 기준을 두어야 한다.

임금 조율의 표준 혹은 중간점은 전형적인 경력사원이 회사에 만족스럽게 일할 수 있는 수준이다.

최고 수준은 대부분의 서비스 회사들이 그 직무 수행의 탁월성을 동의할 정도의 수준이어야 한다.

임금차별은 인적자원경영결정에 달려 있다.

즉 기본 지방자치법의 임금구조에 바탕을 두고 타 경쟁사보다 더 높은 임금을 책정할 것인가? 자사의 임금 수준에 대한 어느 정도의 대외이미지를 고려하느냐에 달려 있다.

서비스산업에서는 어떤 타입의 사람을 고용하느냐에 따라 사업의 성공도가 결정지어지기도 한다. 인적자원이 고갈되어감에 따라 장기적인 직원들의 보상계획수립이 필요하다.

보상수준에 영향을 미치는 개개인의 특성들
능력 수준 교 육 서비스기간 경 력

7) 동기부여의 도구로서 보상

돈이 진정 사람들을 일하게 하는 동기인가?

일단 개개인이 원하는 기본 생계가 보장된 이후에는 우리 인간의 만족을 좌우하는 동기가 단 하나라고 말할 수 없다. 우리의 일에 대한 동기의 하나로 목표달성이 동기이론과 직접적으로 연관되어 있다고 할 수 있다.

일차적으로 고용인들의 의식주 등 매슬로우가 주장한 인간의 기본 욕구를 충족시켜 주는데 필요한 보상제도를 수립해야 한다(기본욕구에 대한 충족이 없는 임금은 불만의 요인이 됨).

허즈버그 이론
임금은 동기유발요인이 아니라 기본 생계유지 요인이다.

위 이론들로 미루어 보아 돈의 동기유발적 가치는 인간의 기본 욕구가 충족된 이후에는 변화한다.

8) 업무 수행력에 따른 임금 지급

전통적으로 고난이도의 능력을 요하는 피고용인에게는 고소득을 보장해주는 것이 관례이다. 수행력에 따른 임금지급제도는 임금이 동기유발의 수단으로서의 커다란 영향력을 가지게 한다. 보상제도가 동기유발의 효과적인 수단이 되기 위해서는 인적자원이 유능한 업무 수행력은 보다 나은 임금을 보장받는 것임을 믿게 하는 것이다.

공훈(공적) 기준의 임금체계는 종종 업무수행력을 기준으로 한 임금체계와 유사하게 사용되어왔다. 공적 평가는 동 직종 내에서 일의 능률을 높여주는 시스템으로 정의된다.

9) 인센티브 지급 프로그램

인센티브제도는 평균 이상의 업무수행자에 대한 직접적인 보상제도로 판매고 향상, 회사수익률 향상 등에 그 판단근거를 둔다.

인센티브 지급 프로그램이 효과적인 수단이 되기 위해서는 단지 업무 수행력에만 그 기준을 두어 고용인이 이를 업적과 그들이 받을 보상과의 관계를 명확히 해주어야 한다.

인센티브의 종류
선물, 상금, 상품, 여행, 휴가, 커미션, 보너스 등

① 커미션 : 판매실적률에 따라 직접적으로 지급하는 인센티브 수당이다.

② 보너스 : 일정 기간에 따라 업무 수행력이 높은 고용인에게 급여 외 지급하는 수당이다.

③ 수익분배 : 전 직원들에게 회사의 수익을 나눠준다.

④ 이익분배 : 그룹별로 회사의 수익을 분배한다.

⑤ 고용인 주식 보유제(ESOP) : 고용인이 자신의 회사 주식을 보유하도록 한다.

제10장

복지후생

관광환경이 크게 달라지고 있음에 따라 종업원들의 의식구조도 다양화하고 있으며 관광기업의 복지대책에 대한 관심 또한 높아지고 있다. 관광기업의 복지제도는 종업원의 생활을 풍요롭게 만든다는 각도에서 볼 때, 그 필요성에 따른 갖가지 원조와 시책이 다양하게 실시되는 것이 바람직하다고 하겠으나, 관광기업으로서는 그 코스트면을 도외시하고 생각할 수는 없는 노릇이다. 따라서 관광기업이 실시할 수 있는 범주 안에서, 그 필요성과 관광기업 현실이 부합되는 것부터 우선 채택· 실시하며 그 충실· 강화에 노력하는 것이 바람직하다.

지난 짧은 기간의 고도성장 시기에는 여러 가지 복지대책이 강구· 논의되기도 했으나, 최근 토지· 주택 가격의 앙등, 소비구조의 변화, 생활양식의 다양화, 여성의 사회진출 등 호텔기업경영의 내외환경이 크게 달라짐에 따라 전원혜택식 복지대책은 점차 빛을 잃어가는 추세이다.

따라서 앞으로는 스크랩 앤드 빌드(scrap and build : 비능률적인 것을 폐기하고 고능률적인 것을 만듦)식 사고방식에 의거, 시대에 흐름· 요구 등을 반영할 수 있는 관광기업 특유의 복지대책을 내세우는 가운데 전반적인 복지후생제도를 확립해 가는 것이 바람직하지 않을까 생각된다.

1. 복지후생의 의의

관광기업조직에서는 종업원 후생복지를 체계적으로 수행하기 위해 복지후생제도(benefit program)를 만들어야 한다. 복지후생제도는 과거 조직에서 종업원에 대한 온정주의적 활동의 일환으로 임의적이고 자발적으로 운영되었다. 산업혁명 이전 가내수공업시대에 고용주들이 종업원들에게 행사했던 가부장적 리더십을 바탕으로 종업원 보호를 위한 취지에서 시작된 것이다. 그러나 대량생산을 통한 산업화가 진행되면서 고용주의 종업원 노동력 착취로부터 사회보장 차원의 종업원 인권보호에 대한 관심으로 전환되었다. 사회보장과 관련된 각종 사회보장은 그 대표적인 예이다.

현재 각국에서는 복지후생의 법적 의무화를 시행하여, 종업원들의 인간적인 권리 신장과 더불어 직업생활의 향상을 도모할 수 있도록 하고 있다. 이렇듯 복지후생제도는 초기 조직주의 가부장적 온정주의에서 시작되어, 사회보장으로 확산되면서 법적인 합법성과 조직의 은혜적인 자발적 행동을 동시에 포함하고 있다. 따라서 복지후생제도는 제도적 의무화, 합법성의 딜레마, 보상의 복잡성이라는 특징을 가진다(Noe, Hollenbeck, Gerhart & Wright, 1997 : 518).

① 제도적 의무화

복지후생은 제도적으로 의무화되어 있다. 사회보장 차원에서 조직이 반드시 제공해야 할 복지후생이 존재함을 의미한다. 예컨대, 직장의료보험이나 산업재해보험과 같은 사회보험과 퇴직금제도나 유급휴식제도 등은 법적으로 의무화되어 있다. 정년은퇴나 조기 및 명예퇴직 등의 퇴직연금 역시 조직의 제도적 의무로 규정되어 있다.

② 합법성의 딜레마

직접적 보상인 임금과 더불어 후생복지 역시 법적인 규제를 받는다. 하지만 복지후생을 통한 간접적 보상의 범위와 영향은 임금과 같은 직접적인 보상과는 다르다. 예컨대, 직장의료보험과 같은 사회보장보험은 법에 의해서 규제를 받지만, 휴양시설의 설치나 종업원 건강진단 프로그램 등과 같은 법적 외 후생복지는 법적으로 강요할 수 없으며 조직의 자발적인 노력이 요구된다.

③ 보상의 복잡성

복지후생제도는 단순한 임금지불을 넘어 수혜자의 주체, 종류의 다양성, 복지후생의 성격 등 복잡한 지급과정을 지닌다. 예컨대, 임금의 경우 현금으로 지급되기 때문에 그 가치를 쉽게 알 수 있지만, 후생복지는 일종의 보상 패키지로 직접적인 보상이 아닌 간접적인 보상이다. 복시후생의 효과 또한 사람마다 다르게 인식한다. 우리나라에서 지급하는 청년퇴직금은 임금후불설로 인해 퇴직한 종업원에게 지급 유예된 임금의 일종이다. 퇴직금을 연금형태로 지불할 경우 후생복지의 간접적인 보상에 해당된다. 더구나 개정된 노동법에서는 종업원이 퇴직하기 전이라도 자신의 요청에 의해서 기왕에 계속 근무한 기간에 대한 퇴직금을 미리 정산하여 지급받을 수 있게 된다. 물론 종업원 요구에 의해 무조건 받아들여지는 것은 아니고, 객관적인 사정이 확인될 수 있는 경우에 한해서 적용된다. 이와 같이 복지후생제도는 보상대상자 선정, 보상지급액 결정과정 등 그 절차가 매우 복잡하고 엄격하다(이진규, 2001 : 461~462).

그러나 현실적으로는 관광기업측과 종업원측이 공동으로 관리하는 경우와 종업원측이 자치적으로 운영을 하도록 하는 경우도 있다.

복지후생의 증진은 기업에 있어 노사 간에 다 같이 이익을 가져다준다. 그것은 관광기업의 생산성을 높이는 방안인 동시에, 종업원의 생활양성을 기하게 된다. 산업의 민주화라는 관점에서 볼 때 복지후생의 증진은 현재보다 오히려 앞으로를 내다보고 강조되어야 할 것이다.

그러나 복지후생제도가 덮어놓고 그 시설이나 제도를 확대하는 것만을 소망하는 것은 아니다. 관광기업의 경영부담능력에 한계가 있을 뿐 아니라 종업원으로서도 복지적 혜택보다 도리어 직접적인 임금의 증액을 바라는 경향이 높다. 그러므로 합리적인 관광기업의 복지후생관리에서 기본적으로 고려되어야 할 것은 다음과 같다.

첫째, 적정성의 원칙을 지켜야 한다. 관광기업의 모든 종업원에게 절실히 필요하고, 경영부담에 알맞으며, 동종산업이나 그 지역 내의 타 산업과 비교하여 크게 차등이 없는 정도의 복지시설을 하는 것이 마땅하다. 따라서 종업원의 의견을 참고로 연차적인 확충계획을 세워나가야 한다.

둘째, 오늘날의 관광기업은 합리성을 추구하는 방향에서 복지후생을 관리하지 않으면 안 된다. 복지시설과 제도는 기업에서만이 아니고 국가나 지역사회에서도 추진하고 있으므로 서로 중복이나 관련성이 결여되지 않도록 해야 하고, 국가의 사회보장제도나 사회의 보험사업을 이용하는 등 지역사회와 협력하여 공동을 추진하는 것도 좋은 방법의 하나일 것이다.

셋째, 협력의 원칙으로서 종업원은 복지후생제도가 자신들을 위해 마련된 시설임을 인식하고 이를 유지·향상시키기 위해서는 기업의 책임이 크지만, 동시에 종업원의 책임도 크다는 것을 알아야 한다. 따라서 노사가 협의하여 후생복지의 내용을 충실하게 관리함으로써 알찬 시설이나 제도를 발전시킬 수 있으며, 그 운영에 있어서는 더 한층 협력적 효과를 발휘할 수 있게 될 것이다.

이와 같이 복지후생시설은 종업원의 지시와 협력을 얻어야 하며, 그 존재가치를 인정받으려면, 그 관리방법에 있어 다음과 같은 운영방법이 검토되어야 한다.

① 관광기업에 후생복지담당을 두고 직접 운영하는 방법
② 종업원의 자치적 운영에 맡기는 방법
③ 기업과 종업원 대표와의 합동위원회에 운영되는 방법
④ 제3자에게 운영을 위탁하는 방법

이상에서 어느 방법을 택하느냐 하는 것은 시설의 종류, 기업의 위치, 종업원의 규모, 기업의 특수성에 따라 결정될 것이다. 최근에는 위탁이나 직영이냐의 문제가 크게 논의되기도 한다. 이것은 각기 일장일단이 있으므로 그 시설이 목적하는 바에 의하여 선택하도록 하여야 할 것이다.

Tips－Benefit Program(R호텔 사례)

구 분	내 용
임금 및 상여금	• 정기상여금 600% • 짝수달 10일에 각각 100%씩 지급한다.
특별 상여금 (정규직만 해당)	• 설 : 1년 이상자 50%, 2년 이상자 100%(설 5일 전) • 추석 : 100%(추석 5일 전) • 연말상여금 : 50% • 효도상여금 : 50% • 영업활성화 장려금 : 500,000원(매년 지급 9월 30일 기준) • 김장상여금 : 기혼자 300,000원, 미혼자 250,000원(11월 20일 지급) • 하계휴계비 : 300,000원(7월 1일 기준), 아르바이트 6개월 이상인자 : 150,000원
가족수당	1년 이상자 본인 20,000원, 배우자 10,000원, 자녀 10,000원(2년까지)
근속수당	1년 이상자 기초 10,000원, 매 연차당 10,000원씩 가산
직급 및 직책수당	• 사원 20,000원 (7년 이상 2002년 기준 '95년 3월 31일 이전 입사자) • 주임 30,000원 • 계장 50,000원
국민건강보험	• 연간 총근로소득으로 월평균급여 산정 • 월평균급여액의 1.7% 본인부담, 1.7% 회사부담
국민연금	• 연간 총근로소득으로 월평균급여 산정 • 월평균급여액의 4.5% 본인부담, 4.5% 회사부담
고용보험	• 월급여액의 0.5% 본임부담, 1.3% 회사부담
산업재해보상보험	• 전액 회사가 부담
브레이크 타임 수당	• 해당업장에 한함. 시간당 3,000원(3:00~5:00pm)
휴일 및 휴가	• 월차휴가－만근자 1일휴가 지급
연차휴가	• 1년간 만근한 경우 10일, 9할 이상 출근자 8일 • 2년 이상 근무자에 대해서 매년 1년에 대하여 1일씩 가산 • 연 · 월차가 20일을 초과할 경우 매년 3월 10일에 정산지급한다.
유급휴가	• 법정휴일, 노동절, 회사창립일, 정부가 지정한 임시공휴일, 노사가 합의한 날 • 설과 추석 명절 연휴기간, 노조창립일에 근무하는 경우 대휴로 사용할 수 없으며, 익월에 법정수당으로 지급한다.

<table>
<tr><td>생리휴가</td><td colspan="2">• 여직원에게 월 1회 생리휴가 지급</td></tr>
<tr><td>산전 후 휴가</td><td colspan="2">• 근로기준법 제72조 적용
• 산전 후 2개월 유급휴가 + 1개월 유급휴가(고용보험)</td></tr>
<tr><td>동아리</td><td colspan="2">• 노사가 공히 인정하는 동아리에 한하여 지급한다.
• 연 150~200만 원 보조비</td></tr>
<tr><td>하계휴양소</td><td colspan="2">매년 하계휴양소를 설치 운영</td></tr>
<tr><td>선 물</td><td colspan="2">설 · 추석 · 노조창립일에 선물 지급(연 20만 원)</td></tr>
<tr><td>장제위원회</td><td colspan="2">노사 협의하여 파견자 2명 선정, 노조간부 1명 파견 지원(직계부모 및 배우자 상)</td></tr>
<tr><td>건강진단
(보건증 신체검사)</td><td colspan="2">• 관리방법 : 간호사
• 비용부담 : 보건증은 회사부담, 채용신체검사는 회사부담
• 일반검진 : 매년 실시(전 직원 해당함)
• 종합검진 : 만 40세 이상 직원 2년에 1회 정밀종합검진 실시
• 특수검진 : 회사부담으로 시행(세탁부, 시설부)</td></tr>
<tr><td>휴직 사용방법</td><td colspan="2">• 종합병원 의사신단서 첨부하여 병가계 제출</td></tr>
<tr><td>업무상 부상 또는 질병시</td><td colspan="2">• 6개월까지 100% 임금지급</td></tr>
<tr><td>업무 외 부상 또는 질병시</td><td colspan="2">• 평균임금의 50%를 3개월까지 지급(단, 1년 이상자에 한함)</td></tr>
<tr><td>휴직 사용기간</td><td colspan="2">• 1개월 초과하는 장기요양시(6개월 초과시 조합과 협의)</td></tr>
<tr><td>식음료 할인</td><td>할인율</td><td>• 25%(본인 포함 6명까지 적용)
• 단, 인사부 사전승인시 적용</td></tr>
<tr><td rowspan="6">객실할인
(자매호텔 이용시)</td><td>자 격</td><td>• 직원으로서 6개월 이상 근무한 자</td></tr>
<tr><td>연이용일수</td><td>• 연간 자매호텔 최장 12일까지 사용가능</td></tr>
<tr><td rowspan="4">할인액,
할인율</td><td>직원 본인의 경우 1박에 미화 50달러</td></tr>
<tr><td>배우자 및 직계가족 이용시 75달러 적용</td></tr>
<tr><td>동 사용기간 중 무알코올 음료에 한하여 25% 할인혜택</td></tr>
<tr><td>단, 인사부로부터 사전에 예약한 경우</td></tr>
<tr><td>정 년</td><td colspan="2">• 57세. 퇴직일은 12월 31일</td></tr>
<tr><td>봉사료, 잉여금</td><td colspan="2">• 매월 정산지급 상 · 하반기 잉여금 결산공고(정규직 100%, 비정규직 80%)</td></tr>
<tr><td>학자금</td><td colspan="2">• 근속년수 3년 이상 중 · 고등학교 100% 지급(2자녀)
• 대학교(전문대 포함) 재학 중인 1자녀 학기당 100만 원
• 유치원 당해년도 만 6세 1회 1자녀 200,000원 지급</td></tr>
</table>

2. 복지후생의 구분

대체적으로 종업원의 후생복지에 관해서는 그 성격과 내용에 따라 경영관리시설, 경영관계제도, 경제관계제도의 세 가지로 대별한다([그림 10-1] 참조).

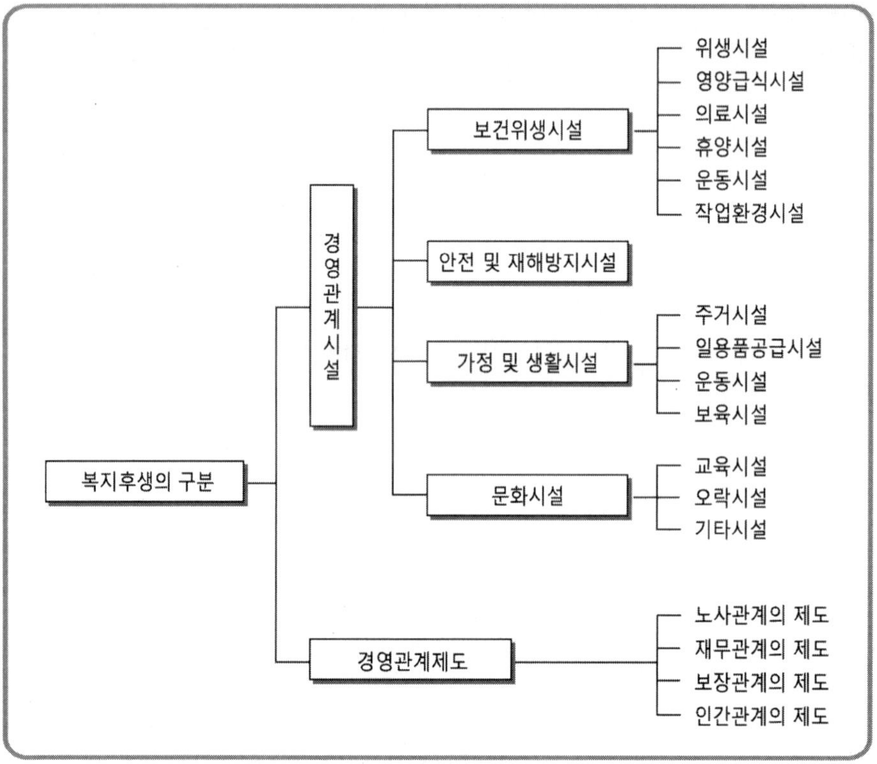

[그림 10-1] 복지후생의 구분

1) 보건위생시설

복지후생시설로서의 보건위생시설은 종업원 자신과 그 가족들의 보건을 위한 제반시설로 위생시설, 영양급식시설, 운동시설, 작업환경시설 등을 그 내용으로 한다. 노동자의 노동보호를 위한 법적인 규제는 다음과 같다.

(1) 위생시설

① 화장실 설치는 30명에 하나의 비율로 남녀별 수세식으로 한다.
② 세수시설을 비롯하여 세면장, 탈의실, 목욕시설을 한다.
③ 수질검사를 한 음료수시설을 설비한다.

(2) 영양급식시설

① 기준에 적합한 식당을 설치한다.
② 영양사를 고용한 위생적인 급식을 하도록 한다.

(3) 작업환경시설

① 작업장이 청결을 위한 기구의 비치
② 습도와 건조상태를 위한 설비
③ 환기 · 채광 · 조명등의 설비

2) 안전 및 재해방지시설

안전 및 재해방지를 위한 시설은 종업원의 귀중한 생명을 보호하고, 인적 · 물적 손실을 방지하기 위하여 필요한 것이므로, 이러한 시설은 안전 및 재해관리의 중점으로 취급되어야 한다. 재해를 방지하고 종업원의 안전을 위한 시설로서 화재방지시설, 위험작업에 대한 보호의 및 보호구, 위험한 장소와 기계설비 등에 대한 각종의 안전시설이 있다. 특히 근로기준법에는 작업상의 여러 가지 위험을 방지하기 위한 불필요한 조치를 강구하도록 규정하고 있으며, 안전장치에 관한 내용을 노동 안전관리규칙으로 규정하고 있다.

3) 가정 및 생활시설

가정 및 생활시설에는 주거시설, 일용품 공급시설, 통근시설, 보육시설 등으로써 첫째, 주거시설은 사택대여, 기숙사, 종업원 사유주택 등을 들 수 있으며,

그 중 일반적으로 많이 활용되고 있는 것은 기숙사제도로서 근로기준법에 노동자의 기숙사 생활의 보장, 생활규칙, 안전, 위생에 관하여 규정하고 있다.

종업원의 사유주택의 건축이나 구입에 대하여 건축자금이나 구입자금의 저리융자 및 분할상환 등을 들 수 있다. 현재 1일 3교대를 하고 있는 기업에 있어서 원거리의 거주자를 위한 기숙사 제도가 필요하다.

둘째, 일용품 공급시설에 있어서는 구입조합, 구내매점 등으로 관광기업이 운영하는 경우와 종업원측이 운영하는 경우가 있다. 일용품 공급시설은 종업원이 필요로 하는 생활필수품을 염가로 공급하는 것으로서 일반시중보다 싼 값에 종업원에게 공급한다.

셋째, 통근시설에서는 자동차나 지하철 통근권을 기업이 전부 또는 일부를 부담하여 종업원에게 불편이 없도록 하는 것이다. 보육시설로서는 내방객이나 종업원 가족의 자녀들을 위한 탁아소, 유아원, 보육원 등을 들 수 있다.

4) 문화시설

문화관계시설은 교육 및 운동오락시설 등으로 도서실, 독서실, 그리고 교양서적, 잡지, 신문 등을 열람할 수 있는 것과 교양강좌를 할 수 있는 시설을 갖추는 것이 관광기업으로서는 생산성 향상에 기여하는 길이 되는 것이다. 운동과 오락에 있어서도 여러 가지로 즐길 수 있는 사교적인 것과 취미운동에 관한 시설들이다.

5) 노사에 관한 경영제도

복지후생제도에 관한 경영관계제도로써 관광기업의 사회적 성격이 강조되고 있는 오늘날 종업원에 대한 새로운 인식이 필요하며, 종업원은 생산활동에 있어서 직접적인 담당자이므로 경영에 참여하고 이윤에 대하여 배분을 받는 것은 당연한 것이며, 종업원측과 사용자측의 이해가 공통되는 생산증가를 위한 문제를 협의제도를 통하여 상호 교섭하는 것으로써 후생시설의 위치 및 개선 문제를 다루는 것이다.

6) 재무에 관한 제도

재무관계에 관한 제도는 종업원의 복지후생을 증진시키기 위한 것으로서 이윤의 분배, 유급휴가 등으로 특정계약에 의하여 임금 이외에 매 회계년도마다 결정된 일부의 이윤을 종업원에게 분배해줌으로써 경영에 대한 종업원들의 열의와 협력을 높이고 생산능률을 향상시키는 데 목적이 있다. 그리고 유급휴가에 있어서는 종업원이 일정기간 동안 착실히 근속했을 경우 소정의 휴가를 주고 그 휴가기간 동안 임금을 지급하는 제도이다.

우리의 노사기준법은 월차유급휴가나 연차유급휴가에 관한 규정을 두고, 일정기간 성실히 근무한 근로자에게 유급휴가를 주고 있다.

3. 복지후생의 효과

종업원들은 직무 자체에서 느낄 수 있는 성취감과 책임감 및 자율성 등을 통해 직무만족과 업무 생산성을 향상시킨다. 그러나 진정한 직무만족은 직무와 더불어 직무 이외의 환경적인 요소, 예컨대 쾌적한 작업환경, 조직의 여가 제공, 조직의 종업원에 대한 인간적인 처우 등 위생적인 요소들과 상호 보완적 관계를 통해 이루어진다. 복지후생은 일종의 위생적인 요소들을 조직에서 후원하는 것이다.

조직은 종업원 복지후생을 지원함으로써 조직과 종업원의 사회적·윤리적 고용관계의 실현은 물론 조직의 경제적 효율성을 동시에 실현할 수 있다.
특히 복지후생은 〈표 10-1〉과 같이 종업원에게는 직업생활 및 삶의 질 향상을, 조직에게는 생산성 향상을 도모하여 인력충원, 인력유지, 업무 생산성, 고용관계 등 종업원과 조직의 다양한 인사기능을 효과적으로 수행할 수 있게 한다(이진규, 2001 : 262~263).

〈표 10-1〉 복지후생 효과

효과요소	종업원 이익	조직의 이익
궁극적 결과	직업생활 및 삶의 질 향상	조직의 생산성 향상
인력충원	• 동종 산업 내 종업원의 임금이 유사할 경우, 복리후생이 많은 조직에서 근무할 경우 그만큼 직업생활의 질을 향상시킬 수 있다.	• 동종 산업 내 종업원의 임금이 유사할 경우, 복리후생은 능력 있는 종업원을 유인할 수 있다.
인력유지	• 새로운 조직으로 이직을 고려할 필요가 없고, 조직을 사회적 공동체로 동시에 자아를 실현할 수 있는 곳으로 인식한다.	• 종업원들이 지각하는 조직에 대한 적극적인 지원은 이직률을 감소시키고, 경험생산의 누적된 결과를 촉진시킨다.
업무 생산성	• 직접적인 보상과 더불어, 복리후생을 통한 근로의식의 고취와 목표달성은 개인의 성취 욕구를 실현하게 된다.	• 복리후생을 통해 종업원들의 조직에 대한 소속감과 근로의식을 고취시킬 수 있어 생산성 향상에 이바지한다.
고용관계	• 조직과의 원만한 고용관계를 유지할 수 있어 권익보호를 위한 단체 활동을 할 필요가 없다.	• 종업원과의 원만한 고용관계를 유지할 수 있어 노사관계의 갈등을 미연에 예방할 수 있다.

따라서 복지후생제도는 단순히 종업원에게 소득을 형성시켜 주는 효과를 주려고 하기보다는 관광기업의 경영정책 및 사회정책과의 유기적인 관련 속에서 종업원들의 성취동기를 유도하는 창조적 효과가 클 것이며, 금전 등과 같은 물질적인 급여를 중시함으로써 복지후생의 양적인 측면만을 강조하기보다는 종업원을 위한 서비스나 그들의 정신적 만족감을 충족시킬 수 있는 질적인 측면도 강조될 때 효과를 기대할 수 있을 것이다.

그리고 복지후생의 효과가 복지후생만을 충실히 할 때 나타난다기보다는 다른 인적자원관리의 수단이 그러하듯이 그 자체로서의 효과는 크지 않은 바, [그림 10-2]와 같이 다른 인적자원관리 정책과 밀접한 관계를 가지며 상호작용을 할 때 종합적인 효과가 나타나는 것으로 이해되어야 한다.

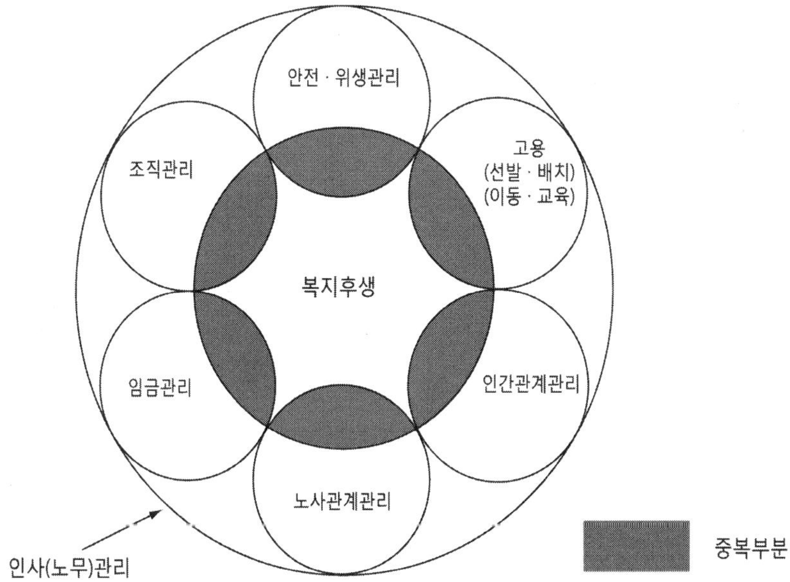

자료 : 淸水勤, 會事人間入門, 日本經濟新聞社, 1991(일부 수정).

[그림 10-2] 복지후생관리의 위치

4. 복지후생관리의 전략적인 내용과 세부시책(호텔 예)

호텔기업 복지비전이란, 호텔기업 복지가 도달해야 할 목표와 목표달성을 위한 원칙을 명확하게 하고 호텔기업 복지의 종합적 파악과 관련시책과의 적합성을 촉진하는 방향명세서이다. 그러므로 호텔기업 복지는 생활 · 사회 · 노동환경 등 종업원의 생애생활을 둘러싼 산업사회에서 복지비전을 비롯하여, 복지사회로의 기대에 밀접한 관련을 가지면서, 고도성장에 적응해 나가야 할 것으로 생각된다.

변혁기를 맞이해 가고 있는 오늘날과 같은 경제사회 정세 하에서는 '호텔기업 복지를 둘러싼 환경은 앞으로 어떻게 변화될 것인가'가 큰 과제로 되어 있다. 또 이제까지의 집단경영에 의한 호텔기업 일변도의 동기유발에서 개인의 자주세력을 고려한 것으로의 전환이 요구되고 있다. 따라서 종업원이 일하고자 하는 근로의욕을 높이기 위한 모티베이션제도를 감안하면서 종합적인 호텔기업 복지전략의 내용과 세부시책을 제시해 보면 <표 10－3>과 같다.

<표 10－2>를 통해서 향후 종사원은 생애생활을 그 경제적 측면뿐만 아니라, 육체적 · 정신적 측면의 충족을 포함한 조화적인 안정과 풍요로움을 추구하게 되었는데, 이와 같은 종업원의 새로운 욕구에 부응한다는 것은 대단히 어려운 일이라 하지 않을 수 없다. 그러나 기준적 근로조건의 향상과 직장환경을 정비하고, 한편으로는 자기개발과 인간교육, 사기앙양 및 동시유발 등 시대적으로 적합한 복지후생을 전개해 나가야 할 것이다. 그러므로 향후의 호텔기업 복지에서는 종업원의 생활수준의 향상과 더불어, 일층 고도의 내용의 것이 요청된다고 결론지을 수 있을 것이다(김봉규, 2003 : 452~455).

〈표 10-2〉 종합호텔기업복지전략의 내용과 세부시책

〈전략목표〉	〈기본과제〉	〈대응책〉	〈도입제도〉	〈내 용〉
풍요로운 생활 종합복지의 향상 (여유·윤기·정취가 있고 불안이 없는 인간다운 생활)	1. 주택시책 (안주와 안민의 보람)	자택마련	자산형성의 원조제도	• 사내주택적립예금제도 • 재형주택저축제도
			융자제도의 확충	•사내융자제도 • 주택은행·공적융자제도
			기타 모든 제도의 충실	• 생활설계의 원조 • 정보의 제공, 업자의 소개 • 주택지 알선·주택상담제도 • 자택관리제도
		사택의 충실		• 사택제도 • 사택의 양도 • 독신용주택, 기숙사
	2. 재산형성시책 (풍요로운 생활환경)	재산형성의 조성	재산형성 제도	• 재형저축제도 • 종사원특수제도 • 사내예금제도
	3. 노동생활시책 (일하는 보람)	직장환경의 개선	시설설비	• 취업을 위한 작업환경 만들기 • 안전·보전기준
			안전·보건	• 산업재해예방 • 안전·보건기준
			인간관계	• 노동 등 각종 상담체제의 정비 • 카운슬러 제도
		노동효율화	노동강화	• 적재적소기준 사원배치 • 노동의욕 앙양·성과배분제도 • 종사원 가족을 위한 위안제도 • 잔업의 감축
		교육훈련제도의 충실	자기개발 제도의 충실	• 교육휴가 • 교육훈련 수강기회의 확대
			기능향상을 위한 훈련	• 통신교육 • 교육훈련 • 국내외 유학
			자격취득 제도	• 자격취득제도
		장기근속장려제도	귀속감 및 노후생활보장	• 기업연금제도 • 장기근속자 수당제도
		건강·체력 증진운동의 추진	복지후생 시설의 설치, 운영	• 건강·체력증진·스포츠 • 건강관리의 개발·지도

시책	구분	제도	내용
4. 건강관리시책 (활력있는 심신의 형성)	예방과 조기발견	개인별 계속 관리	• 정기건강진단 • 종사원가족 건강진단 • 카운슬러제도 • 성인병대책제도
	치료와 after care	의료체제의 확충	• 기업 내 의료체제 • 계약의료기관의 장비·확충
	모성의 보호	여성고유의 건강관리	• 산전·산후의 휴가 • 임부의 통근 완화제도 • 육아휴업제도·간호휴가제도 • 모성보호제도
5. 여가시책 (인간성이 풍부한 생활)	여가의 확보	완전주휴 2일제	• 연차유급휴가 • 하기특별휴가
		유급휴가	
		장기특별 휴가제도	• 장기근속자 특별휴가
	여가의 활용 및 개발	레크리에이션 활동	• 자기개발·인격형성을 위한 정신적 충족·여행 • 문화재·민속놀이·체육대회 • 스포츠·레크리에이션·문화활동 등 각종 활동에 대한 조직적·자금적 지원
		여가시설	• 스포츠 시설 • 종합복지관의 건립확충
6. 상해재해시책 (안심하고 일할 수 있는 생활)	재해시의 생활보상	법정 외 재해 보상제도	• 중도장애자 산재보상의 연금화
		법정재해 보상제도	• 생명보험·연금보험·산재보험·업무상의 재해 위문금 취급 규정
		사상병 보장제도	• 사망퇴직금·상병결근기간·휴직기간의 연장·재형제도 • 장기결근이나 휴직하는 경우의 신분보장과 생활보장 • 중도심신장애자·아동양육보조제도·유아육영연금제도
		고용의 충실	• 정년연장 • 촉탁제도 • 재취직제도

7. 노후시책 (불안이 없는 생활)	노후생활의 충실	중·고년의 대책	• 고령화 현상 대책
		소득의 보장	• 일시금퇴직금 • 연금퇴직금 • 국민복지연금
8. 공제시책 (복지의 충실)	친목 상부상조	상조제도	• 종사원 자주적 공제조합제도 • 급부제도 • 대부제도 • 대형구판장
9. 지적향상을 위한 시책 (풍요로운 문화생활)	생활내용의 다양화	직장환경의 인간화	• 문화활동에의 참가촉진 • 문화·교양강좌 등의 충실 • 능력향상에의 원조 • 정보화사회의 대응 • 의사소통 • 사내보
10. 생애교육시책 (사는 보람)	노동생활의 개선	종합적 복지 보장	• 자기개발 • 직업이나 가정생활 등에 필요한 지식·기술의 지도 • 인간형성

제11장

이직관리

이직(separation)이란, 한 개인이 조직에 채용되어 입사한 후 자의적이든 타의적이든 그 조직을 떠나는 것을 말한다. 인적관리는 조직이 필요로 하는 인력을 모집하고 채용하는 것으로부터 시작하여 종업원이 이직할 때까지의 전반적인 인력을 관리하는 것이다.

조직은 우수한 인력을 확보하고 유지시키기 위하여 훌륭한 인적관리나 승진관리도 필요하지만 이직관리도 매우 중요한 것이다. 그러나 조직은 적정수준의 이직이 없으면 융통성이나 활력소가 저하되고, 노동력의 유연성이 고착화되어 경쟁력이 약화될 수도 있는 것이다. 그리고 종업원이 이직한 후에도 조직과 관계가 없는 것이 아니라 항상 관계를 유지하게 되어 조직과 이직자 간에는 이해관계자의 관계가 형성되기도 한다.

이직의 발생은 잉여노동력을 보유하고 있는 경우에는 인력활용을 합리적으로 하여 조직활성화의 효과를 가져올 수 있으며, 적절한 이직의 발생은 조직분위기의 쇄신으로 조직활성화에 활력소가 될 수도 있다는 긍정적인 측면이 있는가 하면, 반면에 훌륭한 인재가 유출되면 인재양성에 많은 시간과 비용이 소요되며, 또한 이직자에 대한 퇴직금의 지급으로 비용지출이 증가하고, 동료들의 사기에 악영향을 줄 수도 있다는 부정적인 측면도 있다.

1. 이직관리의 의의

관광기업의 인력자원을 관리하는데 있어서 인력의 흐름이 자연스럽게 유지되도록 하는 것은 매우 중요하다. 인력은 조직을 하나의 중간개체로 하여 조직으로 유입되기도 하고 조직에서 유출되기도 한다. 과거 인력관리의 중심은 조직에 남아 있는 사람에게만 두었던 정적관리였으나, 오늘날에는 자연스런 인력의 흐름이 조직에 새로운 활력을 줄 수 있다는 점에서 흐름의 관리를 재인식하게 되었다. 조직은 우선적으로 좋은 사람을 확보해야 한다는 것이 재삼 부연할 필요도 없이 중요한 과제인 것처럼, 조직을 이탈하는 구성원에 대하여도 조직이 관심을 경주해야 한다는 것은 오늘날 조직의 유지측면에서 매우 필요한 일이다. 즉 이직은 인력흐름에 있어서 통풍구의 구실을 해주기 때문에 기술적으로 잘만 관리된다면 종업원 자신에게도, 조직에게도, 그리고 사회에도 공헌을 하게 되는 것이다.

이직의 개념은 그것보다 더 넓은 개념인 노동이동(labor turnover)으로부터 출발한다. 노동이동이란 노동자가 한 지역으로부터 다른 지역으로 이동하거나, 어떤 직업에서부터 다른 직업으로 이동하거나, 어떤 산업형태에서 다른 산업형태로 이동하는 것은 물론이며, 어느 특정한 서비스기업에 있어서의 종업원의 유출입을 뜻하기도 한다.

인적자원에서는 특히 후자에 관심을 갖게 되는데, 이것도 조직내부에서의 이동과 조직내부에서 외부로, 조직외부에서 내부로의 이동으로 다시 나누어볼 수 있다.

조직내부에서의 이동은 주로 배치전환 또는 직무순환이라고 하며, 외부에서 내부로의 이동은 입직(accession), 내부에서 외부로의 이동은 이직(separation)이라고 한다. 일반적으로 협의의 노동이동은 입직과 이직을 함께 지칭하는데, 더욱 좁은 의미로 사용될 경우에는 이직만을 말하기도 한다. 여기에서 살펴보려는 이직은 이와 같이 관광기업의 내부로부터 외부로 노동이 이동되는 것을 말하는데, 이것은 다시 구성원의 자발성 여부와 조직의 회피가능성 여부에 따라 다음과 같이 구분된다.

먼저 구성원의 자발성 여부에 따라서는 자발적 이직(voluntary separation)과 비자발성 이직(involuntary separation)으로 나눌 수 있다. 자발적 이직은 종업원의 입장에서 종업원 스스로의 의사에 의한 이직을 의미하며, 보통 사직(quit, resignation)이라고 한다. 자발적 이직, 즉 사직의 원인은 주로 회사에 대한 불만인 경우가 많은데, 보다 조건이 나은 다른 직장으로 옮기기 위한 전직을 주로 의미한다. 물론 다른 직장으로 옮기지 않고 그냥 떠나는 경우도 있다. 예를 들면, 여성의 경우 결혼이나 임신, 출산을 한다든지, 오랫동안의 지병이나 가족들이 이주·이민하는 것과 같은 경우이다. 이에 비해서 비자발적 이직은 종업원의 의사가 반영되는 것이 아니라 주로 사용자나 조직의 입장에서 강제되는 이직으로 면직(forced resignation)이라고도 한다. 이와 같은 강제적인 이직으로는 해직(discharge)과 일시해직(layoff) 등을 들 수 있다.

그리고 이 자발적 이직과 비자발적 이직의 양쪽 모두에 관련되는 것으로 퇴직(retirement)을 들 수 있다. 본인이 계속 일할 의사가 있음에도 불구하고 정년에 이르렀기 때문에 퇴직하는 경우는 비자발적 이직에 해당한다. 그러나 중간에 종업원 임의로 퇴직하는 경우는 자발적 이직이 된다.

또 하나 이직의 유형을 분류하는 데 있어서 중요한 개념은 회피가능 이직(avoidable separation)과 회피불가능 이직(unavoidable separation)이다. 이와 같이 구분하는 것은 이것이 이직관리를 하는 데 있어서 매우 유용한 개념이 되기 때문이다.

회피가능 이직은 조직 또는 경영자의 노력에 의하여 번의가 가능한 이직이며, 회피불가능 이직은 질병, 사망, 임신 등과 같은 불가피한 원인에 의해 나타나는, 말하자면 통제가 불가능한 이직을 의미한다. 보통 대부분의 자발적 이직은 회피가능 이직의 범주에 속하며, 이것이 이직관리의 주요 대상이 된다(신유근, 1989 : 539~541).

종업원 '이직' 무엇이 문제인가?

직장은 제2의 가정이라고 말한다. 가정에서보다 더 많은 시간을 직장에서 소비하고 있는 직장인들, 특히 서비스업에 근무하는 종업원은 더욱 많은 시간을 직장에서 보내고 있다. 그 중에서도 외식산업에 종사하는 종업원은 더욱더 그런 경우라고 볼 수 있다. 그런데 우리 종업원들은 한 가지 불명예스러운 자랑 아닌 자랑이 있다. 바로 '이직' 문제이다. 타 업종으로 아주 전직하는 경우도 있지만, 같은 업종에서도 오랫동안 한 직장에 머무르지 못하고 철새처럼 떠돌아다니며 근무하는 종업원이 많이 있다. 이런 종업원 이직의 문제점은 여러 가지 요인이 있겠지만, 여기서는 객관적인 면에서 두 가지로 구분하여 볼까 한다.

첫째는 종업원들의 직업관 결핍으로 볼 수 있다. 아직도 호구지책 임시방편으로 근무하는 종업원이 많으며, 직업관이 뚜렷하지 못하여 안정된 생활을 찾지 못하며 방황하는 종업원들이 3년, 5년 후를 내다보지 못하고 막연하게 근무하고 있기 때문에 더욱 이직률이 높은 실정이다.

둘째는 종업원의 근무의욕 결핍이다. 서두에서도 말했듯이 많은 시간을 직장에서 보내는 제2의 가정인 직장을 가정과 같이 포근한 직장으로 만들어가야 한다.

이 두 가지를 다 충족시킬 수 있다면 많은 이직을 줄이고 밝은 직장으로 꾸며 나갈 수 있으리라 생각된다. 그래서 이 두 가지 요인을 가지고 종업원들과 경영주들에게 건의를 하고자 한다.

첫째, 종업원의 근무자세에 대한 얘기인데, 외식산업에 종사하는 모든 종업원이라면 모두가 직장이라는 한 사회의 구성원으로서 자부심을 가지고 맡은바 책임을 다할 수 있는 종업원이 되었으면 하는 바람이다. 함께 사는 사회에 자신의 발전과 자기 직장의 발전을 위하여 희생할 줄 아는 구성원으로, 더 나아가서는 주인의식을 가지고 내가 주인이라고 생각을 하며 사계절을 동고동락할 수 있는 성실한 종업원이 되자는 말이다.

본인은 직장후배나 신입사원들에게 항상 경력이 제일 중요하다고 강조하고 있다. 자기의 경력은 언제 어디서나 자기를 따라다니는 꼬리표이기 때문이다. 과거에는 자기 경력을 속이고 근무를 하여도 확인하기가 어려웠지만 지금은 정보화시대요, 개방시대인 만큼 경력을 속일 수도 없는 시대인 것이다. 그러므로 언제 어느 직장에서나 자기의 신상명세서를 떳떳하게 제시하고 근무할 수 있는 경력이 필요하리라 생각된다. 철새처럼 이 직장 저 직장을 다닌 경력이 아니라 한 직장에 오랫동안 근무하여 의리와 충성심이 경력에 나타나 있어야만 믿고 채용할 수 있으며, 또한 이런 종업원이야말로 훌륭한 종업원이요, 올바른 직장인이라고 말할 수 있다.

둘째, 경영주들에게 바라는 마음은 종업원도 한 공동체임을 인식하고 주인의식을 가지고 근무할 수 있도록 계속적인 관심과 노력을 기울여 달라는 부탁이다. 물론 경영주의 입장에서는 여러 가지 관심을 가지고 많은 정성을 쏟아 부었어도 종업원들이 의리를 배반하며 여러 가지 행동으로 경영주에게 상처를 주는 일이 많아서 지치고 마음이 상하는 경우가 있겠지만, 다시 한번 함께 더불어 살 수 있는 분위기를 만들어준다면 많은 이직을 줄일 수 있을 것이란 생각이다. 많은 시간을 직장에서 보내는 종업원들은 가정이 그립고 개인적 시간이 필요한 것도 사실이다. 이런 종업원들에게 직·간접적으로 경영주이기 이전에 카운슬러나 파트너가 되어 주어 개인의 애경사와 사생활까지도 관심을 가져준다면 인격적인 대우를 받는 종업원은 경영주를 믿고 신뢰하여 더 밝은 직장을 만들 것이며, 함께 오래오래 근무할 것으로 본다. 이렇게 되면 이직도 줄고 더불어 사는 밝은 사회가 될 것은 물론이리라.

결론을 내린다면, 종업원은 자신이 일하고 있는 직장과 직업을 천직으로 알고 자부심을 가져야 하며, 의리와 충성심으로 한 직장에서 사업의 번창과 자기 자신의 발전을 위하여 헌신하여야 하며, 경영자측에서는 정성을 다하여 일할 수 있는 분위기를 창출하여 근무조건을 충족시켜 준다면 많은 종업원이 이직하는 일없이 오랫동안 충실하게 근무할 수 있는 직장이 될 것이다. 이런 공생의 분위기는 밝은 직장이 되며 더 나아가서는 밝은 사회가 되리라 믿는다(월간식당, 1991. 2., p. 53).

2. 이직관리의 필요성

대부분의 관광기업들이 종업원들의 이직관리문제에 대해서 별다른 큰 관심을 보이지 않고 있음은 현업 관리자들이 이들 하부계층 종업원들의 이직현상에 대처할 만한 어떤 방안을 찾지 못하고 있는 실정이 아닌가 여겨진다.

관광업계의 종업원 이직률이 타 업계에 비해 더 높거나, 아니면 같은 정도의 수준임은 일반적으로 다 긍정하고 있는 실정이다. 일례로 종업원 이직률을 줄임으로써 인건비를 줄일 수 있다는 것은 상식적인 일로써, 세계 도처의 서비스 기업들이 수익이윤의 증대를 위해 고심하고 있으면서도 정작 종업원 이직관리에 비교적 많은 관심을 기울이지 않고 있음은 놀라운 일이라 아니할 수 없다.

지금까지 이직에 관한 연구는 연구자들이 지향하고 있는 학문에 의해 결정한 상이한 이직을 시장의 가격구조(price mechanism)를 통한 노동의 수요와 공급의 상호작용의 함수라고 설명하고 있다. 그리고 조직심리학자들은 그들의 분석단위로서 전반적인 사회시스템을 들면서 구조적인 면과 인구통계적 변수 등에 중점을 두고 있다. 똑같은 학문의 범주에서도 상이한 분석적 지향이 나타나고 있는 것이다. 즉 조직심리학적인 견지에서도 어떤 사람은 이직을 조직만족의 함수로 설명하고, 다른 사람들은 관여(commitment)의 함수로 설명하고 있다. 이직의 한 요인으로서 직무태도(job attitudes), 특히 직무만족의 중요성이 부각되기도 하고, 개성(personality)과 인구통계(biogeography) 자료들이 어느 정도는 이직을 예측하고 있다고 하기도 하고, 경제적 요인들의 관련성도 지적되고 있다.

한편, 서로 결합하여 머물거나 또는 떠나고자 하는 의사결정을 좌우하게 되는 다양한 종류의 요인들(예를 들면, 개인적 요인, 직무특성, 보상체계, 감독과 집단관계 등)이 지적되기도 한다. 그러나 이러한 각각의 학문적 성격에 따른 다양한 견해들에도 불구하고 많은 업적들은 서로 대립된다는 상호 보완적인 것으로 여겨지고 있다. 그것은 하나의 복잡한 현상인 이직을 이해하기 위해서는 상이한 수준에서의 분석들과 각기 다른 원리(disciplines)들의 다각적인 시각이 요구되기 때문이다(Wabba, 1984 : 3).

이러한 추세와 관련하여 연구되었던 내용들을 살펴보면 <표 11－1>과 같다.

〈표 11-1〉 이직에 대한 문헌들에 대한 실증적 review의 요약

조사자	검토점	조사결과	공식적인 Model의 제시 여부
Brayfield & Crockeff(1955)	이직에 의한 직무 만족의 영향	불만과 이직 간의 유의한 관계	No
Herzbergetal (1957)	포괄적인 review	불만과 이직 간의 유의한 관계	No
March & Simon(1958)	포괄적인 review	이직의 희망과 이동의 용이함에 이직이 좌우됨	Yes
Vroom(1964)	한정된 review	이직은 남으려는 의지와 떠나려는 의지의 상호작용	Yes
Schuh(1967)	이직에 대한 개성과 인구통계학적 지표	어느 정도는 직업에 갖는 흥미 정도와 경력에 관한 정보로 이직 예측 가능	No
Stoikov & Baiman(1968)	경제적 요인	현금, 노동시장요인이 산업차원의 이직률을 상당히 설명함	No
Lefkowitz (1971)	포괄적인 review	이직은 직무기대, 만족, 작업환경, 보상수준, 직무 자체, 감독스타일에 좌우됨	No
Porter & Steers (1973)	포괄적인 review	만족이 어느 정도는 이직과 관계함. 주요한 요인은 개인, 직무, 작업환경 그리고 조직자원의 요인, 기대충족 정도에서 찾을 수 있음	부분적인 것을 제시
Pettman (1973, 1975)	March & Simon 모델의 검증	어느 정도는 지지함	Yes
Price(1977)	포괄적인 review	dissatisfaction과 떠날 수 있는 기회에 좌우됨	Yes
Forrestefal (1977)	심리적 그리고 경제적 요인의 통합	Vroom모델을 기반으로 하고 있음. 심리적 그리고 경제적 요인이 영향을 줌	Yes
Mobley(1977 : Mobelyetal, 1979)	포괄적인 review	만족과 실제 이직 간에 linkage가 존재함	Yes
Munchinsky & Tuttle(1979)	포괄적인 review	태도, 개인, 직업, 이력에서 요인이 발견됨. 기대충족이란 명제를 지지함	No

자료 : T. Mowday, Porter & Steers, 1982, p. 12.

3. 이직의 원인

종업원 이직이 과다한 서비스 기업은 계속 혼잡의 상태에 빠지게 된다. 종업원과 감독자(상사)와의 인간관계, 그리고 이들이 수행하는 업무방식과 관행 동료종업원 간에 형성된 공식 및 비공식적인 유대관계 등, 이 모든 것들이 종업원들의 교체로 말미암아 완전히 변하고 바뀌게 된다. 또한 상호 의사전달의 결여로 인하여 서비스 기업의 업무기능이 약화되고, 특히 상호협조와 협동이 요구되는 서비스기업인 경우에는 손발이 맞지 않아 정상적인 업무를 수행하지 못하고 기능이 마비되기 쉽다.

많은 조사연구를 통해서 볼 때 종업원의 이직은 기업의 생산성을 측정하는 하나의 척도가 될 수 있는 바, 종업원 소외결과임은 물론, 나아가 소속종업원 인사관리상에 있어서 여러 가지 다양한 문제가 개재되어 있음을 시사해준다. 예를 들어, 각자의 직무만족도가 반드시 생산성의 문제와 밀접한 상관관계를 가지고 있지는 않지만, 종업원 이직문제에 크게 영향을 미치고 있다는 사실이다.

여기에서는 이직의 원인을 자발적 이직의 원인에 국한하여 살펴보고자 한다 (이진규, 2001 : 590~593).

1) 조직에 대한 불만

조직 자체에 대한 불만으로 조직의 사회적으로 낮은 지명도나 명성, 인사정책의 비합리성, 조직규모에 대한 불만 등이 원인이다. 특히 임금정책, 승진정책에 대한 불공정성이 종업원들의 이직에 결정적인 역할을 한다. 하지만 임금수준이 동종의 조직에 비해 상대적으로 낮은 조직이라 할지라도 종업원들이 조직의 명성에 대한 자부심을 가질 때 상대적으로 낮은 임금을 극복할 수 있는 경우도 있다.

최근의 신세대 신입사원들은 훈련과 경력개발의 기회를 많이 주는 조직을 선호하는 경향을 보이고 있다. 따라서 이들의 이직에는 과거의 조직불만 요소와는 달리 훈련과 경력개발의 기회가 영향을 미칠 것으로 보인다.

2) 부서에서의 불만

종업원은 부서에서 상사, 동료들과 함께 직무를 수행한다. 개인이 직접 경험하면서 생활하는 부서에서 일어나는 집단의 불만족은 이직에 대한 의사결정을 몹시 빠르게 한다. 개인이 부서에 대한 불만을 야기시키는 원인은 크게 세 가지이다.

(1) 상사의 리더십

아무리 조직의 종업원에 대한 후원과 지원이 좋다고 하더라도 직속상사의 리더십에 대한 불만은 종업원의 이직에 큰 영향을 준다. 구체적인 원인으로 상사의 피드백 유무, 종업원에 대한 상사의 인간적인 대우 상실, 상사 자체의 성격과 가치관 등이 있다.

(2) 부서의 위상과 규모

부서 지위는 부서원들의 자부심에 영향을 미친다. 예컨대, 각 부서의 자원을 통제하고 할당하는 부서에 근무하는 종업원이나 조직목표를 실행하는 부서일수록, 그렇지 않은 종업원에 비해 높은 자부심을 갖는다. 반면에, 부서의 위상이 낮을수록, 종업원의 이직의도가 높아진다. 또한 정신적 일을 하는 부서와 육체적 일을 하는 부서에서도 차이가 있다. 종업원들이 육체노동을 통해 집단목표를 달성하는 부서일수록, 이직의도가 높게 나타난다.

(3) 동료와의 상호작용

동료들과의 인간적 유대관계가 좋지 못한 종업원은 조직에 대한 회의감을 이기지 못하고 이직하기 쉽다.

3) 개인적인 불만

직무에 대한 불만과 나이, 성격, 가정문제 등과 같은 개인적인 사유들은 이직을 촉진시킨다. 필드만(Feldman, 1988)은 이직에 관한 일련의 연구들을 종합하여 [그림 11-1]과 같이 이직 결정요소들을 제시하였다.

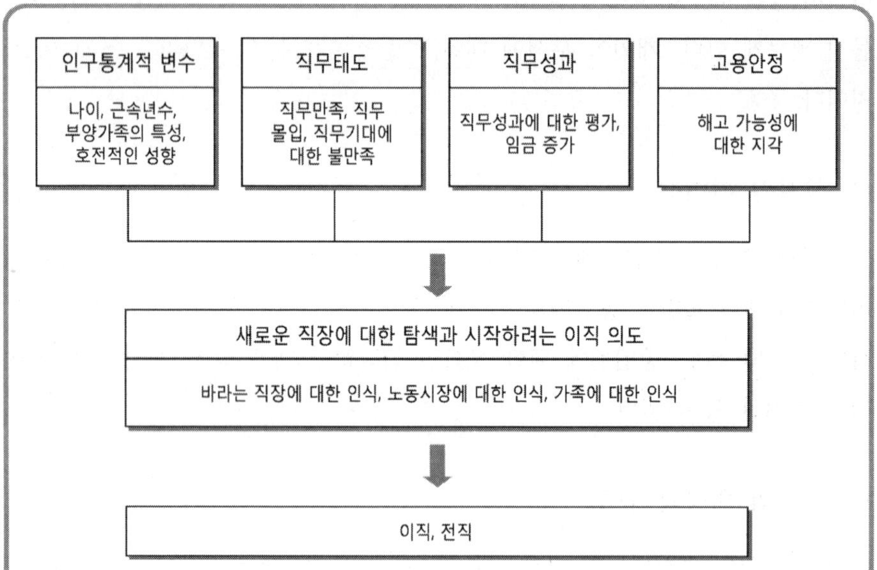

자료 : Feldman(1988), p. 117.

[그림 11-1] 이직의 결정요인들

(1) 개인의 신상과 사생활

종업원의 연령, 적성 및 성격, 근속기간 그리고 가정생활 등과 관련된 이직이다. 대개 종업원이 나이가 많고, 근속기간이 길수록 이직률이 낮은 편이다. 장기간의 근속년수가 동료들과의 우정관계를 더욱더 돈독히 하며 이직에 따라 얻을 수 없는 부가적 수입을 가져다 주기 때문에 그 기간이 길수록, 이직의도는 낮아지게 된다. 개인의 성격 또한 이직에 영향을 미치는데, 대표적으로 외향적이고 호전적인 사람일수록 항상 새로운 일을 하고자 하는 욕망이 강하다(Kilduff & Day, 1944). 가정생활 역시 부양가족이 많은 종업원일수록 자발적 이직의도가 낮은 경향이 있다.

(2) 직무에 대한 불만족

직무에 대한 불만족으로는 조직에서 할당해 준 직무에 대한 태도, 수행한 직무에 대한 결과, 그리고 직무안전에 의한 불만족이 포함된다. 첫째, 자신의 적성과 흥미에 적합하지 않은 직무를 할수록 종업원의 이직의도는 높아진다. 직무에 대한 종업원의 기대가 일치하지 않는 경우이다. 직무에 대한 보수가 낮거나, 도전적인 직무가 아닐 경우, 그리고 직무이동이 너무 빈번할 경우에도 발생된다. 둘째, 직무성과에 대한 불만족으로 이직이 발생한다. 종업원은 자신이 하고 있는 일이 중요한 직무가 아니라고 생각하거나, 수행한 직무의 대가를 낮게 받을 때 그리고 직무결과에 대한 피드백이 없을 경우에 이직의도를 갖게 된다. 셋째, 고용안정에 대한 불만족으로 이직이 발생한다. 종업원 자신이 조직과 지속적인 고용관계를 유지할 가능성이 없게 느껴지는 경우가 이에 해당된다.

4) 이직의도와 이직

자발적 이직의 원인으로 제시한 조직, 부서, 그리고 개인적인 불만요소들이 종업원들로 하여금 새로운 직업과 직장으로 옮기고 싶어하는 이직의도를 유발한다. 그러나 실상 이직하고자 하는 당사자가 불만요소로 인해 바로 이직하는 것은 아니다. 이직하고자 하는 욕망과 탐색된 새로운 대안과의 사이에서 기대의 불일치가 발생하기 때문에 이직의도와 실제 이직은 또 다른 문제이다. 첫째, 비록 이직의도가 높지만 탐색된 대안들이 자신이 기대하는 것과 많은 차이가 날 수 있다. 지금의 조직과 직무보다 더 나은 방안을 찾을 수 없는 경우가 바로 그러한 예이다. 둘째, 가족의 영향 또한 작용한다. 부양가족이 많거나, 새로운 직장으로 이직할 경우 가족과 떨어져야 하는 경우가 이에 해당된다. 셋째, 노동시장 역시 매우 유연한 고용구조일 경우에는 새로운 조직으로 이직이 가능하다. 그러나 노동시장이 경직되거나 불경기이고 실직자가 많을 경우에 실제 이직에 대한 결정을 내리기는 어렵다.

지금까지 설명한 이직의 원인을 유형별로 구분하면 다음 <표 11-2>와 같다.

〈표 11-2〉 종업원 이직 원인

Category A : 종업언에 대한 고용주의 불만	Category B : 고용주에 대한 종업원의 불만	Category C : 독립적 동기
제1부류 이직 : 해고	제2부류 이직 : 임의사표 제출	제3부류 이직 : 근무기한 만료
• 만족스럽지 못한 업무수행과 태도불량 • 연속적인 결근이나 지각 • 계속적인 규칙위반 • 복종심 부족 • 경제사정에 따른 일시해고 • 동료나 상사와의 인화단결심 부족 • 알코올이나 약물중독 증의 개인적 습관 • 임무수행에 필요한 자질의 결여	• 봉급과 특별급여에 대한 불만 • 근무조건에 불만 : 보직 · 근무시간 등 • 감독의 자질문제 • 타 직장의 더 나은 대우에의 유혹에 의한 전직 • 근무상황과 불만에 대한 개인적인 적응력 • 성적 괴롭힘 • 부적절한 Orientation이나 훈련 • 부적합한 업무 : 업무에 싫증을 느낀다거나 업무가 너무 어려울 경우 • 승진기회의 절망 • 업무의 안정성 결여	• 퇴직 • 일시적 계약만료 • 타사로의 전출 또는 승진 제4부류 이직 : 사직 • 건강상의 이유 • 업무와 관련되지 않은 사고나 사망 • 군입대 • 타 지방으로 이사 • 가사 • 직업전환 • 업무상 부상

호텔업계의 종업원 이직률이 타업계에 비하여 높다는 것은 잘 알려진 사실이다.

미국의 '호텔과 모텔협회(The Association of Hotel Motel)'에서 발간한 자료에서 이직사례를 분류하기 위한 연구는 자발적 이직을 감소시키는 방안을 제시하고 있다. 오직 자발적 이직만이 통제될 수 있으며, 자발적인 이직은 때로는 운영상의 여러 가지 요인 때문에 발생하는 경우가 많다고 주장하고 있다.

삼성의 인재상

핵심요소	인재상의 내용
인간미와 도덕성	인간미와 도덕성, 타인과의 협조, 더불어 사는 사회구성원으로서의 책임과 역할, 원칙과 기본 준수, 정직, 긍정적 사고와 건전한 가치관, 올바른 기업관, 책임감, 팀워크 능력

창조적 사고와 도전정신	21세기 변화를 주도할 확고한 꿈을 지니고, 그 꿈의 실현을 위한 의지와 정열, 자신감으로 자기의 삶을 개척해 가는 창의적이고 도전적인 사람, 끼와 개성, 유연한 사고, 풍부한 상상력, 도전, 개척정신
세계시민으로서의 국제적 감각 (글로벌 역량)	다양성에 대한 수용력과 국제적 소양을 갖추고 세계시민으로서 사고하고 행동, 어학, 이문화 적응 다양성 인정, Global Standard 수준
디지털 혁명에 대응할 수 있는 전문능력	디지털 방식으로 읽고 쓰고, 생각하고 학습하며, 변화에 대응해 나갈 수 있는 전문성, Digital Literacy, Networking, 프로근성과 전문능력

LG의 인재상

핵심 요소	인재상의 내용
기본에 충실	모든 발전과 혁신의 출발은 기본에 충실한 것에서부터 시작됨 기본에 충실한 과정을 통해서 성과를 직접 확인, 그런 성공체험이 계기가 되어서 목표를 단계적으로 높여가는 활동을 꾸준히 추구해 갈 때 '세계 초우량기업'의 비전을 실현해 갈 수 있기 때문. 신입사원 선발에 있어서도 우직할 정도로 기본에 충실하며, 그 속에서 사물의 본질과 진리를 발견하고자 하는 순수한 젊은이를 중시함
창의력	지식을 활용하고 응용하여 새로운 가치와 아이디어를 창출해낼 수 있는 창의적인 젊은이가 필요함. 책상이 아니라 현장에서, 지식이 아니라 행동으로, 추상적인 관념이 아니라 실제적인 탐구의 정열을 가지고 기존의 방식을 부정하고 끊임없이 새로운 것을 탐구해야 함. 더 나은 것에 대한 집념으로 스스로 몰입해서 문제해결에 매달리는 자세야말로 고객만족을 창출하는 원동력이 됨. 작은 문제라도 발로 뛰면서 몸으로 깨우치고 해결하려는 젊은이를 기업은 필요로 함
올바른 가치관	뚜렷한 주관을 가지되 남과 더불어 더 잘할 수 있는 사람, 협조와 양보의 미덕을 가진 사람, 자기를 희생해서라도 다양한 활동을 통해 사회에 기여하고자 하는 건전한 사고를 가진 사람, 타협없는 정직을 바탕으로 하는 일은 언제나 공정하며 우리의 고객에게 감동을 주기 위해 최선을 다하는 사람
세계최고를 목표로 끊임없이 도전	외국어, 문화적 다양성에 대한 포용력을 바탕으로 자기의 전공분야와 주변지식에 대해서도 끊임없이 공부하며, 호기심과 도전의욕을 가지고 세계최고를 목표로 시야의 깊이와 폭을 더해가는 젊은이가 참으로 필요함

4. 효과적인 이직관리

1) 이직관리지침

자발적 이직은 개인이 새로운 직장을 찾아 옮기는 것이기 때문에 개별종업원의 경력에는 긍정적일 수 있다. 자신이 하고 싶은 일을 통해 새로운 조직에서 새로운 삶을 개척할 수 있는 것이다. 반면, 조직 입장에서는 종업원 이직으로 과업흐름에 막대한 지장을 초래할 수 있다. 조직의 핵심적인 프로젝트에 참여하고 있는 종업원들의 이직은 더욱 그럴 것이다.

〈표 11-3〉 이직관리지침

요 소	내 용
현실적인 직무기대를 규정하라.	종업원들이 최초로 조직에 진입해서 자신이 생각했던 조직이 아니라고 생각하는 경우에 조기 이직이 발생한다. 이럴 경우 직무에 대한 현실적인 피드백이 중요하다. 예컨대, 종업원의 직속상사가 조직에서 경력정체가 발생되어 승진이 지체되고 있음을 객관적으로 알려주는 것이다. 종업원이 생각하고 있는 직무기대와 현실적인 직무기대를 조율하는 것이다.
만족과 불만족의 근원을 찾아라.	무엇이 종업원들의 불만족을 야기시키는가에 대한 조직의 관심이 필요하다. 조직에서는 직무태도조사를 통해 전체 종업원들의 직무태도를 파악할 뿐만 아니라, 개별 종업원들의 직무태도를 알 수 있어야 한다. 또한 개인들의 사생활에 대한 문제를 직속상사나 부서에서 알고 있어야 한다. 이직이 반드시 직무관련 요소의 불만족에서만 비롯된 것은 아니라 가정생활이나 개인적인 문제 등이 이직에 영향을 미치기 때문이다.
이직률의 증가보다 누가 이직하는지에 관심을 두어라.	조직에서는 이직률이 증가하면 걱정을 한다. 하지만 이직률이 제로에 가까운 조직은 오히려 새로운 인력의 유입에 따른 새로운 업무지식의 획득과 조직의 역동성을 추구할 수 없다. 더구나 이직은 노동시장이 점차 유연화됨에 따라 증가될 추세로 전망된다. 현대 종업원들의 고학력과 전문기술의 소유로 인한 높은 고용력(employability) 역시 새로운 직업과 직장에 대한 탐색을 적극적으로 하게 한다. 중요한 것은 이직률이 아니라, 누가 이직하는가이다. 조직의 핵심직무를 수행하고 있거나, 높은 업무성과를 보이는 종업원 또는 조직몰입도와 충성심이 높은 종업원이 이직하는 경우는 문제가 심각하다. 이러한 종업원의 이직은 조직의 과업흐름에 부정적인 영향을 미칠 뿐만 아니라, 다른 종업원들의 업무사기에 부정적인 영향을 미칠 수 있다.

조직에서 반드시 인력감축을 필요로 하지 않는 상황에서 종업원 이직을 방지하기 위해서는 <표 11-3>에 제시된 이직관리 지침을 고려할 필요가 있다. 이를 통해 핵심인력의 이직을 예방하고, 조직의 과업흐름을 지속시킬 수 있다(이진규, 2001 : 593).

(2) 이직에 미치는 영향과 최적의 이직관리

최근까지 이직연구가들의 이직연구의 기반으로 되어왔던 암묵적인 가정(assumption)은, 이직이라는 것은 중요한 조직문제로 조직에 비용을 가중시키는 것이며, 반드시 줄여야만 된다는 것이었다.

이직연구가들 사이에서 이직이 조직에 부정적인 영향을 준다는 가정이 계속적으로 지속되었던 것은 다음 3가지 요인에서 비롯된다.

첫째, 이직이 발생하게 되면 거의 언제나 해당 조직은 얼마 간의 비용을 부담하게 된다(예를 들면, 모집, 채용, 훈련비용). 그런데 기존의 조직구성원 구조에 발생한 변화로 말미암아 조직이 갖게 되는 이득은 계량화하기 힘들고, 그 효과가 즉각적으로 나타나지 않는다는 점에서 덜 명확하기 때문에 조직관리자에게는 이러한 비용이 더욱 두드러지게 보이므로 조직관리자는 이직을 심각하게 받아들인다.

둘째, 조직심리학의 연구자들은 그들의 연구방향을 실무자들이 중요하게 여기는 문제들에 집중하기 때문에 자연적으로 이직의 연구는 부정적으로 보는 시각에서 이루어졌다. 즉 인적자원관리의 관점에서 이직은 조직에 대해 운영비용(operation expenses)을 야기시키게 되는데, 인적자원관리가 조직에 기여할 수 있는 중요한 방법은 이직비용을 축소시키는 것이다. 이에 따라서 조직심리학의 연구도 부정적인 이직을 방지하는 데 집중하고 있다.

셋째, 조직심리학분야에서는 노무자, 종업원들도 또는 그들을 직접적으로 감독하는 관리자 같은 낮은 계층의 종업원들을 연구대상으로 삼는 경향이 짙었다. 어느 정도 관리직 또는 전문직에 대한 연구가 있었다 해도 그러한 경향이 배제되지는 않았다. 더구나 결과에 관한 연구에서 부정적 결과는 관리직보다는 낮은 계층의 종업원들이 이직에서 더욱 현저하게 나타나고 있었기 때문이다.

이러한 현상으로 인하여 조직의 본질에 대해 실무자들 및 연구가들이 가지고 있는 가정들은 단순히 그들이 지향하는 바가 갖는 결과에 의해 재삼 확고부동하게 되었을지도 모르는 것이다.

(1) 부정적인 영향

조직심리학자들이 인식했던 조직심리학 측면에서 부정적인 영향을 구분하여 살펴보면 다음과 같다.

① 선발과 모집 비용

이직으로 가장 명백한 영향은 대체인원을 찾는데 소모되는 노력과 경비이다. 그런데 노력과 비용의 크기는 특정한 지위(position)를 충원할 때의 복잡성 그리고 내부에서 승계되어지는 여부에 좌우될 수 있다. 예를 들면, 특수한 노동력이 필요하고, 외부에서 고도의 전문가를 영입하려면 비용은 커진다. 그러한 비용 규모는 조직의 상황에 따라 차이가 날 수 있다.

② 훈련과 개발비용

이러한 비용에는 공식적인 훈련프로그램에 드는 직접비용과 신참자의 능력이 기존의 종업원수준에 도달하기까지의 기간과 기존의 종업원으로 하여금 신참자들을 비공식적으로 돕게 함으로써 낭비되는 시간에 대한 기회비용이 포함된다.

③ 조직운용상의 혼란

조직의 기능에 따른 특정한 역할의 집중화 등과 같이 고도로 상호의존적이고 전문화되었다 할 때, 핵심적인 구성원이 떠나면 남아 있는 종업원의 작업능력에 영향을 끼칠 수도 있고, 전반적인 체계가 붕괴될 수 있다.

④ 조직구성원의 사기 저하

타인의 이직을 바라보는 구성원의 마음속은 그들 자신의 운명을 다소간 바람직하지 못하다든지, 또는 뒤떨어졌다거나 하는 등의 비관적인 생각으로 가득 찰 수 있게 하는 바, 그것은 조직에 머물러야겠다는 그들 자신의 모티베이션에 의구심을 불러일으킬 수 있다. 즉 본질적으로 이것은 조직과 다른 사람들의 행동모델에 현저한 실마리를 제공하는 것이다. 따라서 이직 그 자체는 잔류 구성원의 조직에 관해 지각되는 원인, 작업집단의 응집성 등에 좌우된다. 예를 들면, 이직이 그 사람의 가족문제라든가, 거주문제 등과 같은 일신상의 문제로 발생하였다고 생각될 때보다는 작업 자체, 임금수준, 사내 분위기 등의 결과로 생각될 때 잔류 구성원의 사기저하는 클 것이다.

⑤ 종업원들의 사회적 통합(social integration)

이직에 의해 야기되는 작업집단 분위기의 비안정성은 작업하는 중에 생기게 되는 종업원 간의 밀접한 사회적 관계형성을 어렵게 만들 수 있다. 더구나 비공식적인 의사소통시스템이 그 결과로서 붕괴될 수 있다.

⑥ 전략적 기회비용

조직은 이직으로 인하여 발생한 인력 또는 생산능력의 부족으로 성장전략을 추구하거나 시장의 기회를 활용하지 못할 수 있다.

⑦ 부정적인 공공관계(public relation)

조직 밖의 사람들이 종업원들의 이직 이유에 관하여 생각할 때, 특히 그들이 그 조직이 일하기에는 좋지 않은 곳이었기 때문에 종업원이 이직한다는 결론을 내릴 때 미래의 모집 · 채용 · 전략은 한층 더 어려움을 겪게 될 수 있다.

⑧ 획일적인 이직통제전략

이직의 직접적 결과는 아니지만, 무엇보다도 종업원의 이직에 대한 원인을 조심스럽게 분석하지 않고, 이직을 방지하려는 경영자의 시도는 비효율적인 이직 통제전략으로 인한 불필요한 비용을 초래할 수 있다. 그러나 모든 이직이 조직에 부정적이라는 가정은 최근의 연구결과에서 상당히 비판을 받고 있다.

첫째, 어느 정도의 이직은 개인뿐만 아니라 조직에 긍정적인 영향을 준다.

둘째, 어떤 종업원의 이직은 조직에게는 불필요한 종업원이 떠나는 것을 의미한다(이러한 이직은 조직에게 긍정적인 것으로 간주된다)는 등의 주장이 제기되고 있다.

(2) 긍정적인 영향

최근의 조직심리학분야에서 인정되고 있는 긍정적인 역할을 살펴보면 다음과 같다.

① 업적의 증가(increased performance)

[그림 11-2]에서 보여지는 전통적인 J형 업적곡선에 의하면 신규채용자의 업적은 초기에는 낮으며, 어느 정도 경험이 축적된 후에는 기존의 종업원 수준에 도달한다고 할 수 있다. 그러나 이러한 시각은 신참자의 잠재적인 모티베이션과 능력을 과소평가한다는 결점을 가지고 있다. 즉 신참자는 기존의 종업원보다 더욱 크게 동기부여될 수 있고, 더 큰 능력과 훈련 정도를 소유할 수 있다.

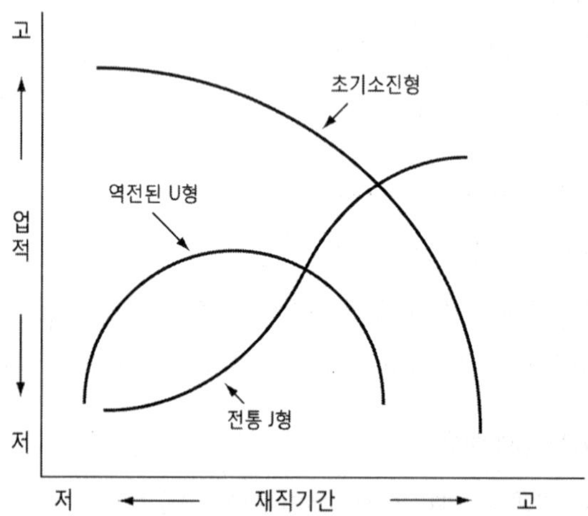

자료 : B.M. Staw, Psychological Foundations of Organizational Behavior, Foresman and Company, 1983, p. 115.

[그림 11-2] 성과곡선

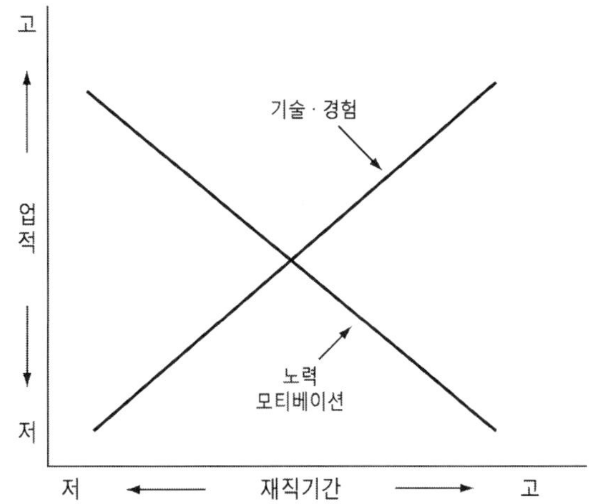

[그림 11-3] 모티베이션, 기술, 경험 간의 관계

그리고 통상적으로 직무를 수행할 때 언제나 긴장하게 되는 종사자나 육체적인 지속성이 요구되는 노무자나 시시각각으로 변화되는 기술에 적응할 수 있는 능력이 요구되는 기술자 등의 직무에서 보여지는 업적곡선은 전통적인 J형 곡선보다는 역전된 U자형 곡선이다. 한편, 업적을 기술(skill)과 노력(effect)의 결합기능이라고 할 때 [그림 11−3참조] 대개의 업무들은 역전된 U자형 업적곡선을 갖게 된다.

② 갈등의 해소

갈등을 다루고 있는 문헌들은 대체로 '갈등상태에 있는 종업원은 오히려 그 조직의 영구적인 구성원이다'와 '갈등은 조정되고 해결될 수 있으며, 되어야 한다'는 가정을 취해 왔다. 그러나 실제적으로 조직 내의 갈등은 원인이 개인적이든 과업지향적이든 간에 많은 갈등들이 용이하게 해결되지 않고 있으며, 이것은 근본적인 가치와 신념의 차이에 뿌리박고 있는 것이다. 이 경우에 궁극적인 갈등의 해결자가 된다.

③ 사기와 이동의 증가(increased mobility morale)

조직이 급격한 성장을 하지 않는 한 인사정책은 정체된다. 이 경우 이직은 승진의 기본적인 결정요인이 되며, 조직의 사기에 긍정적인 관계를 이룬다.

④ 혁신과 적응(innovation adaption)

조직에서만 이루어지는 내부적인 이동은 조직의 동질성과 안정의 기반이 되는 반면에, 환경의 급진적인 변화가 새로운 가치·관점·지식을 요구할 때에는 손실이 따른다. 따라서 외부의 변화와 일치되는 조직의 신념과 정보를 유지하기 위해 순리적인 이직을 사용할 수 있다.

(3) 이직의 지적 관리

이직의 긍정적인 영향과 부정적인 영향을 고려해볼 때 조직이 달성해야 할 것은 최적의 이직률이라 할 수 있다. 최적의 이직관리는 [그림 11-4]에서 보여지는 이직의 비용(the cost of turnover)과 이직을 막기 위해 들어가는 비용을 최소화하는 것이 필요한 것이다.

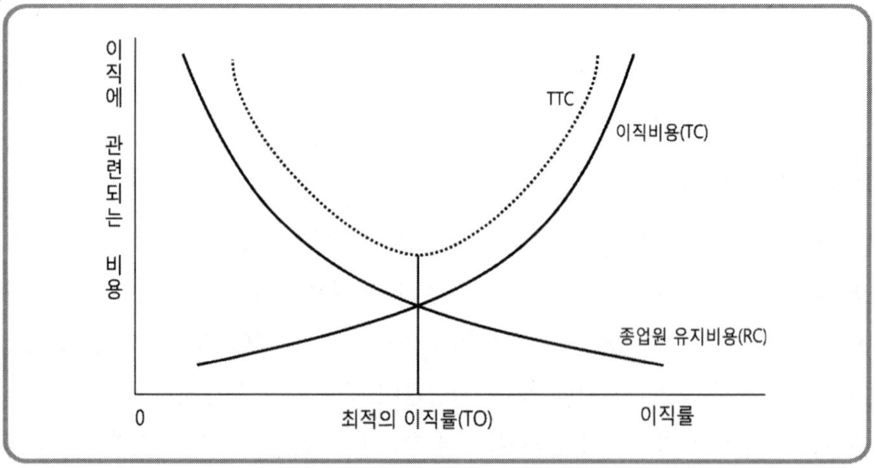

[그림 11-4] 최적의 조직 이직률

[그림 11－4]는 기본적인 경제성의 구조로서, 조직의 인사 및 인적자원관리 정책의 관계에서 이직에 관련된 비용을 나타내고 있다. 종업원의 이직으로 발생하는 기회비용과 새로운 종업원을 채용하고 훈련시키는 비용의 합이 TC로 표시된다. 종업원에게 많은 보상을 제공하는 등의 요인에 의한 유지비용(RC)은 이직의 감소를 가져온다. 유지비용은 이직률을 0으로 떨어뜨리려고 시도할 때 관련되는 비용이다. [그림 11－4]에서 보면 이직관련비용과 유지비용은 횡축으로 표시된 조직 이직률에 대해 서로 역비례관계에 있다. 유지비용이 증가할수록 이직률은 감소된다. 즉 조직이 이직을 막는 데 사용되는 시간·자원·관리비용 등이 줄어들수록 이직률은 증가된다. 한편, 이직률이 높아지면 이직비용은 증가된다. 따라서 이직으로 말미암아 조직에 발생하는 총비용은 이러한 함수관계의 합이다(그림에서 TTC로 표시된다). 유지비용의 감소로 인한 이직률의 증가는 이직비용을 발생시킨다. 따라서 유지비용과 이직비용은 상충관계(tradeoff)에 있다. 그림에서 나타나듯이 이 두 함수의 합인 TTC는 U자형 함수이다. 이 함수의 최소치는 TO이다. 그리고 이것이 이직비용을 초과한다면 이직해야 한다. 이것은 조직이 과도한 유지비용을 절감하고 조직의 최적화를 달성하는 것을 의미한다. 따라서 최적의 조직이직은 조직의 역기능을 회피하는 것이다.

3) 이직의 측정

일반적으로 이직을 측정하는 방법으로는 이직률(separation rate)을 사용한다. 이것은 일정기간동안에 이직한 구성원 수를 그 기간 동안의 평균구성원 수로 나누어 계산하는 것으로 종업원의 재직기관과는 관계없이 조직을 떠나는 일반적인 경향을 반영하는 장점이 있다.

이외의 방법으로 다음과 같은 것이 있다.

① 평균재직기간(average length of service) : 각 구성원의 재직기간을 합하여 구성원 수로 나눈다.

② 입직률(accession rate) : 일정기간 동안에 새로 채용되는 구성원의 수를

그 기간 동안의 평균구성원 수로 나눈다.

③ 안정률(stability rate) : 일정기간 동안에 남아 있는 구성원 수를 그 기간의 초기에 남아 있는 구성원 수로 나눈다.

④ 비안정률(instability rate) : 일정기간 동안에 이탈한 그 기간 초기의 구성원 수를 그 기간 동안에 새로 채용된 구성원의 총계로 나눈다.

⑤ 잔존율(survival rate) : 일정기간 내에 남아 있는 새로 채용된 구성원 수를 그 기간 동안에 새로 채용된 구성원의 총계로 나눈다.

⑥ 소모율(wastage rate) : 일정기간 내에 이탈한 새로 채용된 구성원 수를 그 기간 동안의 새로 채용된 구성원의 총계로 나눈다.

이러한 방법을 이용하는 4가지의 통계량을 계산해낼 수 있다.

첫째, 조직에서 발생하는 이유에 의하여 자발적으로 이루어지는 이직 : 이러한 이직은 보상, 승진, 그리고 발전의 기회, 감독의 질, 개인이 담당하는 직무의 특성 등의 문제들에서 비롯되는 이직을 의미한다.

둘째, 개인적인 이유에서 이루어지는 자발적인 이직 : 여기에는 건강상의 문제, 정년퇴직 또는 학교로의 복직 등으로 발생하는 이직을 의미한다.

셋째, 비자발적인 이직 : 조직에 의해 강제적으로 이루어지는 이직을 의미한다.

넷째, 조직의 내부적 이직 : 조직내부에서 이루어지는 인사이동과 진급을 의미한다.

4) 이직의 관리대책

관광기업에 있어서 이직비용, 고용비용, 교육훈련비용 등의 비용을 발생시켜 금전적 손해를 야기시키고, 기능공의 이직은 계속적인 기술축적에 장애를 가져오며, 종업원의 사기를 저하시켜 생산성 향상을 위한 동기유발을 어렵게 한다. 이러한 과다한 이직을 막고 관광조직의 안정성을 확보하며, 계속적인 기술축적과 기술개발에 의한 경쟁적인 관광서비스 상품으로 기업이 성장하기 위하여서는 관광서비스 상품을 만드는 구성원이 관광기업에 바라는 것이 무엇이며, 왜 이직을 하는가 하는 이직 결정요인을 파악하여 이에 대처해야 할 것이다.

그러나 이직의 문제는 관리자에게는 서로 얽혀 있는 다루기 곤란한 문제이다. 어느 정도의 이직은 질병, 정년퇴직, 사망과 같은 원인에 의해 불가피하다. 또한 자발적 이직의 경우에도 경제 전체적인 입장에서 볼 때, 타직장에서 보다 효과적으로 능력을 발휘하고 다른 산업의 기업신장의 필요에 종합된다면 좋은 현상이다. 그러므로 한 관광기업에 손실이 되는 이직이 그 종업원을 채용하는 관광기업에게는 이득이 될 수 있다.

이직이 자연스럽게 일어날 때 조직은 인력보다 참신한 인력으로 대체할 수 있는 기회를 가지게 되며, 이직이 가지고 있는 긍정적 의미를 살릴 수 있을 것이다. 중요한 것은 이직의 횟수가 많고 적음에 있는 것이 아니라 그것을 얼마나 효율적으로 관리할 수 있느냐 하는 데 있다.

기업적인 차원에서 적정한 수준의 이직을 유지하기 위한 관리방안을 두 가지 측면에서 살펴보면 다음과 같다.

(1) 경제적 수준에서의 관리대책

조직차원에서 경제적인 수준의 이직은 종업원의 잔류행위 및 이직행위와 관련하여 발생하는 종업원 유지비용과 이직비용에 좌우한다. 한 종업원을 보유하는 데 들어가는 비용은 종업원의 업적이 우수하든 우수하지 않든지 간에 이직으로 인하여 발생하는 이직 비용을 초과할 수 있다. 따라서 경영자는 수시로 종업원을 보유할 것인가 하지 않을 것인가의 여부를 판단하여야 한다. 그리고 그것을 판단할 경우와 잊기의 결과를 평가할 때는 반드시 종업원의 업적뿐만 아니라 보유 및 이직비용을 조사해야 한다.

이러한 문제점에 대한 대책으로 다음과 같은 조치가 요구된다.

① 이직의 계량적 관리

이직비용을 고려 할 때는 [그림 11－5]과 같이 대비비용을 포함한 개념으로 생각해야 한다. 어느 종업원이 이직하게 되면 이직자에게 직접 지불하게 되는 비용과 후임자가 이직할 때까지 공백기간에 발생하는 손실비용과 이직해결 후 이직할 시점까지 저생산성에 의한 손실비용 등의 간접비용이 모두 이직비용에 포함된다. 대체비용은 이직자 대신에 후임자가 이직되어 숙달될 때까지 발생하는 비용으로서 모집, 선발, 배치기간 중의 고용비용, 교육훈련비용 등의 직접비용과 신입자가 훈련 및 적응기간 중에 훈련담당자가 본래의 업무에 전념할 수 없으므로 인하여 발생하는 간접비용이 포함된다. 이와 같이 한 종업원이 이직하게 되면 그 영향은 이직자 개인이나 이직자의 대체로서만 국한되는 것이 아니라 타종업원에게 직접 또는 간접적인 영향을 미치는 것이다. 더욱이 시간적으로도 이직시점에서 끝나는 것이 아니라 대체된 신입자가 이직자의 업무수행수준에 도달할 때까지 직접적인 비용이 투입되어야 하고, 간접적인 손실을 고려해야 된다는 것이다. 그러므로 관광기업에서는 인원을 자원 내지 자산으로 보고 유출입(流出入)을 통재해야 될 것이다.

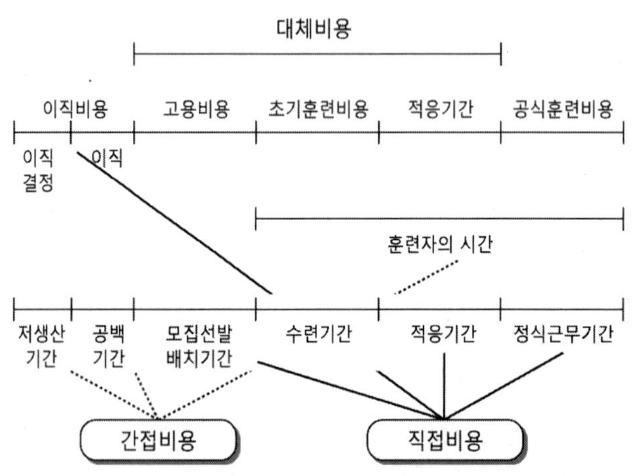

자료 : 최종태, 전게서, p. 795.

[그림 11-5] 노동이동비용의 구성항목

② 무능한 인력의 배체

무능한 인력을 배제하는 것은 3단계로 나누어 생각할 수 있다. 즉 인력계획 및 유입단계에서 고용노동력에 대하여 양질적으로 면밀한 계획을 세워 입사 전의 기대와 입사 후 현실의 현격한 차이로 인해 모집 및 채용 내지 초기훈련비만 투입하고 조기 이직해버리는 현상을 제고하여 기업 및 직(職)에 대하여 과대선전을 하지 않도록 신중을 기하고, 학력시험이나 적성검사는 물론 심리검사의 일종으로서 성격검사를 실시할 필요가 있다.

다음에 모집시험을 거쳐 일정기간의 초기훈련을 완료한 이후 배치를 하여 근무하는 단계에서는 적성과 능력을 갖춘 신입 종업원이 기업의 분위기와 담당하고 있는 직무에 쉽게 적응할 수 있도록 지속적인 오리엔테이션(orientation)의 성격을 가진 적응체계를 확립해 주고 교육훈련을 실시하는 것이 요망되며, 면접을 통하여 종업원이 이직하거나 잔류하는 이유를 항상 파악함으로써 잠재적 이직의 대상이 되는 장기근속의 유능한 종업원을 유출시키지 않도록 해야 한다. 그 외에도 장기근속자의 이직에 대체하는 방편으로서 외부로부터 유능한 중견사원을 스카웃하면 조직에 새로운 활력소가 되는 수도 있지만, 기존 종업원의 불만을 야기하는 수가 많기 때문에 외부고용 이전에 조직 내에 숨은 인재를 찾아보지 않으면 안 되며, 기존종업원의 사기증진을 위해서 가능한 조직 내의 승진을 원칙으로 한다는 인사정책이 최고 경영자에 의해 지지되고 이러한 사실을 모든 종업원들에게 인식시키는 것이 필요하다.

끝으로, 인력활용상 잠재적 가능성과 능력의 한계를 파악한 단계에서 인력통제를 위해 반드시 고려해야 될 것은 무능한 인력을 관광기업 외로 유출시키는 방법으로서 직계·연령·근속 등에 따른 정년제도를 들 수 있다.

(2) 이직요인의 관리대책

이직결정요인을 보면 사무직의 경우 공평성, 사회적 통합, 임금수준, 승진기회, 직무 변화성을 나타내며, 생산직의 경우 승진기회와 직무관여로 나타나고 있다. 이러한 결정요인에 대한 직무관리방안으로는 다음과 같은 것을 거론할 수 있다.

① 경력관리계획

종업원들이 직장을 평가하는데 있어서 단기적인 금전적 보수보다도 직장안정을 통한 장기 근속에 따르는 미래보수를 합한 총이익을 극대화하려는 욕구가 강하므로 관광기업은 보수로서 승진을 통한 경력관리제도를 종업원에게 제공하여야 한다. 이렇게 함으로써 종업원은 미래에 대한 희망을 갖고 직무와 교육훈련에 임하게 되고, 관광기업은 종업원의 동기유발을 달성할 수 있게 되는 것이다.

경력관리는 사무직과 관광서비스 현장직으로 나누어 생각할 수 있는데, 전자의 승진경로는 피라미드형이고, 후자는 수직형으로 설정된다. 그러나 일차적인 대상은 관광서비스현장직의 승진경로의 확립이다. 관광서비스현장직의 경우, 승진경로를 통한 자기성장의 동기부여가 없으므로 적은 임금과 노동조건의 기술축적에 장애가 오고, 남아 있는 종업원의 사기에 나쁜 영향을 미쳐 생산성의 저하까지 몰고 올 수 있으므로 승진경로를 통한 동기부여가 시급하다. 특히 생산직의 경우에는 이러한 승진경로가 개발되어 있지 않음으로써 기술공 양성의 종제(從弟)를 담당하고 작업층과 경비층을 직접적으로 결합시켜 주는 중간관리층의 인적자산이 확보되지 않아 기업 내 의사전달과 작업층의 동기부여에 많은 어려움을 겪고 있는 것이다. 그러므로 관광서비스현장직 종업원의 경우에도 견습직, 숙련직, 중간관리층을 거쳐 최고경영층에 이르기까지의 승진경로를 설정함으로써 관광서비스현장직 종업원의 동기유발을 통해 경쟁적인 품질을 가진 상품을 생산하도록 하여야 하며, 더 나아가 기술을 개발하고, 또 최고경영자에서부터 견습공까지 원할한 의사전달로써 효율적인 경영이 가능하도록 하여야 할 것이다.

② 배치전환제도

관광서비스현장직에 비하여 상대적으로 승진경력개발이 잘되어 있는 사무직의 경우에는 적정 배치전환을 실시함으로써 능력개발을 위한 사무직의 강한 동기요인을 충족시켜 노동이동을 방지하는 근본적인 대책으로 삼아야 할 것이다.

배치전환을 위한 직무순환제는 종업원의 성장욕구를 충족시켜 줄 뿐만 아니라 종업원의 기능을 다능화하여 관광기업 내 배치활용을 가능케 하여 직무안정을 위한 수단이 되며, 종업원이 관광기업의 여러 부분을 이해함으로써 담당직무를 효율적으로 수행하고 부서 간에 협력을 증진시킬 뿐만 아니라 기업전반의 사정을 이해함으로써 관광기업의 주인의식이 노동이동을 방지하는 수단이 되기도 하는 것이다.

제2부

관광조직행동

uman resources management for the tourism sector

제1장

관광조직행동의 기초이해

human resources management for the tourism sector

관광조직행동(tourism organizational behavior; TOB)은 관광조직에 있어서의 인간행동을 연구대상으로 하는 이론으로서 주로 행동과학(behavioral science)과 근대조직 이론을 기초로 하는 새로운 학문분야이다. 조직행동의 원어인 'organizational behavior'가 미국의 학계에서 사용되기 시작한 직접적인 계기는 1959년의 고든(R. A. Gordon)과 하웰(J. E. Howell)의 『*Higher Education for Business*』의 출판에서 비롯되었다. 조직행동론은 종래의 인적자원이론의 개념을 넘어서 조직에 있어서의 인간행동을 과학적 · 학제적(interdisciplinary science)으로 연구하게 되었다.

관광조직들은 복잡하고 다양한 해결과제를 갖고 어떤 방법으로 운영을 하고, 또 어떤 방향으로 계속 조직을 유지하면서 발전시킬 것인가에는 많은 어려움이 따르기 마련이다. 즉 관광조직을 이끌어가는 리더는 어떤 능력을 갖추어야 하고, 또 리더는 관광조직의 바람직한 풍토와 분위기를 조성하는 중요한 변수는 무엇이며, 이 변수는 관광조직의 환경과 어떤 관련성을 갖고 있는가?

관광조직은 본질적으로 조직구성원 중심으로 의문을 갖고 해결해야 할 분야이다. 결국 조직구성원의 행동과 태도를 주체로 이해하면서 관광조직의 전반적인 문제를 연구하는 일이 우리들의 과제라고 할 수 있다.

1. 관광조직행동의 개요

관광조직행동연구의 대상은 복잡하고 다양하다. 특히 관광조직행동의 연구는 응용과학에 관련분야가 많고, 연구의 초점도 차원별로 다양하며, 접근방법과 절차가 복잡하기 때문에 관련 인접과학의 기초지식을 요구하는 특성을 갖고 있다. 이러한 조직행동의 학문적 특성은 종합적인 응용학문(interdisciplinary applied science)이면서 구체적인 성과를 볼 수 있도록 노력하는 성과지향적 실천학문(practical science to oriented performance)이고, 동시에 관광조직의 발전적 변화를 유도하면서 성과중심의 가치를 중시하는 인본주의적·규범적 과학(humanistic, normative science)이라는 세 가지 관점으로 요약된다.

따라서 조직행동연구의 기초로 관련분야와 연구의 초점, 연구방법과 접근방법 및 일반적인 연구절차의 내용은 다음 [그림 1－1]과 같이 요약된다(유기현, 2003 : 2~3).

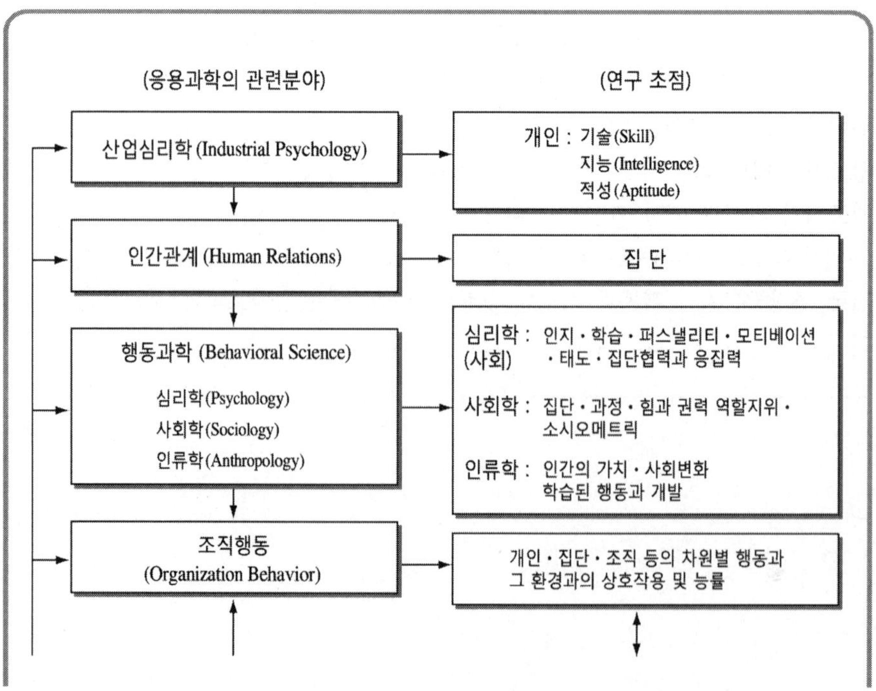

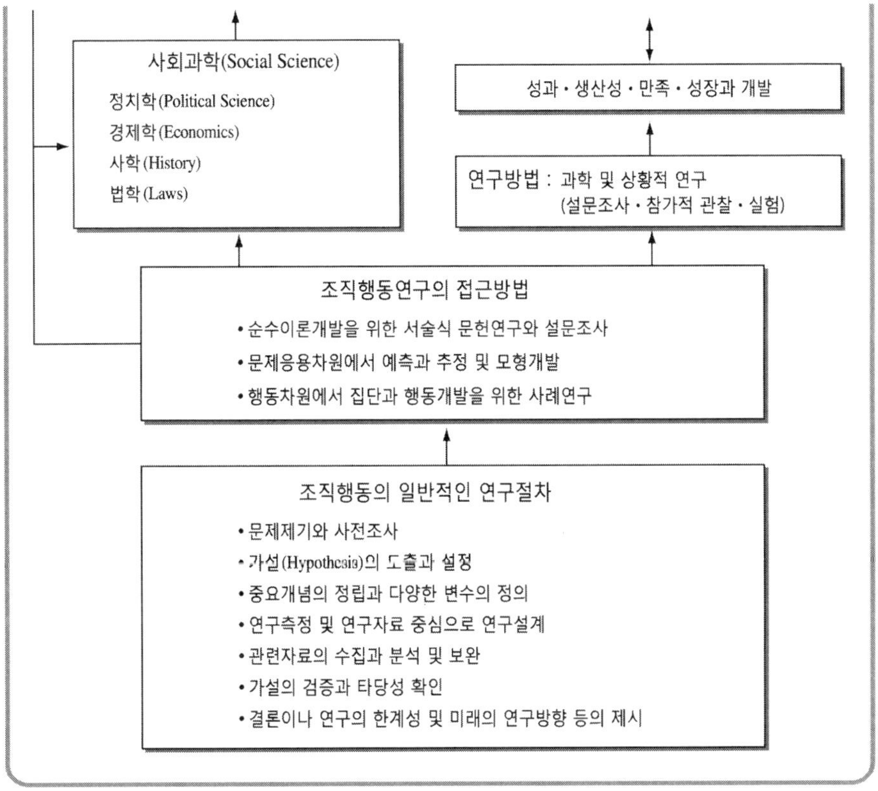

[그림 1-1] 조직행동연구의 3가지 단계

2. 관광조직행동의 연구목적

관광조직행동의 연구목적은 더욱 바람직한 인간성과를 올리기 위하여 사람 · 구조 · 기술 및 외부사회시스템의 관계를 더욱 개선하려는데 있고, 사람과 조직의 관계를 더욱 효과적으로 원조하려는 데 있다. 이러한 연구목적을 위하여 조직행동론은 다음과 같은 연구에 초점을 두고 있다(박운성, 1999 : 3~4).

① 기본적 초점은 사람이다.

조직행동론은 기본적으로는 사람에 초점을 두며 기술, 경제, 구조 및 기타의 요소들은 단지 그것이 인간과의 관련에서 인식되는 것이다.

② 근본적 초점은 인간과 조직의 개선에 있다.

기본적으로는 사람에 초점을 두지만 조직환경 또한 중요시된다. 조직행동론의 근본적인 초점은 인간과 조직의 관계를 개선하려는 데 있다.

③ 중심적 활동은 종업원의 동기유발이다.

조직행동의 중심적 활동은 종업원의 동기를 유발할 수 있는 환경을 마련하는 데 있다. 관리자는 고압적·전제적 관리 및 감독보다는 언제나 부하가 조직 내의 개인으로서 스스로 조직목표를 달성하기 위하여 협력하게끔 보수, 승진, 직무의 안전성, 노동조건, 직장의 인간관계 등에 대한 그들의 동기를 만족시킴으로써 그들이 적극적으로 책임을 갖고 일할 수 있는 의욕을 갖게 하는 데 있다.

④ 종업원의 욕구충족과 조직목적의 쌍방탐구이다.

조직행동론은 종업원의 욕구충족과 조직목적 달성의 쌍방탐구에 그 하나의 연구목적이 있다. 매슬로우에 의하면, 인간은 본래 지적 욕구, 자기보존을 위한 안전욕구, 사회적 욕구, 자아의 욕구, 자기실현적 욕구를 갖는다. 그리고 조직의 책임은 종업원의 욕구가 충족될 수 있는 행동적 풍토와 조직풍토를 마련하는 데 있다. 이러한 종업원의 욕구가 충족되면 조직의 목적달성을 촉진하게 되며, 조직과 그 구성원인 종업원 쌍방이 효과적으로 그 성과를 탐구하려는 데에 조직행동론의 또하나의 연구목적이 있다하겠다.

3. 관광조직행동연구의 관점

조직행동은 ① 개인차원(individual level)과 ② 집단차원(group level) 및 ③ 조직차원(organizational) 등에서 검토될 수 있는데, 이러한 내용은 행동모형(model of behavior)으로 나타날 수 있다. 이러한 모형은 주요 변인과 변인 간의 관계에 따라 파악하게 되므로, 이들의 모형을 중요한 특성에 따라 이해할 필요가 있다(유기현, 2003 : 5~7).

1) 개인차원의 행동

조직행동에 관한 이해를 개발시키기 위한 모형은 개인차원에서의 행동으로부터 시작된다.

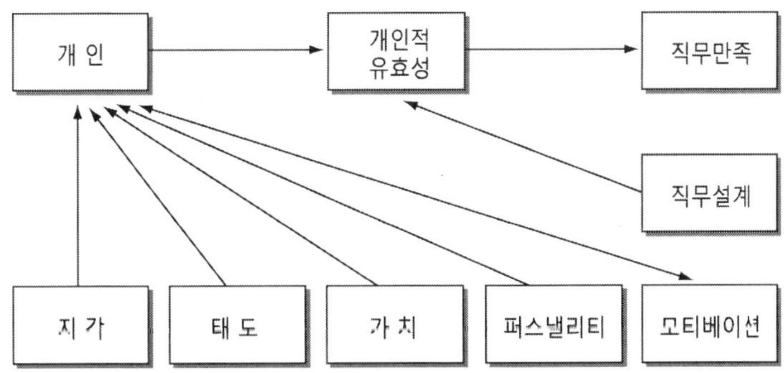

자료 : Milton, C. R., Human Behavior in Organization, Three Levels of Behavior (Englewood Cliffs, NJ : Prentice-Hall, Inc., 1984), p. 4.

[그림 1-2] 개인차원의 행동모형

[그림 1-2]에서 보는 바와 같이 개인행동을 유발시키는 주요한 요소는 ① 지각(perception), ② 태도(attitudes), ③ 가치(values), ④ 모티베이션(motivation), ⑤ 퍼스낼리티(personality) 등의 5가지로 집약되는데, 이들 요소는 개인의 유효성과 성과에 영향을 미치고 있다. 한편, 개인적 유효성과 직무만족 및 모티베이션 등의 변인은 개인별 과업과 의무를 구체화하는 직무설계에 따라 영향을 받고 있다.

2) 집단차원의 행동

두 번째 조직행동의 모형은 집단차원에서의 행동모형을 들 수 있는데, 이는 [그림 1-3]으로 요약, 도시할 수 있겠다.

[그림 1-3]에서 개인은 그가 속한 작업집단 내의 다른 사람과 상호작용을

하기 때문에, 개인 간의 행동은 사람과 사람을 연결시킨다. 그리고 두 사람 이상 간의 개인적 상호작용(personal interactions)은 인적시스템과 자아개념 및 욕구에 따른 대인 간의 방침에 의해서 영향을 받게 된다.

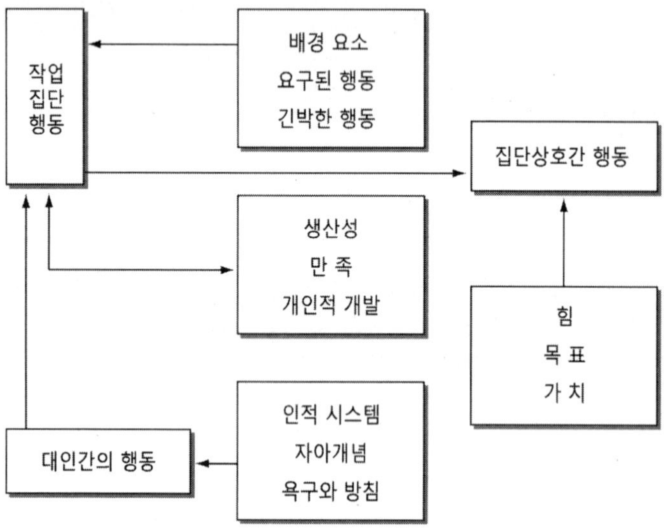

자료 : Milton, C. R., op. cit., p. 4.

[그림 1-3] 집단차원의 행동모형

다음 작업집단행동(work group behavior)은 배경요소(기술과 경영실제 및 경제적 영향 등)와 요구된 행동 및 긴급한 행동 등의 관점에서 나타날 수 있다. 그러므로 집단행동의 결과는 생산성과 만족 및 개인적 개발의 측면에서 평가될 수 있다.

특히 대부분의 작업집단은 그 집단 자체만으로는 작업을 수행할 수 없기 때문에 다른 작업집단과의 상호작용을 통해서 목표를 달성하게 된다. 따라서 집단 간의 행동은 타집단의 힘과 목표 및 가치관에 크게 영향을 받게 된다.

3) 조직차원의 행동

세 번째 조직행동의 모형은 [그림 1-4]에서 보여주는 바와 같이 조직차원의 행동모형이다.

[그림 1-4]와 같이 조직차원에서의 조직행동은 직접 관리하고 지휘하는 사람에 의하여 크게 영향을 받기 때문에 리더십이 개인, 집단 및 조직차원에서의 행동을 형성하는 데 중심적 역할을 한다. 이때에 효율적인 리더십이 발휘되기 위해서는 조직과 관련을 갖고 있는 여러 당사자들과의 커뮤니케이션(communication)의 원활화를 위해 더욱 많은 노력을 하여야 한다.

그리고 변화관리(management of change)란, 내외적 원천에서 기인되는 변화에 대한 반응을 말한다. 한편, 조직개발은 행동의 개인, 집단 및 조직차원에서 특정요인(사람, 과업, 구조, 기술)들을 변화시키기 위한 하나의 접근방법이라 할 수 있다. 조직차원에서의 마지막 요인은 갈등관리(management of conflict)를 다루고 있다. 그리고 조직풍토(organizational climate)와 조직유효성이란 세번째의 행동모형, 즉 조직차원에서의 행동의 결과 또는 산출로 볼 수 있다.

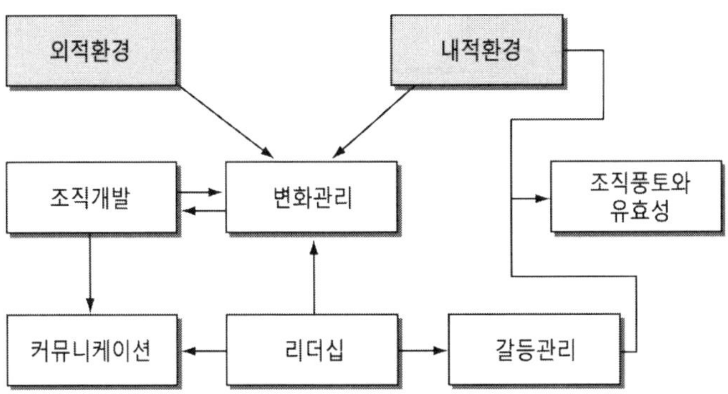

자료 : Milton, C. R., Human Behavior in Organization, Three Levels of Behavior, Prentice-Hall, Inc., Englehood Cliffs., 1981, p. 4.

[그림 1-4] 조직차원의 행동모형

4. 통합모형

통합모형이라고 하면 위에서 언급된 세 가지 모형(개인과 집단 및 조직차원에서의 모형)을 행동적 차원에서 결합시켜서 [그림 1-4]로 요약·도시된 내용

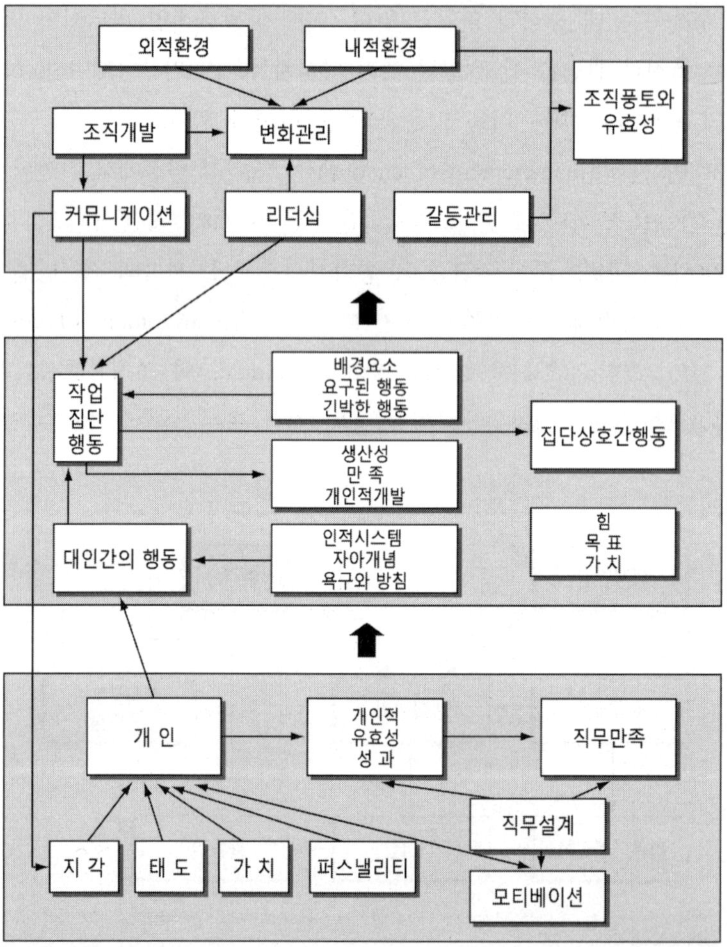

자료 : Charles R. Milton, op.cit, p. 6.
주 : 이 모델의 해석은 밑부분 개인차원에서의 행동모델에서부터 윗부분 조직차원에서의 행동모델로 소급하는 것을 원칙으로 한다.

[그림 1-5] 조직행동의 3차원모델

을 의미한다. 이 모형에서는 세 가지 행동차원과 주요 변인과 변인 간의 연결 내지 결합의 문제를 강조하고 있다.

결국 [그림 1-5]는 현대조직행동론의 체계를 명확하게 나타내고 있으므로 이 체계에 따라 개별 구성내용을 기술하는 것이 바람직하다고 생각된다.

5. 관광조직의 발전이론과 균형이론

1) 관광조직의 발전이론

관광조직발전(TOD : tourism organization development)이란 조직혁신의 형태적 접근방법으로서 조직의 효율성을 향상시키기 위하여 시도되는 다양한 절차를 말한다. 관광조직발전이론은 조직의 인간적 측면에 착안하여 인간의 잠재력을 최대한으로 개발함으로써 관광조직과 개인의 신축성·적응성·창의성을 높여 조직 전체의 개선을 이룩하려는 이론이며, 응용형태학에 의존하고 있다. 관광조직발전은 조직 내의 인간적 가치도 향상시키면서 동시에 관광조직 전체의 개혁도 이룩하려는 접근방법이다.

관광조직의 발전은 2000년대에 와서야 비로소 활용되고 또 그 효용성이 입증되고 있으며, 관광조직발전은 조직환경의 변화에 능동적으로 대응할 수 있도록 조직구성원의 가치관·신념·태도 및 조직구조를 변경시킴으로써 조직의 전반적인 문제해결능력을 향상시키기 위한 일종의 복합적인 교육전략이라는 의미로 변화되어 가고 있다.

이 때 조직구조의 내용에 따른 유의사항은 다음과 같다.

① 조직의 분위기를 용이하게 하고 있는가?

② 조직의 구조는 명확한가?

③ 종업원들이 알고 있는가?

④ 경영철학의 개념을 준수하고 있는가?

⑤ 상급자에게 책임지울 수 있도록 개개인의 종업원의 근무는 정해져 있는가?

⑥ 타부서의 간섭을 직접적으로 회피할 수 있는가?

⑦ 업무의 흐름을 용이하게 하고 있는가?

벡하드(Richard Beckhard, 1969)는 조직발전이란 행태과학의 지식을 이용하여 조직과정에 계획적 관여를 통하여 조직의 효율성과 건전성을 높이기 위해 최고관리층에서부터 시작된 조직전반에 걸친 계획된 노력이라고 정의하고 있다. 즉 조직발전은 조직이 가지고 있는 문화분위기 또는 가치체계구조, 혹은 조직의 행태 등을 변화시키기 위한 계획적·체계적인 과정을 말한다.

마글리스 등은 조직을 발전시키기 위한 방안으로 <표 1－1>과 같이 통합적인 차원에 접근할 것을 제안하고 있다.

〈표 1-1〉 Margulies/Rais(1978)의 조직개발의 통합적 접근

가치관(values)		과정(process)		기술(technology)
• 이용가능한 모든 자원을 이용 • 인간잠재력 개발 • 조직의 효과성 및 건강 • 흥미롭고 도전적인 작업 • 작업환경의 개선기회 • 독특하고 복잡한 개인욕구의 이해	⇨	• 준비과정(대상조식의 문제점 감지, 컨설턴트 대상조직 관계 개발, 변화를 위한 선택안에 대한 교육) • 자료수집(관련부서의 관여, 문제점에 대한 의사소통, 문제점의 확인) • 진단(문제점 확인 혹은 증명, 변화를 위한 여러 해결안 및 접근방안, 전반적인 전략의 작성, 변화를 위한 행동계획의 개발) • 기법(평가안의 이행, 평가 및 수정, 소기의 행위의 재강화)	⇨	• 자료추출의 여러 방법 (관찰, 면접, 질문서법, 조사피드백 등) • 진단의 여러 방법(심층감지법, 조직역할협의진단 모델의 이용) • 조직개발의 여러 기법(팀개발, 집단 간 관계형성, 경력계획, 감수성훈련, 관리격자, 목표관리, 직무설계, 경영자훈련, 직무충실 등)

(1) 조직발전의 특징

조직발전의 중요한 특징을 설명하면 다음과 같다(박연호, 1984 : 235).

① 조직발전은 계획적 변동노력(planned change effort)이다. 따라서 체계적

인 조직진단과 조직의 변화·개선을 위한 계획안, 그리고 이를 위한 자원의 개발계획 등에 많은 노력이 요청된다.

② 조직발전은 조직을 하나의 체제로 보고 전체조직에 걸친 개혁노력을 시도한다. 즉 조직문화 및 행태의 변화, 혹은 전체적인 관리전략 등과 같이 조직전반에 걸친 변경과 관련된다. 물론 조직의 구성부문별로 조직발전 활동이 전개되는 경우가 많지만, 조직발전의 궁극적인 목적은 그러한 개별적 활동의 조정·통합에 의한 조직체 전반의 개혁을 의도한다.

③ 조직발전의 노력은 조직의 최고관리층으로부터 시작된다. 조직발전은 장기적·지속적인 노력을 통해서 추진되어야 하기 때문에 최고관리자의 이해와 지원을 필요로 한다.

④ 조직발전은 행태과학의 지식과 기술을 응용한다. 따라서 조직발전은 구성원의 가치관·태도·행동 등을 변화시키는 규범적인 교육의 전략(normative reeducative strategy)이라 할 수 있다.

⑤ 조직발전은 인간의 성장과 자아실현적 측면을 중시하고, 구성원들의 협동적·건설적 노력에 높은 가치를 부여하는 성장이론(growth theory)과 인간모형에 기초를 두고 있다.

(2) 조직발전의 목적

관광조직발전의 목적은 ① 조직의 적응력 효율성을 높이고, ② 조직의 유지·통합·문제해결 등을 위한 능력을 향상시키며, ③ 조직의 협동노력을 극대화시킴으로써 문제를 해결하고 효율을 제고함에 있다. 그러나 관광조직 발전의 구체적 목적은 여러 가지 상황에 따라 달라질 수 있다. 그런 가운데 구체적인 목적에 있어 한 예를 들면 다음과 같은 내용을 강조할 수 있겠다(Golembiewski, 1969 : 169).

① 의사전달이 횡적·종적으로 원활하게 이루어질 수 있도록 개방적인 분위기가 조성된다.

② 정보자료의 근원에 입각한 정책결정과 문제해결이 이루어지도록 한다.

③ 조직 내의 개인이나 집단 간에 신뢰감과 지지도를 높인다.

④ 갈등이 해결되고, 협동적 노력이 극대화된다.
⑤ 보상제도를 개발하여 개개인의 열성과 만족감을 증대시킨다.
⑥ 지식과 기술에 입각하여 직무를 수행하도록 하고, 책임감을 높인다.
⑦ 조직의 자체갱신과 자체성장을 촉진토록 한다.
⑧ 계속적인 개선 메커니즘을 통하여 체제의 안정과 효율성을 최적화한다.

2) 관광조직의 균형이론

(1) 균형이론의 의의

조직에 대한 균형이론은 인간관계론의 창시자인 버나드(C.I. Barnard)에 의해 창안되었다. 이 이론은 조직의 공헌자와 참여자 사이에 필요한 원인을 제공하여 동기를 유발시킴으로써 조직의 효율원리와 능률원리를 중심과제로 조직의 유지와 존속문제를 다룬 이론이라고 말하고 있다.

또한 이 이론은 대내외적 조직의 균형문제를 구성원의 지속적인 참여와 협동을 전제로 하는 ① 조직과 환경과의 균형을 통한 조직의 효율과, ② 조직과 개인과의 균형에 의한 능률이라는 균형의 이원적 측면을 중심으로 이론을 전개하고 있다.

(2) 조직의 대내외적 균형조건

① 대내적 균형조건

㉮ 유인요소, 공헌요소, 이는 형식적이고 비재무적인 요소를 종업원에게 유리하도록 배분함으로써 실제적인 재무적 요소로서의 합리적인 배분이 되어 공헌요소로 작용할 수 있도록 하여야 한다. 즉 명예와 작업시간의 단축 및 복리시설의 공여와 특별급여의 제공과 배분으로 실제적인 임금의 증가를 기대할 수 있도록 유인요소로 작용해야 한다.

㉯ 유인의 요소는 종업원의 심리적 부담이나 실현가능한 요건의 성질을 갖게 되면 유인역할을 못하게 되어 형식에 치우치는 결과가 되므로 실질적 배분의 의의를 찾아야 한다.

② 대외적 균형조건

㉮ 이해집단 간의 이해조정을 위한 유인요소로서의 역할을 다해야 한다. 즉 조직은 이해관계를 갖고 있는 집단이나 조직 및 개인 간의 상호 이해관계를 합리적으로 배분한 상태에서 균형을 모색해야 한다.

㉯ 유인요소는 협동을 자극하는 요소로 역할을 다해야 한다. 즉 유인이 집단이건 개인이건 간에 협력체제를 확립할 수 있는 요소로서의 작용 효과를 창출해야 한다.

이상과 같은 조건에 따라 객관적인 측면과 주관적인 측면을 병용하는 방법론을 활용하게 되면 균형의 효과를 증대시킬 수 있으므로 그 방법을 다음 항에서 다루었다.

(3) 조직의 균형화방법

이와 같은 조건을 이해한 다음에는 균형화 방법을 버나드는 아래와 같이 두 가지로 구분하여 설명하고 있다.

① 자극적 방법

㉮ 특수적 요인

- 물질적 유인
- 비물질적 유인
- 바람직한 육체적 작업조건
- 이상의 만족

㉯ 일반적 유인

- 사회접촉상의 매력
- 습관적 작업방법과 태도에 대한 적응조건
- 참가기회의 확대
- 친교의 방법

② 설득적 방법

㉮ 강제적인 방법

이는 종업원이 설득으로도 호응하지 않고 동시에 공헌도를 보이지 않을 때 제도적으로 강요하여(해고, 벌칙) 균형을 유지하려는 방법인데, 현대 경영사회에서는 배제되어야 한다.

㉯ 유인의 합리화

이는 개인적으로 갖고 있는 능력이 현조직에 참가하는 것이 되고 있다는 것이 이익이 되고 있다는 개인적 퍼스낼리티를 중심으로 설득하는 방법이다.

㉰ 동기의 주입

이는 사회적 교육과 광고선전을 통해서 동기를 주입시켜 설득하게 함으로써 개인의 공헌을 유인하는 방법이다.

6. 관광조직의 체질측정(예)

관광조직체질은 질적으로 혹은 양적으로 측정될 수 있다. 측정정보는 반드시 종업원으로부터 나와야 하며, 그 유용성은 종업원들이 그들의 느낌을 진실되게 표현해 주느냐에 달려 있다. 만약 종업원들이 그들의 제시를 경영진에서 받아들일 것이라고 믿고 있다면 다음의 질문사항들을 제시하면 많은 정보를 제공받게 될 것이다. 우선 종업원들에게 비판적인 응답을 해도 나중에 어떤 처벌이 없을 것이라는 것을 확신시켜 주어야 한다. 이런 이유로 면담이나 토론은 회사 밖에서 초빙해 온 사람이나 최소한 인적자원과에서 나온 사람이 실시해야 한다.

질적인 측정(qualitative measures)에 있어서 조직환경(organizational climate)은 조직의 일체감(conformity), 업무기준(standards), 업적에 대한 보상(rewards)과 같은 질적인 차원에서 측정할 수 있다. 예로써 다음과 같은 질문들이 종업원들의 대답을 얻기 위해 사용되어질 수 있다.

1) 책임성(responsibility)

① 어느 정도까지 우리 개인의 판단에 의존하여 일을 처리하고 있는가?
② 자신의 문제를 스스로 해결하도록 우리는 어느 정도까지 다른 사람들을 격려하고 있는가?
③ 지배인들은 당신으로 하여금 모든 일을 그들과 함께 재확인하도록 어느 정도 요구하는가?
④ 종업원들이 자발적으로 생각하여 일을 처리하도록 지배인들은 어느 정도 격려해주고 있는가?

2) 일체감(conformity)

① 우리는 보통 회사방침이나 업무처리기준에서 벗어나 변칙적으로 일을 처리하는 경우가 있는데, 그것이 어느 정도 심한가?
② 각종 규정과 규율들이 지나치게 엄격한가?
③ 어느 정도 자유스럽게 발언이 허용되고 있다고 생각하는가?
④ 새롭고 독창적인 아이디어를 개발하도록 적극적으로 권장받고 있는가?

3) 협동정신(team spirit)

① 대부분의 사람들이 서로 상대방을 위하여 어느 정도 자상하게 생각하는가?
② 집단을 위한 협동정신은 어느 정도인가?
③ 경영진과 종업원 간에 협동적 태도는 서로 갖고 있는가?
④ 직원들 사이에 언쟁빈도는 어느 정도인가?

4) 보상(rewards)

① 승진은 그 사람의 업무수행능력과 실적에 입각해서 실시되고 있는가?
② 주어진 과업을 잘해내었을 때 칭찬받는 빈도수는?

③ 어떤 잘못을 저질렀다고 해서 반드시 처벌받게 되는가?

④ 보상이나 격려가 위협이나 비난보다 우선적으로 중요시되고 있는가?

5) 기준(standards)

① 업무수행 기준목표가 너무 높이 설정되고 있는가?

② 종업원들은 그들이 업무를 훌륭하게 완수한 후 어느 정도 자부심을 느끼는가?

③ 관리자들은 도전적인 목표들을 설정하는가?

④ 과업수행을 하도록 어느 정도의 압력을 받고 있는가?

6) 관광기업목표의 명료성(organizational clarity)

① 회사에서 당신에게 기대하고 있는 것이 무엇인지 당신은 알고 있는가?

② 업무배당(job assignment)은 논리에 맞게 만들어졌는가?

③ 회사의 방침을 당신은 설명받아 본 적이 있는가?

④ 미숙한 사업계획으로 인하여 생산성 향상에 어느 정도 어려움을 겪고 있는가?

7. 관광조직 구성원의 변화

1) 관광조직 구성원의 변화

미국의 예를 들면, 관광조직은 <표 1-2>와 같이 4세대가 일하고 있고, 최근에는 신세대의 비중이 증가하고 있다.

〈표 1-2〉 세대별 비중(예)

세대별	명(%)
네트 세대(net generation)	40(6.2%)
X-세대(baby buster generation)	440(67.9%)
베이비 붐 세대(baby boomer generation)	135(20.8%)
조용한 세대(silent generation)	33(5.1%)

2) 신세대의 특징

신세대는 마치 다른 종족처럼 당혹스럽고 이해하기 힘든 면도 있으나, 이들의 잠재력을 최대한 끌어내고 팀 내에 남아 공헌하게 하는 것이 중요하다.

신세대들의 특징은 다음 <표 1-3>과 같다.

〈표 1-3〉 신세대의 특징

기성세대	신세대
한 분야의 전문가이거나 하나의 조직에서 경력을 축적	직장이동을 당연히 여기며 다중경력을 지향
보상과 승진을 중시	개인적 흥미, 학습, 경험, 도전, 가치를 중시
절도와 규정, 원칙을 중시	자유로움과 피드백을 중시
조직에 대한 충성 중시	상호관계, 일에 전념
일과 놀이, 가정을 엄격히 구분	일과 놀이, 가정의 공존 가능성을 인식

변혁저항의 변

① '잘 해 봐'라는 식의 비꼬는 말
② '난 모르겠다' 식의 말
③ '그건 해도 안 된다'는 소극적인 말
④ '네가 뭘 아느냐'는 무시하는 말
⑤ '바빠서 못한다'는 핑계의 말
⑥ '잘 되어가고 있는데……' 라는 안일무사
⑦ '이 정도면 괜찮다'라는 현실주의
⑧ '다음에 하자'는 미루는 말
⑨ '해 보나 마나 똑같다'는 포기의 말
⑩ '이제 그만두자'는 의지를 꺾는 말

⑪ '지금까지 해 본 일이 없다'는 무기력한 말
⑫ '좋으나 돈이 많이 든다'는 변명의 말
⑬ '너는 우리의 문제를 잘 모른다'는 자만의 말
⑭ '작은 회사는 안 된다'는 열등의 말
⑮ '규정이 없으니까 안 된다'는 보수적인 말

8. 관광조직의 변화방향

1) 효율적인 변화방향

① 조직재설계란 "미래 조직의 중심가치인 고객지향성, 개인지향성, 공생지향성, 학습지향성을 조직설계의 기본원리로 하여 근본적으로 전체 조직시스템을 재구성하는 것"이다.

② '전체 조직시스템을 재구성하는 것'은 단순히 조직구조만의 재설계가 아니라 직무관리, 평가 및 보상관리, 인적자원관리, 조직문화 등 모든 조직관리활동에 새로운 변화를 추구하는 것을 의미한다.

2) 조직 재설계의 네 가지 기본원리

우선 과거의 조직화와 새로운 조직화의 패러다임을 비교하면 <표 1-4>와 같다.

〈표 1-4〉 조직화 패러다임 비교

과거 조직화 패러다임	새로운 조직화 패러다임
효율지향(internal-oriented)	고객지향(customer-oriented)
경쟁지향(competition-oriented)	공생지향(symbiotic-oriented)
계층지향(hierarchy-oriented)	개인지향(individual-oriented)
관행지향(past-oriented)	학습지향(learning-oriented)

상기 <표 1-4>에 대하여 지향하고자 하는 취지를 설명하면 다음과 같다.

① 고객지향

고객입장에서 생각하고 고객의 가치(value)를 효과적으로 충족시킬 수 있도록 조직을 설계하고 관리하는 것이다.

② 공생지향

불신에 의한 경쟁논리를 지양하고 상호신뢰, 호혜에 의한 공생적 이익을 극대화시킬 수 있도록 관광조직을 설계하고 관리하는 것이다.

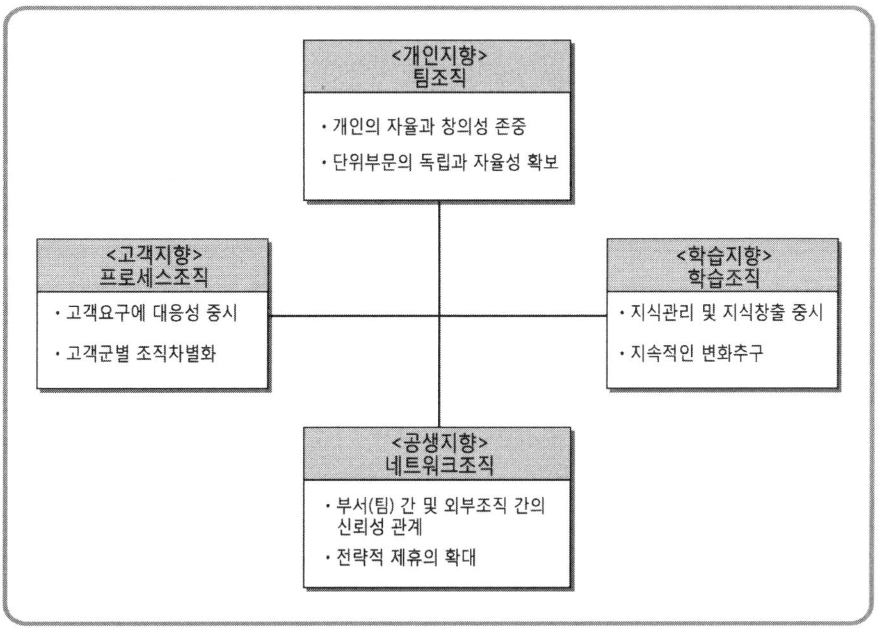

[그림 1-6] 관광조직의 변화 방향축

③ 개인지향

개인 혹은 소집단의 자율성과 창의성을 극대화시킬 수 있도록 조직을 설계하고 관리하는 것이다.

④ 학습지향

지식의 중요성을 인식하고 지식창출, 지식활용을 극대화할 수 있도록 조직을 설계하고 관리하는 것이다.

이와 같은 관광조직의 네 가지 변화 방향축을 중심으로 도식화하면 [그림 1-6]과 같이 표현할 수 있겠다.

3) 관광조직의 설계방향

관광조직의 설계방향은 크게 조직구조적 측면, 직무구조적 측면, 그리고 조직운영적 측면으로 나눌 수 있다(표 1-5, 1-6, 1-7 참조).

〈표 1-5〉 관광조직의 구조적 측면

AS IS	TO BE
높은 관리계층	낮은 관리계층
높은 공식화	낮은 공식화(자율적 합의)
수직적 관계	수평적 관계
권한의 집중	분권화
내부 통제화	네트워크화
과·부단위	팀단위
기능별 조직화	프로세스에 따른 조직화
계획·통제 중심의 스태프 기능	자연중심의 스태프 기능
비대한 관료조직	간소하고 유연한 조직

〈표 1-6〉 관광직무의 구조적 측면

AS IS	TO BE
단순직무(분업화)	다차원적 직무(다기능화)
직위지향적	가치지향적
일상적	비일상적, 도전적
지시적	자율적
낮은 책임	높은 책임

〈표 1-7〉 관광조직의 운영적 측면

AS IS	TO BE
말 잘 듣는 사람	자율적, 창의적인 사람
관리자(통제, 지시자)	리더(비전 제시자, 코치)
훈련	능력개발(학습)
상사평가(획일적 보상)	평가의 다차원화(차별적 보상)
직무 · 연공중심 인적자원관리	사람 · 능력중심의 인적자원관리

조직혁신의 10가지 원칙

전쟁에서 진 사람은 땅에 묻어 주지만, 서비스기업 전쟁에서는 승자가 패자를 먹어치운다. 이 처절한 전쟁 속에서 '적당주의'는 설 자리가 없다. 서비스기업 조직의 '혁신'은 '개선'과 그 혈통이 다르다. 기본조직을 개선한다고 혁신이 되는 것은 아니다. 혁신은 같이 엎어버리고 재정비하는 것이다.

여기에 '서비스조직 혁신의 10가지 원칙'을 제시하면 다음과 같다.

① 상품을 팔지 말라.
(기존상품을 파는 것이 아니라 팔릴 수 있는 상품을 만드는 것이 혁신이다.)

② 광고를 하지 말라.
(만족한 고객이 바로 광고다. 영국 Anita Roddik사는 광고비가 없다.)

③ 조직을 거꾸로 세워라.
(피라미드조직은 안 된다. Simple, Small, Speed 3S시대다.)

④ Know-how는 필요 없다.
(know-how가 아닌 정보지식을 창조하는 know-how가 필요하다.

⑤ 호텔의 재산은 돈이 아니다.
(전화벨이 3번 울려도 받지 않으면 다른 호텔로 돌린다.)

⑥ 사무실은 필요 없다.
(총지배인은 사무실에서 시간을 보내는 것이 아니라 현장(고객)에 있다.)

⑦ 손실이 이익이다.
('주라기공원'은 최대의 비용을 써서 사상 최대의 수익을 올렸다.)

⑧ 실패가 성공이다.
(과거의 성공만 믿고 혁신을 못하면, 성공은 실패의 어머니가 된다.)

⑨ 정보/지식은 소비해야 생산된다.
(정보는 교류해야 승수효과를 가져온다.)

⑩ 조직혁신은 유행하는 '오늘의 요리'가 아니다.
(요릿집처럼 유행을 흉내내면 망한다.)

| 제2장 |

인간관계관리

일반적으로 인간관계관리에 대한 요인분석 결과 인간관계 관리는 친근한 사회적 의사소통과 경영에의 참여측면이 있다.

인간관계 관리의 모든 항목은 관광기업의 종류에 따라 다르지 않고, 제안제도나 항의제도의 활용·사기, 우호적이면서도 목표지향 등의 항목을 제외하고는 보통수준이다.

경영에의 참여를 평가하기 위해서는 업무수행과정의 평가를 행하여야 한다.

상사에 대한 친근감을 평가하기 위하여 인력자원의 재무적 가치평가를 활용시켜야 하고, 부서 간의 업무협조, 상사에 대한 신뢰도를 평가하기 위해서는 인적지원관리 수혜자들의 평가가 중요하다.

의사소통과 우호적이면서도 목표지향적인지를 평가하기 위해서는 업무수행과정 평가가 중요하다.

상사의 리더십 형태가 민주적인지 평가하기 위해서는 생산성에의 기여도로 평가될 수 있다.

각 부서의 책임한계가 분명한지를 평가하기 위해서는 인적자원관리의 수익성에의 기여도로 평가할 수 있다.

상사의 종업원에 대한 신뢰도를 평가하기 위해서는 인적자원관리업무 수행지표를 활용하는 것이 좋다.

제안제도나 창의제도의 활용평가를 위해서는 인적자원관리부서의 목표달성 정도를 측정하여 활용한다.

종업원들의 사기를 측정하기 위해서는 인적자원부서 비용의 효율성과 관련시켜 평가할 수 있다.

---

1. 인간관계관리의 의의

인간관계라는 용어는 크게 나누어 ① 일반적인 의미에서의 내용과, ② 학문적 의미에서의 내용으로 구분하여 생각할 수 있다.

보통 일반사회에서 사용되는 인간관계의 내용은 ① 인간 대 인간의 심리적 관계, ② 대인관계, ③ 인화 등의 세 가지 의미로 사용되고 있다.

이와 같이 인간관계(human relation)라고 하면, 일반적으로 세 가지 내용을 구별하지 않고 무분별하게 사용되고 있기 때문에 일반적인 의미에서 인간관계를 통속적인 의미에서의 인간관계라는 포괄적인 의미로 이해할 수도 있다.

인간관계의 학문적 의미는 ① 인간관계의 과학(science of human relations), ② 산업상 인간관계(industrial human relations)로 구분해서 사용하고 있다. 인간관계의 과학이라고 하면 대체로 광의와 협의로 구분되어 사용되고 있다. 광의의 인간관계과학은 사회과학과 동의어로 사용되며, 여기에는 경제학・정치학・법학까지도 포함시키고 있다. 그러나 협의의 인간관계과학은 심리학・사회학・사회심리학・사회인류학 및 임상심리학 등을 포함하고 있다.

이와 같이 인간관계과학은 여러 가지 인접과학을 배경으로 하여 인간을 중심으로 한 인간행동과 욕구심리상태와 이들의 변화과정 등을 상세하고 분명하게 분석・연구하여 진의를 파악하는 기술적인 항목이다. 따라서 인간관계과학은 개개의 인간이 아니라 일정한 관계를 갖고 있는 인간관계적 존재로서의 개인을 대상으로 하고 있다. 이는 현대 인적자원관리의 발전을 더욱 심오한 경지로 전개하고 있으므로, 경영학부문에서 인간관계관리론이 중요한 비중을 점하고 있는 것이다.

산업상 인간관계는 협의의 인간관계과학에 포함시켜서 보면 포괄적인 의미를 갖고있기는 하나, 산업계의 경영관리측면에서는 특이한 성격을 갖고 있으므로 역서는 구분하여 그 본질을 규명하고 있다.

산업상 인간관계라는 용어는 경영관리조직 내에 존재하는 현실, 즉 기술적인 면이나 제도적인 면 및 비공식적인 면에서의 현실 자체에 인간관계 사실을 지칭하게 된다. 이러한 현실 그대로의 인간관계를 조직적인 측면에서 보면 다음의 세 가지 형태로 재구분할 수 있다.

관광기업에서는 어떠한 행동이든 성의를 다하는 것이 절대 중요하다. 관광기업에 근무하는 종업원의 인간관계를 살펴보면, 종업원에게 '고객은 항상 정당하다'고 교육하고 있기 때문에 고객이 약간의 무리한 것은 표면에 나타내지 못하고 인내하는 훈련을 배우고 있으나, 그 기분이 내향적으로 누적되고 굳어지면 그 분위기가 종업원 간에 흐르게 되어 앞으로의 직장생활에 어떤 문제점을 남기게 될 수 있는 것이다. 그러므로 관광기업의 직장은 입장이 다르기 때문에 자기는 무리하지 않는다고 생각하는데, 상대방에서 보면 무리한 일이 되는 경우가 있게 된다. 일방적인 생각에서 일방적으로 행동한다는 것은 직장의 분위기를 흐리게 하는 원인이 되는 것이다. 관광기업에서 일하는 동료들 중에는 자기만 즐기자고 생각하는 사람은 없을 것이다. 모두가 빨리 일을 하려고 하고, 한 발이라도 전진해야 되겠다는 생각으로 나아갈 것이다.

따라서 하루하루의 일은 싫어하지만, 일을 할 때의 사람들의 심리는 그 일이 다 완성되어 가는 것을 즐거워하고 기뻐하게 된다. 그리고 사람들에게 그것을 인정받기를 원한다. 그러므로 관광기업의 간부가 되는 사람은 종업원이 즐겁게 일하게끔 해야 하고, 사람들의 특장(特長)을 찾아서 일을 시키지 않으면 안 된다. 또한 종업원은 주어진 환경에 적응성을 잊지 말아야 한다.

아무리 우수한 만능을 가지고 업무에 정통하고 있다고 해도 타부서에 전출되었을 때 팀워크(team work)가 되지 않아 곤란을 느낀다면 이것은 큰 문제이다. 기업의 관광서비스는 복합적인 서비스이기 때문에 그 환경을 빨리 적응하는 것이 중요하다. 그러므로 배치전환이 되었을 때 그 부서에 쉽게 적응하고 팀워크가 잘되는 사람이 관광기업의 종업원으로서 적격이라고 할 수 있다.

처음 관광기업에 취직을 하여 얼마간 있으므로 해서 일을 잘할 수가 있으나, 인간관계가 나쁜 경우와 또 일을 잘하지 못하나 인간관계가 좋은 사람인 경우 어느 편이 좋다고는 할 수 없다. 일을 하기 위해 근무하고 있기 때문에 일을 잘할 수 있는 사람이 좋다고 말할 수도 있을 것이다. 그러나 몇 년이 지난 후에도 인간관계가 나쁘다고 하는 것은 일에 대해서도 큰 영향을 미치게 된다는 것을 알아야 한다. 대개 사람들은 인간관계가 제일 어렵고 힘들다고 한다. 이것은 흔히 듣는 말이며, 일 그 자체보다도 인간 대 인간의 문제가 더 많다는 것을 나타내는 말이다. 사람이 있고 일이 있는 것이기 때문에 인간관계가 잘 되지 않으면 일도 잘할 수가 없는 것이다.

관광기업에 있어서도 인간관계가 잘 되지 않으면 능률도 저하되고, 대고객 관광서비스에도 나쁜 결과를 가져오게 된다. 정서적인 부담은 의외로 무겁고 육체적으로 피로하게 되어 인간을 약하게 만들고 회복하기도 힘들게 한다. 그리하여 인간관계가 단절되면 일의 원활을 기할 수가 없다. 그러면 어떻게 해야만 인간과 인간과의 관계를 잘 해나갈 수 있을까. 그 근본은 서로가 서로의 인간적인 가치를 인정한다는 것은 한 개의 독립된 자유로운 인격이며, 그 어떠한 것으로도 바꿀 수 없는 인간으로서의 존엄성을 인식하는 것이다. 그리고 서로가 서로를 잘 알고 있으며 정확하게 건전한 관계가 발생하는 것이다.

2. 인간관계의 중요성

인간관계의 중요성은 크게 다음과 같이 논할 수 있겠다(김윤태, 2008 : 36~40).

① 인간관계는 인격형성의 첫걸음이다.
② 인간관계는 행복한 가정의 기본이다.
③ 인간관계는 바람직한 인간교육의 첩경이다.
④ 자아정체의식과 자아개념의 형성
⑤ 인간소외 극복
⑥ 개인 능력의 발휘
⑦ 조직의 생산성 향상

이 같은 내용을 구체적으로 살펴보면 다음과 같다.

1) 인간관계는 인격형성의 첫걸음이다.

모든 살아가는 동물에게는 '무리의 본능'이라는 것이 있다. 인간 또한 예외는 아니다. 인간도 분명히 무리 속에 더불어 살 때 인간이 될 수 있다. 갓 태어난 어린 아기는 맨 먼저 어머니의 젖꼭지를 빨면서 따사로운 피부와의 접촉을 통해서 기본적인 성격이 형성되고, 차츰차츰 아버지와 형제·자매와의 사귐을 통하여 인간을 배우고 사회에 적응해 나가고, 나아가 '자아'를 성숙시켜 가는 것이다. 이러한 일련의 사실을 '관계'라고 부르며, 또한 타인과의 관계없이는 자기인격을 바르게 성장시킬 수 없다는 이러한 특징을 일컬어 '인격적 상호의 존성'이라고 부른다. 이는 인격과 인격의 만남이 없거나 또한 상호관계가 없는 것이라면 그것은 한 개인이 인간으로서 인격적으로 성장할 수 없다는 인간의 본연적 특징을 지적하는 것이다. 즉 사람이란 반드시 다른 사람과 서로 간의 인간관계의 경험을 통해서 한 인간으로서 바람직한 성장·발달을 하게 된다는 말이다.

그러므로 인간은 원래 그 출발부터가 서로 간의 의존관계에 있으니만큼 이 인격적 상호관계는 가장 중요한 요소로서 인식되어야 한다. 우리들이 경험하게 될 여러 가지 인간관계의 질과 양에 따라 각각 사람 나름대로의 독특한 '나'가 형성·발달되고, 한 개인의 독립된 건전한 인격발달에 크게 영향을 받기 때문이다.

2) 인간관계는 행복한 가정의 기본이다.

인간관계는 개인의 성장뿐 아니라 행복한 결혼과 가정생활의 유지·건설에도 매우 중요한 역할을 한다. 그러나 오늘날처럼 고도산업사회로 지향해 가는 과정에서 전통적인 가치관은 점점 빛을 잃어 가고, 또한 새로운 가치관에 대한 혼란은 우리의 가정에 가정불화나 이혼의 증가 등 많은 문제점을 낳게 하였다.

과거에는 가정이 그 가족구성원들에 대해서 여러 가지 봉사적이고 헌신적인 기능을 수행하여 왔다. 그러나 오늘날에 와서는 그와 같은 여러 가지 기능들 중에서 특히 정서적 욕구의 충족과 애정의 충족을 위한 기능만이 하나의 사회적 기관으로서 가정의 존재의의를 갖게 하는 유일한 기능으로 남게 되었다. 특히 가정은 흔히 볼 수 있는 부모들의 모습은 대개가 과욕기대형·과잉보호형·방임형·엄격형·불일치형(아버지와 어머니의 가치기준과 태도가 서로 일치하지 않아 자주 의견대립을 하는 경우) 등으로 세상의 부모들이 대개의 경우 알지 못하는 사이에 이와 같이 바람직하지 못한 태도에 빠져 있는 것을 볼 수 있다.

그러므로 오늘날의 결혼과 가정생활의 건전한 발달을 위하여서는 과거 어느 때보다도 정서적·사회적 욕구를 충족시킬 수 있는 가족 상호간의 효과적인 인간관계의 경험을 필요로 하는 것이다.

3) 인간관계는 바람직한 인간교육의 첩경이다.

오늘날 학생수가 많고, 교과목이 많으며, 학습내용이 다양할 뿐 아니라, 입시위주의 교육에 의한 지적인 면에 너무 치중하는 현실과 거기에다 교사들은 많은 수업의 양과 사무 및 각종 통계처리에 정신차릴 겨를이 없고, 학생들은 입시경쟁에 심한 불안과 초조 및 긴장감을 감추지 못한 채 소위 '고3병'에 걸려 방황하노라면 어느 새 교사와 학생 사이, 그리고 학부모와 자녀 사이, 학생들끼리의 효과적인 인간관계가 제대로 이루어질 겨를은 없다.

그러나 교육이란 본질적으로 하나의 사회적 과정으로서 인간관계의 차원을 결코 무시해서는 안 된다. 교육은 단순히 내용의 전달이나 사실만의 획득이 아니라 다른 여러 인간존재들과 끊임없이 어울려 가면서 상호작용을 통해서 여러 가지 다양하게 경험해 나가는 그 무엇이기 때문이다.

4) 자아정체의식과 자아개념의 형성

사람이 성장하면서 건전한 자아개념을 형성하기 위해서는 바람직한 인간관계 경험이 필수적이다. 건전한 정체의식이나 자아개념은 주요한 타인들이 나를 어떻게 존중하고 알아주며 사랑해 주는지에 따라서 형성된다. 부모가 자녀를 양육하면서 아이를 사랑하고 믿어 주며 귀하게 여기는 관계 속에서, 좀 더 커서는 동료들이 자기를 받아 주고 인정해 주는 관계 속에서, 그리고 선생님이 인정해 주는 관계 속에서 긍정적인 자아개념이 형성된다. 자아개념이 부정적인 사람은 원만한 인간관계를 형성하기도 어렵지만, 생활에 적응하기도 어렵고 우울증이나 불안장애 같은 심리적 장애에도 취약하다.

5) 인간소외 극복

고독은 현대인이 공통적으로 겪는 마음의 병이다. 현대인의 심리적인 문제를 가장 가까이에서 다루고 있는 상담 및 심리치료의 전문가들은 많은 사람들이 고독감과 외로움으로 고통받고 있음을 절실하게 느낀다.

사람은 혼자 살 수 없는 존재이다. 기쁠 때는 함께 기뻐 해 줄 사람이 생각나고, 괴로울 때는 하소연을 들어 주고 위로해 줄 사람이 필요하다. 이 세상에서 고독하고 소외되었다고 느낄 때 어떻게 될까? 심한 우울증에 걸릴 수도 있고, 도저히 살기 어려워 자살할 수도 있다.

6) 개인능력의 발휘

인간관계는 한사람이 사회에서 발휘할 수 있는 능력의 정도를 결정하는 중요한 변수 중의 하나이다. 그 사람의 지적 능력이 아무리 출중하다고 해도 주위사람들과 원만한 관계를 유지하지 못하고 자꾸 마찰을 일으킨다면 그 사람의 능력을 활용하는 데에는 한계가 있다. 현대처럼 서로간의 상호작용이 빈번하고 서로가 팀을 이루어 문제를 풀어 가야 하는 복합적이고 복잡한 사회에서 요구하는 능력은 다양하다. 그 요구되는 여러 가지 능력 중에서 인간관계능력은 필수적이라고 할 수 있다.

만약 어떤 사람이 지능지수(IQ), 감성지수(EQ), 체력(PQ), 시간 관리능력을 고루 갖추고 있으나 인간관계능력이 영점에 가깝다고 가정할 경우, 그 사람은 사회에서 소외될 가능성이 높다. 따라서 그 사람의 다른 능력 또한 사장될 가능성이 높다. 즉 한 사람의 능력의 활용 정도를 통해 담긴 물의 양과 같다고 볼 때, 그 사람이 사회에서 어느 정도의 능력을 발휘하는가 하는 것은 중요한 다섯 가지 능력 중에서 가장 작은 요소에 의하여 결정된다는 것이다. 한 사람이 모든 능력을 갖추었으나 인간관계가 원만하지 못한다고 하며, 그 사람의 능력 활용의 정도는 가장 문제가 되는 인간관계능력이라는 요소에 의해 결정된다는 것이다.

7) 조직의 생산성 향상

연구결과에 의하면, 현대 직장인들에게 가장 문제가 되는 것은 승진문제도 아니고, 경제적 문제도 아니며, 바로 동료와의 관계 또는 상사와의 관계에서 일어나는 갈등이라는 것이다. 조직은 여러 사람들이 함께 모여 협동적으로 추구하는 목표를 성취하고자 하는 삶의 현장이다. 하지만 구성원들이 정말 추구하고자 하는 목표의 성취를 위해 자신의 에너지와 시간을 충분히 투자하지 못하고 서로간의 갈등에 발목이 잡혀 그것에 대한 고민과 해결책으로 시간과 에너지를 다 소비한다면, 그 조직의 생산성 향상은 요원하다. 그러므로 얽혀 있는 서로간의 관계를 풀어 원만한 인간관계를 형성하는 것은 현대 조직사회에서 조직의 생산성 향상을 위한 가장 기초적인 조건이다.

3. 인간관계의 기본전제와 한계

우선 인간관계는 역사적으로 볼 때 1930년대 호손 공장실험의 결과로 기업경영에 대한 새로운 접근과 운동으로 전개되어 1940년대와 1950년대에 전성기를 이루었다. 인간관계는 과학적 관리법을 중심으로 한 구조적 접근으로부터 인간중심의 인간적 접근으로 인적자원관리의 기본개념을 바꿈으로써 인적자원관리 발전에 큰 공헌을 하였다.

따라서 인간관계는 인적자원관리에서 매우 중요한 위치를 차지하게 되었고, 이를 기본전제로 하여, 특히 1950년대까지는 인적자원관리의 실무(practice)에 기초가 되었다. 인간관계에서 강조되고 있는 개인과 조직에 대한 기본전제를 요약하면 다음과 같다(이학종, 1985).

1) 개인행동(individual behavior)

인간관계의 첫 번째 전제는 개인의 행동은 자신의 이기적인 경제적 또는 물질적 욕구충족보다는 집단구성원으로서의 사회적 욕구에 의하여 형성된다는 것이다. 따라서 인간관계에서는 개인행동의 집단에 의한 소속감, 구성원들과의 유기적인 관계, 그리고 조직체로부터의 인정 등 개인의 사회적·심리적 요소를 중요시하고 있다.

2) 비공식 조직(informal organization)

조직체 개념에 있어서의 단순한 공식적 구조(formal structure)가 아니라 개인과 집단으로 형성된 인간관계에서 전제가 되고 있다. 그 뿐 아니라 인간관계에서는 조직체의 성과는 공식적인 직무와 권한체계보다는 자연발생적인 비공식 조직(emergent or informal organization)에 의하여 달성된다고 전제하고 있고, 따라서 합리성에 의한 조직구조를 설계하는 것보다는 조직구성원들 간의 자주적인 상호작용을 조성하는 것을 더 중요시하고 있다.

3) 만족감과 생산성(satisfaction－productivity)

인적자원관리상의 가장 실질적인 중요성을 지니고 있는 것은 만족감과 생산성간의 상호관계이다. 인간관계에서는 조직구성원의 직무만족과 그의 생산성이 정(正)의 상호관계를 갖고 있다고 전제하고, 생산성을 높이기 위해서는 조직구성원의 직무와 직무조건 그리고 조직체에 대한 만족감을 높여야 한다.

따라서 조직구성원들의 임금과 후생복지는 물론, 그들의 문제를 해결해 주기 위한 상담과 의사소통, 그리고 그들의 역할을 확대시켜 주기 위한 참여제도를 강조하고 있다. 그리고 집단수준에서도 인간관계는 집단의 생산성을 위한 사기증진과 집단의 응집성도 강조되고 있다.

4) 리더십(leadership)

인간관계에서는 생산성을 올리기 위해서 조직 구성원의 만족감을 높여야 하므로 조직구성원의 욕구를 이해하고 그의 의사를 경영의사결정에 최대한 반영시켜 주는 민주적 리더십(democratic leadership)이 효과적이라는 것을 전제로 하고 있다. 종래의 전제적 리더십(authoriatian leadership)에서는 경영자들이 생산성을 달성한다거나 목표달성만을 위한 관심에 집중하였을 뿐, 인간관계성에 대한 관심은 없었다. 그러나 인간관계론에서는 인간의 존엄성을 인정하고 그들의 참여와 자기통제를 전제로 한 민주적 리더십을 전제로 한다.

인간관계론은 인적자원을 하나의 특수한 자원으로 인식하고 있다. 그리고 인간을 자동판매기와 같이 금전적인 자극에만 자동적으로 반응하는 존재라고 생각하는 기계적인 인간관을 극력 배격하고 있다. 인적자원의 관리에는 명확한 태도와 방법이 필요하다는 점을 경영자들에게 자각시킨 일은 인간관계론의 불후의 공적이다.

인간관계론은 또한 일의 본질에 관한 집중적인 관찰을 행하고 있지 않았다. 적극적인 동기유인은 어디까지나 일과 직무를 중심으로 생각하지 않으면 안 된다. 그런데 인간관계론은 오로지 인간과 인간과의 관계나 비공식집단에 너무 큰 비중을 두고 있다. 다시 말하면, 인간관계론의 출발점은 일하는 사람과 그 일의 분석보다는 오히려 개인에 대한 심리학적인 고찰에 있었다.

또한 인간관계론은 인간의 사회적인 성격을 강조하면서도 조직화된 인간의 집단이 단순한 개인의 연장이 아니라, 오히려 조직 내의 인간관계는 개인적인 인간관계와는 다른 독특한 성격을 가지고 있다는 사실을 인정하지 않는다. 조직 내의 인간관계에는 언제나 권력의 문제가 내포되어 있다. 또 조직 내의 종업원 간의 충돌은 성격의 차이에서 오는 충돌이 아니고, 의견이나 이해에 관한 객관적인 충돌인 것이다. 다시 말하면, 조직 내의 인간관계에서는 정치적인 측면이 있는 것이다.

끝으로, 인간관계론은 문제의 경제적인 측면에 대한 이해를 결여하고 있다. 그 결과 인간관계론은 인간조직의 관리방침의 결여를 은폐하려는 단순한 슬로건으로 퇴화되는 경향이 있다. 더구나 이 이론은 환경에 적응하지 못하는 사람들을 현실에 적응시킨다는 의도에서 출발하였기 때문에, 새로운 프로이드적 온정주의가 퇴화되거나, 경영자의 행동을 정당화하는 수단, 또는 경영자의 생각을 종업원에게 주입시키는 방편으로 퇴화될 위험성이 많다. 이런 의미에서 인간관계론은 '종업원에게 책임감을 부여할 것'과 그들에 '중요감'을 부여할 것을 크게 문제삼으면서도, 종업원의 책임이나 그들의 직무를 보다 중요하게 만드는 데 대하여는 별로 언급하지 않고 있다. 만일 개개의 종업원에게 적응이 필요하다는 가정에서 출발한다면, 우리는 반드시 종업원을 통제하고, 조종하고, 설득하는 방법을 탐구하지 않을 수 없을 것이다.

4. 인간관계관리의 제기법

관광조직 내에 있어서 인간관계를 개선하고 종업원의 사기를 높이기 위하여 현재 널리 사용되고 있는 제도로서는 <표 2-1>과 같이 제안제도, 상담제도, 시가조사 및 태도조사, 의사소통제도 등의 여러 가지가 있다.

이 중에서 대표적인항목에 대한 것을 살펴보고자 한다.

〈표 2-1〉 인간관계론의 제기법

구 분	내 용
① 사기조사 (morale survey)	직장사기를 유지·증진시키는 조직구조를 설정하고, 경영관리를 하기 위하여 불가결한 전제조건으로서 조직불균형화의 원천, 노동의욕의 저해요인, 종업원의 불만에 대한 원인 등을 통계적 방법이나 태도조사를 통해서 알아내려는 방법이다.
② 인적자원상담제도(personnel counnselling)	종업원이 가지고 있는 감정이나 번민을 알아내어 상담을 받고 지도하여 직장에 순응시키는 것을 목적으로 하는 직장사기의 증진 내지 유지를 위한 한 방책이다.

③ 제안제도 (suggestion system)	경영에 관한 경영적·기술적 또는 기타의 사항에 관하여 개선의견이나 제안을 종업원으로부터 모집하여 경영개선에 이바지하고, 동시에 의사소통의 증진, 경영문제에 관한 종업원이 적극적 관심의 증대, 근로의욕의 증진을 꾀하는 제도이다.
④ 의사소통 (communication)	의사전달이라고도 하며, 보통 사람과 사람 사이의 정보, 의사 또는 감정이 교환되는 것을 말한다. 종류(경로)로는 하향적·상향적·수평적 의사소통이 있다.
⑤ 소시오메트리 (sociometry)	모레노(J. L. Moreno)에 의하여 고안된 것으로 소집단 중의 사회관계를 수량적으로 측정하여 집단 내의 인간관계, 즉 구성원 상호간의 감정관계를 객관적 방법으로 표현하려는 사회심리학적인 인간관계 연구의 한 방법이다.
⑥ 브레인 스토밍 (brain storming)	오스본(A. F. Osbon)에 의해 창안된 것으로 참가자의 자유연사(free association)에 의하여 많은 아이디어(Idea)를 끌어내기 위한 방법으로 두뇌선풍 또는 두뇌짜기라고도 한다.
⑦ 센시티비티 트레이닝 (sensitivity training)	이것은 개방적인 분위기를 갖는 자유로운 상황 하에 모인 사람들이 상호간에 깊은 관계를 맺게 하고, 자기가 그룹내의 다른 구성원들로부터 어떻게 인지되고 있는가에 대한 능력을 개발하는 대 중점을 둔 훈련방법으로 T-group 훈련이라고도 하며, 1947년 브레드 포드(L. P. Bredford)에 의해 개발되었다.
⑧ ZD	ZD란 zero defects(무결점)의 약자로서 무결점계획 혹은 무결점 운동이라 한다. 이는 종업원 각자의 주의와 노력에 의해서 결점을 없애고 제품질의 향상, 신뢰성, 저렴한 가격 등에 의하여 고객에게 만족을 주도록 종업원을 계속적으로 동기유발하는 계획이다.
⑨ 동기조사 (motivation research)	인간의 행동을 유발시키는 근본적인 욕구를 심층면접(depth interview), 집단토론법(group discussion), 투영기법(projective techniques)들의 방법으로 파악하는 것으로서 사기조사의 태도조사방법과 같다.
⑩ 리더십 트레이닝 (leadership training)	리더십의 개발을 위하여 훈련시키는 방법으로서 여기에는 브레이크(R. R. Blake)의 관리시스템 등의 기법이 많이 이용된다.
⑪ 델파이 방법 (delphy method)	이는 다수의 의견을 체계적으로 수집하기 위하여 그룹별로 토론하고, 그 결과를 전체모임에서 발표·토론하고, 다시 전체 모임에서 토론된 것을 가지고 그룹으로 돌아 가서 토론하여 그 결과를 전체회의에 가져 오는 식으로, 계속해서 정보와 의견교환을 체계적으로 행하고 또 각자에게 참가의 기회를 부여하는 제도이다.

1) 사기조사

(1) 사기조사의 의의

사기란 직장사기 또는 근로의욕이라고 통용되고 있다. 이것은 직장에 있어서 개인 또는 집단으로서의 심리적 태도를 말한다. 즉 개인을 중심으로 할 때는 '개개인의 욕구충족의 정도'를 말하고, 집단을 중심으로 할 때는 '집단에 대한 일체감'을 말하는 것이나, 이를 포괄적으로 정의하고 있다. 즉 데이비스(K. Davis)가 말한 바와 같이 사기란 개인 및 집단이 기업에 가장 유리하도록 각자의 능력을 최고도로 발휘하려고 하는 자발적 협동의 의욕이다. 사기조사(Morale Survey)란 이러한 사기를 종업원의 정신적 내지 내면적인 면에서 조사하는 것을 말한다.

종업원의 사기는 생산성과 사고율・이직률에 크게 영향을 미친다. 따라서 사기조사를 통하여 종업원의 사기 또는 근로의욕을 저해하는 요인에 불평・불만의 원인, 나아가서는 조직의 불건전성의 원인이 밝혀지게 되고, 동시에 그 원인을 제거하기 위한 대책을 수립할 수 있는 기초자료를 얻게 된다.

사기조사란 직접적으로 조직 내의 여건에 대한 종업원의 태도(호의・비호의의 정도)를 조사하는 것이다. 따라서 제일의 목적은 경영에 대한 만족도의 조사라고 할 수 있다. 이 사기조사의 목적은 감독자의 감독태도, 승진의 공정성, 책임수준의 타당성, 공정한 작업시간, 배치전환 및 복리후생시설에 대한 종업원의 만족도를 조사하는 데 있다.

(2) 사기조사의 방법

종업원의 사기조사방법으로는 여러 가지가 있겠으나, 이를 체계화시켜 보면 통계적 방법과 태도 조사법이 있다. 이들을 좀더 구체적으로 살펴보면 다음과 같다(양운섭, 1993 : 416~417).

① 통제적 조사(statistics survey)방법

㉮ 노동이동률(saparation rate)에 의한 측정 : 노동이동률은 직장 사기와

밀접한 관계가 있어 작업의 안정성과 종업원 사기의 정도를 표시하는 지표로서 널리 사용된다. 즉 노동이동률이 높다는 것은 그만큼 종업원의 사기가 낮다는 것을 나타내는 것이다. 노동이동률은 다음과 같이 산출된다.

$$\text{노동이동률 (turnover rate)} = \frac{\text{일정기간에 있어서의 이직자수}}{\text{동기간에 있어서의 평균재적자수}} \times 100$$

㉯ 생산성(production per man)에 의한 측정 : 직장사기가 높을 때에는 생산성을 나타내기 때문에 직장별 · 품종별 생산량 및 품질의 통계는 사기진단에 대한 유력한 자료가 된다. 그리고 작업시의 파손품이나 기계 · 기구 · 설비 등의 파손상황 등도 사기진작의 자료가 된다.

㉰ 결근율 및 지각률(absenteeism and tardiness)에 의한 측정 : 결근율 및 지각률이 높다는 것은 사기가 낮다는 것을 의미하는 것으로, 직장 사기의 정도를 직접 반영하는 경우가 많다. 결근율의 측정은 다음과 같이 한다.

$$\text{결근율 (absenteeism rate)} = \frac{\text{기간 중 결근으로 인한 사람 · 일(man, day) 수}}{\text{동기간에 있어서의 평균종업원 수} \times \text{작업일수}} \times 100$$

㉱ 사고율에 의한 측정 : 사고의 빈도가 높다는 것은 종업원의 사기가 부진하다는 증거이다. 인적 사고의 발생 빈도를 나타내는 빈도율은 다음과 같이 측정한다.

$$\text{(a) 사고빈도율(frequancy rate : FR)} = \frac{\text{재해발생건수}}{\text{연총노동시간수}} \times 1{,}000{,}000$$

즉 100만 노동시간당 재해발생건수이다.

$$\text{(b) 사고강도율(serverity rate : SR)} = \frac{\text{총손실일수}}{\text{연총노동시간수}} \times 1{,}000$$

즉 사고 강도율은 1,000 노동시간당 인적 사고에 의한 노동손실일수이다.

㉲ 고정 · 불평(grievance, complaint)에 의한 측정 : 고정 · 불평이 빈번하

다는 것은 종업원의 직장사기가 낮아졌다는 것을 뜻한다. 따라서 고정·불평의 빈도는 사기조사의 중요한 자료가 된다.

② 태도조사(attitude survey) 방법

이 방법은 사기조사의 '직접적'이라고도 하며, 가장 일반적이고 대표적인 방법으로 종업원의 심리적·감정적 태도를 조사하여 그들의 의견과 희망사항을 듣고 불평·불만의 제요인과 그 소재를 파악하는 방법이다. 이 방법에는 면접법, 질문지법, 관찰법, 실험실연구법 등이 있으나, 그 중 대표적인 것은 면접법과 질문지법이다.

㉮ 면접법(interviewing method) : 이 방법은 면접기술에 관한 특별훈련을 받은 조사원이 종업원을 직접 면담하고, 그 종업원의 태도를 조사하는 방법이다. 면접법은 지시적 면접과 비지시적 면접으로 구별되고, 전자는 조사원측에서 미리 질문사항을 준비하고 구두로 질문하여 답을 얻는 면접자 중심의 면접이고, 후자는 피면접자가 자유롭게 이야기 하고 면접자는 수동적으로 태도파악을 하는 면접요청자 중심의 면접이다. 이 면접방법은 가장 오래된 것이며, 또 신뢰성이 높다. 그러나 면접자가 면접에 대하여 전문적인 지식을 가져야 하며, 또 면접에 많은 시간이 소용된다고 하는 결점이 있어서 질문지법과 병행하는 경우가 많다.

㉯ 질문지법(questionnaire method) : 이 방법은 특정한 항목에 대한 간단한 답을 기입하는 사항을 열거한 질문지를 종업원에게 배부하여 그것에 의해 종업원의 의견 및 태도를 조사하는 방법이다. 질문지법에는 종업원이 의견을 자유로이 기입할 수 있는 자유회답형과 예시해답 가운데서 가장 적절하다고 판단되는 해답을 임의로 선택하는 선택회답형이 있다. 특히 후자에는 질문에 대한 구부의 태도만을 응답하는 이항선택법과 여러 항목 가운데서 답을 선택하는 다항선택법이 있다. 질문항목의 내용은 종업원의 사기를 좌우하는 경영 내외의 전반을 포괄하는 것이 일반적이며, 질문회답은 무기명으로 하는 것이 신뢰성을 높이는 방법이다. 또 결과의 분석과 통계작성을 위하여서는 적어도

남녀별·학력별·연령별·근속별·직무별과 같은 사항을 기입하게 하는 것이 좋다.

(3) 사기조사의 효과

사기조사는 종업원의 경영·동료·작업조건·보수 등에 대한 태도 및 의견 또는 근로의욕에 대한 자료를 제공하는 것이므로 경영관리상 다음과 같은 효과를 얻을 수 있다(양운섭, 1993 : 418).

① 기업측으로서의 효과

기업에서 사기조사를 실시함으로써 종업원의 근로의욕의 실태를 파악할 수 있게 되고, 또한 그들의 불평·불만과 그 원인에 대해서 객관적인 이익을 얻는다는 것은 적절한 인적자원관리 내지 정책의 결정을 위하여 불가결한 자료가 된다. 뿐만 아니라 상·하의 의사소통이 저해되기 쉬운 대규모 조직이나 기술혁신으로 말미암아 인간소외가 일어나기 쉬운 직장에서는 사기조사가 의사소통의 좋은 기회로서 인간관계의 개선에도 도움이 된다.

② 종업원측으로서의 효과

종업원은 사기조사의 회답을 통하여 자신의 업무, 동료, 상사 또는 경영에 대해 평소에 품고 있는 감정이나 의견을 표명할 기회가 된다. 또한 불평·불만의 정서적 표출에 의하여 억압된 감정을 진전시킬 수 있고, 경영에 대한 의견을 표명함으로써 참가의식을 고취시킬 수 있게 이로 인하여 노사 간의 신뢰회복도 가능하게 된다.

2) 인적자원상담제도

(1) 인적자원상담제도의 의의

인적자원상담은 관광기업 종업원의 직무에 대한 불평·불만이나 가정적·개인적인 문제나 고민을 상담을 통해서 전문적인 조언을 하고 해결에 도움을 줌으로써 개인적인 인격성장을 촉진시키고 직장의 근무사기를 높여 생산성을 향상시키는데 목적이 있다.

상담원은 직장 내의 여러 가지 직무에 관하여 많은 경험을 가진 사람으로서 심리학, 사회학, 기타 분야의 지도사업에 적합한 사람으로 선정되며, 남녀종업원의 편의를 위해 남녀상담원을 둔다. 그러므로 상담원은 직장 내의 상담에 응하고 이를 해결하도록 해야한다. 특히 종업원의 배치 · 이동 · 전임(轉任)에 대해서 감독자와 인적자원부서에 조언을 하고 회사의 복지후생문제나 사회보장제도에 관해서 충분한 설명을 한다.

인적자원상담자의 태도로서 다음 사항을 기준으로 상담에 응해야 한다.

① 상담자에게 모든 주의력을 집중하고 진지한 자세로 상담에 응해야 한다.
② 상대자의 말을 경청하고 문제의 원인을 생각해야 한다.
③ 상대자가 말하고자 하는 사항과 하기 싫어하는 사항을 면담을 통해서 이해시키고, 토론이나 충고같은 것을 해서는 절대 안 된다.
④ 상대자가 말하는 것을 요약하며 말한다든가, 또는 반문한다든가 해야 할 필요가 있다.
⑤ 상대자가 말하는 것은 모두가 개인적 비밀에 속하는 것이기 때문에 타인에게 발설해서는 안 된다.

이상과 같은 내용을 기준으로 상담을 실시함에 있어 상담원은 상대자가 마음 놓고 자기가 하고 싶은 것을 솔직히 이야기할 수 있는 분위기를 만들어 주는 것이 중요하다. 상대자의 이야기를 들은 다음에, 의견을 제시할 때는 친절한 태도로 부드럽게 말해야 한다. 이렇게 함으로써 상대자는 그의 불평 · 불만을 완전히 해소시킬 수 없을지라도 자기 마음속의 생각을 말할 수 있었다는 것만으로도 불평 · 불만이 어느 정도 해소되든가 감소하는 경우가 많다.

상담원이 인적자원상담을 성공적으로 수행하려면 종업원의 조직영역 외부에 위치하여야 하며, 그들의 상담영역 내의 누구에게 대해서도 중립적 위치나 입장을 유지해야 하고, 모든 다른 직무로부터 해방되어 인적자원상담에만 전념할 수 있어야 한다.

⑵ 인적자원상담의 기능

인적자원상담은 다음과 같은 기능을 수행함으로써 본래의 목적을 달성할 수 있다.

① 조언(advice) : 상담자가 피상담자에게 조언하는 과정에서 정서적 문제에 관한 판단을 하고, 행동 경로를 제시해 준다.

② 재인식(reassurance) : 상담을 통하여 상향적·하향적 커뮤니케이션이 증진된다.

③ 의사소통(communication) : 상담을 통하여 유능한 상담자가 피상담자의 사고를 명료하게 해 주는 촉매자의 역할을 하게 된다.

④ 정서적 긴장의 완화(release of emotional tension) : 상담을 통하여 정서적으로 긴장되거나 불안한 피상담자가 이완될 수 있다.

⑤ 사고의 명료화(clarified thinking) : 상담을 통하여 유능한 상담자가 피상담자의 사고를 명료하게 해 주는 촉매자의 역할을 하게 된다.

⑥ 재입문 교육(reorientation) : 상담이라는 재입문 교육을 통해서 종업원의 열망수준을 달성수준에 일치되도록 변화시키게 한다.

이상과 같은 여러 가지 기능 중 어느 것이 강조되는가 하는 것은 구체적인 상담의 유형과 방법에 따라 다르다.

⑶ 인적자원상담의 유형

인적자원상담은 크게 나누어 지시적 상담, 비지시적 상담 및 협조적 상담으로 구분된다.

① 지시적 상담(directive counseling)

이것은 일면 임상적 방법이라고 부르며, 사례연구(case study) 또는 사례사(case history)와 동일한 바탕으로 피상담자에 대해서 적극적으로 문제점을 해석하거나 정보를 주게 되고, 비평·칭찬·충고·지지·격려 등과 같은 조언을 하는 것이다. 피상담자는 다만 수동적으로 이것을 수용하는 경우가 많다. 따라서 상담자가 주도적인 역할을 하므로 상담자중심의 상담(counselor-centerd counseling)이라고도 불리운다.

② 비지시적 상담(non-directive counseling)

이것은 피상담자가 상담자에게 자신의 문제에 관하여 이야기함으로써 정서적 긴장을 완화시킬 수 있고, 문제에 대한 해결책을 스스로 찾게 된다. 따라서 상담자는 피상담자가 자신의 문제를 자연스럽게 이야기할 수 있는 대화의 분위기를 조성할 필요가 있다. 또 상담자는 피상담자의 이야기를 평가하거나 그들의 행동방향을 제시하기보다는 그들 스스로 적응해 가도록 하는데 역점을 두어야 한다. 따라서 이것을 피상담자중심의 상담(client-centered counseling) 이라고도 불리운다.

③ 협조적 상담(cooperative counseling)

오늘날의 인적자원상담은 순수한 유형의 지시적 상담 또는 비지시적 상담보다는 야자를 절충한 협조적 상담이 이용되고 있다. 이는 피상담자의 문제해결에 도움이 되는 아이디어를 협조적으로 교환하는 상담자 대 피상담자의 상호 대립관계에서 이루어지는 상담이다. 그러므로 어느 한편이 주도적인 역할을 하는 것이 아니고, 두 사람이 서로 협조하여 해결방안을 모색하게 된다. 즉 상담초기에는 비지시적 상담의 입장에 서게 되나, 기술적으로는 지시적 입장을 적극적으로 취하게 된다. 그러나 피상담자의 상호관계로 해결방안을 모색하는 입장이 가장 바람직하다.

(4) 인적자원상담의 방법

① 인적자원상담자(counselor)의 선정

먼저 전문적인 상담자를 조직 내에 두어야 한다. 이상담자는 직장 내의 여러 가지 직무에 관하여 많은 경험을 가진 사람으로서 심리학, 교육학, 사회학, 기타 분야에 대하여 교양과 지식이 풍부하고 인적자원상담, 생활지도, 기타 교양지도에 적합한 사람이어야 한다. 상담자는 위와 같은 전문 상담자 이외에도 사내 상담자, 즉 사장·부장·과장 등 관광기업의 간부일 수도 있고, 외부인적자원일 수도 있다.

② 인적자원상담의 장소

상담은 실시하는 장소에 따라 직장 내 상담과 직장 외 상담으로 나눌 수 있다. 전자는 직장 내의 작업현장, 휴게실, 특설상담소, 기타 조용한 장소를 이용하는 것이며, 후자는 직장 밖의 장소를 이용하는 경우로서, 이는 상담내용이 특히 중요하다거나 비밀을 보장할 필요가 있을 때 한다.

③ 인적자원상담의 소요시간

인적자원상담의 소요시간은 1회당 최장 1시간 정도가 이상적이다. 상담시간이 너무 길면 피상담자에게 의존성을 야기시키거나 장황하게 되어 효과적이지 못하다. 상담시간이 너무 짧거나 형식적이 되면 진지한 상담이 못된다.

④ 인적자원상담의 실제

상담에 실제 임하였을 때에는 상담자는 피상담자가 마음 놓고 자기가 말하고 싶은 것을 솔직하게 이야기할 수 있는 분위기를 만들어 주어야 한다. 또 강제로 문제를 추궁하지 말고 피상담자가 희망하는 정도에서 이루어져야 하며, 직접 또는 성급하게 해결하려는 방안제시를 하지말고 필요한 암시를 준다거나 조언하는 정도에서 그쳐야 한다. 뿐만 아니라 상담내용이나 상담자료는 공개되어서는 안되며, 그 비밀이 절대로 엄수되어야 한다.

3) 제안제도

(1) 제안제도의 의의와 목적

관광기업의 운영이나 과업의 수행에 필요한 여러 가지 개선안을 종업원들로 하여금 제안토록 해서 좋은 제안은 경영에 반영하는 것이다. 이런 제안은 종업원 각자에게 자기부서의 개선과 개혁에 관한 적극적이고 건설적인 의견을 제출하는 기회를 제공함으로써 관광기업이 생산하는 기술, 서비스 방법, 근무환경 등에 대한 개선을 계획하여 원가를 절감하는 것이다.

따라서 제안자의 제안을 심사해서 우수한 제안에 대해서는 임금이나 보상을 실시한다. 이러한 목적은 종업원의 사회적 요구를 충족시키기 위해 생산성의 향상, 원가 절감 등을 지향함으로써 관광기업 내에 종업원의 협조적 태도로 창의력을 개발케 하고, 참가의식이 깊어지므로 근무의욕을 높이고 능률향상을 기할 수 있으며, 인간관계가 개선된다.

그러나 제안제도에 대해서 관광기업으로서 찬반의 의견이 있을 수 있다. 반대로서는 일선감독자의 권한을 약화시킬 가능성이 있고, 기업측이 제안에 대한 계획과 연구를 충분히 못하는 경우와 시간과 노력을 필요로 하기 때문이다. 찬성하는 측에서는 이러한 제안이 종업원에게 업무와 제품의 개선, 연구의욕을 북돋아 주는 동시에 경영에 있어 인간관계가 개선된다는 점에서 그 의의를 들 수 있다. 그러므로 선진 각국의 관광기업이 제안제도의 효과에 대하여 깊이 인식하고 있으며, 그 실익있는 활용책이 연구 개발되고 있다.

제안제도를 성공적으로 실시하기 위해서는 종업원이 관리자 또는 감독자의 구속을 받지 않고 자유로이 제안할 수 있도록 되어야 하고, 심사를 거쳐 채택된 제안에 대해서는 보상이 있어야 하며, 제안을 장려하는 지도방식이 제도화되어야 한다.

제안의 범위에 있어서도 기기의 개량이나 작업방법의 개선, 작업조건과 환경조건 등의 범위이면 어떤 것이든 좋다. 제안의 접수는 요소마다 함을 비치하고 이를 수거하여 접수일자별로 정리해서 제안심사위원회에서 심사한다. 평가에는 독창성, 실현성, 능률향상성, 개략적인 비용절감 등의 효과를 평가할 수 있다.

(2) 제안제도의 전제조건

제안제도가 성공적으로 이루어지기 위해서는 다음과 같이 조건들이 구비되어야 한다.

① 자유제안제도의 확립

제안제도는 종업원들에게 널리 그 의견 및 착상을 제안토록 하는 것이 직접적인 목적이기 때문에 종업원들이 자유롭고 손쉽게 제안할 수 있는 절차와 체제가 수립되어 있어야 한다. 즉 자유제안의 제도화가 되어야 한다.

② 신속 · 정확한 관리제도의 확립

제출된 제안이 가능한 한 신속하고 공정하게 처리를 보장한다는 것은 이 제도를 운영하는데 있어서 필수조건이다. 즉 심사기준의 설정, 심사위원회의 설치, 공정 · 신속한 심사의 수행 등이 보장되어야 한다.

③ 합리적인 정보체제의 확립

유익한 제안에 대하여서는 경제적으로 보상하는 것이 필요조건이다. 제출된 제안이 기업에 어떠한 이익을 주었다고 하면 제안자의 노력에 대하여 그에 상당한 보상을 제공하는 것은 당연하고, 사기도 양양되며, 보다 좋은 제안을 기대할 수도 있다.

④ 명확한 제도화와 주지

제출된 제안의 처리절차가 제도화되어 있음을 널리 주지시켜 그 제안이 정당하게 처리되는가의 여부에 대하여 불안하게 생각하지 않도록 하여야 한다.

(3) 제안제도의 운영

제안제도를 합리적으로 운영하고 그 목적을 달성하기 위해서는 다음과 같은 원칙이 충분히 준수되어야 한다.

① 제안제도의 목적을 밝혀 두어야 한다.
② 전 경영계층 및 종업원에게 제안제도의 실시를 주지시켜야 한다.
③ 계획을 세우고 실제로 운영하는 책임을 명확히 하여야 한다.
④ 계획은 현존하는 라인과 스텝기능, 그리고 각 부서 및 개인과 관련을 갖도록 한다.
⑤ 제안의 범위, 보상결정의 기준, 수상자격 등을 사전에 규정하여 둔다.
⑥ 채택되지 않는 제안의 처리에 대한 방안을 마련하여 두어야 한다.
⑦ 채택된 제안에 대해서는 기업에서 명확하고 공개적인 호소시책을 실시한다.

⑧ 계속해서 널리 알리고 제안에 대한 의욕을 증진시켜야 한다.

(4) 제안제도의 기대효과

제안제도를 효율적으로 운영하면 경영의 민주화·능률화·경제화의 복합적 효과를 기할 수 있으나, 구체적으로는 업무개선과 사기양양이 된다. 즉 좀 더 세부적으로 말하자면 ① 커뮤니케이션 촉진효과, ② 사기증진의 효과, ③ 조직에 대한 일체감과 신뢰감의 증진, ④ 경제적인 효과, ⑤ 합리적·능률적인 경영관리의 효과, ⑥ 직무에 대한 관심증대와 흥미조성의 효과 등을 기대할 수 있다.

4) 고충처리제도

(1) 고충처리의 의의

고충이란 주로 종업원의 근로조건, 단체협약의 실시 등에 있어서의 불평·불만을 말한다. 경영자와 노동조합 간에 체결된 노동협약을 실제로 운용함에 있어서는 협약의 해석·운용에 관하여 양자 간에 의견이 일치되지 않는 경우가 있다.

경영관리에 있어서 일반적으로 불평·불만이라면 감독자의 주의를 환기시키기 위하여 구두 또는 서면으로 제출된 불만족한 상태를 말하지만, 고충은 그 내용이 노사관계관리에 관련되고 있거나 또는 공식적으로 제기된 불평을 말한다. 따라서 약정처리란 이러한 약정이 발생하였을 때마다 간단한 절차에 의하여 신속하게 처리하기 위하여 당사자 간에 자주적으로 해결할 것을 목적으로 노사쌍방의 대표로 구성된 고정처리기관을 설립하여 능률적이고 효과적으로 처리하는 것을 말한다.

(2) 고충의 발생 요인

고충이 발생하는 원인은 여러 가지가 있겠으나, 직접적인 원인은 대개 다음과 같다.

① 사용자의 정보, 기타 불공정한 처우나 불이익 처우
② 이유불명이거나 또는 불공정한 해고 및 좌천
③ 선·후임이나 성적을 무시한 승진 또는 휴가제도
④ 작업의 과중한 부과 및 휴식시간과 복리시설의 부족
⑤ 불량한 작업환경(통풍, 채광, 난방 등)과 미비한 안전·보건시설
⑥ 부당하거나 과도한 감독, 특히 자격 또는 인격이 부족한 감독자들에 대한 불만
⑦ 종업원의 고정제출에 대한 상급자의 압박 등이다.

이와 같은 고충이 발생하는 근원을 요약하면 사용자와 노동자간의 노동협약 또는 인적자원관리상의 이견에 있는 것이다. 이러한 이견으로 인하여 근로자 1인 또는 수인의 집단이 품은 불평과 불만이 집단 전체의 불평과 불만으로 확대될 수 있고, 더 나아가서 노사 간의 분쟁이 될 염려가 있기 때문에 이를 예방하기 위하여 경영관리에 있어서의 고정처리가 중요시 되는 것이다.

(3) 고충의 처리방법

근로자의 업무집행과정에서 불평·불만이 있을 때에는 감독자에게 이야기하며, 감독자도 역시 이를 진심으로 받아들일 상호간의 업무가 있을 것이다. 그렇게 함으로써 고정의 정식 제출이나 노사분규에 이르지 않고 문제를 원만하게 해결 할 수 있다. 한 걸음 더 나아가서 감독자는 고충의 발생징후에 주의하고 민감하게 포착하여 문제를 심화시키거나 확대시키지 않도록 노력할 필요가 있다. 또 감독자는 근로자에게 고충이 발생하였을 때에는 스스로 또는 관련이 있는 상사나 인적자원부와 협의하여 이를 적극적으로 해결하기 위한 노력을 해야 한다. 일반적으로 감독자는 부하인 종업원에게 고충이나 불평·불만이 생겼을 때에는 다음과 같은 세 가지 처리방법을 취할 수 있다.

① 감독자와 근로자의 직접 협의 방법

감독자는 고충이 있는 상대방 근로자와 서로 기탄없이 의견을 교환하여 협의하고 소정의 규칙 범위 내에서 적절한 처리를 함으로써 고충을 처리한다.

② 감독자와 상부 또는 인적자원부와의 협의 방법

부하근로자에게 고충이 발생하면 감독자는 먼저 관계 상부 및 인적자원부에서 정보를 모으고 상의하여, 그 결과를 토대로 하여 고충처리를 한다.

③ 감독자가 중간역할을 하는 방법

부하근로자에게 고충이 발생하면 감독자는 중간에서 그 근로자와 관계있는 상부 또는 인적자원부와 직접 만나서 협의하고 해결하도록 중간 역할을 수행한다. 여기에서 해결되지 않을 경우에는 결국 최고간부에게 제의하여 고충을 해결하도록 한다.

이상은 대체로 개인적·감정적인 고충으로서 아직도 그것이 정식으로 제출되기 이전의 처리방법이라고 하겠다. 원래 고정이란 단체 협약의 해석·운용에 관한 의견 불일치 등 그 단체 협약의 틀 안에서의 불평·불만을 지칭하는 것이므로 개인적·감정적인 불평·불만이랑 본래의 의미에 있어서의 고충이라고 말할 수는 없다. 그렇지만 한편 고충처리에 관한 사항은 사용자에 대하여 근로자측이 가지는 불평·불만이고, 이것을 그대로 방치해두면 노동쟁의를 발생시킬 우려가 있을 뿐더러 개인적·감정적인 고충이라고 할지라도 근로조건에 관한 것이라면 역시 노사 간의 공통되는 문제라고 볼 수 있으므로 정식으로 고충처리를 하지 않으면 안 된다.

제3장

커뮤니케이션

human resources management for the tourism sector

관광조직인적자원관리 과정에서 의사를 소통하고, 정보를 교환하며, 감정을 이입시키는 행위과정을 일반적으로 커뮤니케이션이라고 정의한다. 이러한 커뮤니케이션의 과정과 목적, 매체, 방향 및 내용 등을 요약해 보면 그림과 같다.

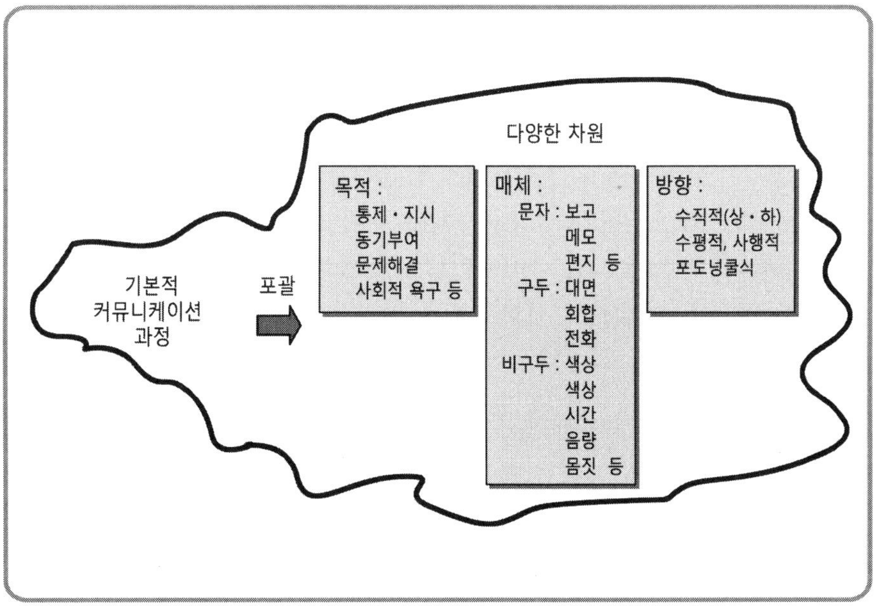

1. 커뮤니케이션의 의의

커뮤니케이션을 사전에서 찾아보면 communication, 즉 통신·전달·보도 등의 뜻으로 되어 있다. 좀더 심리학적·언어학적으로 파고들면 다음과 같이 된다.

'감정 의견 등을 언어같은 것을 통해서 상대방에게 전하는 것', '인간이거나 동물이거나 간에 관계가 없이 사인이나 심볼에 의해 심적 내용이 상대방에게 전달이 되어 상대의 태도를 바꾸게 하는 일'이라고 표현하고 있다.

이상과 같이 커뮤니케이션은 인간과 인간 사이만이 아니고, 일반적으로 생물간에도 확대되어 해당시키고 있다. 나아가서 그 수단은 언어만이 아니라는 것도 강조되고 있다.

언어만이 아니고, 여러 가지 수단을 강구해서 유기체의 요구나 의도를 다른 유기체에게 전달하여 이해시키고 그 목적을 달성하는 것이다.

넓은 의미로는 생활체 내의 부분상호, 물체 또는 생활체 상호간에 작용하여 그들 사이에 일정한 속성의 공유를 생기게 하는 일체의 작용 또는 과정을 기다리며 열전도나 확산과 같은 물리화학적 작용도 그 속에 포함된다. 그러나 오늘날에는 보통 좁은 의미로 기호를 매체로 사용하고 있다.

이들 커뮤니케이션에 관한 정의를 읽으면 당신은 어리둥절해지지 않을 수 없을 것이다. 무언가 이론에 치우쳐 차츰 현실에서 멀어져 가는 느낌이 들 것이다.

그렇게 느껴지는 것은 우리가 일상 말하는 커뮤니케이션이란 말은 이러한 이론을 바탕으로 하고 있지 않기 때문이다. 보다 형상적·구체적인 것일 것이다.

그리고 커뮤니케이션의 중요성을 살펴보면 최근 커뮤니케이션에 대해 관심이 증대되는 이유는 다음과 같다.

① 경영규모의 확대와 복잡화 : 경영규모확대는 조직을 수평적 또는 수직적으로 분화시켜 조직 속의 개인이나 집단에게 보다 정확한 정보를 필요로 하나, 그 반대로 정보의 전달을 보다 곤란하게 한다. 따라서 조직의 능률

성의 유지향상을 위해서 커뮤니케이션의 확보가 필요하다.

② 노동조합의 발달 : 노동조합의 구성원인 종업원에게 경영의 실정을 바르게 전달하여 무용한 오해를 제거하고 노사관계의 개선을 도모함이 필요하다.

③ 인간관계연구의 진보 : 커뮤니케이션의 개선에 의해서 종업원의 사기를 높이려는 노력이 보다 진보되었다.

이상에서 보는 바와 같이 커뮤니케이션은 경영의 능률향상과 사기의 향상이라는 중요목적을 달성하는데 그 중요성이 있다 하겠다.

2. 커뮤니케이션의 역할과 수단

1) 커뮤니케이션의 역할

우리들은 아침에 일어나서 저녁에 잠자리에 눕기까지 이상 세 가지 임무의 송신자와 수신자가 되고 있다.

① 정보의 교환 …… 지식 · 정보의 전달과 수령

② 의사의 소통 …… 욕구 · 감정 · 사상 등의 이해 · 납득 · 행동화

③ 감정의 교류 …… 마음의 교류 · 희로애락의 마음의 교환

2) 커뮤니케이션의 수단

앞에서 논한 역할을 이들 수단에 의해서 보내기도 하고 받기도 한다. 따라서 커뮤니케이션의 도구로써는 반드시 언어만이 사용된다고 할 수가 없다. 거기에는 그림이나 기호 · 표식 · 신호 · 음향 · 빛깔 · 냄새 · 필름 등도 포함된다.

① 말을 한다 …… 듣는다

② 쓴 다 …… 읽는다

③ 그 린 다 …… 본 다

직장에서는 '보다 나은 커뮤니케이션을 도모하기 위하여 대화나 토론회만이 아니고, 사내지나 기관지 · 지시판 · 메모 · 방송 · 회람 · 카피 · 포스터 · 통달 등이 종횡으로 활용되는 것이다.

3. 커뮤니케이션에 관한 신념

관광조직은 효율적 운영을 위해서 양호한 커뮤니케이션을 요구하고 있다. 더욱이 관리자의 경우 일과의 80~90%를 관리를 위한 커뮤니케이션에 활용하고 있는 것으로 추정된다. 이러한 환경 하에서 커뮤니케이션 행위에 대한 특수한 관점이 형성된다. 이러한 견해는 다음과 같은 관점에서 검토될 수 있다(유기현, 2003 : 449~450).

① 커뮤니케이팅(communicating)은 사실을 전달하는 것이므로 이는 논리적인 과정(logical process)이다.

이러한 견해는 부분적으로만 사실이라고 할 수 있다. 그 이유는 사실은 사실대로 해석되어야 하는데, 해석은 사람에 따라 다양하고 상이할 수 있다. 따라서 커뮤니케이팅 시에는 태도 및 정서적 요소가 고려되어야 한다.

② 명백히 이해된 사실은 신념을 확고히 한다.

사실을 설명하는 과정에서 이해에 차이가 발생할 수 있다. 이는 부부관계에서도 흔히 볼 수 있다. 그러나 양자 간에 차이를 이해하게 되면 사실은 신념으로 승화된다. 예를 들면, 노사 간의 차이는 현실적이고 실질적인 불일치를 내포하고 있지만 타협이 되면 신념을 갖게 된다.

③ 만일 사실이 충분한 시간과 명료성을 갖고 제시된다면, 이것은 상호이해를 성취시키기에 충분하다.

이러한 설명에는 두 가지의 가정이 내포되어 있다. 즉 사실의 합리성(rationality)과 명료성이 있다면 사실의 전달은 적합한 행동을 자극하기에는 충분하다. 그러나 어떤 사실을 말하려고 하는 사람의 뜻을 이해하지 못하는 경우에는 사실이 태도와 가치 및 신념에 기초를 두고 있기 때문에 효과적인 커뮤니케이션에 손상을 주게 된다. 따라서 사실을 이해하는 데 충분한 시간이 있게 되면 상호이해는 가능하다.

④ 커뮤니케이션은 관리자의 이야기를 납득할 수 있도록 말하는 기술이다.

즉 커뮤니케이션은 주고받는(give and take) 문제이기 때문에 커뮤니케이션에 있어서 일방적인 내용은 효과를 감소시킨다. 송신자와 수신자 간에 충분한 의견제시와 이해를 돕는 기술이 필요하다.

이상에서 설명한 바와 같이 커뮤니케이션의 행위과정에서 커뮤니케이션에 관한 신념이 반영되지 않으면 효율적인 커뮤니케이션이 이루어질 수 없다. 따라서 송신자와 수신자 간에 신념을 확인하고 정립하는 전제에서 충분한 시간을 갖고 커뮤니케이팅을 하는 것이 바람직하다.

4. 커뮤니케이션의 원칙

다양한 커뮤니케이션의 경로에는 복합적인 용인이 작용하면 직접·간접으로 커뮤니케이션을 촉진시키기도 하고 저해하기도 한다. 커뮤니케이션을 효과적으로 운용하기 위한 주요 원칙을 들면 다음과 같다(정수영, 1987 : 285).

1) 명료성(clarity)의 원칙

커뮤니케이션의 제일요건은 청취자가 전달내용을 이해하는 것이다. 그러므로 커뮤니케이션은 목표로 되어 있는 청취자가 쉽게 이해할 수 있도록 의사전달을 명료하게 하여야 한다. 이를 위해서는 보다 평이한 전달내용을 체계적으로 전해 줄 필요성이 있다.

2) 일관성(consistency)의 원칙

커뮤니케이트 되는 내용은 시종일관된 것이어야 한다. 어떤 지시에 의해서 의사전달이 수행될 경우 지시사항이 수시로 변경된다면 피지시자는 혼선을 일으켜 정확한 커뮤니케이팅이 이루어지지 못한다.

3) 적기적시성(timing and timeliness)의 원칙

커뮤니케이션은 그것을 통해서 경영상의 모든 기능이 수행되는 것이므로 영업활동의 신속한 처리를 위해서도 그것은 적기에 이루어져야만 한다. 커뮤니케이션은 그 전달과정에서 커뮤니케이션 손실(communication loss) 혹은 경로손실(line loss)을 불가피하게 하는 경우가 많다. 커뮤니케이션은 그 전달경로가 길어질 때 이같은 현상이 나타나기 쉽다.

4) 경로성(distribution)의 원칙

커뮤니케이션은 조직구조상 혈액순환과도 같다. 인체의 혈액이 몸의 모든 곳을 전부 거침으로써 신체 각 부위가 생동할 수 있듯이 커뮤니케이션도 조직 전체를 통해서 필요한 모든 경로에 적절히 배분됨으로써 경영기능을 원만하게 수행시킨다. 전달내용이 중간에서 차단당하거나 증발될 때 관리에는 혼선이 따른다.

5) 타당성(adequacy)의 원칙

일정한 파이프라인(pipeline)으로 조직된 인체의 혈관에 지나치게 많은 혈류가 통과해야만 할 때 인체에는 고혈압이란 고장을 일으킨다. 마찬가지로 조직에 있어서도 커뮤니케이션의 내용은 청취자가 수용가능한 정도의 것이어야지 그 이상이 될 때에 청취자는 그것을 감당하지 못한다. 따라서 커뮤니케이션은 타당성에 따라서 전달되어야 한다.

6) 적응성(adaptability)과 통일성(uniformity)의 원칙

커뮤니케이트되는 내용은 독자적인 개별성을 지니면서도 현실성이 있고 허황된 것이어서는 안 되며, 조직구성원 전체를 대상으로 볼 때 통일된 정책의 표현이 되어야 한다는 원칙이다.

7) 의 의

커뮤니케이션 전달을 하는 데 의의가 있는 것이 아니고 청취자가 수용을 하는 데에 그 큰 뜻이 있다. 그런데 청취자의 수용은 그의 참된 관심에서 비롯될 수 있는 것이므로, 전달자는 청취자의 관심을 불러일으키는 가운데 커뮤니케이팅을 하는 습성을 길러 나가야 한다.

5. 커뮤니케이션의 패턴

커뮤니케이션 과정에는 조직체의 공식 정보구조와 조직구성원들의 자생적인 행동이 부합적으로 작용하여, 이들 요인에 의하여 커뮤니케이션의 효율성과 집단 및 조직체의 성과가 영향을 받게 된다. 따라서 조직체 내에서의 상호작용을 통하여 구성원들은 자기들의 과업과 규범 그리고 작업조건과 자기 자신들의 개인적 특성을 중심으로 자기들에게 가장 접합한 커뮤니케이션의 패턴을 형성하게 된다. 이들 커뮤니케이션의 패턴은 일반적으로 다음 다섯 가지 유형으로 나누어진다(박운성, 1999 : 347~349).

1) 원형(circle)

집단구성원 간에 사회적 서열이나 신분관계가 뚜렷하게 형성되지 않은 경우에 볼 수 있는 커뮤니케이션의 패턴으로서, 중심인물이 없는 상태에서 커뮤니케이션의 목적과 방향이 없이 구성원들 사이에 정보가 전달되고 있다. 지역적으로 분리되어 있거나 자유방임적인 상태에서 같이 일하는 구성원들 사이에 이러한 커뮤니케이션을 볼 수 있다. 일반적으로 정보전달과 수집, 상황의 종합적인 파악 그리고 문제해결이 가장 느린 것이 단점이지만, 그 반면에 커뮤니케이션 목적이 명백한 경우에는 구성원들의 만족감이 비교적 높은 장점을 가지고 있다.

2) Y형

Y형은 바퀴형과 같이 확고한 중심인물은 존재하지 않아도 대다수의 구성원들을 대표하는 리더가 존재하는 경우에 나타나는 커뮤니케이션의 패턴으로서, 라인과 스태프의 혼합집단에서 자주 볼 수 있다. 세력집단(in-group)의 리더가 커뮤니케이션의 중심역할을 맡고 있는 비세력(out-group) 또는 하위집단(subgroup)에 연합되어 전체적인 커뮤니케이션을 형성하게 된다. 커뮤니케이션의 효과에 있어서 Y형은 바퀴형과 원형 사이에 있지만, 더 정확히 말해서 원형보다는 바퀴형 쪽으로 더 치우쳐 있다고 할 수 있다.

3) 바퀴(별)형

집단구성원 간에 중심인물이 존재하고 있는 경우에는 흔히 나타나는 커뮤니케이션 유형으로서, 구성원들의 정보전달이 모두 어느 중심인물 또는 집단의 리더에 집중되고 있는 패턴이다. 이 유형은 정보수집이 신속히 이루어질 수 있고, 중심인물의 정보를 모두 종합하는 입장에 있으므로 문제해결에 있어서 상황의 정확한 파악과 실제 문제해결도 비교적 신속히 이루어질 수 있는 장점을 지니고 있다. 그러나 이러한 장점은 문제의 성격이 간단하고 일상적일 때만 유효하고 문제가 복잡하고 어려운 경우에는 그 유효성이 발휘되지 않고 있다.

4) 쇠사슬(chain)형

원형과는 달리 구성원들 간의 커뮤니케이션이 연결되지 않은 패턴으로서 두 가지의 경우를 볼 수 있다. 첫째는, 수직적인 계층구조로서 정보가 단계적으로 최종 중심인물에 집결되는 경우이다. 이러한 상황에서는 구성원들 간에 뚜렷하고 엄격한 신분서열관계가 존재함으로써, 입지의 중심인물이 바퀴형과 같이 모든 정보를 종합하고 문제를 해결하므로 단순업무에서의 신속성과 효율성이 비교적 높다. 그러나 정보의 단계적 전달로 인하여 정보의 왜곡행동이 나타날 우려가 있다.

둘째는, 횡적인 커뮤니케이션의 패턴으로서 [그림 3-1]에서 볼 수 있듯이 정보의 전달방향에 따라서 중간에 위치한 구성원(C)이 중심적인 역할을 하게 된다. 그러나 커뮤니케이션 효과에 있어서 정보수집과 문제해결이 비교적 느린 반면에, 중간에 위치한 구성원을 제외하고는 주변에 위치한 구성원들의 만족감은 비교적 낮다. 일반적으로 볼 때 쇠사슬형은 수직적이든 횡적이든 상호간의 피드백이 복잡하고 어려우므로 커뮤니케이션 효과가 전반적으로 낮다고 할 수 있다.

5) 상호연결(all channel)형

유 형 / 효율성	원 형	Y 형	바퀴형	쇠사슬형		상 호 연결형
				수직형	횡 형	
문제해결속도	느림	빠름	빠름	빠름	느림	느림
정확성 : 단순문제	낮음	높음	높음	낮음	낮음	높음
복잡한 문제	높음	낮음	낮음	낮음	낮음	높음
만족감	높음	낮음	낮음	낮음	낮음	높음
중심인물	없음	A	A	C	C	전원

※ 중심인물 제외

가장 바람직한 커뮤니케이션 유형으로서 구성원들 사이의 정보교환이 완전히 이루어지는 패턴이다. 구성원 전원이 정보를 교환하기 때문에 바퀴형에 비하여 상황의 종합적인 파악과 실제 문제해결에 소요되는 시간은 더 많이 걸린다. 그러나 상황판단의 정확성은 더욱 높고, 특히 복잡하고 어려운 문제 그리고 구성원들의 창의성을 요구하는 문제에서는 가장 효과적인 장점을 지니고 있다. 그뿐 아니라 구성원들의 만족감도 가장 높게 나타난다. 다음은 [그림 3－1]과 같이 커뮤니케이션 유형과 효율성을 비교한 것이다.

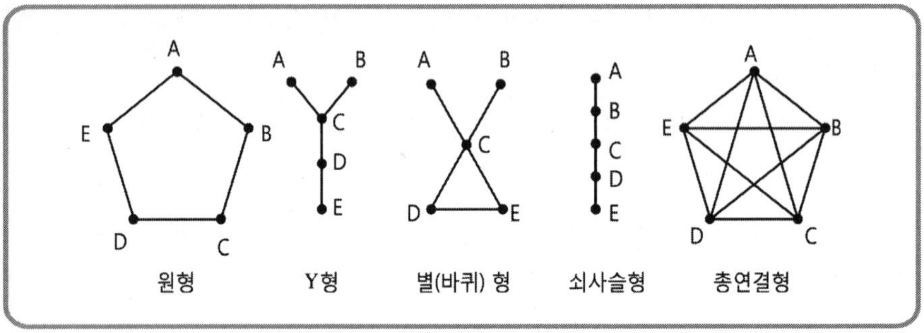

[그림 3–1] 커뮤니케이션 유형과 효율성 비교

6. 커뮤니케이션의 유형

관광조직 커뮤니케이션은 공식조직과 비공식조직으로 나눌 수 있다. 여기서는 공식적 조직만 논하기로 한다.

이상에서 살펴본 바와 같이 하나의 조직커뮤니케이션은 조직의 신경과 혈관 같은 것이다. 따라서 조직의 어떠한 부분만이 그의 유통을 촉진시키기 위하여 노력한다 하더라도 아무런 효과도 올릴 수 없다. 커뮤니케이션의 통로를 통해서 흐르는 것은 다름 아닌 정보(information)이며, 그것은 앞에서도 언급한 바와 같이 조직 각 계층에서 행해지는 의사결정의 전제가 된다.

그런데 커뮤니케이션의 통로를 수도의 파이프에 비유한다면 정보는 그 속을 흐르고 있는 물과 같다. 만일 파이프가 샌다든가 또는 녹이 슬어 제대로의 기능을 발휘하지 못한다면, 물을 목적지까지 송수할 수 없을 것이다. 정보 역시 좋은 통로, 즉 좋은 의사전달의 체계에 의해서만이 원활하게 운반되어 조직운영에 공헌할 수 있다. 따라서 의사전달의 체계를 효율적으로 유지한다는 것은 관리의 제 1차적 과제라고 말할 수 있다.

1) 상향적 의사전달방법

조직의 하층에서 상층으로 올라가는 상향적 커뮤니케이션(upward communication)에는 보고, 내부결재 및 인간관계를 위한 여러 가지 정보전달, 즉 면담·직장여론조사·직장회의·제안제도·인적자원상담 등이 있다.

(1) 보 고

이것은 여러 가지 하의상달방법 중에서 가장 중요한 위치를 점하고 있다. 즉 이것은 명령 또는 권한의 위임에 대응하여 하부계층으로부터 상부계층으로 올라가는 정보의 전달이며, 이것 없이는 상사의 의사결정이나 명령이나 조직활동에 필요한 제반조치가 건전하게 이루어질 수 없다.

(2) 내부결재제도(품의제도)

이것은 우리나라 경영관리상의 특징적인 형태이다. 즉 사무는 분산집행시키지만 의사결정은 집권적 체제를 취하는 경우에 필연적으로 결재제도 또는 품의제도에 의존하지 않을 수 없다. 사실상 품의란 업무상의 의사결정형식의 하나로서 하위자로부터 상위자 또는 하부기관으로부터 상부기관에 문서로 의향을 묻고 사안의 처리에 관한 의사결정을 받는 절차를 말한다.

(3) 인간관계적 정보전달

여기서 인간관계적 정보전달이라 함은 인간관계의 관리목적상 행하여지는 모든 정보전달을 말한다. 여기에는 ① 종업원여론조사, ② 개별면접제도, ③ 인적자원상담제도, ④ 제안제도, ⑤ 종업원회의, ⑥ 질의함 및 결의함제도 등이 있다.

2) 하향적 커뮤니케이션

조직의 상층부에서 하부로 내려가는 하향적 커뮤니케이션(downward communication), 즉 상의하달은 업무활동상의 관계로 볼 때, 직접적인 것과 간접적인 것으로 나누어진다. 전자에는 명령이 있고, 후자에는 일반적 정보 또는 일반적 통보가 있다.

⑴ 명 령

여기서 명령이라 함은 지시각서 · 지령 등과 같이 반드시 명령이라는 명칭이 붙지 않는다 하더라도 어떤 문제에 대하여 상급자가 하급자에게 작위 · 부작위를 요구하는 모든 행위를 일괄하는 의미에서 사용된다. 이러한 명령이야말로 관리활동의 중핵을 이루는 것으로서 구성원으로 하여금 조직목적에 부합된 행동을 취하도록 하는 데 절대불가결한 것이다.

⑵ 일반적 정보(일반적 통보)

이것은 조직구성원에게 사실을 주지시키고 그들의 식견을 높이기 위한 목적으로 행하여지는 모든 의사전달을 말한다. 이러한 정보전달방법으로서는 다음과 같은 것을 들 수 있다.

① 편람(manual)

이것은 조직구성원에 대하여 비교적 항구성을 갖고 있는 조직의 방침 · 절차 · 관행을 등을 전달함을 목적으로 한다.

이것은 정태적으로 조직체의 활동에 기준이 되는 제명령 및 규칙의 집대성이라는 점에서 문서명령의 한 가지 발전형태라고 볼 수 있다. 그러나 이의 배포대상은 비교적 조직의 상층부에 한정되는 것이 상례이다. 법령집 · 예규집 등이 이러한 편람의 일종이라고 볼 수 있다.

② 핸드북(handbook)

이것은 편람의 경우보다 하위의 계층을 대상으로 하는 것으로서 편람의 내용을 간단평이하게 기술하고 일반종업원들이 이해하기 쉬운 형태로 작성한 것이다.

③ 게시판

이것은 문서에 의한 정보전달방법의 하나로서 특히 일시적 전달이라든가 하는 제규칙의 개정을 널리 알리기 위하여 여러 직장에서 흔히 사용된다.

④ 사내방송

귀로 듣는 것이 글씨를 읽는 것보다 훨씬 효과적인 경우가 많다. 사내방송은 종업원들에게 긴급한 정보를 전달하는 데 최적의 방법이다.

또한 이것은 모든 종업원들의 생활감정을 부드럽게 해 준다는 효과를 나타낸다. 예컨대, 시업시 · 식사시간 중 · 종업시에 적절한 음악을 직장에 보내줌으로써 육체적 · 정신적 피로감을 풀어 주고, 나아가서 직장생활의 만족감을 높이는 데 공헌할 수 있는 것이다.

⑤ 기관지

이것은 다만 하향적 정보전달의 한 가지 방법뿐만 아니라 상향적 · 횡적 정보전달을 골고루 촉진시킬 수 있는 장점을 갖고 있다.

물론 이러한 기관지(사내보 또는 부내보)는 종업원들의 수가 적은 조직체에서는 그 필요성을 느끼지 않지만, 비교적 대규모의 조직체에서는 대단히 효과적인 방법이다. 그런데 이것이 실효를 거두기 위하여는 내용면에 있어서 많은 종업원들이 관심을 갖고 있는 기사를 취급하여야 할 것이며, 또한 기사내용의 다양성도 고려되어야 한다.

⑥ 기타 방법

위에서 설명한 방법 이외에도 사내 인터넷을 통한 공지, 포스터, 훈시 · 훈령 및 교양잡지 등도 하향적 정보전달의 방법이며, 또한 조직체의 개별적 · 구체적 사정에 따라 여러 가지 방법을 사용할 수 있다.

3) 횡적 커뮤니케이션의 방법

횡적 커뮤니케이션은 조직의 위계수준이 같은 구성원가 또는 부서 간의 커뮤니케이션을 의미한다. 횡적 커뮤니케이션은 사전협조제도, 사후통지제도, 회의 또는 위원회제도 등이 있다.

(1) 사전협조제도

이것은 한 관리자가 어떤 문제를 처리하기에 앞서 그 문제와 관련된 타관리자들의 의견을 물어 보고, 또한 필요한 정보를 수집하는 것을 목적으로 하는 제도이다. 그 한 예로서 협조전을 들 수 있겠다.

(2) 사후통지제도

이것은 어떤 결정이 이루어진 뒤 관계자들에게 이를 주지시키는 것을 목적으로 하는 제도이다. 여기에는 통보와 회람이 있다. 통보는 다만 횡적 의사전달에만 사용되는 것이 아니라 상의하달용으로 사용되는 경우도 많다. 이것은 일정한 사실·처분 또는 의사를 상대방에 알리는 방법이다. 회람이라는 것도 역시 상의하달에 많이 사용되는 방법인데, 이것은 단일조직체 내에서 어떤 사실을 관계직원들에게 널리 주지시킬 필요가 있을 때에 흔히 사용된다.

(3) 회의 또는 위원회제도

앞에서 설명한 두 가지 방법은 문서에 의한 의사전달인데 대하여 회의는 관계자들이 한 곳에 모여 앉아 직접 구두에 의한 의사전달 및 교환을 행할 수 있다. 그러므로 의사전달상의 장애요인을 제거할 수 있다. 특히 이러한 회의는 어느 문제 해결이 조직의 여러 부서에 관련되어 있는 경우에 의무자들로 하여금 위원회를 구성케 하여 공동연구를 시킬 때에 더욱더 횡적 의사전달을 촉진시킬 수 있다.

〈표 3-1〉 공식적 의사소통 유형의 비교

구 분	하향적	상향적	수평적	사선적
개 념	조직의 지위 또는 명령계통에 따라 상위계층에서 하위 계층으로 전달하는 명령이나 지시 등을 포함하는 의사소통	조직의 하위계층에서 상위계층으로 전달하는 보고 및 의견, 태도 등을 포함하는 의사소통	동료들 간이나 업무상 협조를 필요로 하는 사람들 및 부서간에 이루어지는 의사소통	조직구조상 동일한 계층 및 동등한 명령계통에 속하지 않는 하부단위 사이의 의사소통
	지시적 커뮤니케이션 (directive communication)	하급자 주도형 커뮤니케이션 (subordinate initated communication)	상호작용적 커뮤니케이션 (interactive communication)	
목적 및 적용	• 조직의 목표와 전략방향 제시 • 업무지시 및 업무성격 설명 • 업무처리절차 및 제과정 이해 • 직무성과에 대한 평가 및 피드백 • 이념적 주입 및 사명감 고취	• 성과보고 • 문제점과 이례적인 일 전달 • 업무의 개선과 Idea 제안 • 고정처리 • 분쟁조정의뢰	• 상호 의존관계에 있는 여러 단위 간의 협력 증진 • 정보공유의 주된 방법	• 기존의 하향, 상향, 수평적 경로 이용보다 유효성을 높일 수 있는 경우에 적용 • 경제성과 정확성을 높일 필요가 있는 경우에 적용
비 고	• 각 계층 대규모 조직에서는 메시지가 왜곡 잘못 전달될 수 있음 • 조직풍토가 하향식 위주로 되면 사기를 저하시킬 수 있음	• 여과(filtering)하는 과정에서 문제점 발생소지가 있음 • 상위자의 신뢰성과 관리방법에 따라 메시지의 정확성 및 원활한 의사전달 여부가 좌우될 수 있음 • 조직구성원들의 참여의식과 불만, 갈등해소를 위해서는 문호개방정책, 집단회합, 제안제도, 건의제도, 고충처리제도 등 제도적 장치가 필요함	• 부서간 경쟁관계에 있을 때에는 정보전달 및 갈등소지가 있음 • 수직적 의사소통보다 개방적이고 메시지의 여과 및 왜곡소지가 적용 • 환경변화 등 조직이 신속하게 대응해야 될 때에는 수평적(부서 내, 부서 간, 라인과 스탭의사소통의 원활화가 필요하다)	경직된 조직풍토에서는 갈등이 초래될 수 있음

자료 : 이한표, [현대적 인간관계론](서울 : 형설출판사, 1989), pp. 487~493.
박내회, [조직행동론](서울 : 박영사, 1989), pp. 559~562.
신유근, [조직행위론](서울 : 다산출판사, 1988), pp. 345~348 참조.

커뮤니케이션상의 문제

근대 정보이론의 개척자라 할 수 있는 샤논(Clande Shannon)과 위버(Warren Weaver)는 커뮤니케이션에 있어서의 문제점들을 다음과 같이 분석하여 설명하고 있다.

1) 기술상의 문제
이는 정보의 전달과정에서 선택되는 기호의 정확성과 관련되어 발생된다. 예컨대, '발'이라고 표현되어야 할 정보가 착오로 '밭'이라고 전달되었다면 정보수용자가 받게되는 정보는 부정확한 것이 될 것이다.

2) 의미상의 문제
이는 정보를 전달하기 위하여 이용된 메시지의 적합성과 관련되어 발생된다. 예컨대, 언어에 있어서 적절한 표현이 이루어지지 못하면 커뮤니케이션의 효과는 만족할만한 것이 될 수 없는데, 이는 커뮤니케이션에 있어서 의미상의 문제 때문이라 할 수 있다.

3) 효과상의 문제
이는 커뮤니케이션에 의해 전달된 정보에 대한 정보수용자의 반응과 관련되어 발생된다. 커뮤니케이션은 궁극적으로 정보전달자가 전달되는 정보를 통하여 정보수용자의 행동에 일정한 영향을 주기 위하여 일어나는 것인 바 커뮤니케이션의 효과는 정보수용자의 행동이 정보전달자가 의도하는 방향으로 만족할 정도의 변화가 일어나는가에 의해 평가되어야 할 것이다.

7. 커뮤니케이션의 효율적 관리방안

경영자가 효율적인 정보전달자가 되기 위해서는, 첫째, 전달해야 할 정보를 이해하기 쉽도록 합리적으로 메시지를 개선해야 하고, 둘째, 다른 구성원이 그들에게 전달하고자 하는 메시지에 대한 이해를 증진시켜야 한다. 또한 조직의 커뮤니케이션이 조직의 목표 달성에 공헌토록 하기 위해서는 조직의 구성원들이 '커뮤니케이션 네트워크(communication network)', 그의 신분과 지위, 상대방의 개성과 지각, 조직환경의 동태적 성격, 비공식적 커뮤니케이션의 의존양식 등을 고려하여 메시지를 정확하고 분명하게 전달하도록 하여야 한다(신유근, 1982 : 302).

아래에서는 보다 원활한 커뮤니케이션을 도모하는데 필요한 주요 기법을 설명하기로 한다.

이러한 기법으로는 보충설명 · 정보흐름의 규제 · 피드백의 이용 · 감정이입

·반복·상호신뢰조성.적시성·언어의 단순화·경청·소문의 이용 등을 들 수 있다. 이를 도표로 나타내보면 [그림 3−2]와 같다(Gibson J. L. 1982 : 399−400).

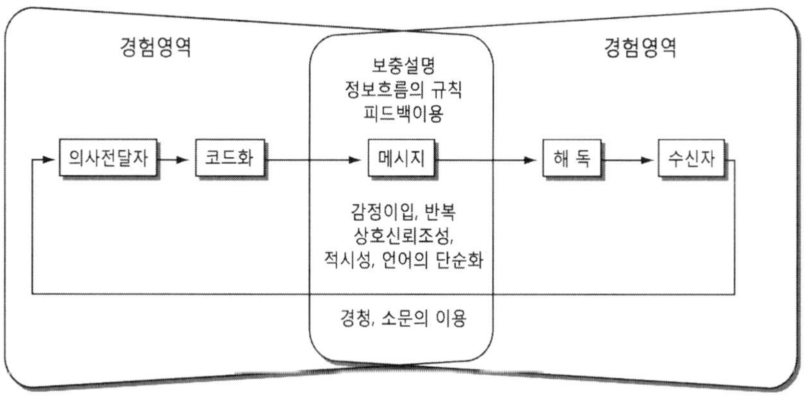

자료 : J. L. Gibson, *op. cit,* p. 409.

[그림 3−2] 조직커뮤니케이션의 개선방안

1) 보충설명(following up)

이는 의사전달자의 의도를 수신자가 올바로 해독할 수 있도록 보충자료, 즉 차트(chart)나 슬라이드 또는 의견서 등을 이용하는 것을 뜻한다.

2) 정보흐름의 규제(regulationg information flow)

이것은 경영자에게 최적의 정보를 보내기 위해 커뮤니케이션을 적절히 규제하고, 또한 과다한 정보로 인한 문제점을 해소하기 위해서 필요한 것으로 커뮤니케이션의 양과 질을 맞춰 조절 내지는 규제하는 것을 의미한다.

이러한 사고는 경영자는 일상적인 업무처리나 기타의 절차에서 벗어나 예외적인 일만을 관장해야 한다는 이른바 '예외의 원칙(exception principle)'에 입각하는 것이다.

따라서 공식적인 커뮤니케이션에서 경영자는 커뮤니케이션 그 자체를 위해서가 아니라, 그가 꼭 해야 할 예외적인 문제에 대해서만 커뮤니케이션을 해야 하는 것이다.

3) 피드백의 이용(utilizing feedback)

이는 쌍방적인 커뮤니케이션의 효율을 높이기 위한 중요한 요소이다. 즉 피드백은 의사전달자가 전달하고자 하는 메시지가 전달되어, 예상된 반응이 일어났는지를 알 수 있도록, 피전달자의 반응을 전달하는 일련의 통로라 할 수 있다.

특히 하향적 커뮤니케이션의 경우 수신자로부터의 피트백의 기회가 부족하기 때문에 메시지의 전달이 정확하게 이루어지지 못하는 경우가 있다. 따라서 피드백 기법의 개발은 효과적인 커뮤니케이션을 위해서는 필수적인 것이라 하겠다.

4) 감정이입(empathy)

이것은 수신자가 그 메시지를 어떻게 해독하고 있는가를 알기 위해, 의사전달자는 수신자의 입장에 서서 생각하고 또 판단해야 한다는 사실을 뜻한다. '감정이입'은 다른 삶의 입장에서, 다른 사람의 관점이나 감정을 추정하는 것이라 할 수 있다.

이 감정이입은 앞에서 설명한 많은 커뮤니케이션의 장애요인을 해결하게 해준다. 의사전달자의 경험과 배경이 수신자의 그것에 비해 차이가 클수록, 효과적인 커뮤니케이션을 위해서는 감정이입이 필요하다.

5) 반복(repetition)

반복이란 커뮤니케이션에 학습의 원칙을 도입하는 것이다. 어떤 메시지의 전부 또는 일부를 되풀이하여 전달함으로써, 의사전달의 정확성을 높이는 것을 말한다.

의사전달자가 의도하는 바를 수신자가 분명히 납득할 때까지 '귀에 못이 박히게' 여러 번 말하는 것은 반복의 좋은 예이다.

6) 상호신뢰 조성(encouraging mutual trust)

효과적인 커뮤니케이션은 의사소통의 당사자들이 서로 깊이 신뢰할 때에만 가능하다.

따라서 상호신뢰하는 풍토를 조성하는 것이 중요하다. 왜냐하면, 수신자가 의사전달자에 대해 갖는 신뢰의 정도는 의사전달자의 언어나 아이디어·행동 등에 대한 수신자의 반응 내지 견해에 직접적으로 영향을 미치기 때문이다.

7) 적시성(effective timing)

우리들은 하루에도 수많은 메시지를 접하게 된다. 그러나 이 많은 메시지들 모두를 깊이 고려하기란 불가능하기 때문에, 그 중 극소수의 메시지만이 활용되고, 대부분의 메시지들이 대폭 축소하여 해독되거나, 아니면 전혀 수용되지 못하고 있다.

이런 점을 감안하여 많은 정보를 동시에 전달하지 않고 꼭 필요한 것만을 전달하고, 나머지는 메모해 두었다가 그 정보가 필요한 때를 택해 활용함으로써, 커뮤니케이션의 유효성을 증대시킬 수 있다. 메시지는 다른 메시지와 어떤 경쟁적인 관계에 놓여 있지 않을 때 보다 더 이해가 잘되기 때문이다.

8) 언어의 단순화(simplifying language)

언어가 복잡하면 효과적인 커뮤니케이션이 실현 될 수 없다. 효과적인 커뮤니케이션이란 정보뿐만 아니라 '이해'의 전달도 포함한다.

만약 수신자가 올바로 이해를 하지 못했다면, 그 커뮤니케이션은 이루어지지 않는 것과 마찬가지이다. 따라서 수신자의 이해를 높이기 위해서는 커뮤니케이션의 언어를 단순화해야 한다.

따라서 이해를 증진시키기 위해 메시지를 수신자가 이해하기 쉬운 용어와 심벌(symbol) 등으로 적절히 바꿀 필요가 있다.

9) 경청(efffective listening)

흔히 커뮤니케이션을 개선하기 위해서 "경영자는 이해되도록(to be understood) 노력하고, 또 이해하도록(to understand) 노력해야 한다"고 말한다. 이것은 경청의 중요성을 강조하는 것이다.

사람들로 하여금 진정한 느낌 · 욕구 · 감정 등을 표현하도록 하는 방법 중의 하나가 바로 경청이라 할 수 있다. 이는 조직 내에 신뢰와 이해의 분위기를 조성하여 커뮤니케이션을 보다 원활하게 한다.

10) 소문의 이용(using the grapevine)

소문은 모든 조직에 존재하는 중요한 비공식적인 커뮤니케이션의 통로이다. 소문은 유동적이고 대면적 커뮤니케이션을 포함하므로 정보를 빠르게 전달한다. 경영에 있어서도 소문은 효과적인 커뮤니케이션의 수단으로 이용되는데, 그것은 대면적이고 또 피드백이 잘 이루어져, 수신자에게 강한 영향을 미치기 때문이다.

효과적인 의사전달을 위한 7가지 방법(Rick Warren)

직장이나 가정에서 생기는 대부분의 문제는 의사전달이 잘 안되는데서 시작된다. 아무리 최고의 아이디어, 계획, 제안이라 할지라도 사람들에게 효과적으로 전달하지 못한다면 그것은 무용지물이다. 해마다 많은 회사들은 직원들의 아이디어를 무시하기 때문에 엄청난 이익이 될 수 있는 10억달러 이상의 돈을 손해보고 있다고 한다. 그러나 의사전달은 자동적인 것은 아니다. 왜냐하면, 누군가 당신이 말한 것을 들었다(hearing : 들으려는 의사와는 상관없이 들리다)고 해서 그들이 진정으로 들은 것(listening : 의식적으로 귀를 기울여 듣다)이라고는 할 수 없기 때문이다. 다음에 소개되는 7가지 기술은 사람들로 하여금 당신이 하는 말을 귀 기울여 듣게 만들 것이다.

① 적절한 시간을 선택하라.
타이밍은 첫 번째 비결이다. 당신이 이야기할 준비가 되어 있다고 해서 그들이 들을 준비가 된 것은 아니기 때문이다. 갑자기 폭탄을 터뜨리는 식의 발언은 삼가야 한다.

'물론 무슨 일에든지 시기와 판단이 있으므로 사람에게 임하는 화가 심함이니라'(전도서 8장 6절)

② 당신이 전달할 것을 계획하라.

먼저 모든 가능성을 두고 생각하라. 대중 앞에서 발표한다면 특별히 서론부분과 도움을 주는 예화를 잘 계획하라. 너무 자세한 것부터 시작하지는 말아라. TV를 보면 먼 거리부터 중간거리로 그 다음 클루즈업의 순서로 움직이는 것과 마찬가지이다.

'지혜로운 자의 마음은 그 입을 슬기롭게 하고 또 그 입술에 지식을 더하느니라'(잠언 16장 23절)

③ 듣는 사람의 필요에서 시작하라.

청취자는 항상 '내가 이것을 왜 들어야만 하지? 이것을 들으면 내게 유익이 되는 것은 무엇이지?'라는 질문을 한다. 만약 당신이 이 두 개의 질문에 대해 분명한 답을 가지고 있다면, 당신은 청취자의 관심을 얻게 될 것이다.

'무릇 더러운 말은 너희 입 밖에도 내지 말고 오직 덕을 세우는 데 소용되는 대로 선한 말을 하여 듣는 자들에게 은혜를 끼치게 하라'(에베소서 4장 29절)

④ 먼저 들으라.

많은 사람들은 다른 사람이 말하는 것을 경청하기 이전에 가정하거나 추측함으로써 의사전달에 실패한다. 의지적으로 먼저 다른 사람의 입장에서 들으십시오!

'내 사랑하는 형제들아 너희가 알거니와 사람마다 듣기는 속히 하고 말하기는 더디 하며 성내기도 더디하라'(야고보서 1장 19절)

⑤ 긍정적으로 말하라.

좋지 않은 소식을 듣고 싶어하는 사람은 아무도 없다. 현실적인 동시에 긍정적이 되도록 연습하라! 당신이 마찰을 일으키고 귀에 거슬리는 소리를 잘한다면 결코 다른 사람을 설득할 수 없다. 나쁜 소식을 전하게 될 때는 인신공격이 되지 않도록 정직하게 사실에 입각해서 말아라. 그리고 재빨리 건설적인 형태를 취하라.

'마음이 지혜로운자가 명철하다 일컬음을 받고 입이 선한 자가 남의 학식을 더하게 하느니라'(잠언 16장 21절)

⑥ 결론을 명확히 하라.

당신이 말한 것을 요약하고 한 번 더 언급하라. 구체적으로 말하라. 당신이 결정내린 것과 아닌 것을 명확히 해야 한다.

'주 안에서 같은 마음을 품으라'(빌립보서 4장 2절)

⑦ 격려하는 말로 마무리를 지으라.

마지막 마무리는 매우 중요하다. 설령 토론하는 가운데 흥분하고 서로 비판을 계속했을지라도 좋은 말로 이야기를 끝내도록 하라.

'미련한 자는 자기행위를 바른 줄로 여기나 지혜로운 자는 권고를 듣느니라'(잠언 12장 15절)

| 제4장 |

리더십

human resources management for the tourism sector

많은 연구들은 어떤 특별한 성과가 없이 무엇인가를 발견하기 위해 노력해왔다. 성공적인 리더십의 핵심적인 구성요소를 파악하기 위한 노력은 이론적으로 교육을 통해 주입시키고 장려하는 한 명확하게 나타났다. 불행하게도 무엇이 더 좋은 리더를 만들 수 있는가에 대한 질문은 단순하게 대답할 수 있는 것은 아니다. 리더십은 좋은 리더를 만드는 것은 반드시 주관적인 판단이나 어떤 합일된 의견의 일치에 도달할 수 있다는 사실이 더욱 복잡한 현상을 초래한다.

이러한 노력은 리더십을 정의하기 위한 시도를 반영한다. 정의는 반드시 적절한 연구를 위해 필요하며, 면밀한 조사하에 이루어지는 정의는 문제가 있으며 심지어 불가능하다면 적절한 연구는 어떻게 가능할 수 있겠는가? 문제는 형상이 반드시 질적인 측면에서 정의되어야 하나, 리더십의 질적인 정의는 단지 개념적 정의라는 점에서 철학적이고 방법론적인 문제를 가지고 있다. 그러므로 포괄적으로 리더십 연구에서 선행되어야 할 것은 현상의 정의를 조작화하는 것이 필요하다. 현재의 접근방법에서 공통적으로 등장하고 있는 것은 Moorhead와 Griffin(1989, p. 322)에 의해 채택된 정의인데, 그들이 주장하고 있는 리더십은 과정과 특성이라는 것이다. 따라서 과정의 측면에서 일반적으로 받아들여지고 있는 리더십은 사람들을 움직이기 위해 비강제적인 영향력을 활용하는 것이다. 특성의 측면에서 리더십은 모습이 영향력을 성공적으로 발휘할 수 있는 질적인 속성을 말한다.

물론 그러한 개념적 정의에 대한 한계는 분명하게 나타난다. 이것을 해결하기 위한 핵심은 두 가지가 있다. 우선 리더십은 비강제적이라는 것이며, 둘째로는 리더십은 단순한 관리가 아니라는 사실이다. 관리자들은 공식적인 권력과 권한을 활용하여 직접적으로 종속시킬 수 있으나, 이것은 엄밀한 의미에서 리더십은 아니다라고 말할 수 있다. 관리자는 항상 리더라고는 할 수 없다. 모든 리더십이론들과 더불어 주요한 이론 중에 하나는 편안함을 주어야 한다는 사실을 명심해야 한다.

1. 리더십의 의의

리더십의 관점에 따라 리더의 기능도 상이하다. 이러한 상황은 리더십의 정의에 대한 내용도 상이하게 설명하는 원인이 되고 있다. 따라서 연구과정에서 학자별로 자신의 견해를 달리하는 리더십의 정의를 요약·도시하면 <표 4－1>의 내용과 같다(유기현, 2003 : 359~360).

〈표 4-1〉 학자별 리더십의 정의

학자별	정의 내용
허시와 블랜챠드	주어진 상황에서 목표달성으로 지향하는 개인과 집단활동에 영향력을 행사하는 과정
스도그딜	특정 상황에서 목적달성을 위해 구성원에게 영향을 주는 과정
플레슈만	어떤 목표나 목표달성을 향하도록 커뮤니케이션의 과정을 통해 개인간에 영향력을 행사하는 시도
쿤쯔와 오도넬	사람들로 하여금 집단목표를 위하여 자발적으로 노력하도록 그들에게 영향을 주는 기술(art) 또는 과정(process)
탄넨바움·웨쉴러 매스릭	주어진 상황에서 구체적 목표(들)의 달성을 통해 행사되는 대인적 영향력으로서 커뮤니케이션 과정을 통해 행사되는 것
햄프힐과 쿤즈 (Hemphill & Coons)	집단의 활동을 고유한 하나의 목표로 집중시키려는 개인의 행동
젠다(Jenda)	일종의 독특한 형태의 권력관계로서 집단의 한 구성원이 자신의 행동패턴을 또다른 구성원이 규정할 권리를 갖는다고 느낄 때 발생하는 것
슈미츠와 데코티스 (Kochan, Smidt & DeCottis)	영향력 행사과정으로써 O가 P에 영향을 가하여 P의 행위를 변화시켰을 때, P가 O의 영향력 행사를 합당한 것으로 생각하고, 야기된 변화가 P 자신의 목표와 일치한다고 여길 때 발생하는 힘
카즈와 칸 (Katz & Kahn)	기계적으로 조직의 일상적 명령을 수행하는 것 이상의 결과를 가져올 수 있게 하는 영향력
피터와 오스틴 (Peter & Austin)	리더십은 비전이요, 우렁찬 응원가며, 열정이다.

결국 리더십의 정의를 종합하면 리더와 집단의 구성원(추종자), 그리고 처해 있는 상황에 함수로 요약되므로, 이를 리더십과정의 3대 요소로 보고 함수관계 $L=f(l,\ f,\ s)$로 표시할 수 있다([그림 4-1 참조]).

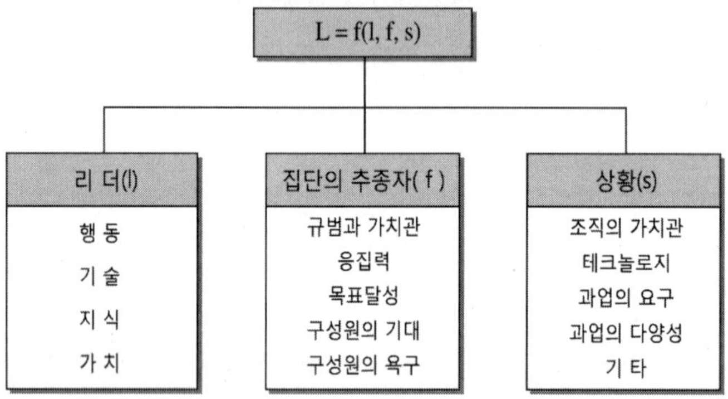

자료 : Milton, C.R., Human Behavior in Organizations(Prentice-Hall, 1981), p. 292.

[그림 4-1] 리더십 과정의 3대 요소

이상에서 검토·정리된 학자별 리더십의 정의를 이해하는 과정에서 리더의 특성을 정확하게 이해할 필요가 있다. 왜냐하면, 관리자와 리더는 위치와 역할면에서 각기 다른 특성을 갖고 있기 때문이다. 따라서 관리자와 리더의 특성차이를 분석·요약하면 <표 4-2>의 내용과 같다.

〈표 4-2〉 리더와 관리자의 특성차이 분석

구 분	리더의 특성	관리자의 특성
목표와 행동	무슨 과업을 왜 해야 하나? (목표와 행동방향 설정)	언제·어떻게·누가·누구와 함께 할 것인가(목표달성의 행동실천)
초점대상	인간에 초점	제도·규칙·구조·방침에 초점
관리행위	동기부여·자극·지도·안내	통제·명령·지휘
가치관	혁신·창조·개발	유지·책임수행·부분공헌과 노력
사고내용	미래지향적인 장기적 사고	과거지향적인 단기적 사고
커뮤니케이션	수평적 커뮤니케이션의 중시	수직적 커뮤니케이션의 중시
업무수행	옳고 정당한 업무수행	업무추진을 바른 길로 수행
태 도	도전적·혁신적 태도	현 상황과 환경에 수용·적응
사고형태	유연하고 모범적 사고	경직된 추종적 사고

전형적 리더와 변형리더의 비교

구 분	전형적 리더십	변형적 리더십
시간지향성	단기, 오늘	장기, 미래
통합의 매커니즘	규칙과 규정	목표와 가치적합성
의사소통	수직적, 하향적	다양한 차원
초점	재무적 목표	소비자 지향적
보상시스템	조직적, 외재적	개인적, 내재적
권력의 원천	직위	구성원의 신뢰, 존경
의사 결정	중심화, 하향적	분산화, 상향적
종업원	대체가능한 상품	개발가능한 자원
복종의 유도	지시적	합리적 설명
변화에 대한 태도	회피, 저항, 현상유지	변화의 불가피성, 수용
목표의 설정	이윤추구	비전과 가치추구
통제방식	엄격한 순종	자기관리
관심분야	기업내부	기업외부의 환경
과업설계	개별적, 구분화	직무충실화, 집단중시

자료 : Tichy and Devana, 1986, Bass and Avoli, 1994, Tracey and Hinkin, 1994, p. 19.

2. 새로운 리더의 조건

최근 관광기업을 경영하는데 있어 국내의 상황이 급변함에 따라 새로운 리더의 출현을 요구하고 있다. 여기에서는 21세기를 창의적으로 이끌어갈 리더의 조건을 살펴보고자 한다(김영제 외 3인, 2008 : 331~335).

1) 비 전

오늘날은 불확실성의 시대이다. 불확실성의 시대에는 어디로, 어떻게 나아가야할지를 모르고 우왕좌왕한다. 불규칙적으로 변하는 환경 속에서도 나름대로의 경향을 도출하고, 이에 맞추어 목표를 설정하고, 그 목표를 달성할 수 있도록 구성원의 힘을 모으는 리더십이 필요하다. 비전을 제시하는 리더가 이 시대의 리더의 모습이다.

불확실한 환경 속에서 리더가 비전을 설정하기 위해서는 무엇보다 환경을 지각하는 나름의 시각이 정립되어 있어야 한다. 다른 사람과 똑같은 관점이나 방향으로 사물을 봐서는 안 된다. 새로운 시각과 패러다임으로 사물을 바라볼 수 있는 능력을 가져야 한다. 이러한 능력 없이는 새로운 비전을 제시할 수 없다.

밤하늘에 떠있는 별들은 그 자체로서 존재한다. 무질서하게 제각기 반짝거린다. 그러나 우리는 그 별자리에 이름을 부여하여 의미 있는 별자리를 만든다. 별자리를 통해 무질서하던 밤하늘의 별들은 어떤 질서를 지닌 체계를 갖추게 되고, 다시 그 질서를 활용하여 우리의 길을 찾을 수 있다. 밤하늘에 떠 있는 자연적인 별에 의미를 부여하듯, 주어진 경영 여건 속에서 어떤 흐름을 발견하여 기업의 목표를 정하고, 구성원의 에너지를 모으는 역할, 그것이 비전 설정자로서의 리더의 역할이다.

비전은 조직이 나아가야 할 명확하고 구체적인 목표이다. 이러한 목표를 통해 모든 구성원의 힘을 모은다. 그런데 이러한 목표의 설정과 실천에 있어서 구성원의 참여가 필수적이다. 경영은 목적을 설정하고, 그것을 실천하는 과정이다. 하지만 구성원이 왜 목적지에 가는지, 그곳에 가면 어떤 의미가 있는지를 모른다면, 조직의 힘을 모으고 목표를 달성하는데 한계가 있을 것이다. 리더가 누구를 위해, 무엇 때문에, 어떻게 가야 하는지 정확한 목표를 제공하지 않으면 구성원은 더 이상 의욕적으로 일하지 않는다. 리더는 명확하고 구체적인 목표를 제시하고, 모든 구성원은 그 목표에 공유하고 동참해야 조직을 성공적으로 이끌 수 있다.

2) 신 뢰

21세기 환경변화에 따라 리더에게 요청되는 가장 중요한 덕목으로 '신뢰(trust)'를 들 수 있다. 우선 신뢰와 관련하여 스타벅스의 슐츠 회장의 사례를 살펴보자. 1990년대 중반 스타벅스 점포에 강도가 들어 점포관리자가 사망하는 끔찍한 사건이 일어났다. 이 비극적 소식을 접한 슐츠 회장은 즉시 전세 비행기를 타고 텍사스로 갔다. 그는 그곳에 머무르면서 사망한 관리자의 가족과 점포 종업원을 만나 문제를 상담하고 진지하고 성실하게 그 해결책을 지원하였다. 이와 더불어 그는 죽은 관리자의 가족을 위해 기금도 조성했다. 또 관리자 가족의 부양과 아이들의 교육에 그 점포의 수익이 사용되도록 헌납했다. 이 같은 슐츠의 행동은 리더들이 어떻게 깊은 신뢰를 쌓아가는지를 잘 보여주고 있다.

신뢰란 상대방이 기회주의적으로 말하거나 행동하지 않을 것이라는 기대이다(Boon & Holmes, 1991 : 194). 여기서 '기대'와 '기회주의'라는 용어가 특히 중요하다. 기대란 상대방을 잘 알고 있다는 것을 의미한다. 어떤 사람을 오랜 세월 동안 관찰 혹은 경험하고, 그 결과 특정 상황에서 그가 어떤 행동이나 말을 할 것이라는 예측을 할 수 있다. 우리가 어떤 사람을 모른다면, 그의 행동을 예측할 수 없고, 따라서 신뢰를 갖기에도 한계가 있다는 것이다. 또 하나 '기회주의'라는 용어로 신뢰에는 위험이 따른다는 것을 나타낸다. 신뢰관계가 타인의 약속에 의존할 때, 그 관계는 깨어지기 쉽다. 타인을 신뢰한다는 것은 본질적으로 타인에 이용당할 수 있고, 그에 따라 실망할 가능성을 내포하고 있다. 따라서 신뢰는 위험을 감수하겠다는 의지의 표현이다. 결국 리더로서 신뢰를 받는다는 것은 일관적으로 행동하며, 그로 인한 위험을 감당한다는 것을 의미한다.

3) 감 성

최근에 리더의 자질로 요구되는 중요한 덕목 중의 하나가 감성이다. 일반적으로 리더는 주어진 현실을 냉정하게 파악하여 목표를 정하고, 그 목표를 달성하기 위해 가장 합리적인 방법으로 지시하여야 한다고 생각한다. 그러나 그러한 리더에게는 따르는 부하가 많지 않다.

그를 따른다 하더라도 자발적으로 따르는 부하는 많지 않다. 우리는 이러한 리더에게서 부족한 부분으로 감성을 들 수 있다. 구성원들은 리더가 그들과 함께하기 때문에 따른다. 그들을 알고, 그들을 이해하려고 하며, 그들과 같이 행동하고자 노력한다. 그래서 그들을 리더가 좋고, 그와 함께라면 무슨 일이든 두렵지 않게 된다. 감성은 부하와 함께 할 수 있는 촉매제가 되는 것이다.

부하와 리더의 감정적인 교류가 이루어질 때, 그러한 조직은 활기가 넘치고 창의적인 아이디어가 생성된다. 추상같은 상명하복, 권위로 똘똘 뭉친 카리스마가 리더의 요건이던 시대는 지나갔다. 오늘날 기업의 경쟁력은 기계, 시설과 같은 하드웨어보다는 구성원의 의욕과 창의성과 같은 소프트웨어에 의해 결정된다. 인재의 의욕과 질이 기업의 성패를 좌우한다는 시대가 되었다. 이제 리더에게는 부드럽고 감성적인 리더십이 필요하게 되었다. 부하를 끌어안고, 보듬고, 격려함으로써 스스로의 참여와 열정을 이끌어내는 것이 바로 리더의 감성인 것이다.

4) 윤 리

오늘날 기업의 리더, 즉 경영자의 행동은 사회적 파급효과가 크기 때문에 사회 일반인들이 받아들이고 있는 윤리 규범에 부합해야 한다는 사회적 요구가 증대하고 있다. 그럼에도 불구하고 일부 리더의 비윤리적 행동으로 인해 다수의 경영자와 기업까지도 사회적 비난의 표적이 되고 있다. 예를 들어, 기업재산의 변칙적 증여 및 상속, 혈연 경영, 탈세, 공금 유용 및 뇌물 수수, 재산의 해외 도피 등의 비윤리적 행동이 종종 발생되고 있다. 한때, '기업은 망해도 기업가는 산다'는 말이 유행한 적도 있다(신유근, 1996).

이러한 상황 하에서 대두된 개념이 경영윤리이며, 그 주체로서의 경영자의 윤리적 역할이다. 경영윤리란 기업경영이라는 상황에서 나타나는 행동이나 태도의 옳고 그름이나 선악을 구분해 주는 규범적 판단기준과 또한 도덕적 가치를 반영하는 기업행동과 의사결정의 기준이다. 이러한 경영윤리에 따라 리더는 행동해야 한다. 리더는 기업이라는 조직이 사회 속에서 해야 할 일과 하지 말아야 할 일을 구분하여 전체 사회에 이득이 되는 행위의 기준을 제시해야 한다. 뿐만 아니라, 기업 내부 구성원의 행동에 대한 올바른 기준을 제시하여 구성원 간 생길 수 있는 마찰이나 갈등을 해소시켜야 한다.

기업경영자들은 경영 문제를 해결하려고 할 때, 한쪽의 대안을 선택할 수 없는 진퇴양난의 딜레마에 빠지는 경우가 종종 있다. 문제 해결을 위해 여러 대안들이 있기는 하지만, 현실적으로 어느 쪽을 선택해야 좋을지 모르는 경우가 종종 발생한다. 기업의 윤리 문제와 관련해서도 이러한 현상이 발생될 수 있다.

결국 기업의 경영자로서 리더는 윤리적인 기준에 따라 행동하는 것이 필요하고, 그것이 기업경영 성과에 보다 의미 있는 결과를 가져올 수 있다고 하겠다.

리더는 기업과 조직 구성원에 무엇이 옳고, 바람직한지의 행위기준을 제시하고, 이를 직접 실천함으로써 기업의 경쟁력을 제고시키고, 구성원의 행동을 올바르게 이끌어야 하는 책무를 안고 있다.

3. 리더십의 관점과 기능

현대사회에서 보편적으로 사용되고 있는 리더십의 용어는 광범위하므로, 리더십 자체가 사용자에 따라 무엇을 의미하는지 그 의미의 차이를 세 가지 관점에서 검토하기로 한다(유기현, 2003 : 356~358).

1) 사회 · 정치적 관점과 리더십의 기능

보편적으로 사용되는 리더십은 사회적으로 주요 정치가나 경영자의 역할로 인식하는 경우가 있다. 이 개념은 조직의 외부환경에의 적응과 내부의 안정 및 조직의 기본성격을 형성하는 주요 역할로 보는 것이며, 리더십의 기능을 다음과 같이 요약하고 있다.

① 조직의 사명과 사회적 역할의 설정

이는 외부의 환경과 내부상황을 중심으로 가장 효율적인 조직의 목적과 공약을 발견하는 기능을 뜻한다.

② 조직목적의 제도적 체질과 성격의 형성

이는 설정된 조직의 사명과 목적을 내부제도와 구조에 연관시켜, 조직의 기본체질과 성격을 형성하는 기능을 말한다.

③ 조직의 일체감 조성

이는 조직이 지향하는 가치와 특징을 추구하고, 이를 계속 유지하는 기능을 의미한다.

④ 조직의 내적 갈등의 조정

이는 조직의 구성원과 집단 간의 갈등을 조정하여, 조직의 안정을 기하고 자발적인 상호협조를 극대화시키는 기능을 뜻한다.

이러한 개념은 조직의 외부환경과 내부환경을 주요 변수로 보고, 이에 적합한 조직구조와 행동, 외부 사회집단과 내부 조직구성원 등에 상호작용을 강조함으로써, 시스템의 일반이론과 버나드(C. I. Barnard)의 경영이론을 형성하게 되었다.

2) 관리적 관점과 리더십의 기능

관리적 관점에서 리더십을 조직내부관리에 필요한 각계각층의 관리기능에 초점을 두고, 기획·조직·지휘·통제기능을 포괄하는 기능으로 보는 사람이 있다. 이 중에서 지휘기능을 리더십과 동일시하고 있다. 이러한 관점에서 리더십의 기능을 다음과 같이 설명하고 있다.

① 부하에게 업무배정

조직이나 집단의 목표달성을 위해 개인별 부하(하위자)에게 업무를 배정하는 기능을 뜻한다.

② 부하에게 동기부여

이는 주어진 과업을 잘 수행하도록 부하에게 동기를 부여하는 기능을 의미한다.

③ 부하의 업무수행능력 지도, 개발

이는 부하가 자신의 업무를 수행하는데 필요한 지도와 부하의 능력을 개발시키는 기능을 뜻한다.

④ 구성원들 간의 커뮤니케이션

구성원들 간의 커뮤니케이션과 목표달성에 필요한 일상관리기능을 의미한다.

이상과 같이 관리적 관점에서 볼 때, 리더십의 개념은 관리(경영) 사이클의 일부로서 조직 내 모든 계층의 관리자 직무를 포괄하는 보편화된 관리기능으로 인식되고 있다([그림 4-2] 참조).

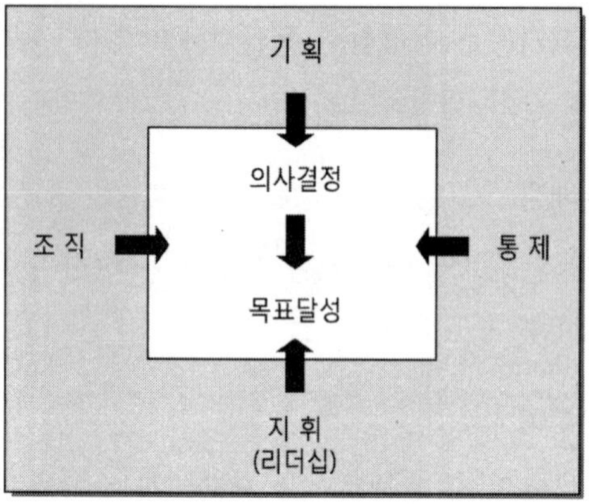

[그림 4-2] 관리적 개념에서의 리더십

3) 행동과학적 관점과 리더십의 기능

행동과학적 관점에서는 리더십을 구성원들 간의 상호작용관점에서 보고 있다. 즉 리더십의 기능은 미시적인 집단관점에서 구성원 상호간의 역동적 상호작용을 중시하고, 동시에 비공식적이고 자생적인 관점에서 구성원의 상호작용을 구조적으로 중시하고 있다.

이러한 행동과학적 리더십의 개념에서는 상호작용의 변수로 다음과 같이 ① 리더(leader), ② 부하 또는 추종자(follower), ③ 상황(situation) 등 세 가지 기본요소를 포괄하고 있다. 즉 여기서 리더십의 기능을 조직의 최고경영층에만 국한된 문제가 아니고, 구성원 전체의 기능으로 보고 있다. 따라서 행동과학적 관점에서는 공식적인 지위가 없더라도 구성원간의 상호작용에서 영향력을 주도하는 것이 리더십이므로 누구라도 리더십과 관련이 있다고 보는 관점이다 이에 따를 리더십의 기능을 요약하면 [그림 4-3]과 같다.

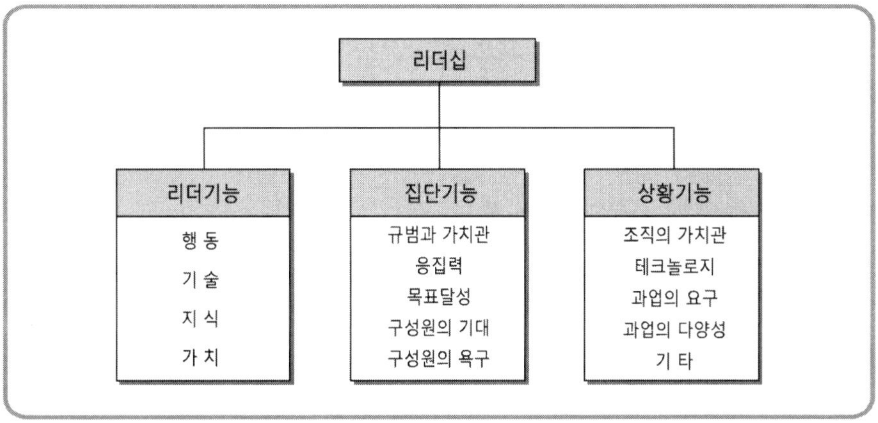

[그림 4-3] 행동과학적 관점에서의 리더십의 기능

4. 리더십이론의 접근방법

리더십의 연구에 관한 접근방법, 즉 그 이론에 관하여는 논자에 따라 다양하게 구분되고 있으나, 그 배경과 흐름에 따라 크게 리더의 특성에 착안한 특성론적 접근방법과 리더의 행동에 착안한 행동론적 접근방법 및 상황에 착안한 상황적합론적 접근방법으로 나누어 볼 수 있다(박운성, 1999 : 376~378).

특성이론적 접근방법은 리더의 개인적 자질을 강조하는 접근방법이다. 초창기 리더십의 개념은 뛰어난 리더들의 성공원인을, 그들의 지칠 줄 모르는 정력과 예리한 직관, 초인적 통찰력, 거역하기 어렵게 만드는 설득 기술과 같은 비상한 능력에 두었었다.

행동론적 접근방법은 리더의 특성이나 권력의 근원이 아닌 리더의 행동을 강조하였다. 이 접근방법의 연구자들은 행동을 특이성(specificity) 수준에 따라 다르게 기술하고, 리더십 행동에 관해 여러 가지 상이한 유형들을 제안하고 있다. 어떤 행동이론적 접근방법의 연구자들은 관리자 및 집행자들의 전형적 행동형태와 활동을 기술하려 하기도 했다. 그러나 대부분의 행동론적 접근방법의 연구는 효과적 리더와 비효과적 리더 사이의 행동형태상의 차이를 식별하려는 것이다.

상황적합론적 접근방법에서는 집단에 의해 수행되어지는 과업의 성질, 거기에 작용하는 리더의 권한과 재량(discretion), 감독자와 동료와 부하들에 부과되는 역할기대, 외적 환경의 성질과 같은 상황적 용인 등의 중요성을 강조한다. 이 접근방법은 상황의 여러 가지 측면들이 어떤 종류의 리더 특성, 기술 및 행동들이 적합한 것인가를 결정한다고 보는 것이다. 어떤 상황이론적 접근방법의 연구에서는 한 리더의 행동이 그가 직접 접하고 있는 환경에 의해 어떻게 영향을 받고, 왜 리더십 행동형태가 상황에 따라 달라지는가에 관심을 두기도 한다.

이상에서 설명한 리더십이론의 전개과정을 요약하면 [그림 4−4]와 같다.

특성론적 접근

효과적인 리더의 특성탐구

가정: 효과적인 리더가 되는 일련의 자질은 따로 있다.

행동론적 접근

리더의 부하에의 행동방법 기술

가정: 리더행동의 어떤 유행 또는 몇 개의 복합이 모든 상황에서 언제나 효과적이다.
전제형, 민주형, 방임형, 직무중심형, 종업원중심형
생산에 대한 관심, 종업원에 대한 관심

상황론적 접근

리더십유형과 상황 간의 상관성 기술

가정: 모든 상황에 언제나 적합한 유일 → 최선의 리더십유형은 없다.
피들러의 상황적합 모델
경로 - 목표 리더십론
브룸 · 예톤의 모델
상황적합적 리더십론

자료 : M. H. Mescon et al., Management, 1981, p. 468.

[그림 4−4] 리더십연구 접근방법의 발전

5. 리더십에 관한 제이론

1) 특성이론

리더십의 초기 이론들은 소위 특성이론이라 불렀다. 이러한 합리적 근거는 리더의 인식과 리더십의 본질적인 자질을 추구하는 것이다. 특성이론이 지니고 있는 함축적 의미는 리더는 만들어지는 것이 아니라 태어난다는 것이다. 따라서 리더십의 특성을 인식하거나 측정하는 것은 다른 리더들이 인식할 수 있다. 이러한 접근법에서 함축하고 있는 강력한 의미는 대중적인 호소이다. 리더는 만들어지기보다는 태어난다는 생각은 대체로 공동체사회에서 많은 감정적인 동감을 받는다. 또한 이것은 리더십에 대한 비평적 접근이나 판단 자체를 상려하지 않는다.

그러한 접근에서 등장하는 위험은 분명하다. 이론적인 수준에서 리더는 리더로서 인식하기 위한 특성 접근을 수용할 필요성이 있다. 실제적인 수준에서 Churchil, Grandhi, Hitler, Mussoline, Napoleon 등을 분류하는 의미를 리더로서 포괄적으로 이해할 수 있다. 간단하게 말하면, 리더십의 자질에 대한 정의의 수용은 이러한 자질을 활용하는 데는 한계가 있다.

2) 행태이론

특성이론은 완전히 실패하지는 않았다. 특성이론에 대한 후속 연구자들은 행태라는 명제에 규범적 근거를 두었다. 이러한 연구의 방향은 행태 유형을 가장 관련있는 리더를 검증하는 데서 출발하였다. 특성이론은 주로 자질로서 리더십과 주로 관련이 있다면 행태이론은 과정으로서 리더십과 관련이 있다. 이러한 이론의 유형은 리더십의 보편적 특징을 인식하는 것과 밀접한 관련이 있다.

3) 오하이오와 미시간 연구

1940년대와 1950년대의 연구에서 리더행태론자들은 오하이오와 미시간 대학에서 시작하였다. 오하이오에서 연구자들은 리더의 지각을 평가하기 위한 목적으로 군대조직과 산업조직에 있는 종업원들에게 질문지를 통해 분석을 시도하였다. 관리리더십의 행태는 두 가지 측면에서 설명된다. 두 가지 측면이란 구조설정과 배려이다. 구조설정은 정밀한 업무의 할당과 성과표준의 설정을 통하여 목표를 달성하기 위해 리더 자신의 역할과 종업원의 역할을 밀접하게 정의한 것이다. 배려는 종업원의 지위, 만족 그리고 일반적 복지에 대한 리더의 신뢰와 존경을 포함한다.

이러한 연구의 결과는 양측 측면에서 높은 비율이 있는 개인들은 다른 높고 낮은 비율의 조합에 관련된 조합보다는 종업원의 성과의 높은 수준을 달성하기 위한 경향을 말한다. 그러나 이것은 항상 그런 사례에 해당되는 것은 아니며 높고 높은 비율에 해당하는 리더는 높은 결근율이 발생하며 낮은 직무의 만족을 가져온다. 다시 말하면, 성과의 타당성은 구조설정과 배려에서 높은 비율은 보편적으로 효과적인 리더십을 인식하는 근본을 제공하기에는 충분하지 않다.

이러한 결과는 미시간 연구에서 수행된 것과 어느 정도 동일하다. 또한 여기서 리더십 행태의 두 가지 측면은 높고 낮은 생산성 근무집단 모두에서 인적 자원의 모든 수준에서 인터뷰 결과로서 구성된다. 여기서는 고용지향적이며 업무지향적인 접근방법을 취하고 있다. 고용지향적인 리더들은 개인 간의 관계와 고용인의 복지에 관심을 가지는 반면에, 업무지향적인 리더는 집단행태의 기술적이고 조직적 차원을 강조한다. 놀랍지 않게도 미시간의 연구는 고용중심적인 리더들이 더욱 효과적이고 집단과 관련된 측면에서는 높은 생산성과 직무만족이 나타났다.

4) 관리격자

도구의 한계로 인해 관리격자의 개발이 블레이크(Blake)와 모우튼(Mouton)에 의해 이루어졌으며 이것을 바탕으로 행태연구의 전통이 소멸되기 시작하였다. 여기서는 과정을 반복적으로 창안하기 위한 유형은 아니다. 본질적으로 이

격자는 수직축과 수평축의 각각 9 포인트 스케일에 의해 81개로 나누어졌다. 수직축은 1에서 9로 되어 있으며, 여기에는 사람들의 관심이라고 표현할 수 있고 수직축은 생산에 대한 관심으로 표현할 수 있다. 학자들에 따르면 격자의 각각 스케일은 특징 관리와 리더십 지위에서 조정으로 표현될 수 있다.

5) 리더십의 상황이론

리더십의 특성과 행태모델은 상황적인 요소들과의 관심이 부족하다. 메이오와 그의 동료학자들에 의해 이루어진 호오손실험 연구에서와 같이 리더십연구 역할이 리더십 행태에 영향을 미칠 수 있는 상황적 요인들에 대한 맥락에서의 연구들에 대한 관심은 거의 이루어지지 않았다. 행태이론에 따르면 리더십의 상황적 관심은 적극적으로 1960년대에 연구자들에 의해 수행되었다. 대부분이 이러한 접근법이 함축하고 있는 것은 개인의 자질문제 혹은 리더의 스타일만이 아니지만, 환경은 리더십을 수행한다는 것이다. 주어진 상황은 리더십 스타일과 전략을 결정할 수 있으나 가능성의 정도는 실제로 리더들에게 상황적인 측면에서 좋을 수도 효과적일 수도 있다는 사실이다. 상황적 리더십이론에서 가장 잘 알려진 것은 피들러와 경로목표 모델이다.

6) 피들러의 모델

피들러는 1967년에 리더십 스타일을 인식할 필요성을 느끼고 연구를 시작하게 되었다. 이것을 달성하기 위해 그는 가장 좋아하지 않는 동료 테스트를 디자인하였다. 이 테스트를 통해 피들러는 LPC(Least Preferred Co-worker)의 총점이 관대하면 할수록 응답자들은 좋은 인간관계에 흥미를 가지고 있으며 LPC의 비율이 낮으면 낮을수록 응답자들은 업무중심적이라는 것이다.

여기서 리더십의 행태적 전통은 분명하게 나타났다. 그러나 더욱 중요한 것은 두 가지 방법론적 목적이 있다는 것이다. 첫번째로는 LPC의 질문이 개인간의 관계나 업무, 생산성에 관심을 주장할 수 있는 요인들을 측정하는 데 충분하였다. 의미적인 차이 테스트는 오랫동안 심리학에 활용해 왔던 테스트방식이다. 그러나 한계성을 가지고 있지만 타당성이 보장된다면 다른 측정방법들과 마찬가지로 규범적으로 잘 적용될 것이다. 이러한 도구에 의존하는 것은 후속의 연구에서 상당히 높은 논쟁을 불러일으켰다고 로빈스(Robbins, 1992)가 지적하였다. 또한 후속의 연구들에서 주장하고 있는 것은 피들러는 개인의 리더십 스타일을 결정하려는 시각은 고정화된 리더십 스타일이라고 보고 있으며 따라서 리더십의 특성접근 요인을 반영하고 있다는 것이다. 여러 가지 면에서 그러한 지위가 다른 연구의 전통을 통합하기 위해 시도되었다면 감탄할 만하다. 일반적으로 피들러는 리더십 행태와 스타일을 직무와 인간관계에 따른 다양한 것으로 보았으나, 어떤 한 개인의 측면에서 리더십 스타일은 변화하지 않는다는 것이다.

그러면 엄밀한 의미에서 피들러가 주장하는 이론은 상황적응적인 것인가? 간단하게 말하면, 피들러의 주장에 의하면 리더십 유형은 반드시 상황과 일치해야 하고 세 가지 가능한 상황 혹은 상황적응적 차원이어야 한다는 것이다. 리더와 추종자관계(Leader-member relations)는 상호 신뢰, 존경, 확신 등과 같은 구성요소를 포함하여 리더와 추종자 간에 존재한다. 이러한 관계의 상태는 좋거나 혹은 나쁜 것에 해당된다. 두번째의 상황적응은 임무구조로 본질적으로 구조화가 높게 되어 있거나 낮게 되어 있는 경우이다. 마지막으로 직위에 부여된 권력으로 리더가 모집, 선택, 훈련, 승진, 해고 등과 관련하여 의사결정을 할 수 있는 공식적인 영향력의 정도를 말한다. 그러한 권력은 강하거나 약한 것으로 받아들이고 있다.

좋음과 나쁨 그리고 높음과 낮음, 강함과 약함 등의 혼합을 바탕으로 하고 있는 상황적 변수는 가능한 모든 조합을 통해 발생한다. 대조적으로 낮은 리더와 종업원의 관계, 낮은 임무구조와 약한 작위권력은 가장 유리하지 못한 상황이다.

피들러 모델에서 가장 어려운 것은 리더는 적절한 상황에 일치해야 한다는 사실이다. 이러한 일치는 LPC 질문지를 통한 분석은 이미 한계에 직면하고 있다. 상황에 리더들의 행태가 일치한다는 것은 반드시 주관적인 판단이 있으며 그러므로 공정하다고 볼 수 없다. 게다가 이상적인 유형의 임무와 관계중심의 집단들은 리더십의 스타일이 변화하지 않는다면 상황은 시간이 변화함에 따라 리더를 교체하는 논리적 근거에 대한 융통성이 문제가 된다. 의심할 여지가 없이 피들러 모델의 매력 중에 하나는 과학의 함정에 빠져 있다는 것이나, 한편으로 일부의 비평가들은 리더십을 분석하는 데 합리적인 수단을 제시했다는 점에서 진일보한 것이라고 보는 시각도 있다.

7) 경로-목표이론

가장 영향력이 있는 상황적응적 동기이론들 중에 하나는 경로-목표 이론이며 이것은 에반스와 하우스에 의해 개발되었다. 여기서 바라보고 있는 리더십은 동기의 기대이론에 근거를 두고 있는데, 이것은 개인들이 기본적으로 가지고 있는 태도와 행태에 관련되는 것이다.

① 기 대

직무성과가 긍정적이고 우호적으로 개인들에게 인식되는 결과 정도

② 유의성

결과의 가치가 개인에게 긍정적 혹은 부정적인 것을 나타내는 정도

리더십에 있어 경로-목표이론의 접근방법은 성공적인 목표의 달성을 위해 경로를 분류함으로써 리더의 행태가 종업원의 기대에 영향을 미칠 수 있다는 논쟁을 발전시키려는 시각을 가지고 있다. 여기서 중요하게 지적하고 있는 것은 목표의 달성은 시각을 좁혀서 생각하면 종업원 자신의 권리를 달성하고자 하는 강력한 열망에 충분한 가치가 투영된다.

경로-목표이론에서 리더십은 동기부여와 밀접한 연관이 있으며 후속의 연구는 리더십의 주요한 특성과 측정도구 모두에 관련하여 관심을 보였다. 목표-경로의 이론은 피들러의 모델과 같은 동일한 방식으로 리더의 행태를 상황적 요인들과 연결시킨다. 리더십 행태의 주요한 유형은 다음과 같다.

① 지시적 혹은 도구적 리더십

목표의 달성을 위한 절차와 종업원의 기대를 조정해나가는 리더십

② 후원적 리더십

사람들을 위해 관심이 많은 리더십 스타일로서 종업원의 지위, 후원, 애정의 욕구들이 리더의 스타일로 지배적인 부분이 된다.

③ 참여적 리더십

리더가 종업원들에게 집단의 활동과 방향에 대하여 의사결정을 고려하려는 감정과 시각을 취하고 조언하는 스타일

④ 성취지향적 리더십

리더가 매우 높은 기준을 설정해 놓고 종업원들로 하여금 이러한 기준을 성취할 수 있다고 신뢰하는 스타일

경로-목표이론의 중심적 경향은 리더십 스타일은 종업원과 시간의 흐름 간에 다양하게 이루어질 수 있다는 것이다. 리더십 스타일의 다양한 유형의 성공과 실패는 상황적 요인들에 의해 영향을 받는데 거기에는 두 가지 유형을 생각해 볼 수 있다. 첫번째는 종업원의 개인적 특성이다. 이것은 통제의 위치와 인지된 능력에 의해 영향을 받는다. 두번째는 환경적 특성이다. 이것은 임무구조와 조직의 권한체계 그리고 업무집단의 구성에 영향을 받는다.

이 장에서 지금까지 논의된 리더십의 다른 이론들처럼 목표-경로이론은 결과에 의해 영향을 받는다. 어떤 이론들은 종업원의 성과와 만족은 종업원과 근무배경이든지 간에 부족한 부분을 보충했을 때 긍정적인 영향을 받는다고 주장하였다(Robbins, 1992, p. 147). 그러나 주요한 문제는 상황적 요인들이 채택된 리더십 스타일에 주요한 영향을 미치든지 혹은 특별한 상황적 환경의 창출에 영향을 미치는 것에 관해서는 다른 연구들과 인과성의 이슈에 관한 문제의 결과로부터 갈등이 분명하게 발생할 수 있다.

8) 리더십 유형

리더십 유형은 이 분야의 연구에서 주요한 관심사가 되어왔다. 많은 연구자들이 유형의 용어를 사용하는데 고민을 하고 있는데, 그 이유는 지나치게 단순한 것에 대한 비난을 피할 수 없기 때문이다. 그러나 분명한 것은 리더십의 연구에서 불확실한 성격이나 결론은 유형이 오로지 학술적인 이유만이 아니라 리더십에 대한 논의 여지는 아직 남아있다는 것이다. 그 이유는 관리자로 하여금 리더십의 유형을 실천하는 것은 명백한 개념을 바탕을 통해 이루어질 수 있으며 태도의 융통성에 대한 가능성을 허용하기 때문이다. 즉 리더십유형은 변화할 수 있으며 부적절한 리더십 스타일을 가지고 있는 관리자에게 대안적인 리더십을 통해 전환을 가져올 수 있다. 종업원과의 관계의 엄격한 분석을 위한 대안을 제공할 수는 없지만, 철하저이고 이데올로기적인 내용을 냉소적으로 제기할 필요성은 없다.

사실, 이론가들의 연구에서 제기된 유형을 함축적으로 수용하는 것은 리더십 유형의 상당한 고려를 하게 만든다. 많은 연구결과들은 리더십의 유형을 아주 깔끔하고 단순하게 정리하고 있다. 리더십의 유형을 사용한 용어는 다음과 같다.

① 권위형 ② 관대형
③ 자문형 ④ 민주형
⑤ 자유방임형 ⑥ 독재형
⑦ 온정형

물론 이러한 용어들은 행태의 특별한 패턴을 기술한 것이나, 리더십 연구자들이 주장하고 있는 대부분의 용어들은 이상적인 경향이 있다. 즉 사람들은 단지 하나의 리더십 유형을 지니고 있는 것은 아니며 그들이 관여하고 있는 대상자에 따라서 다양한 리더십 스타일이 나오기 때문이다. 일례로 호텔의 총지배인이 레스토랑 종업원을 다루는데 있어 권위적인 리더십 스타일을 활용하지만 인간관계의 측면에서는 부드러운 리더십 유형을 사용한다. 리더는 여러 가지 리더십 스타일을 채택할 수 있으며 대상자들에 의해 권력을 인지되게 된다. 그러므로 조직을 혼란하게 할 수 있는 상당한 권력이나 잠재가능성은 종업원들을 적절하게 적응하고 운영함으로써 다른 방향으로 리더를 움직이게 할 수 있다.

여기서는 리더에 대한 도덕적인 판단을 주장하지는 않는다. 일반적으로 관리이론가들은 관리와 리더십에서 권위형과 독재형의 스타일을 원하지 않으며 그 대신 조직의 행태이론가들이 사이에 동의하고 있는 것은 많은 맥락에서 종업원들에게 많은 위임, 동기부여, 생산성을 가져올 수 있는 참여적·자문적 리더십을 받아들이고 있다는 점이다.

우리 회사에 꼭 맞는 CEO의 유형은?

위기의 순간, CEO의 역할은 절대적이다. 호황기에는 상대적으로 경쟁력이 약한 회사들도 어느 정도 성장을 달성할 수 있다. 하지만 불황기는 다르다. 수요가 급감하고, 고객이 구매업체를 바꾸는 등 경영, 환경이 급변한다. 이를 어떻게 극복하느냐에 따라 광풍(狂風)이 잦아든 후 기업의 위치는 완전히 달라지게 된다.

그렇다면 글로벌 위기를 맞고 있는 한국의 CEO들은 어떠한 리더십을 발휘해야 할까?

그러나 리더십의 정립은 한 가지가 아니라, 기업이 처한 상황에 따라 필요한 리더십으로 다를 수밖에 없다. 위기에 직면한 기업은 두 가지 변수에 크게 영향을 받는다. 재무적 지위와 전략적 지위가 그것이다. 재무적 지위란 회사의 재무적 상황(손익과 보유 현금, 부채 등)에 의해 좌우된다. 기업이 처한 상황은 이 두 가지 변수의 강약에 따라 4가지로 나눌 수 있다. 각 상황에 맞는 리더십 유형을 살펴보면 다음과 같다.

1) 장수형 리더십

강한 전략적 지위, 약한 재무적 지위 → 장수(將帥, commander)형 리더십＝군살을 빼라.
시장에서 우월한 지위를 차지하고 있지만, 재무 건전성이 취약하다. 따라서 불황을 맞아 매출과 이익이 줄고 자금 조달마저 어려워지면 파산할 수도 있다. 이런 유형의 기업에는 '장수(將帥, commander)형 리더십'이 필요하다. 과감한 구조조정을 통해 비(非)핵심 부분을 줄여나가는 한편, 조직 슬림화와 재무구조 개선을 통해 재무적 유연성을 확보해야 한다. 하지만 무리한 다이어트로 근육(핵심 역량)까지 해쳐서는 안 된다. 예컨대, 핵심 고객들이 이탈하지 않도록 주의를 기울여야 하며, R&D에 대한 투자를 게을리하지 말아야 한다.

2) 활력자형 리더십

강한 전략적 지위, 강한 재무적 지위 → 활력자(revitalizer)형 리더십＝격차를 벌려라.
이런 유형의 기업들에 불황은 절호의 기회이다. 반면에 소극적으로 대처할 경우 자칫 경쟁사에 역저의 빌미를 제공할 우려도 크다.
이런 기업에는 '활력자(revitalizer)형 리더십'이 필요하다. 불황기에도 공격적인 마케팅과 가격정책을 펼지는 것을 고려해야 하며, 경쟁사의 매력적인 고객들을 적극적으로 확보하는데 주력해야 한다. 이런 기업은 현재의 성공적 지위에 안주하려는 경향이 나타나기 쉽다.
따라서 조직이 정체되지 않도록 새로운 동기부여로 조직에 지속적으로 활력을 불어 넣어야 한다. CEO는 M&A 전담팀을 구성하여 매력적인 M&A 기회를 선정해야 한다.

3) 해결사형 리더십

약한 전략적 지위, 약한 재무적 지위 → 해결사(surgeon)형 리더십＝응급 수술을 시행하라.

이러한 기업에 불황은 재앙이다. 생존을 위한 모든 수단을 강구하여야 하며, 응급 수술을 통해 재무적 안전성을 확보하는 것이 시급하다. 따라서 강한 실행력과 과감한 결단력을 겸비한 '해결사(surgeon)형 리더십'이 필요하다.

진정한 핵심 역량 유지를 위해 필수적인 것들을 제외하고는 과감히 처분해야 한다. 이와 함께 회사의 생존과 발전을 위한 새로운 청사진을 명확하게 제시하여야 한다. 이것이 없다면 투자자나 채권단을 설득하는 것은 물론 임직원을 리드하는 것이 불가능하기 때문이다.

4) 혁신가형 리더십

약한 전략적 지위, 강한 재무적 지위 → 혁신가(innovator)형 리더십=근육을 강화하라.

호황기에는 선도 기업을 따라가는 'me too(모방)방식' 으로도 성장이 가능하지만 불황기에는 다르다. 수요 급감과 가격 하락, 고객이탈이라는 물이 점점 차오르면, 특별히 내세울 것이 없이 선도기업을 따라만 해 온 기업(follower)은 감당할 수 없다.

따라서 이런 기업에는 '혁신가(innovator)형 리더십'이 필요하다. 경쟁사와는 완전히 다른 전략을 실행하고, 핵심 역량을 키워야 한다. 구매 방식의 전면적 재조정이나 생산 프로세스의 개혁을 통한 '원가 혁신', 새로운 기술이나 디자인을 통한 '제품 혁신', 또 타깃 고객 군(群)을 재설정하고 이들의 나즈를 충족시켜 나아가는 '고객 혁신'을 고려 할 수 있다.

이를 위해서는 조직 전체가 변화와 창의성이라는 테마 아래 끊임없는 혁신을 추구해 나아갈 수 있는 분위기가 형성되어야 하며, 직원들에 대한 동기부여가 확실해야 한다.

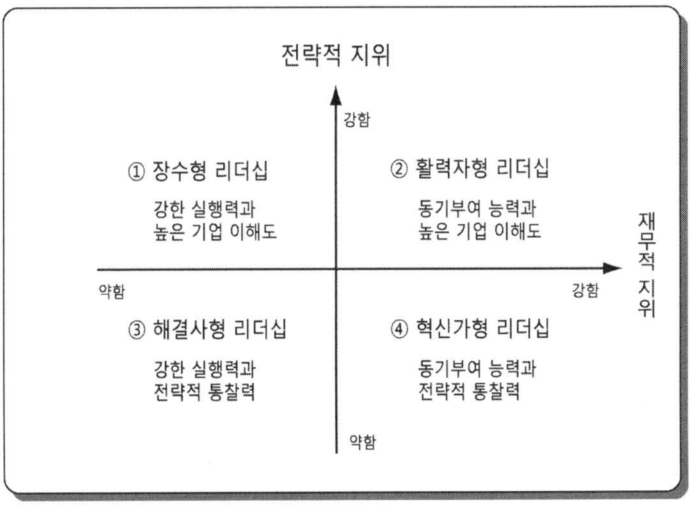

[기업상황에 맞는 리더십 유형과 필요한 덕목]

자료 : 조선일보, 2009년 4월 18일

6. 관광기업에서의 리더십

관광기업에서 주요한 리더십 관리의 특징은 조직구성원에 관련되어 있는 모든 수준과 그 구성단위를 활발하게 움직이게 할 수 있는 개입에서 이루어지는 빈번한 상호작용은 현실적이면서 스트레스를 적절하게 다룰 수 있는 리더십 스타일이다. 관광산업에서 리더십에 대한 연구는 그 양이 절대적으로 부족하다. 특히 호텔이나 외식산업의 조직에서 관리적인 리더십에 대한 필요성은 분명하였다. 그러나 불행하게도 이용가능한 연구자료로부터 나오는 일반적인 견해는 관광기업 관리자들은 권위형, 독재형에 속했고 관리와 리더십의 관계에서도 일방적인 시각은 권위형을 받아들이고 있었다.

관리자들은 때때로 부정적인 용어로 자신들이 그려지고 있다는 것을 목격하곤 하였다. 그러나 기존의 증거들이 분명하게 보여주고 있는 것은 독재적인 관리 스타일은 의사소통의 비공식성을 위태롭게 할 수 있다는 점이다. 궤리어(Guerrier)와 록우드(Lockwood)의 연구결과에서 밝혀진 것은 많은 호텔관리자들이 직원들의 역할을 육성하고 개발하려는 의도는 있으나 이러한 생각이 행동으로 전환된 것은 거의 없다는 사실이다. 동일한 연구에서 이들 연구자들은 직원들이 관리자들은 매우 비평적이고 통제적이고 권위적이라고 인식하고 있다는 사실을 발견하였다. 마찬가지로 워스폴드(Worsfold, 1989)는 관리자들과 인터뷰한 결과 관리자의 리더십 스타일에서 물론 채택하고 있지는 않지만, 참여적 리더십 스타일을 높게 인식하고 있다는 점을 발견하였다. 이러한 연구결과는 4개의 호텔그룹의 리더십 스타일과 관리스타일을 분석한 크로네이(Croney, 1988)에 영향을 받았다. 관광기업에서 흥미있는 연구 중에 하나는 네벨과 스턴스(Nebel & Stearns, 1977)에 의해 이루어진 연구인데, 그들은 피들러의 방법론적인 기법을 적용하여 관광기업의 종업원을 대상으로 연구를 진행한 연구이다. 네벨과 스턴스는 상황적응적인 측정을 통해 관광기업의 조직에서 가장 효과적인 리더십 관리스타일은 임무지향적인 스타일이라는 사실을 밝혔다. 그러나 관광기업의 연구에서 주목해야 할 것은 방법론적인 정밀성이 부족하고 연구자들은 시험자에게 미칠 결과에 대한 가능한 영향정도에 대한 토론을 하는데 문제가 있었다. 어쨌든 피들러 이론이 지니고 있는 잠재적 논리가 부족하더라도 리더십연구에 미치는 영향력이 심오해왔으며, 연구의 결과에 근거하는 개인의 판단은 이러한 연구의 적절성을 결정하는 만족할 만한 방법이라는 점을 반드시 지적해야 한다.

제5장

동기부여

관광조직행동에 관한 교과서는 동기부여에 관한 논의 없이 완성될 수 없으며, 여전히 동기부여에 관한 연구는 종종 무의미하게 보인다. 이것은 많은 이론에 대하여 기술하는 것보다 다른 이유 때문이며, 동기부여에 관한 논의는 거의 아무데로나 유도되는 것처럼 보인다. 개념으로서 동기부여에 관한 주된 어려운 점은 보통 그것이 단지 행위의 이상적 관점을 기술할 때 인간행동을 설명하는 것으로서 나타난다. 이것은 1950년대 이래 성장해 온 동기부여 이론의 다양성을 고찰함으로서 확인될 수 있다.

종래에는 관광기업목적달성을 위해 협동의욕의 환기가 가능하다고 보았으나, 오늘날의 관광기업에서는 기술혁신의 진전에 따라 기업규모가 거대화되고 복잡화됨에 따라 직무의 세분화와 전문화가 진전되어 작업의 단순화·단조화가 초래되었고, 이에 따라 조직구성원이 직무만족을 얻지 못하는 인간성 소외현상이 생기게 되었다.

그 결과 그들의 사기 내지 근로의욕이 저하되고 욕구불만이 쌓여 생산능률은 저하되고 그들의 협동의욕의 확보가 어렵게 됨에 따라 새로운 사고방식에 입각한 노동의욕 확보의 이론으로서 동기부여가 대두하게 되었다. 이론은 종래와는 달리 인간의 욕구에 소구하여 사람들이 특정의 역할 내지 기능을 수행하게끔 영향을 미치는 것을 동기부여로 보는 것이다. 이러한 의미에서 동기부여는 관리직능으로서의 중요성이 더욱 높아지게 되었다.

1. 동기부여 의의

동기부여(motivation)의 어원은 라틴어의 'movere'에서 유래된 용어로서 '움직인다'는 뜻을 갖고 있다. 동기부여의 용어를 심리학에서는 '동기유발'로 통용되고, 경영학에서는 '동기부여'라는 뜻으로 활용되고 있다. 그러나 동기부여라는 용어는 연구자의 목적에 따라 다양한 뜻으로 사용되어 왔다.

브룸(V. H. Vroom)은 동기부여를 자발적인 활동의 다양한 형태 중에서 사람이나 하위유기체에 의해 형성된 선택을 통제하는 절차로 보았고, 존스(M. R. Jones)는 동기부여란 행동이 어떻게 시작되고, 활력을 어떻게 얻어 유지되며, 또 방향을 정하여 중지 또는 진행될 때, 유기체 내에 어떤 유형의 반응이 나타나는가를 다루는 분야라고 하였으며, 아트킨슨(J. W. Atkinson)은 행동의 방향과 정력, 지속성 등에 직접 영향을 미치는 것이 동기부여라고 정의하고 있다.

한편, 캠벨(J. P. Campbell)과 프리차드(R. D. Pritchard)는 동기부여를 개인행동의 방향과 규모, 지속성과 적응성, 기술의 효과와 과업의 이해, 환경에서 작용하는 제약조건 등을 설명하는 여러 가지 독립변수와 종속변수의 조합이라고 정의하고 있다. 이러한 정의는 연구자의 목적과 견해에 따라 다양한 뜻을 밝히고 있다. 그러나 동기부여의 정의는 일반적인 심리학자와 경영학자들이 보는 관점에 유의할 필요가 있다.

심리학자들은 동기부여를 인간의 행동을 개발하고, 그 개발된 행동을 유지하며, 더 나아가서 이를 일정한 방향으로 유도해 가는 과정의 총칭으로 파악하고 있다. 그리고 조직학자들은 관리적 차원에서 동기부여는 조직목표를 달성할 수 있도록 개인이나 집단행동에 영향력을 행사하려는 관리자의 의도적인 시도로 정의·이해하고 있다(유기현, 2003 : 108).

동기부여가 어떤 과정을 거쳐서 이루어지게 되는가를 알기 위해서, 욕구(needs)와 목표(goals)라는 변수를 중심으로 보면 동기부여 과정은 [그림 5-1]과 같이 순환과정으로 파악할 수 있다. 욕구란 어떤 시점에서 개인이 경험하는 결핍(deficiency)으로서, 행동의 활성화 장치 내지 촉진제의 역할을 한다. 그리고 개인이 추구하는 목표나 성과는 동기부여가 목표지향적이라는 의미에서 개인을 이끄는 동인이라고 볼 수 있다.

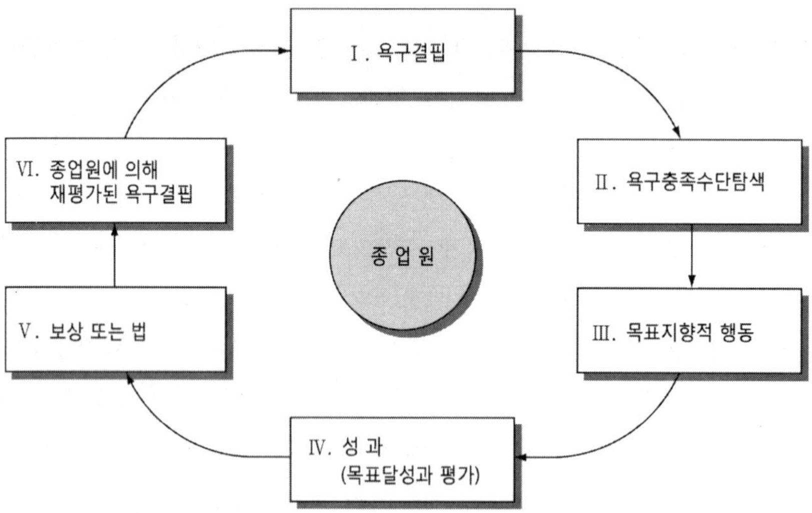

자료 : J. L. Gibson J. M. Ivancevich, and J. H. Donnely, Jr., Organizations : Behavior, Structure, Processes, 2nd ed.(Dallas, Texas : Business Publications, 1982), p. 80.

[그림 5-1] 동기부여의 기본과정

[그림 5－1]에서 볼 수 있는 것과 같이 개인은 욕구가 결핍되면 긴장을 감소시킬 수 있는 방안을 모색하게 되고, 그 결과 하나의 행동안이 선택되어 목표지향적 행동을 한다. 그 다음 일정한 시간이 지나 성과를 평가하고 이것을 바탕으로 보상과 벌이 주어진다. 이들은 다시 개인들에 의해서 저울질되어 욕구결핍을 재평가하게 되어 순환과정을 반복하게 된다.

그러나 조직에서 동기부여 과정을 보다 이해하기 위해서는 앞의 변수과정에 다른 여러 변수들을 추가하여 설명하여야 한다. 그러한 변수들로서는 노력과 능력, 직무설계, 관리의 폭, 리더십 스타일 등과 같은 조직변수(organizational variable), 만족(satisfaction)을 들 수 있다. 이러한 변수들을 사용한 동기부여의 순환과정은 [그림 5－2]와 같은 과정으로 파악할 수 있다(박운성, 1999 : 137~138).

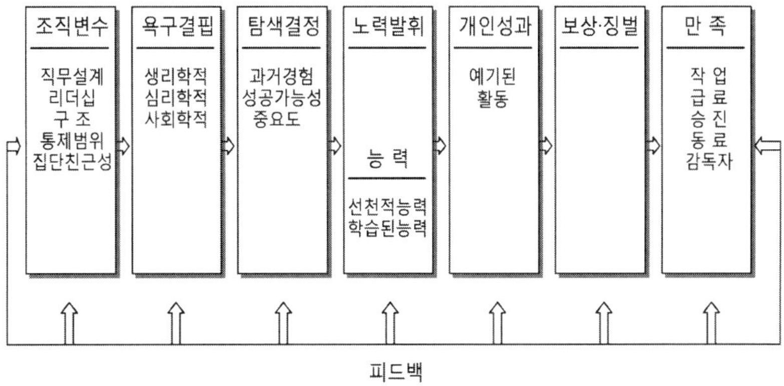

자료 : J. L. Gibson J. M. Ivancevich, and J. H. Donnely, Jr., Organizations : Behavior, Structure, Processes, 4th ed.(Plano, Texas : Business Pubications, Inc., 1982), p. 81. 1963, p. 64.

[그림 5-2] 동기부여 과정의 종합모델

앞에서도 논의가 되었지만 우리는 '소를 개울가로 끌고 갈 수는 있어도 물을 먹이게 할 수는 없다'는 속담을 잘 알고 있다. 소의 코뚜레를 잡고 강제로 개울가로 데리고 갈 수는 있다. 그러나 물을 먹는 것은 소의 자율적인 의지이다. 이미 배가 부른 소는 더 이상 아무 것도 먹으려 하지 않는다. 우리 인간의 경우는 더욱더 자신이 하고자 하는 의욕 없이는 어떤 일도 할 수 없다. 이렇듯 동기가 있고 없다는 것은 인간의 행동을 설명하는 매우 중요한 요소라고 하겠다. 보다 구체적으로 동기부여는 다음과 같은 측면에서 그 중요성을 살펴볼 수 있다.

첫째, 개인의 동기부여는 새로운 환경에 대한 적응을 촉진한다. 즉 동기부여된 개인만이 새로운 상황에 적응할 수 있다. 인간이 동, 식물과 다른 가장 큰 특징 중의 하나로 변화하는 환경에 보다 적절히 대응하는 능력을 지녔다는 것이다. 그런데 이러한 인간의 적응 능력은 기본적으로 동기부여가 그 바탕이 된다. 동기부여 되지 않으면, 인간은 환경에 대한 적응이 힘들어진다. 동기가 상실된, 다시 말해 무기력증을 느끼는 개인은 도전적인 상황에 직면하면 노력을 통해 그 상황에 적응하기보다는 시도해 보지도 않고 미리 포기하는 경향이 있다. 강압적으로 지시만 받아온 사람은 상황이 바뀌면 과거와는 다른 새로운 구성원의 동기부여 방법을 고안하는 노력을 전개하여야 한다.

둘째, 개인 동기 강도를 알면 어떤 행동을 하게 될 지를 예측할 수 있다. 인간은 동기 강도에 따라 행동의 우선순위를 결정한다. 대학생은 좋은 성적을 얻는 것, 친구와 우정을 유지하는 것, 건강을 유지하는 것, 미래를 설계하는 것, 세계의 뉴스 따라잡기 등 다양한 행동을 한다. 이 중 어느 행동에 초점을 맞출 것인가를 결정하는 것이 '동기'이다.

〈표 5-1〉 '동기'의 강도를 통해 학생의 행동에 미치는 영향

환경 / 사건	동 기	행 동	긴급성
책	흥 미	책읽기	*
콜라	갈 증	음료 마시기	*
친숙한 목소리	친 애	친구와 대화하기	* * *
두 통	통증회피	아스피린 복용	* * * * *
수면부족	휴 식	낮잠 자기	*
경 쟁	성 취	기술 훈련	* *

주 : 긴급성 열에 있는 * 의 개수는 동기의 강도를 의미한다. 다섯 개가 가장 높은 강도임.

우리는 <표 5-1>에서와 같이 여러 가지 이유(동기)로 행동한다. 그러나 그 행동의 긴급성은 서로 다르다. 예컨대, <표 5-1>에서처럼 두통으로 인한 통증을 피하기 위해 아스피린을 복용하는 것은 매우 시급하고 중요하다. 그러나 휴식과 갈증은 특정 시간에서는 그다지 중요하지 못하다. 이에 따라 학생의 행동은 아스피린 복용이라는 특정 행동을 우선적으로 하게 된다.

셋째, 동기부여를 통해 조직과 개인의 만족을 동시에 충족시킬 수 있다. 예를 들어, 구성원의 욕구에 맞는 적정 수준의 도전감을 주고, 다양성이 있으며, 동료들과 친교를 쌓을 수 있는 직무를 설계함으로써 구성원의 만족과 이에 따른 조직의 생산성을 동시에 달성할 수 있을 것이다. 심리학은 물론, 교육학, 의료, 스포츠 등 다양한 분야에서 동기부여를 학문적으로 연구하고 있다. 이들 학문에서는 개인의 동기부여를 통한 만족에 초점을 두는데 비해, 조직행동론에서는 개인의 만족을 통한 생산성 향상을 도모한다.

2. 동기부여의 유형

원래 인간이 갖고 있는 동기부여는 다음과 같이 다양하면서도 복잡한 성격을 갖고 있다(Hilgard, 1967 : 141~142).

① 인간 동기부여의 표현은 문화권의 상이에 따라서 다르며, 같은 문화권 내에서도 개인의 퍼스낼리티(personality)에 따라서 역시 달라진다.
② 유사한 동기부여도 경우에 따라서는 전혀 상이한 행동을 통해서 표현될 수 있다.
③ 동일하지 않은 동기부여도 유사한 행동을 통해서 표현될 수 있다.
④ 동기부여는 위장된 형태로 나타나는 경우도 있다.
⑤ 어떤 단순한 행위가 여러 가지의 복합적인 인간 동기부여를 내포하는 경우도 있다.

이와 같이 인간의 유동적이고 다양한 동기를 일정한 유형에 따라 분류한다는 것은 종업원의 효율적인 관리를 위해서 필요하기 때문에 여러 가지 인간 동기부여 유형 중에서 중요한 몇 가지 유형의 특성에 대해서 고찰해 보고자 한다(박운성, 1999 : 141~144).

1) 기본적 동기부여

기본적 동기부여란 학습을 통해서 얻어지는 것이 아니고 거의 본능을 통하여 얻어지는 기본적인 것으로서 신체적 욕구를 충족시키려는 동기부여를 말한다. 보통 생리적·생물적 동기가 이에 해당한다. 여기에는 갈증·불면·고통·성 및 모성적인 관심의 동기부여 등이 포함된다.

베렐슨(B. Berelson)과 스타이너(G. A. Steiner)는 기본적 동기부여를 다음과 같이 세분하고 있다.

(1) 적극적인 공급의 동기부여

체내의 항상성(homeostasis) 결핍에서 직접적으로 초래되는 공복, 갈증, 불복 등을 해결하기 위한 동기부여가 이에 속한다.

캐논(W. B. Cannon)은 환경의 변화에 따라서 생체 그 자체도 변화하여 항상 내부환경의 평형상태를 보전하려고 하는 경향을 항상성이라고 하였다. 항상성은 생체의 복잡한 자동조절기구를 뜻하는 것으로서 평형상태는 예컨대, 체온조절의 항상성과정에서 쉽게 알 수 있다. 즉 외부상태인 온도나 기온은 변화해도 내분비선이 생리적인 기능의 평형을 유지하는 조정기구의 역할을 하게 되므로 체온은 동일하게 보전된다. 일반적으로는 보다 광의로 해석하여 욕구에 의해서 유발되는 인간의 행동도 심리적인 항상성을 추구하는 것으로 생각되고 있다.

(2) 부정적 또는 회피적인 동기부여

이는 신체적으로 유해하거나, 또는 잠재적으로 해가 되는 불건전한 외적 자극으로부터 회피하려는 동기부여로서, 고통의 동기부여 등을 들 수 있다.

(3) 종족보존의 동기부여

이것은 결혼을 하여 아이를 낳고 양육하는 과정에서 가족제도를 형성하려는 동기로서 성과 모성애의 동기부여가 이에 속한다.

2) 일반적 동기부여

심리학자들 사이에 이어 정설로 받아들여지고 있는 것은 아니지만 인간동기부여, 특히 조직의 연구에는 매우 유용하다. 이의 예로서는 적응능력 · 호기심 · 조종 · 활동 · 애정의 동기부여 등이 있다.

(1) 적응능력 동기부여

화이트(R. W. White)는 모든 유기체나 동물 및 인간은 그를 둘러싸고 있는 환경과 상호작용을 할 능력이 있다는 관점에 주시하여 이같은 평범한 능력(competence)을 적응이라고 규정하고, 이 적응 동기부여를 중심으로 동기부여 이론을 설명하려고 노력하였다. 여기서 인간중심의 문제에 관해서 인간은 자신이 처해 있는 환경에 대해서 통제하려고 노력하며 동시에 능력을 발휘하려고 한다는 점을 강조하고 있다.

특히 화이트(White)는 적응능력 개발의 적기는 6세와 9세 사이라고 주장하고 있다. 이 때 성공한 경험을 많이 가진 어린이는 자라서도 환경에 적응을 잘하고, 실패한 경험이 많은 어린이는 자라서도 환경에 적응을 잘하지 못하여 소극적이고 부정적이 되는 경우가 많다.

(2) 호기심 · 조종 · 활동의 동기부여

인간의 존엄성을 인정하는 의미에서 인간문제를 원숭이를 대상으로 한 실험 결과에서 도출해 낸 결론이지만, 일반적으로 인간에게 보편화시킬 수 있다고 심리학자가 믿고 있는 동기가 바로 이러한 유형의 동기부여이다. 그리고 실험 결과 인간이 가진 호기심(curiosity), 조종(manipulation), 활동(activity) 등의 동기부여는 여러 유형의 동기부여 중에서도 가장 강렬하다는 것이 판명되었다. 만일 이와 같은 동기부여가 금지되거나 억제된다면 전 사회는 침체를 면치 못할 것이며, 집단 내에서 종업원들이 자신의 호기심 · 조종 · 활동 등의 동기부여를 표현할 수 없는 경우에 궁극적으로 오늘날과 같은 동태적인 환경 속에서 조직은 진통을 면하지 못할 것이다.

(3) 애정의 동기부여

애정의 동기는 시대적인 조류에 따라 중요성이 점차 증대되고 있다. 특히 애정은 세계를 움직이게 한다든가, 사랑은 모든 것을 극복한다는 격언이 표시하듯이 애정의 동기부여는 인간행동연구의 중요한 부분이 되고 있다.

3) 부차적 동기부여

부차적 동기부여는 기본적 동기 내지 일반적 동기부여보다는 복잡한 현대사회구조 속에서 인간행동의 연구를 하는데 매우 중요한 동기부여요인으로 인식되고 있다. 부차적 동기부여의 내용은 보통 다섯 가지로 나누어 볼 수 있다. 즉 권력동기부여, 성취동기부여, 친교동기부여, 안전동기부여, 지위동기부여 등이 이에 해당되는 것이다.

⑴ 권력동기부여

프로이드(S. Freud)가 과거와 성적 동기부여를 강조한데 반해서 아들러(A. Adler)는 과거를 미래로 대체시키고 인간의 우월과 권력에 대한 강력한 동기부여를 강조한 바 있다. 아들러는 권력동기부여를 설명하기 위해서 타인을 다루려는 동기부여와 타인에 대한 우월성의 동기부여를 내세웠다. 그에 의하면, 권력동기부여란 타인에 대해서 영향력을 행사하려고 하는 욕구이다.

⑵ 성취동기부여

인간의 행동에 중요한 영향을 미치는 성취동기가 경제발전과 사회발전을 이룩하는데 있어서 척도가 된다는 의미에서 하버드대학의 맥크리런드(S. C. McClelland)는 이 동기부여를 들고 있다. 그에 의하면, 일반적으로 높은 성취동기부여를 가진 사람들은 적절한 모험을 즐기고, 즉각적인 피드백(feed back)을 강구할 줄 알며, 직무목표를 바람직하게 성취하며, 동시에 과업에 전념하여 선택된 목표가 실현될 때까지 총체적인 노력을 바치면서 중지하지 않는다고 한다.

이와 같이 높은 성취동기부여는 조직에 높은 성과목표설정을 위해서 필요하므로 순성취를 길러 주기 위한 여러 가지 방안이 고려되어야 한다.

⑶ 친교동기부여

인간은 사회적 동물(social creature)인 이상 인간사회에서 고립되면 소외감을 느끼거나 이방인으로 생각하게 되어서 성장 후의 사회생활에 많은 문제를 유발하게 되므로 친교동기부여는 유아시절부터 길러야 한다. 따라서 친교동기부여는 사회적 접촉을 촉진시키는 동기로서의 역할을 다해야 하며, 사회적 동기 또는 집단역학(group dynamics)이라고 불리기도 한다. 샤크터(S. Schachter)는 인간의 근심 혹은 두려움과 친교 간의 상관관계에 대한 고찰에서 인간이 어떤 위험한 상황에 처할 때에는 누구나 집단화를 추구하는 경향이 있다는 것을 밝히고 있다.

(4) 안전동기부여

인간은 생활을 해 나가는 데 있어서 어떤 우발적인 사고로부터 자신을 보호하려는 학습된 안전욕구를 가지는데, 이러한 안전에 대한 욕구는 현대 사회와 같이 과학기술의 속도가 가속화된 경우에는 필수적인 것이라 할 수 있다.

(5) 지 위

현대화 같이 다이내믹한 사회에서는 지위와 위신에 대한 동기부여가 매우 중요하다. 현대인은 지위에 대한 과도한 추종으로 가치관을 정립한 인간이라기보다 오히려 지위의 심볼을 추구하는 형식인이 되는 경향이 있다. 따라서 지위동기부여는 인간으로서의 가치관을 정립하는 것을 전제로 하는 동기부여 요소가 더욱 개발되어야 하고 또 연구과제로 남아있다고 하겠다.

4) 동기부여의 증진방안

앞에서도 논의하였지만, 동기가 있고 없는 것은 인간의 행동을 좌우한다고 볼 수 있으며, 관광기업의 성공을 가늠할 수 있는 지름길이라 하여도 과언이 아니다.

그렇다면 동기를 증진할 수 있는 방안은 없는 것인가에 대하여 많은 사람들이 연구한 내용을 정리한 것을 다음과 같이 엿볼 수가 있겠다(김윤태, 2009 : 372~374).

(1) 개인 스스로 동기유발

동기부여론에서 무엇보다 중요한 것은 조직구성원 각자 스스로 동기부여하는 과정이 중요하다. 이를 위해서 적극적 업무자세의 함양이나 명확한 자기경력의 구상이 필요하다.

(2) 직무재설계방식의 도입

직무재설계방식의 도입방안을 주고 내재적 요인을 증진시키기 위한 방안이다. 직무가 구성원의 내재적 욕구와 일치하고 과업이 더욱 도전감을 줄 수 있도록 직무 자체를 재설계함으로써 동기부여를 하는 방안인데, 먼저 직무충실화를 실행하는 것이 있다. 직무충실화는 개인이 업무수행에 있어서 자신의 성과를 계획, 지시, 통제할 수 있는 자율과 책임을 느끼고 성장에 대한 기회나 의미있는 업무경험과 같은 동기요인을 제공받도록 일의 내용을 재편성하는 것이다. 실행하는 데에는 개인차를 고려하여야 한다. 탄력적 근무시간제를 운영하는 것 또한 유용하다. 요즘 지식노동이 중심이 되어가면서 탄력적 근무시간제 도입의 필요성이 대두되었는데, 구성원들의 욕구변화와 업무의 성격변화에 맞추어 근무시간을 자유롭게 선택할 수 있도록 하는 방안이다. 이는 출퇴근시간을 신축적으로 설정하여 구성원들에게 임파워먼트의 느낌을 부여하고 조직이 개인에 대해 신뢰하고 있다는 강한 느낌을 제공한다.

(3) 성과－보상의 합치 프로그램

이 방안은 조직의 목표달성에 공헌한 만큼의 대가가 주어지는 프로그램이다.

첫째, 보상이 경영활동의 성과를 유도하고 종업원들로 하여금 근로의욕을 가지도록 하기 위해서는 성과와 보상의 결속관계가 강하게 확립되어야 한다. 성과와 보상 간의 결속관계를 강화할 수 있는 보상관리의 원칙으로는 중요성 원칙, 양의 융통성 원칙, 수시성의 원칙, 가시성의 원칙, 낮은 비용의 원칙이 있다.

둘째, 형평성을 재고할 수 있는 임금구조를 개발해야 한다. 우선 어떤 임금구조를 설계할 것인가를 결정하고 임금구조를 설계하는 과정이 구성원들에게 공정하게 받아들여질 수 있도록 해야 한다. 임금구조가 공정하게 설계되면 구성원들의 자기계발 노력을 촉진할 수 있으며, 경력개발을 지원할 수 있다. 임금구조가 개인이 미래의 경력과정에서 어떤 보상을 받게 될 것인가를 의미하므로 개인은 자신의 위치와 미래의 위치를 예측할 수 있다.

셋째, 공정한 임금구조를 갖춘 기본급 이외에 부분적으로 개인의 성과에 따라 임금을 지급하도록 해야 한다. 여기에는 메리트 임금제도와 인센티브 시스템이 있다. 메리트 임금제도는 다른 사람들의 주관적인 평가를 근거로 하여 개인의 성과에 대해 보상하는 성과보상 합치 프로그램이다. 비가시적인 성과를 눈에 보이게 해주는 역할을 하는 큰 특징을 가지고는 있지만 성과측정이 쉽지 않고 주관적인 성격을 가지고 있다. 그러나 이 제도를 도입함으로써 구성원이 성과와 보상 사이의 강한 연계를 경험하게 되어 개인성과가 더욱 높아지는 경향이 있다. 인센티브 시스템은 객관적인 성과지표를 근거로 하여 개인의 성과에 따라 보상이 정해지도록 하는 성과보상의 합치 프로그램이다. 위의 메리트 임금제도와 다른 점은 어느 정도의 성과를 산출해내면 그에 따라 얼마만큼의 보상이 따르는지를 명문화시켰다는 데 있다.

(4) 개인 임파워먼트의 실행

개인 임파워먼트 실행과정은 '개인의 무력감을 유발하는 요소 파악→무력감을 유발하는 요소들을 제거하는 임파워먼트방안 수행→과업수행의 자신감을 향상시킬 수 있는 방안수행→자신감 갖게 됨을 지각→더 높은 성과목표를 세우고 이를 위한 노력'의 과정을 거친다. 개인 임파워먼트를 촉진하기 위한 방안으로는 스트레스를 관리하고 역량에 기초한 임금 시스템을 도입하거나 의미있는 사회적 보상의 개발이 필요하다.

5) 동기부여 관리제도의 개선

(1) 공정한 인사정책의 실시

기업은 인적자원관리의 기본원칙을 확립하여 공정한 인사정책을 실시하여야 한다. 그러기 위해서는 인사제도의 원리가 취지가 일관되게 적용되어야 한다. 절대적 기준이 아닌 상대적 기분에 비추어 본 분배적 정의개념에 기초해야 한다. 또한 주관이나 우연이 아닌 논리적인 필연이나 근거에 따라 인사관리를 진행해야 할 것이다.

(2) 내부노동시장의 개발

내부노동시장의 개발은 구성원들을 동기부여시킬 뿐만 아니라 근로자의 성장, 발전과 기업의 성장, 발전을 동시에 추구하는 방안이다. 조직 내 양질의 인적 자원을 확보하기 위한 조직의 대표적인 활동으로 요즘에 기업경쟁력이 기업의 내부자원에 기반을 두고 있다는 관점에 입각한다.

(3) 승진 및 직무순환제도의 개선

승진은 구성원에게 더 많은 힘을 부여하고 다른 능력발휘의 기회를 제공한다는 점에서, 직무순환은 다양한 업무경험을 통해 실력을 배양할 수 있는 기회를 제공한다는 점에서 중요한 동기부여방안이다. 그러므로 공정하고 신축적으로 이루어져야 한다. 다양한 승진경로의 개발과 직무순환, 승진경로의 연계 등이 필요하다.

(4) 생애복지 프로그램의 설계

생애단계를 고려한 종합복지 프로그램을 설계함으로써 조직구성원들에게 안정감을 부여할 수 있다. 최근 기업들이 택하고 있는 대표적인 복지 프로그램에는 개인 욕구차나 연령에 따른 생활 스타일에 따라 선택이 가능하도록 한 카페테리아방식의 복지제도와 인간적, 감정적 접근이 가능한 복지제도를 운영하고 있다.

3. 관광기업 종업원에 대한 동기부여

관광기업에 적용되는 동기이론에 관한 연구들이 거의 없다. 리더십 연구와 함께 동기화된 근로자에 대한 필요성이 일부 선도기업에서 제기되어 왔으나, 실제로 좋은 동기전략에 대한 접근은 거의 없었다. 냉소적인 관점에서 보면, 선도기업들이 동기이론의 이론적 기반이 취약하다면 왜 동기이론에 관심을 가져야 하는지 그 이유는 정확하지 않다. 그러나 관광산업에서 많은 흥미로운 관찰들이 있을 수 있으며, 이 관점에서는 그 산업의 상식을 고려하는 것이 가장 좋다.

이러한 상식은 외국의 예로 숙식제공과 함께 팁은 중요한 동기요인이라는 것을 보여주고 있다. 팁을 받는 것에서 알아야 할 것은 관광산업의 근로자의 일정부분만이 팁을 받는 자리에 있다는 것이다. 브라운과 윈야드(Brown & Winyard, 1975, p. 12)에 따르면 팁을 받는 것은 근로자의 입장에서 호텔이나 외식산업에서 가장 알려지지 않은 한 가지는 근로자의 입장으로부터 나오는데, 가장 좋지 않은 것은 그것과 관련된 타락이다. 드로필드와 소토(Dronfield & Soto, 1980)는 단지 호텔과 외식 관련직장에서 약 50%만이 팁을 받는 자리에 있으며, 그러므로 팁은 일반적인 동기요인으로 간주되어질 수 없다.

그러나 많은 근로자와 부서장들은 팁을 받는 것은 근로자가 높은 서비스 수준을 유지하게 하는 동기요인이 될 수 있다고 주장한다. 그러나 네일런(Nailon)은 이러한 관점을 배격하고 있다. 그는 팁은 일반적으로 유인책이 아니라고 제안하고 있다. 왜냐하면, 고객에게 서비스를 제공하는 근로자의 노력은 균형잡힌 보상과 일치하지 않을 수 있기 때문이다. 기대이론의 맥락에서 성공적인 산출물에의 관계된 직무수행과 노력은 낮은 확률관계에 있다.

관광조직에서 동기와 관련된 흥미있는 연구분야 중 하나는 금전적 안정이다. 영국에서 봉급은 오랫동안 임금위원회에 의하여 규제되었다. 이 위원회에는 법적으로 최적 임금제를 유지한다. 이 체계의 장점은 보호장치로서의 역할 외에도 매년 수정되어지는 임금에 대하여 하나의 지표로서 역할을 한다. 피고용인들이 받는 실제액수는 임금위원회에 의하여 규정된 최소금액을 크게 초과하지 않는다. 1986년도에 정부는 모든 종류의 직업에 대하여 한 가지 일률적인 최저 임금을 규정하는 임금차별화를 만들었다.

타산업에 비하여 낮은 급여는 고용자들에 의하여 근로자들의 수입이 여러 종류의 수입, 예를 들면, 숙식제공, 팁, 금전적 부정행위 등을 포함한다는 것에 의하여 합리화된다. 만일 이러한 관측들이 균형이론의 맥락에서 고려되어진다면 수많은 낮은 직급의 직업을 가진 하나의 부문으로 부상하는 산업의 모습은 상대적으로 급여 또는 내용에 있어서 양자 중의 하나로 비차별화 되어졌다. 그러므로 많은 근로자들이 그들 스스로가 낮은 급여를 받는다고 생각하고, 그리고 이것이 높은 이직률로 반영된다는 것은 그리 놀라운 일이 아니다. 높은 이직률은 근로자들의 보상의 증가를 확보하기 위하여 하는 행위이다.

이러한 관점에서 관광기업에 있어서 많은 조직들이 차별화된 시스템을 운영한다는 것은 반대되어질 수 있다. 그러나 직무분석에서 실제적인 큰 증가는 최소한 일선계층을 거의 기초로 하지 않는다. 오히려 보상기법 대신에 훈련 또는 정직기간 동안 새로운 근로자의 임금을 압박하도록 고안되어지거나 작은 경력조정이 반영된다. 더욱이 관광기업에서의 몇몇 부문에서는 동기보상에 대한 것이 불분명하고 근로자와 부서장 사이에 개인적인 협상을 통하여 이루어진다. 일명 개인계약이다. 여기에서 어떤 특수한 기술을 소유한 근로자는 부서장이나 고용주에게 가치있는 근로자들은 보통 비금전적인 보상이 주어진다. 이러한 개인적인 계약의 본질은 비밀로 이루어지고 많은 관광산업의 조직에서 이루어지며 이러한 비밀은 오랫동안 유지되기 힘들다.

유사하게, 사례에 대한 동기력은 낮은 기본급여의 관점에 의하여 고려되어야 할 필요가 있다. 그러한 맥락에서 팁의 보장은 부정적인 동기력으로 간주되어질 수 있다. 왜냐하면, 팁은 낮은 급여에 대한 반대급부로서 반드시 받아야 하는 의미를 나타낼 수 있기 때문이다. 네일런(Nailon, 1978)은 팁을 받는 것이 인센티브의 일반적인 형태로서 간주되어질 수 없다고 언급하고 있다.

저임금전략과 노동력에 있어서 큰 불안정성으로 특징지워지는 호텔이나 외식업체 같은 산업에서 동기전략은 시행하기 어렵다는 것은 한편으로는 타당해 보인다. 동기에 관한 내용이론은 관광조직에서 다소간 적용될 수 있다. 그러나 환경적 그리고 맥락적 요인들은 관광부문에서 동기와의 관련성을 평가하는데 있어서 반드시 고려되어야 한다.

많은 사람들은 다른 사람들과 일하고자 하는 관광기업에 입문하려는 합리적 이유를 부여하고 있으나, 이것은 그 자체로 충분한 만족요인은 아니다. 그러한 사람들에게 호텔과 외식업체 고용은 단지 선택적인 것이며, 다른 만족요인은 색출되어야만 한다. 개화된 상당수의 피고용인(최근 연쇄조직에서 점증하고 있는 대다수)은 제외하고 지도력과 동기전략이 모든 차원에서 보다 좋은 상품을 배출하고 적정하게 직무자에 대한 보상을 유도하도록 설계되었고, 값싼 노동력의 대체망이 관광서비스에서 이용되고 있는 한 경영전략에서 어떤 중요성을 달성하는 동기의 가망은 거의 없는 것으로 보인다. 더욱이 우연이론이 신뢰할 수 있다면, 긍정적인 동기환경에 본질적 요소는 직무에서 환경적 만족요인과 내재적 만족요인, 그리고 그 직무에 대한 보상 간의 균형이다. 환언하면, 재정적인 조건 속에서 가장 일반적인 경우로 궁핍하게 보상받는 사람을 동기화하는 것은 어려운 것이다. 이것은 만약 노력 보상관계가 직무자 간에 유형의 잠재력을 준다면, 사회적 변수와 더불어 제기되어야만 하는 하나의 결과이다.

4. 금전적 요인에 관한 결언

관광기업체에서의 금전적 동기에 대하여 위버(Weaver, 1988)가 직설적으로 말하고 있는데, 그가 동기이론과 연관된 대부분의 가식을 떨쳐버렸다는 것만으로도 그의 연구를 살펴볼 필요가 있다. 위버의 연구가 가진 강점은 통상적인 동기전략으로부터 미미한 편익밖에 얻지 못하여 그런 전략에 큰 의미를 두지 않는 시간급 노동자들을 다루고 있다는 점이다. 시간급 노동자들은 직무에 대한 애착이 작다. 이는 이 업계에서 이직률이 높은 한 원인이며, 회사에 대한 충성도나 승진을 동기전략으로 이용한 사례가 적은 것에 대한 설명의 수단이 되기도 한다. 위버의 주장을 간단히 말하자면 매슬로우(Maslow)의 욕구단계설이나 허즈버그(Herzberg)의 동기위생이론, 맥그리거(McGregor)의 X・Y이론과 같이 자기계발, 개인적 도전과 성장, 내적 만족과 같이 직접적 연관성이 없는 모든 통상적인 동기이론들은 시간급 노동자들에게 적용되기에는 한계가 있을 수밖에 없다는 것이다. 위버(1988. p. 42)는 다음과 같이 말한다.

호텔종사자는 대부분의 기업근로자에 비하여 냉소적이다. 이는 그들이 근무하는 환경에서 타인들이 집을 떠난 장소에서 어떻게 행동하는지를 보고 있기 때문일 것이다. 기업 내 시간급 고용인들은 자신들의 이익이 무엇인지를 잘 알고 있으며, 자신들이 탁상공론에 지나지 않는 것이라고 느끼는 프로그램들에 의해서 쉽게 동기화되지 않는다.

시간급 노동자의 동기에 대하여 정곡을 찌르는 이와 같은 관점은 대부분의 종사자들이 이 부류에 속하는 영국의 관광산업에 잘 적용된다. 위버가 하려고 한 말이 아닐 수도 있겠지만, 일단 그의 말은 동기이론의 허구성을 파헤쳐 보자는 듯이 근본에 대하여 따지고 있다. 위버가 논증하려고 하는 것은 M이론이다.

M이론은 동기는 평균생산성보다 높은 임금의 지급을 통하여 성취되어야 한다는 전제에 기초하고 있다. 생산성 수준에 도달한 노동자는 위버의 방식으로 보면 그들이 성취한 생산성에 의해 창출된 영업과 저축 증가분의 정도에 따라 보상받을 것이다. 이는 성과 근거를 주어진 시간에 담당자들이 수행한 평균성과로 측정할 필요가 있음을 의미한다. 위버가 자신의 전략이 가장 적용되기 쉬운 부문이라고 생각한 식음료 부문에서는, 노동자의 급료는 이러한 근거에 기초하여 first value의 영업에 대한 비율이 될 것이다. 보다 높은 급료를 위한 추가적인 척도는 이에 근거하여 세워질 것이다.

식음료부에서는 이러한 접근방법을 통하여 영업실적을 높이려고 고용인들이 동기화되고, 따라서 상품부문에 보다 익숙해지는 한편 보다 나은 서비스를 고객에게 제공하려는 추가적인 이점을 얻을 수 있다. 노동이직률은 노력과 보상의 명확한 관계가 설정됨으로써 강조될 수 있다. 호텔의 여타 부서에서도 그러한 방식으로 협력을 얻어낼 수 있다.

위버의 견해가 너무 단순하다는 것에 대하여 논의하는 것은 의심할 여지가 없으며, 관찰자들이 그들 자신에 대한 확증에 심사숙고할 필요가 있다. 위버와 같은 견해의 호소력은 그들이 내용/과정의 다양성에 대한 종종 둔하고 궁극적 미결이론에 반대되는 것으로 아주 단순한 논리를 가지고 있다는 것이다. 관광산업에 대한 허즈버그의 동기위생이론을 적용하는 흥미로운 시도는 취트리스(Chitiris, 1988)에 의하여 보고되었다. 취트리스는 그릭(Greek)호텔산업의 맥락에서 허즈버그의 이론의 일반화를 검증하기 위하여 제시하였는데, 그곳에서 고용은 최근 리조트와 이직률이 높은 곳으로서 직무자에 의하여 선망이 되는 것이다. 약 287명의 피고용인은 질문지 면접을 받고 직업만족수준과 특정 직업요인의 중요성에 대하여 질문을 받았다. 질문지에 포함된 것은 다음 동기요인과 위생요인이다.

① 동기요인

- 성과급
- 승진
- 발의권
- 직무내용
- 개인개발 기회
- 포상

② 위생요인 · 봉급

- 초과수당 여비
- 물리적 직무수요
- 물리적 작업조건
- 관리체계
- 작업안전성
- 지도력 유형

취트리스는 호텔산업에서의 직무자들은 동기요인보다 위생요인에 보다 흥미를 가지고 있다는 것을 발견하였으며, 기본적 기대(위생요인)가 동기적 도구의 정도에 부합되지 않은 급이 낮은 직종의 관점에 대한 지지를 빌려주는 것은 피고용인의 직무수행을 증진시키는 데 큰 영향을 줄 수 있다고 하고 있다.

결국 이것은 다른 어떤 것이 다른 사람을 동기화한다는 것을 명심해야 하는 동기이론 주의자들이 평가하는 데서 매우 가치 있는 것이나 모든 사람들은 보통 궁극적으로 재정적 보상으로 인하여 일한다.

제6장

노사관계관리

human resources management for the tourism sector

개인은 그들의 사회적 환경과 수많은 요인들에 의해 결정되는 '삶의 기회'에 의해 형성된다.

이런 요인들 중 몇몇은 변하지 않는데, 즉 성(性)과 민족성 등이 삶의 기회를 제한하는데 영향을 줄 수 있다. 예를 들어, 노동시장의 특성과 같은 구조적 요인은 개인에게 다양한 고용기회의 영향을 미친다.

관광기업은 젊은 노동자, 여성노동자들에게 상당히 의존하고 있다. 그리고 그들 중 많은 이들은 파트타임으로 일하기 때문에 직업적 보장이란 없다. 조직 구성원은 비숙련 직종으로 제한함에 따른 결과 조직의 재능상실로 나타난다. 예를 들면, 추가되는 높은 보수가 바로 그런 것이다.

우리사회에서 사람들이 한 개인으로서 다루어지길 바라는 한 개인에 대한 개념은 철학적 논의의 대상이며, 조직에 있어서 기본적인 행정단위는 단체가 될 것이다.

그러나 여기에서 다루려고 하는 노사관계는 노동자인 종업원과 사용자인 기업주 또는 경영자와의 관계를 주요내용으로 하므로 실제로는 노동조합과 기업 그리고 이에 영향을 미치는 정부와 관련된 모든 문제를 대상으로 하며, 노사협조 내지는 산업평화를 목적으로 하게된다.

이 때 중요한 것은 노동자의 자주적 단체인 노동조합의 법적 지위가 확립되어야 하는 것이지만, 자주적 노동조합은 어디까지나 자본주의적· 민주적· 사회적· 경제적인 문제를 대상으로 하는 것이 아니고, 관광기업경영을 매개로 하여 성립되는 노사간의 관계, 즉 경영노사관계를 다루는 것이다.

1. 노사관계의 의의

노사관계는 노동자인 종업원과 사용자인 기업주 또는 경영자와의 관계를 주요내용으로 하므로, 실제로는 노동조합과 기업 그리고 이에 영향을 미치는 정부와 관련된 모든 문제를 대상으로 하며, 노사협조 내지는 산업평화를 목적으로 하게 된다.

일반적으로 노사 간의 긴밀한 협력관계는 기업의 생산성을 향상시키고, 경제사회의 발전에 영향을 미칠 수 있다. 특히 노사쌍방 간의 협력체제는 기업과 개인의 안전은 물론이고 사회안전과 더 나아가서 국가경제의 안전을 도모할 수 있다. 따라서 노사관계의 원활한 협력체제가 요청되고 있으며 인사관리 측면에서도 그 중요성이 강조되고 있다.

여기에서 언급되는 노사관계란 단지 협의의 노동자와 기업가의 상호관계에 국한되는 것은 아니고, 노동조합과 경영자 간의 단체교섭(collective bargaining)을 전제로 하여 상호관계가 형성된 범위 내에서 이해되어야 한다.

따라서 노사관계는 노사 간의 공통목적을 효과적으로 달성하기 위하여 상호협력 또는 안전체제를 확립하고 나아가서 경제사회의 공공안전을 유지하며 동시에 능률적인 개선을 촉구하는 데 근본적인 의의를 갖고 있다. 특히 노사 간의 대립적인 요소를 배제하고 상호 협력적이고 진취적인 관계를 형성하는 것은 노사관계에서 중요한 의의라고 할 수 있다.

2. 노사관계의 발전과정

노사관계는 18세기 중엽에 시작된 영국의 산업혁명 이후 오늘날까지 각국에서 추진되어 온 공업화과정에서 성립된 것이다. 따라서 노사관계는 공업화의 진전 속에서 경제적·사회적 여건에 따라 단계적 특징을 나타내게 된다.

즉 전제적 → 온정적 → 근대적 → 민주적인 노사관계의 유형으로 변화를 거쳐왔다(김식현 외, 2000 : 235~236).

1) 전제적 노사관계

자본주의 초기에 있어서는 비록 자유로운 자본시장은 성립되었으나 근대적 노동시장은 성립되지 못하였으며, 그 결과 기업도 소유자에 의한 경영(owner-management)으로서 전제적 또는 독재적 성격을 띠고 있는 것이 일반적이다.

이러한 단계에서는 노동조건은 사용자의 일방적 의사로 결정되고, 사용자와 근로자의 관계는 명령과 절대복종, 즉 예속의 관계로서 인간적인 요소는 무시되었다.

2) 온정적 노사관계

자본주의적 생산의 발달과 함께 저임금 근로자가 증대되어감에 따라 전제적 노사관계로서는 근로자의 협조를 얻을 수 없고, 생산성이 떨어지게 되는 단계에 이르면 사용자도 이에 대응해서 근로자에 대하여 주택·음료·의료 등 가부장적 온정주의에 입각한 복지후생시설을 마련하게 된다. 이러한 사용자의 사상은 봉건영주가 영민의 충성에 대한 보상으로써 영민의 복지에 책임을 진다는 봉건적 전통을 반영하는 것이며, 근로자는 사용자가 베푸는 은혜에 보답함으로써 노사관계가 순조롭게 유지될 수 있다.

3) 근대적 노사관계

산업혁명이 진전되어 근대적인 주식회사가 보편적으로 성립하게 되는 단계에 이르면 기업규모가 확대되고 관리의 합리화도 추진되며, 경영과 자본의 분화현상이 나타난다. 한편, 노동에 있어서도 횡단적인 직업별 노동조합의 출현과 같은 근대적인 노동시장의 형성을 보게 되는데, 이러한 성질을 가진 자본과 노동의 관계에 있어서는 필연적으로 종래의 자본의 일방적 지배를 어느 정도 제약하기에 이른다. 그러나 아직 노동의 조직력이 자본과 대등한 지위에까지 이르지는 못하므로 자본의 전제를 완화하는 정도에 그친다. 즉 한편으로는 합리주의와 법제도에 입각한 노동관리가 머리를 들고, 또 한편으로는 종래의 온정주의적 관리가 잔존하는 상태의 노사관계가 되는 것이다.

4) 민주적 노사관계

1929년의 세계 대공황 이후 자본의 집중과 독점화가 현저하게 진전되어 기업규모가 확대된 결과, 소유와 경영이 분리되고 전문경영자가 핵심적 역할을 하게 되며 경영자 단체의 조직화가 일반화된다. 그처럼 기업규모가 확대되면 노동력의 이용형태도 달라진다. 또 기계화와 표준화의 발달은 미숙련근로자, 부녀근로자를 대량으로 진출시킴으로써 노동조합의 조직도 직업별 조직으로부터 산업별 조직으로 변천하게 된다.

이러한 새로운 단계의 노동과 자본의 관계는 그 나라의 경제적·사회적인 여건에 따라 차이는 있으나 언제나 근로관계법을 전제로 하게 되며, 근로조건을 결정하는 단체교섭과정에서 노사는 대등한 사회적 지위를 인정받게 된다. 즉 본질적으로 자본의 주도 하에 있다고 하지만, 산업사회에 있어서 대등한 지위를 당연한 것으로 보는 산업민주주의의 이념이 형성되기에 이른다. 말하자면 민주적 노사관계가 되는 것이다.

3. 노사관계의 기본개념

노사관계에서 기본적으로 고려해야 할 것은 ① 심리적 관계, ② 경제적 지위관계, ③ 사회적 지위관계로 구분해서 구체적으로 노사쌍방이 만족할 만한 상태에서 그 개념을 이해하여야 한다는 것이다. 다시 말하면 노사관계를 대립적 경제관계와 심리적 관계를 기초로 하여 결부된 사회관계라고 한다면, 이는 노사쌍방의 상호태도 관계를 의미하는 것이므로 노사 간의 태도에 따라 경영사회적 지위관계가 성립된다고 볼 수 있기 때문이다. 이에 따라서 노사쌍방이 만족할 수 있는 상태의 개념을 구분해서 설명한다면 다음과 같다(유기현, 2000 : 506~507).

1) 심리적 관계

노사 간의 협약과 교섭에 따라 근로조건이 확립되면 기업은 근로조건 이외의 행위는 무시하고 기업의 한정된 이윤추구 범위 내에서 장·단기계획을 수립하는 것이 타당하다. 반면에 기업은 종업원의 심리적 불안과 공포를 가급적이면 제거해서 노동의 질을 향상시켜 개인의 수입원천과 안전을 확보할 수 있도록 해야 한다. 이러한 심리적인 이해관계는 신체적 안전관리를 저해할 가능성이 있기 때문에 노사 간에 합리적인 수준에서 원활한 관계가 수립되어야 한다.

2) 경제적 지위관계

노사 간의 경제적 지위관계는 상호 고용관계와 인간성의 가치 측면에서 살펴볼 수 있다. 고용 측면에서 경제적 지위관계는 노사 간에 상호균형을 유지하는 수준에서 노동구매행위와 근로조건의 결정 및 근로시간의 확정이 이루어져야 비로소 정상적인 관계가 맺어진다. 노사 간의 불균형은 전체 집단의 파멸을 가져오고, 또 건전집단으로서 존속을 불가능하게 한다. 뿐만 아니라 노사 간에 상호 인간성의 가치를 일정한 수준에서 인정해야 경제적 지위관계가 형성될 수 있다. 여기서 인간의 존엄성 문제는 X, Y이론에서 서로 어떤 이론측면에서 볼 것인가가 주요한 과제이다.

3) 사회적 지위관계

사회적 균형과 주종관계 형태 및 고용의 형태 등에 따라 그 관계가 상이하게 나타날 수 있다. 즉 사회적 지위와 경제력에 있어서 조직 간에 차이가 있을 때, 이는 자연적으로 해당조직 노사 간의 사회적 지위에 직접적인 영향을 주게 된다. 또 엄격한 주종관계는 민주적 사고와 창의력을 상실시키는 것으로 사회적 지위 결정에 큰 요인으로 지적되고 있으며, 고용형태가 민주적이냐 독재적이냐에 따라 노사 간의 사회적 지위가 결정되는 경향이 있다. 따라서 노사관계에서는 상호 사회적 지위관계에 미치는 저해요인을 가급적이면 배제하고, 상호이익이 되고 사회적 지위 확보에 타당한 관계를 맺는 것이 필요하다.

이상에서 노사관계의 기본개념을 살펴보았으나, 동시에 유의해야 할 내용은 노사관계의 이중성의 문제이다. 즉 자본과 노동으로서의 대립적 관계에 있는 노사관계는 경영자와 작업자로서의 협력관계에 있는 종업원관계라는 성격을 띠게 되는데, 이는 마치 상품이 사용가치와 교환가치라는 이중적 성질을 가진 동일물로서 존재하는 것과 같이 이해해야 한다.

4. 노동과 도구주의

노동에 있어서 재정적, 사회적 요인, 대부분의 사람들에게는 일할 기회가 없다는(예 실업) 심각한 결과를 초래한다. 노동은 삶의 의미를 부여한다. 이런 점에서 볼 때 유급 노동이란 특히 중요한 의미가 있다. 우리가 흔히 누군가를 처음 만나면 "무슨 일을 하시죠?"라고 묻곤 한다. 이렇게 그 사람이 어떤 계통의 일을 하는가 하는 것은 사회적 맥락에서 그 사람을 '개체'로 인식하게끔 해준다.

굳이 모든 사람들이 각자의 일을 즐긴다고까지 하진 않더라도, 지난 30여년간 어느 정도의 노동자들은 '도구주의' 속에서 길들여져 왔다. 즉 꽤 많은 사람들이 순전히 노동의 즐거움 때문에 일하는 것이 아니다라는 것이다. 사실 그들은 그들이 하는 일의 사회적 중요성 때문에 그 일을 하고 있을 뿐이다. 그러나 우선순위에선 일 자체보다는 돈 때문에 일을 한다. 이것은 개인 스스로 상황에서, 스스로 인생의 의미를 부여하는 일종의 생활양식을 만들어 내는 것이다. 비록 '재정적 보상이 우선이다' 또는 '일의 동기에 있어서 돈이란 중요하다'라는 주장을 낮추어 보긴 쉽다. 그렇다고 사람들이 오로지 돈을 위해, 돈 때문에 일을 한다고 말할 수는 없다.

좀 더 넓게 보면 도구주의는 추상적인 의미로, 노동에 대해 더 많은 의미를 부여하고 있다. 즉 노동은 분명 그 자체만으로도 '좋은 것'이다라고는 할 수 없을 것이다. 노동은 그 대가로 무엇인가 얻을 수 있다는 이유로 '좋은 것'이다. 개인에게 있어서 노동이 주는 사회적 중요성은 개개인들이 행한 노동의 결과에 따라 직접적인 영향을 받게 된다. 대체적으로 아주 틀에 박힌 일에 종사하는 사람들은, 노동에 대한 자세로 볼 때, 도구주의로부터 상당한 영향을 받고 있다.

특히 지난 1970년대와 1980년대에 제조업분야에서 높은 기술력으로 대량생산을 하는 직종의 증가는 비평가 입장에서 볼 때, 아마 그런 노동 자체가 단순하고 그다지 흥미롭지 못해 노동자들로 하여금 무력감과 소외감의 증가로 이어지는 결과를 가져온 것으로 평가받고 있다. 그동안 '일의 숙련도' 또는 '종사기간' 등으로 서로 구분될 수 있었던 소위 '기준', '표준'이라는 것으로 인해 노동자들은 자신들의 삶에 엄청난 변화를 주는 '해고'를 스스로 인식하게 되었다. 적어도 몇몇 노동자들에게서만큼은 노동에 대한 대가로 받는 '돈'보다 더 중요한 것이 없을 것이다. 노동에 대한 도구주의적 자세는 특별한 수준의 직종, 또는 수동적이고 기능적인 직종에 종사하는 사람들에게만 적용되는 것은 아니다. 일에 대한 도구주의적 자세는 오히려 정형화된 직종에 종사하거나, 단순 기능직종에 종사하는 사람들에게 더 많이 나타나는 형상이다. 게다가 이런 현상은 금전적 필요성, 즉 기본적 욕구충족에 필요한 돈 때문에 선택한 직종에 종사하는 사람들에게서 쉽게 찾아볼 수 있다.

그럼에도 불구하고 노동이라는 것은 한 인간에게 있어서, 그 사람이 즐기는 것에 대한 사회적 평가 측면에서 어떤 상황을 규정짓는 것이라는 점을 알아야 한다. 따라서 노동의 사회적 요인을 이해하고, 노동 그 자체를 선택하게끔 하는 원인, 그 과정을 이해하는 것은 아주 중요하다. 그리고 이런 의미에서 '선택'이란 개념이 반드시 '자유로운 선택'을 의미하는 것만은 아니다라는 사실을 잊어선 안 된다. 오히려 사회적 시스템이 '선택'을 강요하고, '선택'이 가능하게끔 하고 있다. 그러나 어떤 '선택'이든 '선택' 사이의 상호작용은 분명히 나타나고 평가받는다.

5. 구 직

정식고용이란 일시적인 과거의 산물이다. 쉽게 말해, 사회는 이제 더 이상 직업을 제공해주는 주체가 아닌 것이다. 급변하는 경제상황은 일자리 찾기를 더욱 어렵게 하고 있다. 사실 '사회보장제도의 거지들' 그리고 '게으른 가난뱅이들'은 지금도 존재한다. 그리고 이런 상황은 노동을 의무뿐 아니라 정당한 권리로 여기는 시대적 가치관을 받아들이지 못한 결과이기도 한다. 따라서 무직은 일종의 징벌과도 같이 인식되곤 한다. 비록 1980년대 영국의 높은 실업률 현상이 무직을 삶의 한 방편으로 인정될 수 있음을 보여주긴 했지만, 그렇다고 지금 우리세대에 무직자가 없다는 것은 아니다. 그러나 또 다른 사실은 대부분의 사람들이 돈 때문이 아니라 삶이 진정한 의미로서 노동을 원하고 있다는 것이다.

노동에 대한 가치기준(노동윤리)은 여전히 중요한 의미로 존재한다. 그런데 결코 일해 본 적이 없는 많은 젊은층에게 있어서 노동윤리는 세대 간에 의당 전해지는 힘으로 인식되고 있다. 이 사회가 우리에게 던져주는 노동윤리의 가치는, 노동윤리는 강력하게 남을 것이고, 영원할 것이며, 무능력 때문에 좌절받고 소외된 하층민을 위해, 그리고 높은 실업률을 극복하기 위해 존재할 것이라는 점이다.

그 이유 중 하나가 사회화 과정 때문이다. 요즘의 젊은이들은 어릴 때부터 노동의 가치를 금전적 대가로 인식하는 믿음 속에서 사회화되어 왔다. 학교는 이들에게 막대한 영향을 주는 곳이다. 학교의 주된 임무는 '교육' 그 자체뿐 아니라 '노동을 위한 교육'이 학교의 사명적 임무이다. 그런데 놀랍게도 지난 20년 간 직업상 교육과 연관된 정부조직은 젊은이들에게 직업에 대한 심리적 기대감을 높여주었다. 직장인의 종류는 상호 연관된 요인의 다양성으로 결정되는데 다음과 같다.

1) 학문적 성과

많은 계통의 직업이 공식적 자격증을 요구한다. GCSEs, 'A'levels, highers, a degree or diploma 등. 우리는 종이로 만든 자격증이 사람들이 일할 수 있음을 결정함은 물론 모든 직종마다 승진을 결정하는 그런 증명서 사회에 살고 있다.

2) 개인적 부모적 가치

노동의 다양한 형태는 항상 계급적 방식으로 간주된다. 어떤 사람은 특정 종류의 일을 거부한다. 이유는 그 일을 해봐야 충분한 대가도 없고 개인적 발전 즉 비전이 없다고 생각하기 때문이다.

3) 직업제공

직업의 숫자는 사람들이 하는 일에 영향을 주는 중요한 역할을 한다. 많은 사람들이 거주지를 옮기지 못함으로써 그들의 노동 기회는 지역경제의 속성으로부터 제한받는다. 많은 지역경제는 자연스럽게 특화되어왔다. 어업, 광업, 농업처럼 노동과 사회적 삶은 불가분의 관계인데, 1개 또는 2개의 산업으로 이루어진 직업적 사회가 그 대표적인 예이다. 이런 점에서 볼 때 쇠퇴하는 산업은 많은 직업에 나쁜 영향을 줄 뿐 아니라 전체 직업 사회에도 좋지 않은 영향을 줄 수 있다.

비록 특별하진 않지만 또 다른 지역경제는 1개 또는 2개의 지배적으로 상호 연관된 산업으로 구성되어 있다. 그런데 이런 곳이 변화를 겪게 된다면 지역경제 전체의 직업 공급에 영향을 미친다. 지역경제는 물론 관련 산업의 직업에도 폭넓게 영향을 주는 자동차회사(Conventry와 버밍햄)의 쇠퇴가 대표적인 예이다. 지역경제의 노동력을 소비하는 소매거래에 관련된 직종은 특히 그런 변화에 민감하다.

또 다른 극단적 상황은 제한된 고용기회의 범위에 의해 많은 차이가 있음을 보여주는 사례들이다. 이것은 중요한 커뮤니티가 형성되어온 큰 도시의 교외 지역을 포함하고 있는데, 예를 들자면 소매거래 같은 서비스 직업이 바로 그것이다. 대부분의 사람들은 그런 커뮤니티 속에 살고 있고, 어느 정도 수준의 서비스를 요구하지만 거주자들은 도시 근처에서 일자리를 찾는다.

4) 훈련기회의 유효성

학교에서의 과목 선택은 어떤 직업을 가질 것인지 중요한 요인이 된다. 그러나 더욱 중요한 것은 직업 훈련뿐 아니라 연령에 걸맞은 직업 훈련이다. 학교를 막 졸업한 사람들이 실업률이 높은 사회에서 일자리를 얻기엔 경험부족이 제일 큰 장애물이다. 바로 이런 이유로 인해 그들이 경험을 쌓기란 더욱 어렵고 때론 불가능하기까지 한다. 결국 악순환의 연속이다. 과거엔 여러 지역의 지역회사들은 학교교육과 직업세계의 차이를 메우기 위해 수습제도를 실시해왔다. 그러나 수습제도는 최근 사양화되는 추세이다. 정부의 교육훈련 지원제도가 어느 정도 그 차이를 메우고 있는 정도일뿐 대부분의 회사들은 시행하지 못하고 있다. 또한 직업훈련 코스를 다마쳐도 취업은 보장되지 않는다.

5) 사회계층

영국은 계급사회이다. 사회학자들은 전통적으로 계급차이가 지속된다면, 능력위주의 개인을 기반으로 하는 열린사회로의 발전할 가능성이 없다고 지적한다. 이러한 입장들은 최근 희귀 인종에 대한 인권주의자들과 자유주의 사회과학자들의 시위가 증가함에 따라 발생했다. 예를 들면, 1990년 손더스는 명확한 설명으로, 계급에 대한 전통적인 사회학적 관점을 비난하면서, 비록 능력위주 사회와는 거리가 멀지만, 영국은 사회적 유동성이란 의미에서, 사회학자들이 지적한 것보다는 훨씬 더 개방적임을 밝혔다.

이런 그의 논쟁은 흥미롭고 주목할만한 것이다. 손더스와 같은 작가들은 계급제도의 유동성을 지적하는데 있어서 명확한 자신의 입장을 밝히고 있다. 그러나 많은 사람들에게 사회계급은 여전히 삶에 있어서 아주 중요한 '결정요인'

이다. 특히 경력을 쌓고 직업을 가지는데 있어서 그 중요성은 더하다. '가치, 제도, 신념' 등 계급을 결정하는 문화적 차원의 요인은 물론 '수입, 재산, 주택, 교육, 직업' 등 기술적 차원의 요인들은 변혁에 특히 더욱 저항한다. 비록 계급 때문에 기회의 불평등이 있다하더라도, 더욱이 계급이 절대적으로 불평등의 원인이 된다하더라도, 계급사회를 막을 방법이 있다.

6) 성(性)

'성'은 저마다 합당한 일자리를 가지는데 중요한 요인이다. 실제로 성은 삶의 기회에 중요한 영향을 미친다. 사회심리학자들은 남녀아이들이 서로 다르게 사회화되는 것을 오랫동안 지켜보아 왔다. 아이들은 그들의 부모 등 여러 체널을 통해, 그들의 '남성적'과 '여성적' 행동, 가치기준, 태도를 사회적으로 받아들이고 있다. 남자아이들은 독립적이고, 공격적이고, 집에서만 머물러서는 안 된다고 배운다. 그리고 여자아이들은 가정적이고 남성에게 내조하도록 그 역할성을 배운다. 고용기회 측면에서 볼 때 여성들은 사회적으로 '여성적인', '여성다운' 일을 가지도록 배운다. 즉 간호사, 선생님 등 누군가를 돌봐주는 직업, 청소, 음식서비스 등 가정적인 역할을 실행하는 공적인 직업 또는 비서직처럼 남성의 요구를 뒷받침해주는 직업 등이 그것이다.

이것을 소위 사회학이론으로 '핑크빛 담뇨'라고 한다. 이것은 다소 변명 같지만 '보편화'를 말하는 것이다. 우리가 더욱 평등한 시대에 살고 있다는 보편적인 믿음에도 불구하고 직업적으로 여성들이 높은 위치에 올라가기란 무척 힘들다. 단순히 여성들이 남성들에게서 직접적으로 차별 받는다는 것만으로 그 이유를 설명할 순 없다. 그 원인은 여성 스스로 조직 내에서 살아남기 위해 그들의 목표점을 낮추었기 때문이다. 그렇지 않으면 조직 내에서 '여성들이 할 만한 일'이라는 전형적인 역할에 만족하기 때문이다. 어떤 경우이든 많은 여성들이 높은 수준의 직업적 경력을 쌓기엔 상당한 제약이 있다. 그리고 이런 불평등 상황이 훨씬 더 능력 있고 창조적인 조직을 만들어 가는데 실패하는 원인이라고 볼 수 있다.

6. 노동조합

1) 개 요

현대경영사회에서는 노사관계의 제반문제와 근로자의 집단화 형태인 노동조합이 인사관리부문에서 중요한 과제로 취급되고 있다. 특히 노사관계에서 노동조합은 법적으로 강력한 보호를 받고 있으며, 중요한 근로조건에 관해서 노사 간 대등한 입장으로 단체교섭을 하는 중요한 역할을 수행하고 있다. 뿐만 아니라 노사 간에 합의를 보지 못하였을 경우에는 노동쟁의(스트라이크, 사보타지 등)와 같은 단체행동을 할 수 있는 권한을 가지고 있다. 결국 노사 간의 교섭행위 없이는 고용, 임금 및 근로조건을 임의대로 결정하거나 관리할 수 없으므로 노동조합은 인사관리의 중요한 영역이 되고 있다.

영국의 『노동조합운동사(*History of Trade Unionism*, 1920)』를 저술한 시드니 웨브(Sidney Webb)는 "노동조합이란 임금근로자가 그들의 노동생활의 제반요건을 유지하고 개선할 목적으로 조직한 항구적인 단체이다"라고 말하고 있다. 또 우리나라의 노동조합법 제2조에는 "노동조합이란 근로자가 주체가 되어 자주적으로 단결하여 노동조건의 유지·개선 및 기타 경제·사회적 지위의 향상을 도모함을 목적으로 조직하는 조직체 또는 연합체이다"라고 규정하고 있다.

이상의 정의와 규정을 통해서 노동조합이란 근로자의 조직적 단결력에 의해 그 이익을 옹호하고 또 기업에서 근로자의 지위를 향상시키기 위해 근로자의 자주적 협력에 의하여 결성된 조직이라고 할 수 있다(유기현, 2000 : 510).

최종태(2003) 교수는 노동조합의 일반적인 정의를 다음과 같이 요약하고 있다.

첫째, 노동조합은 근로조건의 유지 개선을 목적으로 할 뿐만 아니라 노동으로 영위하는 근로자의 생활을 향상시키기 위한 단체이다. 비록 근로자가 주체가 되어 자주적으로 조직된 단체일지라도 그 목적이 다른 목적을 실현하고자 하는 단체이면 노동조합이라고 할 수 없다. 즉 근로자와 사용자와의 관계 속에서 일어나는 사항이 노동조합의 목적사항이며, 그 외의 목적은 사회단체와 종교단체의 뭉이다.

둘째, 노동조합은 근로자의 자주적인 조직이다. 노동조합은 근로자의, 근로자에 의한, 근로자를 위한 조직체(organization of the employees, by the employees, for the employees)이다. 즉 근로자는 사용자와의 개별적인 교섭으로는 그들에게 유리한 근로조건을 획득할 수 없기 때문에 단결체를 조직하여 이를 배경으로 집단적으로 교섭하고자 한다. 그러므로 노동조합은 그 조직과 운영이 독립적이고 자주적이어야 한다. 또 근로자들 스스로가 그 필요성을 느끼고 스스로의 힘으로 만들어야 한다.

셋째, 노동조합은 근로자의 항구적·영속적 조직이다. 근로자의 사회·경제적 지위향상은 일시적인 활동으로 실현될 수 없으므로 노동조합은 항구적·영속적 조직으로 존재하지 않으면 안 된다. 항구적 단체가 되기 위해서는 단체를 설립하고 유지하는 일정한 규칙이 있어야 한다.

즉 노동조합은 첫째, 근로생활조건의 유지 개선이란 목적 규정, 둘째, 노동자의 자주적 조직, 셋째, 항구적인 영속적 조직이라는 세 가지 기본요인으로 성립된다.

2) 노동조합의 기능과 역할

최종태(2003 : 894~896) 교수는 노동조합의 기능과 역할을 다음과 같이 설명하고 있다.

(1) 3대 기능

노동조합의 활동은 경제사회의 변동에 따라 점차 다양화되어 가고 있는데, 그것은 대체로 경제적 기능, 공제적 기능, 정치적 기능의 세 가지로 대별할 수 있다.

역사적으로는 공제적 기능을 중심으로 노동조합이 태동하였으므로 초기에는 공제적 기능이 가장 중요하였다. 그러나 광의로 볼 때 공제적 기능은 경제적 기능의 일부로 간주할 수 있기 때문에 노조의 기능은 경제적 기능과 정치적 기능이라 할 수 있다.

이러한 기능 중에서 노동조합 고유의 가장 기본적인 기능은 경제적 기능이다. 공제적 기능이나 정치적 기능은 노동조합의 경제적 기능을 보강하고 보완하는 것이다. 경제적 기능수행의 가장 핵심적인 수단은 단체교섭과 경영참가이다.

(2) 역 할

노동조합의 역할이 무엇이고, 무엇을 하는 단체인가에 대한 논의는 오래 전부터 논란이 되어 왔다. 노동조합의 역할에 대해서는 상반된 견해가 존재한다. 즉 노동조합의 긍정적 효과를 강조하는 견해와 노동조합의 부정적 측면을 중시하는 견해로서 노동조합의 순기능적 역할과 역기능적 역할로 구분할 수 있다.

임금인상만이 목표로서 비효율성, 불공정성 측면을 강조하는 노동조합의 역기능적 역할과 기업 내 근로자를 대표하는 집단적 발언·제도적 반응(collective voices & institutional responses)으로서의 순기능적 역할이 있다. 사실상 노동조합은 이 양자의 요소를 포함하고 있으며, 어느 부분을 더 강조하는가에 따라 노동조합의 역할이 정립된다.

① 순기능적 역할

노동조합의 순기능적 역할에 대한 견해는 다음과 같다.

첫째, 기업의 경제적 효율성을 제고한다.

노동조합은 이직을 낮추는 데 기여하고, 이직률의 저하는 고용과 훈련의 비용을 적게 하며 작업집단의 기능이 중단되지 않도록 하여 효율성을 제고한다. 뿐만 아니라 노동조합은 경영자가 합리적인 의사결정을 내릴 수 있도록 정보의 흐름을 증가시켜 노사 간의 의사소통을 원활하게 하므로 기업의 성과를 향상시킨다.

둘째, 소득분배의 공정성을 제고시킨다.

노동조합의 표준임금정책은 기업이나 산업 내에서 노조가입 근로자들 사이의 불공정성을 감소시킨다. 노동조합의 규칙은 개인의 승진, 해고, 재고용 등에 대한 자유재량의 범위를 제한하여 기업의 임의적인 조치를 감소시킴으로써 공정성을 제고한다.

셋째, 사회적으로 갈등증폭을 감소시킨다.

노동조합은 조합원들의 의지를 대표하는 정치조직일 뿐만 아니라 저소득자와 불이익을 받는 자들의 정치적 이익을 대표함으로써 갈등을 해소시킨다.

② 역기능적 역할

노동조합은 또한 다음과 같은 역기능을 발생시킨다는 견해가 있다.

첫째, 국민생산과 경제적 효율성을 저하시킨다. 노동조합이 조직되어 있는 기업은 경쟁수준 이상으로 임금을 지불함으로써 상대적으로 고용이 저하된다. 즉 노동조합은 사회적 효율성에 의하지 않고 자원의 불합리한 배분을 야기하여 국민생산을 감소시킨다. 근로자의 작업량의 경감, 불필요한 인원채용, 업무의 한정 같은 노사의 협약규정이나 노동조합의 취업규칙은 작업배치 및 인력관리의 경직성을 낳고 생산성을 저하시킨다. 이로 인해 국민총생산에서 커다란 감소가 예상됨에도 불구하고 경영층에서는 노동조합으로부터 파업의 위협을 지닌 요구에 응할 수밖에 없게 함으로써 국민생산과 경제적 효율성을 저하시킨다.

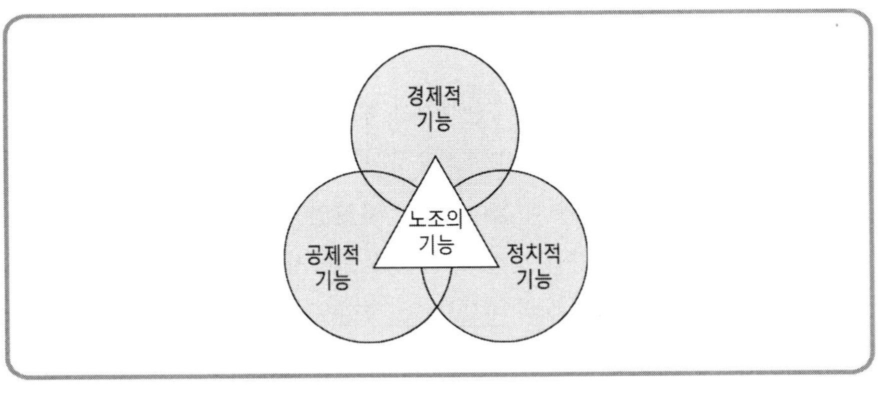

[그림 6-1] 노동조합의 3대 기능

둘째, 소득분배를 왜곡시킨다. 노동조합은 조직노동자의 임금을 인상시켜 근로자 간의 소득 불공정을 증대시킨다. 즉 노동조합은 대기업 중심의 조직근로자의 임금을 인상시킴으로써 영세 중소기업의 비조직 근로자와의 소득 격차를 심화시키는 결과를 가져와 수평적 불공정성을 야기한다.

셋째, 사회적으로 역기능적 역할을 증폭시킨다. 노동조합은 개인적이든 집단적이든 정치적 분야에서 집단이익만을 위해 행동하기도 한다. 노동조합의 독점력은 부패하고 비민주적 요인을 자주 낳는다.

이상에서 노동조합의 순기능적 역할과 역기능적 역할을 고찰하였다. 그러나 국가적인 차원에서 볼 때 노동조합은 산업사회의 발전에서 나타나는 갈등의 해소를 위한 여과장치로서 노사발전에 역기능적 역할보다 순기능적 역할이 더 크게 작용한다고 평가된다.

노동조합에 대한 실증연구에 의하면, 노동조합이 조직되어 있는 기업에서는 이직성향이 낮으며 생산기술 및 현장경험의 축적을 유도하고 그것이 생산성 향상에 기여한다는 결론이 도출되었다. 이와 관련하여 하버드 대학의 프리먼과 메도프 두 교수는 노동조합이 근로자집단의 의사대표기능(collective voices)을 수행하여 이직률의 감소와 근로자에게 자기실현의 기회를 제공함으로써 사기를 증진시키고 생산성 향상에도 기여한다는 점을 실증적인 연구를 통해 입증하였다.

또, 노동조합은 현장수준의 노사관계에서 주도권을 가지고 근로자를 대표함으로써 노사관계 발전의 기본단위 조직으로서 역할을 수행하고 있다. 즉 작업장의 혁신을 주도하여 근로자의 참여와 동기유발을 제고하는 역할을 담당함으로써 노동생산성 향상과 기업 성장의 발전에 이바지할 뿐만 아니라 노사안정과 생산적 노사관계를 이룩하는 데 견인차 역할을 하기도 한다. 예컨대, 일본에서의 현장작업조직이나 독일의 폭스바겐 등에서 나타나는 동반자적 현장 노사관계, 미국의 새턴(Saturn) 공장 등의 현장 고능률 작업 조직 등은 노동조합의 적극적인 역할이 없이는 불가능한 것이라고 보고 있다.

이와 같이 노동조합은 기업단위에서의 경영참여 등을 통하여 근로자의 기술

기능 개발에 기여하며, 거시경제적으로는 사회적 부의 재분배 및 고용안정을 통하여 근로자의 권익향상뿐만 아니라 기업성과에도 기여하여 장기적인 노사 발전의 디딤돌이 되고 있다.

따라서 산업평화의 제고와 노사관계의 발전을 기하기 위해서는 노동조합의 순기능적 역할을 최대한 발휘하고 역기능적 역할을 최소화하도록 노력해야 할 것이다.

7. 단체교섭과 단체협약

1) 의 의

단체교섭이란 노사 양측이 균등한 근로조건을 협의할 수 있도록 노동자와 사용자가 일대일의 관계가 아니라, 단체 대 사용자의 관계에서 노사관계를 처리하는 것을 말한다. 단체교섭에 의해서 노사가 대등한 입장에 설 수 있을 때, 근로조건은 노동자에게 유리하게 전개될 수 있다. 다시 말해서, 노동조합은 이를 통해서 모든 계약내용을 추진함으로써 사용자와의 노동협약 또는 단체협약에 있어서 유리한 고지를 점령할 수 있다.

단체교섭의 당사자는 노동조합과 그 사용자이다.

그러나 노동조합법에서는 '노동조합의 대표자 또는 노동조합으로부터 위임을 받은 자는 노동조합 또는 조합을 위하여 사용자나 사용자집단과 단체협약의 체결 기타의 사항에 관하여 교섭할 권한이 있다'고 규정함으로써, 노조대표외의 사람일지라도 노조의 위임을 받으면 교섭권한을 갖도록 하였다.

그리고 단체교섭의 당사자인 노사간에는 다음과 같은 권리의무가 준수되어야 한다.

① 사용자는 노조의 단체교섭에 대해서 성의 있게 응해야 한다. 이의 거부는 부당노동행위가 된다.

② 단체교섭에 있어서는 협박이나 업무방해 등과 같은 졸렬한 방법이 강구

되어서는 안 된다. 노조가 다수 몰려와서 협박을 한다거나, 사용자의 사택으로 심야에 와서 압박감을 줄 때는 물론, 시간적 여유를 주지 않는 일방적 요구를 해올 때 사용자는 이에 응하지 않아도 된다. 노동조합은 진지하게 교섭해야 하고, 또 사용자도 진지하게 이에 응해야 한다. 뿐만 아니라 양측은 항상 대안을 제시함으로써 안건을 건설적으로 처리하려는 태도를 보여야 한다.

2) 단체교섭의 진행

노조가 일단 종업원의 대표로서 인정되면 교섭석상이 마련되게 되고, 여기에 사용자의 대표와 노조의 대표가 단체협약을 위해서 마주앉게 된다. 대화와 협의를 통해서 양편이 훌륭한 노사관계를 이루려면 우선 훌륭한 신뢰의 교섭이 이루어져야 한다. 교섭에 임하는 협의 팀은 양편에서 각각 대표자가 구성되며, 기업의 규모가 커질 때 이들의 수도 늘어날 수 있다.

그리고 협약에 들어가기 전에는 우선 다음과 같은 사항들이 체크되어야 한다(Dessler, 1978 : 459).

① 다음 협의에서 수정을 필요로 하는 문구나 용어 등을 보다 쉽게 간파할 수 있도록 현행의 계약내용을 전면적으로 재검토한다.

② 노조측 요구사항의 주원인이 될 수 있다고 판단되는 종전의 애로사항건을 체계적으로 검토한다.

③ 계약 이행과 그 과정에서 일선 감독자들이 이를 보다 더 잘 실천하도록, 그들을 교육시키기 위해서 이들 일선감독자들과 보다 빈번한 회의를 개최한다.

④ 조합의 요구에 보다 잘 적응하기 위해서 필요한 정보를 교환할 수 있도록 동일산업의 타노조 지도자들과 회의를 연다.

⑤ 변화나 수정을 필요로 하는 계약내용이 있는지의 여부를 체크하기 위해서 종업원들에 대한 태도조사와 반응조사를 한다.

⑥ 계약내용이나 차기의 회의안건을 보다 효과적으로 다루기 위해서 노조

지도자와 비공식적인 회의를 연다.

⑦ 차기계약 협의에 영향을 미칠지도 모를 사태에 대비하기 위하여 노사관계에 관한 제반기록을 효과적으로 활용한다.

⑧ 다음 협의에서 중요하게 다루어질 안건에 관한 경제적 자료를 수집하고 분석한다.

⑨ 협의 중 계약 변경의 용어를 새로 제정함에 이용할 수 있도록 현계약 하의 중재사항을 재검토한다.

⑩ 차기의 협의에서 기본규칙과 회의 자료에 대한 의견의 합의를 볼 수 있도록 사전 협의과정에 노조원들을 참가시킨다.

⑪ 문제 발생의 가능성을 타진할 수 있도록 실제의 회의시기 1년 전에 비공식적이지만 계획성 있는 회의를 노조원들과 개최한다.

3) 단체협약의 효력과 그 목적

단체협약은 노동조합과 사용자 간에 체결하는 계약으로서 그 내용은 구성원인 근로자들의 근로조건, 기타 대우에 관한 내용으로 개별적 근로관계에 관한 사항(규범적 부분)과 노동조합의 유지·활동을 위한 내용으로 집단적 노동관계에 관한 사항(채무적 부분)이 포함되어 있다. 노동조합 및 노동관계 조정법 제33조는 단체협약의 강행적·직접적 효력을 규정하고 있으며, 이는 주로 개별적 노동관계에 관한 사항에 적용되는 것이고 기타 단체협약 당사자 간에 채무적 효력을 가지는 사항이 있다.

(1) 규범적 부분

우리나라 노동법에 단체협약의 효력을 정한 것은 우선 노동조합법 제33조인데 동조에 의하면 다음과 같이 규정되어 있다.

① 단체협약에 정한 근로조건 기타 근로자의 대우에 관한 기준에 위반하는 취업규칙 또는 근로계약의 부분은 무효로 한다.

② 근로계약에 규정되지 아니한 사항 또는 제1항의 규정에 의하여 무효로 된 부분은 단체협약에 정한 기준에 의한다.

이 단체협약은 마치 강행법규와 같이 노동자 개인의 근로조건을 규율하는 것이므로 그 효력을 규범적 효력이라 한다. 이와 같은 규범적 효력은 단체협약을 통해 근로조건의 일정한 수준을 유지하며 근로자의 생활보장에 도움을 주려는 것이다.

이상과 같이 단체협약은 개개 근로자의 근로조건을 결정하는 것인데, 그것은 법규와 같으며 취업규칙이 단체협약에 저촉되면 그것은 무효이다. 규범적 부분은 근로조건, 기타 대우에 관한 일반적 기준에 대한 규정이고, 그것은 임금, 노동시간, 휴일, 시간 외 근무, 퇴직금, 승급의 기준, 재해, 보상, 안전위생, 복리후생 등의 구체적 내용을 정한 부분이 포함된다. 인사에 관한 규정 중 채용은 규범적 효용에 들어가지 않을 것이나, 이동, 휴직, 상벌, 해고 등의 조항에 대하여는 아직 일치된 결론이 없다.

(2) 채무적 부분

노동조합법에서는 단체협약의 의무효력을 인정하고 있다. 단체협약은 그 효력이 상당기간 계속되는 것이므로 상대방이 성실히 협약사항을 준수할 것이라는 상호신뢰 위에 성립된 것인 만큼 노동조합법에서는 특히 협약의 성실의무에 관하여 "단체협약을 체결하였을 경우에 당사자는 상호성실의무로서 협약사항의 실현을 도모하여 능률의 증진과 산업평화의 유지에 협력할 의무가 있다"고 규정하였다.

단체협약의 내용 중에 노동조합의 유지활동에 관한 사항을 채무적 부분이라고 하며, 가장 중요한 것은 평화의무이다. 즉 노사관계에서 흔히 발생할 수 있는 주요문제에 대하여 노사 간 합의·결정할 수 있는 사항을 가능한 망라하여 규정해 놓음으로써 협약유효기간 중에는 분쟁을 회피하고 노동조건의 안정과 확보를 기한다는 데 협약의 의의가 있는 것이다.

4) 단체교섭에서의 문제점

단체교섭과정에서 교섭을 방해 또는 저해하는 요인이 필연적으로 나타나게 마련이다. 이러한 문제가 나타날 때 세 가지, 즉 조정(mediation), 파업(strike) 등의 조치가 일어날 수 있다(유기현, 2000 : 521~522).

⑴ 조 정

조정은 노사양측에 의해 전문적이며 중립적인 제3자가 개입되어 계약협상을 중재하도록 도움을 주는 과정을 말한다.

모든 전문가들은 노사양측이 다른 사람들의 개입 없이 단독으로 협상하는 것이 가장 좋다는 데 동의한다. 그러나 이 과정이 결렬되었을 때, 미국의 경우 통상 FMCS(Federal Mediation and Conciliation Service)가 제공하는 조정자(mediator)인 연방정부의 조정자를 초청할 수 있다. 만약 양측이 동의하지 않는다면, FMCS는 사실적인 데이터를 개발하고 난점들에 대해서는 공동연구위원회의 설립 또는 양측이 쌍방향의 협상을 위한 공통적인 근거를 찾을 수 있게 도움을 주는 것 등과 같은 서비스를 제공한다. 곤경이 올 때까지 기다리는 것이 아니라, FMCS는 노사양측에 예방적인 조정(preventive mediation)을 제공하기도 한다.

그러나 조정자는 양측이 의견일치에 이르도록 강제할 권리는 없으며, 단지 그들이 파업하지 않고 의견일치에 도달하는 것이 모두에게 가장 큰 이익이라는 것을 노사양측에게 설득할 뿐이다.

⑵ 파 업

협상에서 곤경이 매우 심각해지면, 파업(strike) 또는 직장폐쇄(lockout)가 발생하게 된다. 파업은 종업원들이 일하기를 거부하는 것을 뜻하고, 직장폐쇄는 경영자가 종업원들이 일하지 못하도록 거부하는 것을 의미한다. 따라서 파업은 그들이 추구하는 목표에 따라 분류될 수 있다. 계약파업(contract strike)은 경영진과 노조가 새로운 계약조건에 동의할 수 없을 때 발생한다. 파업의 90% 이상이 계약파업인 경우로 볼 수 있다.

고충파업(grievance strike)은 경영진이 계약을 해석하는 방법이나 또는 징계

(discipline) 등과 같은 일상적인 문제를 다루는 방법에 대하여 노조가 동의하지 않을 때 발생한다.

관할권파업(jurisdictional strike)은 두 개 또는 그 이상의 노조 사이에 서로가 대표할 직무의 종류에 대해 의견불일치를 보일 경우 발생한다. Taft-Hartley 법은 국가노동관계위원회(NLRB)에 이어 한 관할권 이슈들을 해결할 권한을 주고 있다.

파업의 약 1%는 인정파업(recognition strike)이다. 인정파업은 사용자로 하여금 노조를 수용하도록 강요하는 전략으로써 일어난다. 정치적 파업(political strikes)은 정부의 정책에 영향을 미치고자 할 때 일어나는데, 이는 미국에서는 거의 일어나지 않는다.

8. 노사관계와 인적자원관리

노조는 조직체가 충족시켜 주지 못하는 근로자의 경제, 사회 그리고 나아가서는 정치적 욕구를 충족해 줄 수 있다. 근로자들이 노조원으로서 노조에 의존하고 또 노조는 근로자들을 통하여 자체의 목적을 달성하려고 노력하는 과정에서 노조는 근로자들에게 많은 영향을 주고, 나아가서는 경영조직과 조직체의 인적자원관리에도 많은 영향을 줄 수 있다(이학종 외 1인, 2007 : 153~156).

1) 충성심의 분할

조직구성원이 노조에 가입하여 노조원이 되면 그는 노조원으로서 그의 충성(allegiance)을 직장뿐만 아니라 노조에도 분할하게 된다. 그리하여 직장인과 노조원으로서 조직구성원의 목적과 관심 그리고 역할에 있어서 그의 행동이 달라지고, 따라서 그에 대한 관리자와 경영층의 영향력은 줄어든다.

2) 규제역할

노조원들을 보호하고 그들의 복지를 향상시키려고 노력하는 과정에서 노조는 노조원 복지에 관련된 사용자(경영층)의 의사결정에 자기들의 의사를 표시하고 도전하며, 나아가서는 사용자와 공동의사결정을 추구한다. 그러므로 사용자는 그들의 의사결정과정에서 자연적으로 노조를 의식하게 되고, 따라서 노조는 직접 또는 간접적으로 경영의사결정에 통제 또는 규제를 가하게 된다.

3) 인적자원관리의 개선

노조가 사용자에게 주는 직접적인 영향의 하나는 사용자로 하여금 조직체의 인적자원관리 방침을 분명하게 하고 인적자원관리 절차를 구체화하도록 하는 것이다. 그 과정에서 인적자원관리 방침은 보다 체계화되고 공평해짐으로써 일반적으로 인적자원관리시스템의 개선을 가져오게 된다. 선발과정에서는 선발기준과 선발절차가 명백해지고, 인사고과에서는 고과요소와 평가절차가 구체화되며, 인력배치와 승진, 전직 등 인사이동에서도 그 기준과 절차가 뚜렷해지고, 임금관리에서도 지불요소와 직무평가절차 등이 분명해진다. 그리고 작업장의 안전, 보건도 많이 개선된다.

4) 공동의사결정과 상호협조

노조의 결성은 단체교섭을 의미하고 단체교섭은 노조측과의 공동협의와 공동의사결정을 의미한다. 따라서 사용자는 노조원들의 근로조건에 관한 문제에 대하여 단독적으로 결정할 수 없고, 노조측의 요구에 따라서 정당한 범위 내에서 공동으로 협의, 결정해야 한다. 단체교섭에서 다루어지는 문제는 조직체마다 다르고 노사관계의 발전단계에 따라 다르지만, 대체로 근로자들의 임금과 근로조건 그리고 복지 등 기본적인 욕구충족으로부터 시작하여 사용자의 경영권을 공유하여 공동의사결정의 방향으로 단체교섭의 문제대상 범위가 점점 확대되어 나간다. 그 과정에서 조직체의 운영상황과 경영정보를 노조에게 공개하고 서로 협의하게 되는 것은 물론이다. 이와 같이 노조는 사용자에게 협력의 대상이 될 수 있고, 노사 간의 협력은 조직체 발전에 결정적인 역할을 할 수 있다. 1960년대 이래 일본기업의 놀라운 성장에 노사관리의 협력이 중요 요인이었다는 점은 조직체 발전에 노조의 역할이 얼마나 중요한지를 입증해 주는 좋은 예이다.

5) 인적자원관리 기능과 조직의 변화

이와 같은 노조의 역할과 경영과정의 변화는 인적자원관리 기능과 조직에 많은 변화를 가져올 수 있다. 첫째로, 일선관리자의 인적자원관리 기능에 있어서 일선관리자는 현장 노조대표를 의식하게 된다.

둘째로, 인적자원스태프의 기능에 있어서도 노조와의 단계교섭과 협약사항의 관리 그리고 고충처리 등 노사관계에 관한 기능이 추가되는 것은 물론 인적자원 관리방침과 절차가 명백해지고 구체화 됨에 따라 이의 정확한 집행, 그리고 노조측의 요구에 응할 수 있는 모든 자료의 구비와 분석 등 일반적으로 인적자원관리에 업무가 증가된다. 그리고 특히 근로조건에 있어서 노조측의 도전은 직장의 안전과 건강관리 근로시간과 후생복지, 그리고 인근관리 분야의 인적자원관리 기능을 강화시키는 결과를 가져온다.

셋째, 인적자원관리 기능의 확대와 더불어 인적자원부서의 내부조직도 확대된다. 노사관계 담당의 전문부서가 새로 생기고, 인적자원부서의 내부업무도 노사관리부서와의 관계가 추가됨에 따라서 더욱 전문화된다. 그리하여 인적자원부서의 중요성은 더욱 커지고, 조직구조직 위치도 상위계층으로 상승되는 경향을 보이게 된다.

6) 부정적 영향

노조의 결성은 조직체발전에 긍정적인 영향만을 주지 않는다. 노조가 근로자들의 권익을 잘 대표하고 노사 양측이 상대방의 욕구를 존중하여 상호간에 협조가 잘 이루어지는 경우에는 긍정적인 상호관계를 통하여 조직체에 많은 발전을 가져올 수 있다. 그러나 노조의 지도층이 노조원들의 욕구를 잘 반영하지 않거나 노사 간에 협력이 잘 이루어지지 않는 경우에는 노조는 조직체 발전에 부정적인 영향을 가져올 수 있다. 특히 구조조정, 새로운 기술의 도입, 정리해고, 작업분위기의 활성화 등 경영조직에 획기적인 변화와 개혁이 필요한 경우에 노조는 이러한 변화에 저항함으로써 바람직한 경영혁신과 조직체성과에 부정적인 요소로 작용할 수 있다.

노조의 단체행동은 개인의 발전에도 장애요인이 될 수 있다. 노조는 일반적으로 전체 노조원의 권익향상을 목적으로 성과와 능력보다는 연공서열을, 그리고 소수 우수인재들의 능력발휘보다는 대다수 노조원들의 직장안정을 더 중요시한다. 이러한 노조의 기본전략은 노사관계의 발전초기에는 노사 양측에 도움이 될 수 있지만, 노사관계가 어느정도 발전한 후에는 조직체발전에 장애요인이 될 수 있다. 제2차 세계대전 이후 미국의 철강, 자동차 등 중요 산업이 국제경쟁력을 상실하게 된 배경에 노사분규가 중요한 원인의 하나로 작용했다는 점도 노조의 부정적인 영향을 입증해 주는 좋은 예이고, 근래에 우리나라에서의 노사갈등도 우리나라의 국가경쟁력을 저하시키는 중요한 원인이 되고 있다.

9. 노사관계관리의 방향

우선 우리나라의 노사협의회 문제점과 개선방향을 살펴보면, 우리나라의 노사협의제도는 제도와 운영면에서 많은 변화와 발전을 거듭하여왔지만, 기회구조의 변화, 경제성장, 소득분배구조의 불균형 등의 변수들로 인하여 아직도 많은 문제점을 가지고 있다. 그래서 그 문제점과 이에 대한 개선방향을 살펴보도록 한다(박운성, 1994 : 436~441).

1) 문제점

(1) 노사협의와 단체교섭의 혼재

우리나라의 산업체현실로 보았을 때, 단체교섭제도가 주된 제도로 운영되어 왔기 때문에 노사협의회제도가 정상적으로 운영되어지지 못하는 문제가 있다.

(2) 협의회 기능의 취약성

법규정상 구체적 절차와 방법의 제시가 미흡하고, 협의회에서도 신분상 보호나 면책제도에 대한 규정이 미흡하다.

(3) 근로자측의 미성숙성

일부 중소기업은 노동조합의 규모가 적어 주체적인 기능도 미숙하고, 추진력이나 공신력도 미약한 것이 문제이다. 그리고 노조간부의 전문적인 경영지식의 면에서도 문제성이 될 수 있다.

(4) 사용자측의 미성숙성

일부 사용자들은 노사협의회제도의 효과와 목적을 인식하지 못하고, 행정관청의 지시에 의하여 마지못해 피동적으로 운영하고 있다.

장기적 구상의 미흡, 노사관계의 안정과 산업민주주의는 국가적인 차원에서 장기적인 경제발전에도 큰 영향을 주게 된다. 따라서 노동행정이나 지도원리가 장기적인 안목을 가지고 실행되어야 할 것이다.

2) 개선방향

노사 간의 신뢰성회복이 제1차적인 과업이라 하겠다. 즉 노사협의제도는 공정성과 합리성을 가지고 공동성과분배라는 노력을 할 때만이 신뢰성을 얻을 수 있는 것이다. 우리나라 노사관계 문제의 핵심은 노사 상호간에 불신문제가 가장 크게 나타나고 있다.

근로자와 사용자 간에 상호 상대방의 존재가치를 올바르게 인식하고 상호의존관계를 형성하며 노동과 경영이 상호의존되는 경영공동체라는 것을 인식해 가야 한다. 노사화합을 위해서는 권위주의가 아니라 화합주의에 기초한 리더십이 필요하다. 대학이나 기업 또는 정부차원에서 노동행정에 대한 전문인력을 양성할 필요가 있다.

이상에서 고찰한 바와 같이 노사관계관리는 역사적으로 몇 가지 특징 있는 발전과정을 거쳐왔으나, 오늘날 우리가 말하는 노사관계는 주로 민주적 노사관계의 단계를 대상으로 하는 것이다. 다시 말하면, 종업원의 조직이 확립되었고, 이를 부인하거나 파괴하는 것은 시대를 역행하는 것이므로 노사관계의 관리방향에 있어서는 다음의 사항이 충실히 고찰되어야 할 것이다.

첫째, 종업원의 자주적 조직으로서의 노동조합을 인정한다.

둘째, 조직된 노동조합을 적극적으로 경영에 활용한다. 즉 노동조합의 민주적 경영을 통하여 그들의 민주적 정신을 배양함으로써 생산에 있어서 창의의 신장에 기여토록 하는 동시에 비항쟁적·협조적 태도를 기르게 된다.

셋째, 그와 같은 자주적 노동조합은 어디까지나 자본주의적 사회질서의 틀 안에 머물러야 한다.

위의 세 가지는 관광기업 전반의 입장에서 소망스러운 노사관계관리의 일반적인 방향에 관한 것인데, 이를 개별 관광기업의 입장에서 기업측이 바라는 합목적적인 관계로 이끌어 나가려는 일련의 조직적 관리를 경영노사관계관리라고 할 수 있다. 그리고 그와 같은 바람직한 노사관계관리의 사상적 기초가 되는 것은 곧 산업민주주의이고, 이를 개별 관광기업에 적용하는 것이 경영민주주의라고 할 수 있다.

끝으로, 우리나라 노사관계의 개선을 위하여 정부는 노동문제에 대한 정부의 기본적인 이해와 태도를 비판적으로 재음미하고 이를 변경할 것이 요망된다. 이를테면 노사문제에 대한 정부의 개입은 적으면 적을수록 이상적인 바, 사업장 내부에서 일어나는 사소한 불만까지도 정부관리가 해결을 시도하는 현재의 과욕행정은 미능률과 부실만을 결과하게 된다. 따라서 가급적 당사자끼리 문제를 해결토록 함으로써 정부의 과잉개입을 막아 정부에 대한 불신풍조를 없애야 할 것이다.

그리고 사회·경제개발 계획에 사용자와 노동자를 능동적으로 참가시키기 위하여 정부는 제도적이고 절차적인 방법과 수단을 직시해야 한다. 이러한 목적을 달성하기 위하여 정부는 노동자 교육 및 경영자 훈련을 촉진하려는 노동조합 및 사용자들의 노력을 지원해야 할 것이다. 끝으로, 한국의 노동부는 풍요한 노동정책을 입안하고, 공식화하며 이를 실시하는 실제적인 과업에 성공적으로 집중할 수 있도록 그 역할이 강화되어야 할 것이다(김식현, 1987 : 657).

이상과 같은 여러 대안들을 노사 및 정부가 꾸준히 성실하게 실천해 나아갈 때 우리나라의 노사관계는 대립과 투쟁의 비생산적인 노사관계에서 민주적이고 생산적인 협력적 노사관계로 전환되어 협조적인 노사관계가 정착화될 것이다.

분배위주의 대립형에서 고용살리는 협력적 노사 관계로

분배중심형 대립적 노사관계

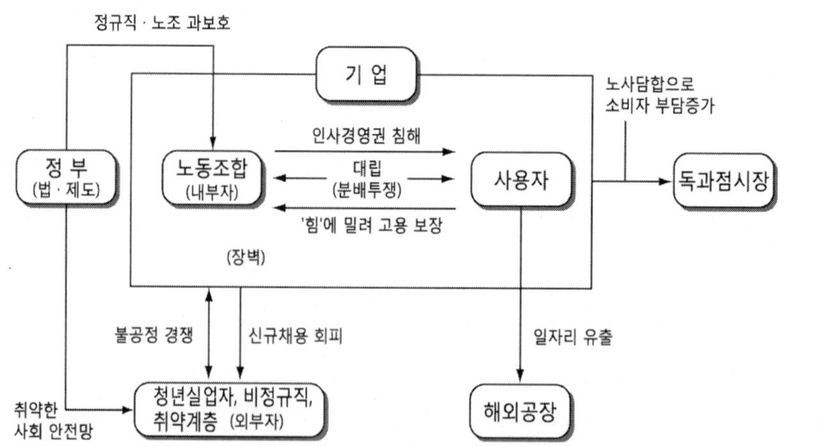

고용창출형 협력적 노사관계

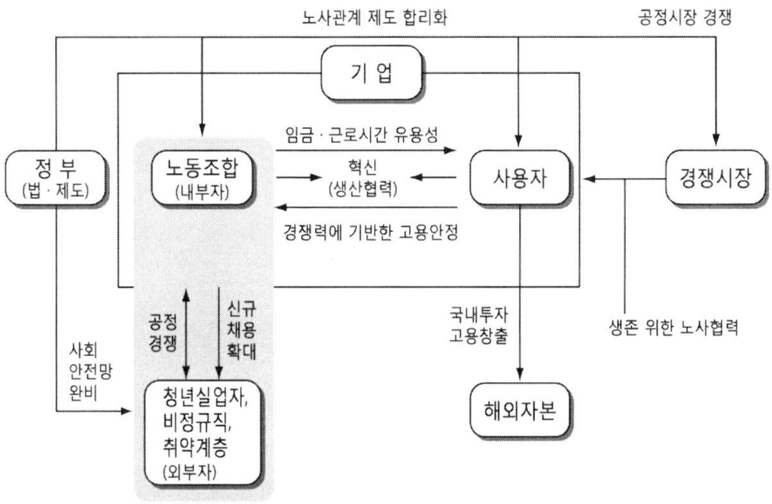

자료 : 조선일보, 2009년 4월 27일자

10. 단체협약서(호텔 사례)

전 문

호텔(이하 '회사'라 칭한다)과 호텔 노동조합(이하 '조합'이라 칭한다)은 노·사 협조정신에 입각하여 상호 신의·성실의 원칙하에 사용자의 경영권과 근로자의 노동권을 존중하여 사업의 번영과 조합원의 복지증진을 구현할 목적으로 본 협약을 체결한다.

제1장 총 칙

제1조 【교섭단체】

회사는 노동조합을 종업원을 대표하는 유일한 교섭단체로 인정한다.

제2조 【구 성】

회사의 종업원을 고용계약일로부터 3개월이 경과한 후 정식채용 후에 가입원서를 제출한 자는 조합원이 된다.

제3조【제명자 취급】

회사의 동의를 얻어 조합에서 제명된 조합원에 대하여는 회사는 이를 이유로 해고할 수 없다.

제4조【조합원의 범위】

다음 각 호의 1에 해당하는 자는 조합원이 될 수 없다.

1) 노동조합법으로 정한 자(노동조합법 제5조)
2) 인사 및 재정에 관하여 직접적인 권한이 있는 자
3) 노・사가 협의하여 정한 자

제5조【협약의 우선】

이 협약은 취업규칙 및 기타 회사가 정한 제규칙 또는 회사와 조합 혹은 회사와 종업원 간에 있어서의 모든 협정 또는 계약에 우선한다.

제6조【협약의 원칙】

이 협약기준 중 근로기준법에 위배되는 부분은 무효로 하며, 단체협약 효력기간이 경과된 후에도 갱신협약이 체결될 때까지 근로조건의 규범적 효력은 지속된다.

제2장 조합활동

제7조【조합활동의 보장】

1) 회사는 정당한 조합활동의 자유를 보장하며, 정당한 조합활동을 이유로 불이익한 취급을 하지 아니한다.
2) 회사는 노동조합법에 의거한 정당한 조합운영에 개입하여서는 아니된다.

제8조【근무시간 중의 조합활동】

조합원이 근무시간 중에 조합활동을 하고자 할 때에는 조합 대표자가 사전에 회사로부터 양해를 구하여야 하며, 회사는 업무에 지장이 없는 한 그 편의를 제공한다.

제9조【조합활동의 취급】

조합원이 제8조의 규정에 의하여 조합활동을 위해 취업하지 못한 일수 또는 기간에 대하여는 회사는 이를 근무한 것으로 취급한다.

제10조【조합 전임자】

조합은 조합원 중에서 조합업무 전임자를 둘 수 있다. 단, 전임자의 정원은 노・사 협의회에서 정한다.

제11조【조합 전임자의 취급】

조합 전임자의 처우는 다음에 의한다.

1) 조합전임기간 중 회사업무를 면제한다.
2) 전임기간 종료 후의 유급휴가 및 미지급 등의 산정은 조합의 출근일수, 재임년수를 통산하여 결정한다.
3) 전임해제와 동시에 회사는 즉시 원직 또는 그 직이 소멸되었을 시 그와 유사한 직 또는 그 이상의 직에 복귀시킨다.
4) 회사는 조합의 전임자였다는 것을 이유로 여하한 불이익 취급을 할 수 없다.

제12조【타단체의 임원취임】

회사는 조합이 가맹한 신규단체 및 조합이 인정하는 노동운동에 관계있는 단체의 전임 임원으로 취임함을 회사와 협의하여 인정한다.

제13조【회사시설 이용】

조합은 회사시설 내에 조합사무소를 설치할 수 있으며, 조합활동상 필요한 토지, 건물, 집기, 비품, 동산, 기타 회사의 시설을 회사와 협의하여 이용할 수 있다.

제14조【조합비 징수방법】

회사는 조합원의 급료지불에 있어서 조합으로부터 통지한 조합비를 일괄 공제하여 다음날 이를 조합에 인도하여야 한다.

제15조【유인물에 의한 조합활동 및 강습회 개최】

조합은 회사구내에서 전용게시판을 사용한 게시・인쇄물 배부 및 첨부, 강습회 개최 등에 대하여 회사와 사전 협의하여 행할 수 있다.

제3장 인 사

제16조【선임권의 보장】

회사는 종업원의 승진 및 경합되는 인사 면접에 있어서는 능력이 같은 자

중 근속년수가 많은 자에 우선권을 부여하고, 조업단축 등에 의한 인원정리 또는 임시휴직자 결정 등에 있어서는 같은 자격자 중 근무년한이 짧은 자를 먼저 한다.

제17조 【조합임원의 인사】

1) 회사는 조합의 임원 및 전임직원에 대한 인사에 관해서는 회사취업규칙에 의하여 조합의 동의를 얻는 것을 원칙으로 한다.
2) 전 항의 임원 또는 전임직원은 다음 것을 범위 내의 자로 한다.
   가. 조합의 임원 및 전임 직원
   나. 제12조의 전임 임원

제18조 【상벌, 인사고과 기준 등의 제정】

회사가 종업원의 상벌·이사고과 및 직무평가기준 등 인사에 관한 규칙을 제정할 때에는 조합에 이를 통고하여야 한다.

제19조 【채 용】

회사는 종업원을 채용하고자 할 때에는 사전에 채용계획의 대강 및 전형방법 등에 관하여 조합에 통고하여야 한다.

제20조 【수습기간】

1) 회사가 신규채용한 자의 수습기간은 3개월로 한다.
2) 수습기간은 근속년수에 산입한다.

제21조 【이 동】

회사가 조합원을 타사업장에 집단동원시키거나 기타 업무변동에 따르는 대량이동이 있을 때는 사전에 조합과 협의·결정하여야 한다.

제22조 【휴 직】

회사는 조합원이 취업규칙 제44조에 해당한 자는 휴직을 명할 수 있다.

제23조 【휴직기간】

업무의 부상 또는 질병으로 인한 자는 6개월의 기간을 정하여 휴직할 수 있으나 6개월 이내에 휴직사유가 해지되지 않으면 자동 해고된다.

제24조 【휴직의 취급】

1) 업무상의 부상으로 인한 휴직기간은 산재보험법에 의거, 통상임금의

70/100을 지급하고, 나머지 30/100은 임금 이외의 위로금 명목으로 지급한다.

2) 휴직기간은 이를 근속년수에 합산한다.

3) 휴직기간 중이라 할지라도 그 사유가 해소된 자에 대하여는 회사가 즉시 원직에 복귀시켜야 한다.

4) 질병으로 인한 휴직자에게는 최고 3개월 간은 통상임금의 50/100을 지급하고, 나머지 3개월은 무급으로 한다.

제25조【정 년】

1) 조합원의 정년은 남・녀 구분없이 60세로 한다. 다만, 필요에 따라 특정지 또는 특정인에 대하여는 조합과 협의하여 이를 조정할 수 있다.

2) 정년이 된 근로자의 요청이 있을 때는 그 직계가족의 우선채용을 인정한다.

제26조【상벌위원회】

1) 종업원에 대한 상벌은 회사가 이를 행한다.

2) 회사가 행한 상벌 사항에 대하여 이의가 있을 경우에는 노조대표를 참석시킨 회사징계위원회의의 결의를 거쳐서 정할 수 있다.

제27조【표 창】

회사는 조합원이 다음 각 항의 1에 해당할 때에는 이를 표창한다.

1) 업무상 혹은 사무상 유익한 방법 또는 연구・고안을 하여 그 결과가 양호한 자

2) 품행이 단정하고 업무에 성실하여 타의모범이 된 자

3) 재해의 미연방지 또는 비상사태하에서 공로가 있는 자

4) 장기근속자로서 공로가 많은 자

5) 업무능률이 우수한 자

6) 기타 선행 또는 특별한 공로가 있는 자

제28조【징 계】

회사는 종업원이 취업규칙, 징계규정 각 항의 1에 해당할 때에는 이를 징계한다.

제29조【징계의 종류와 사유】

징계의 종류는 훈계, 견책, 감봉, 정직, 강급, 해고의 6종으로 하되, 징계사유는 취업규칙 제80조, 81조 및 징계규칙에 의한다. 면직·해고의 경우에는 조합과 사전 협의하여 정한다.

1) 훈계 : 문서 또는 구두로 훈계한다.
2) 견책 : 장래를 위하여 시말서를 제출케 하고, 문서로 기록을 남긴다.
3) 감봉 : 1회에 6개월 이내에 한하여 기본급료 월액의 10분의 1 이내로 한다.
4) 정직 : 1개월의 기간을 정하거나 무기로 하고, 6개월 이내에 정직이 해지되지 않으면 자동 해고로 간주하며, 정직기간 중은 무급으로 한다.
5) 강급 : 지위를 강하한다.
6) 면직 : 해고예고 또는 예고수당을 지급하고 행한다.

단, 근로기준법 제29조에 또는 제27조 2의 2항에 해당할 때에는 해고예고 또는 예고수당을 지급하지 않고 행할 수 있다.

제30조【해 고】

회사는 조합원이 다음 1, 2, 4, 6항에 해당한 자는 퇴직으로 하고, 3, 5, 7에 해당할 시는 해고할 수 있다.

1) 본인이 퇴직을 원할 때
2) 휴직 또는 정직기간 만료 후에도 휴직사유가 소멸되지 아니할 때
3) 금치산 또는 준금치산 선고를 받았을 때
4) 정년이 된 자
5) 면직에 해당하는 징계사유를 범한 자
6) 병역복무자로서 직업군인이 된 자
7) 취업규칙 제81조에 해당한 자

제31조【인원정리】

회사는 기업의 폐쇄 또는 업무상 부득이한 사유로 인원을 일부 또는 전부를 정리하고자 할 때에는 늦어도 30일 전에 조합에 통지하고, 성호협의, 노동부장관의 면접을 받아 결정한다.

제32조【해고 제안】

제31조 내지 전조의 규정에 불구하고 업무와 무상 또는 질병으로 요양 중인 자 및 산전·산후의 여자의 휴가기간에는 회사는 이를 해고하지 못한다.

제33조

종업원은 본 협약 및 취업규칙에 의하는 외에는 휴직·징계, 면직, 기타 종업원의 신분에 대하여 불이익한 취급을 받지 아니함을 회사는 확인한다.

제4장 근로시간 및 휴일 · 휴가

제34조【근로시간】

근로시간은 휴게시간을 제하고, 1일에 8시간, 1주일에 44시간을 초과할 수 없다.

제35조【휴게시간】

1) 휴게시간은 매 4시간에 30분(중식시간 포함)을 부여한다.
2) 휴게시간은 호텔 구내에서 자유로이 이용할 수 있다.

제36조【근무시간】

근무시간은 다음에 같이 상근제 외 교대제로 구분한다.

1) 상근제는 오전 9시부터 오후 6시까지로 함을 원칙으로 하나 계절적인 시차에 따라 변경할 수 있다.
2) 교대근무는 24시간 중 영업상 사정에 의하여 어떠한 시간에도 배치할 수 있다.

제37조【시간 외 근무 및 휴일근무】

1) 다음 각 호의 1에 해당할 경우에는 제35조 및 37조에 불구하고 회사는 조합과 협정에 의하여 종업원에게 시간 외 근무 또는 휴일근무를 시킬 수 있다.
   가. 업무상 부득이한 사정이 있을 때
   나. 재해, 기타 불가피한 이유로 임시 필요할 시
2) 회사는 조합원이 제항의 규정을 제외하고는 초과근로를 거부한 이유로 불이익한 취급을 하지 못한다.

제38조 【시간 외 근무의 휴게】

회사가 소정 근로시간을 초과하여 시간 외 근무를 시켰을 경우에는 초과계속근로 4시간마다 30분의 휴게시간을 준다.

제39조 【수유시간】

생후 1년 미만의 유아를 가진 여자에게는 제36조와 휴게시간 외에 1일에 2회, 1회에 30분의 수유시간을 주어야 한다.

제40조 【여자, 연소자의 취업제한】

여자와 18세 미만에 대하여 심야직업(오후 10시부터 오전 6시까지)과 휴업근무, 시간 외 근무를 시키지 못한다. 단, 노동부장관의 허가를 받을 경우와 본인이 합의하였을 경우는 그렇지 아니하다.

제41조 【휴 일】

휴일은 다음과 같다.

1) 근무체제 여하를 막론하고 1주일에 1일
2) 법적 휴일, 노동절
3) 회사 개관기념일
4) 조합원의 주휴일에 부득이한 회사사정으로 근무를 명하였을 시, 이에 대한 대휴를 부여하여야 하되, 대휴일자가 상기 2)항, 3)항의 해당인에 중복, 일치할 수 없다.
5) 기타 회사와 조합이 합의한 날

제42조 【휴일대체 임시휴일】

회사는 업무상 사정에 따라 조합과 협의하에 휴일을 타일로 대체 또는 임시휴일을 설정할 수 있다.

제43조 【대 휴】

휴일에 근무한 자는 2주일 이내에 대휴를 요구할 수 있다.

제44조 【연 · 월차 휴가】

1) 회사는 1개월 간 개근한 자에 대하여는 월 1일의 유급휴가를 주어야 한다.
2) 회사는 1년 간 개근한 종업원에 대하여는 10일, 9할 이상 출근한 자에게는 8일의 유급휴가를 준다(근로기준법 48조 1항, 1989. 3. 29일 개정).

3) 2년 이상 개근 근속자에 대하여는 근속년수 매 1년마다 전항의 일수에 1일을 가산한 휴가를 준다.
4) 연·월차 휴가의 산출에 있어서는 본조 제49조의 특별한 휴가 및 정당한 절차를 밟아 휴무한 업무상의 부상, 질병 또는 출산과 생리휴가 등은 일체 출근한 것으로 본다.

제45조 【휴가의 취급】

1) 연·월차는 언제든지 청구할 수 있다. 단, 휴가의 청구가 업무상 심대한 지장이 있을 때에는 회사는 그 시기를 변경할 수 있다.
2) 회사의 업무상 연·월차 휴가를 청구한 그 유효기간 내에 주지 못했을 경우는 그 잔여일수를 유효기간 이후로 적치하여 사용할 수 있다.
3) 월차휴가는 발생일로부터 1년 이내에 사용하지 않으면 소명된다.
4) 연차휴가는 발생일로부터 1년 이내에 사용하지 않으면 자동으로 소멸이 된다. 단, 회사귀책일 때에는 그렇지 아니하다. 미사용일에 근로한 대가인 임금청구권은 근로기준법 제41조에 의거, 휴가사용권이 소멸한 때로부터 3년간 유효하다.
5) 연·월차휴가를 계속 사용치 못하고 퇴직할 경우 이를 임금으로 환산, 지급할 수 있다.

제46조 【생리휴가】

사용자는 여자 근로자에 대하여 월 1일의 유급생리휴가를 주어야 한다.

제47조 【산전·산후 휴가】

회사는 출산휴가로써 산전은 청구에 의하여 산휴는 청구에 의하지 아니하고 각각 30일의 휴가를 주어야 한다.

제48조 【특별휴가】

조합원이 다음 각 호의 1에 해당할 경우에는 특별휴가를 주어야 한다.

1) 본인 결혼시 : 5~6일
2) 자녀 결혼시 : 2~3일
3) 형제·자매 결혼시 : 1~2일
4) 부모 회갑시 : 2일

5) 부모 · 자녀 사망 : 5~6일

6) 배우자 사망 : 5~6일

7) 형제 · 자매 · 조부모 · 처부모 · 친정부모 사망시 : 3일

8) 유행병, 기타 사고로 교통이 차단되었을 때 필요한 시간

9) 재판소, 기타 공공기관으로부터 증인, 감정인, 참고인으로서 출두명령을 받았을 때 필요한 시간

10) 화재, 수재나 다른 중대한 재해시 : 6일간

제49조【공민권 행사의 편의】

회사는 종업원이 근무시간 중 선거 기타 공민으로서의 권리의무를 수행하기 위하여 필요한 시간 또는 일수를 신청하였을 때에는 이를 허가하여야 하며, 이것을 이유로 회사는 불이익한 취급을 하지 못한다.

제50조【임직 · 숙직】

회사는 조합과의 협정에 의하여 만 18세 이상의 종업원에게 임직 · 숙직 근무를 시킬 수 있다.

제51조【출장 중의 취급】

회사는 종업원이 출장 중의 기간을 근무한 것으로 취급한다.

제5장 임금 및 퇴직금

제1절 임금의 한계

제52조【임금의 원칙】

회사는 조합원의 임금을 이 협약이 정하는 바에 따라서 지불한다.

제53조【임금의 체계】

조합원의 임금의 체계는 다음과 같다.

임금 …… 본봉(기본금)

시간외 근무수당

야간 근무수당

휴일 근무수당

상여금

제54조【임금의 지불】

임금은 월 1회 통화로 직접 본인에게 전액을 지불한다.

제2절 임금의 계산급 지불

제55조【임금의 계산 기간】

사원의 임금은 매월 1일부터 말일로 한다.

제56조【임금 지불일】

임금 지불일은 매월 25일로 한다. 단, 지급일이 공휴일인 경우에는 익일로 한다.

제57조【즉시지불】

다음의 경우는 전 제55조, 제56조의 규정에 의거, 권리자의 지급 사유가 발생한 날로부터 14일 이내에 일괄 계산하여 지급한다. 단, 회사의 채무정리 및 제반 퇴직수속이 완료되어야 한다. 다만, 특별한 사정이 있을 경우에는 당사자간의 합의에 의하여 기일을 연장할 수 있다.

1) 본인이 사망하였을 때
2) 퇴직 또는 해고하였을 때

제58조【비상시 지불】

다음의 경우에 조합원의 청구가 있을 때는 임금지불일 전이라 하더라도 그 월분 임금을 지불하여 줄 수 있다.

1) 조합원 또는 그의 수입으로 생계를 유지하는 자의 결혼, 출산 또는 잡비의 비용이 필요할 때
2) 조합원 또는 그의 수입으로 생계를 유지하는 자의 부상 또는 질병으로 특히 필요할 때
3) 조합원 또는 그의 수입으로 생계를 유지하는 자가 천재 기타 사고로 인하여 특히 필요할 때
4) 그 외 특히 필요하다고 인정할 때

제59조【임금의 변경】

승급 또는 강급에 의거, 임금의 변경이 있을 경우 발생당일로부터 증감을

일괄 계산하여 지급한다.

제3절 봉급 및 임금

제60조 【봉급 및 임금】

회사는 사원에게 본봉과 그 직책에 따라 수당을 지급할 수 있다.

제61조 【임금인상 및 봉급표】

회사는 조합원의 임금을 임금 관계법 및 회사자체의 임금지불능력과 소요생계비 및 국내 임금수준을 참작하여 합리적으로 노·사협의회에서 봉급표를 정하여 그 임금의 향상에 최선을 다한다. 단, 임금인상이 노·사협의회에서 결렬 또는 합의되지 않았을 경우에는 법에 의한 조정결정에 따른다.

제4절 수 당

제62조 【시간 외 근무수당】

시간 외 근무수당은 초과근무한 기간에 대하여 각 인의 통상임금의 50%를 가산지급한다.

제63조 【야간근무수당】

오후 10시부터 오전 6시까지 근무한 자는 해당시간 1시간에 기준시간급의 50%를 할증한 금액을 지급한다.

제64조 【휴일근무수당】

휴일에 근무한 자에게는 근무일의 통상임금에 다음의 할증률을 가산하여 할증금을 지급한다.

1) 정기휴일 50%(대체하여 휴무할 때에는 수당을 지급하지 않음)

2) 취업규칙 제36조 및 제37조에 의한 휴일 50%

제65조 【특별승급】

특별승급은 성적이 우수한 자에 대하여 승급시킨다.

제66조 【승진에 따르는 승급】

승진한 경우의 기본금은 승진 전의 급여액 이상의 호봉으로 하되, 고과성적에 따라 시정한다.

제67조【전직 후의 기본금】

업무상 사정 또는 직책 변경에 따라 전직 또는 강등되었을 경우에는 기본급 여액을 저하시키지 아니한다. 단, 당사자의 희망에 의하여 저임금직으로 직을 희망하였을 경우는 그렇지 아니한다.

제68조【휴직 중의 승급】

휴직 중의 조합원에 대하여는 정기승급을 행하지 아니한다.

제69조【장기 결근자의 승급제도】

승급산정기간 중 통상결근일수가 취업일수의 5%를 초과한 자에 대하여는 정기승급을 행하지 아니한다.

제70조【퇴직금】

1) 퇴직금은 만 1년 이상 계속 근로한 자에 대하여 매 일년마다 30일분의 평균임금을 지급한다.
2) 회사는 전항의 퇴직금에 상당한 금액을 매년 지급한다.
3) 수습기간도 전항의 근속년수에 통산한다.
4) 근속년수에 단수가 발생하였을 시는 월할로 계산하고, 1월 미만은 이를 일할로 계산한다.
5) 퇴직금의 계산기간은 입사일로부터 퇴직일까지로 한다.
6) 징계, 해고, 기타 근로자의 귀책사유로 인한 해고자에 대하여도 당연히 본조의 퇴직금을 지급한다.
7) 퇴직금은 퇴사한 일로부터 14일 이내에 지불한다.

제6절 기 타

제71조【식 비】

회사는 종업원에게 근무 중 1일 1식의 식사를 무료로 제공한다.

제72조【임금채권의 우선면제】

회사는 조합원의 임금을 정기지급일에 지급하지 못하였을 때에는 부동산, 동산 및 생산품에 대한 임금채권, 상당금액의 저당권 또는 질권설정에 동의한다.

제6장 안전과 보건

제73조【안전보건시설과 그 운영】

1) 회사는 안전보건에 필요한 시설을 완비하고, 종업원의 건강증진 및 위해방지에 노력한다.
2) 안전보건시설을 민주적으로 운영하기 위하여 회사와 조합·동수의 인원으로써 구성하는 안전보건위원회를 둔다.
3) 안전보건위원회의 규정은 회사와 조합이 협의하여 별도 제정한다.

제74조【건강진단】

1) 회사는 1년에 대하여 장기적으로 1회, 필요할 시는 수시로 종업원의 건강진단을 행한다.
2) 종업원은 이유없이 전 항의 진단을 거부하지 못한다. 다만, 노동부가 인정하는 다른 의사의 건강진단을 받고 그 결과를 증명하는 서면을 제출하였을 때에는 예외로 한다.
3) 식품위생법 제21조의 규정에 의한 보건증을 소지한 자는 정기진단을 면제한다.

제75조【취업금지】

1) 회사는 전염병, 정신병, 또는 노동을 함으로써 병세가 악화될 우려가 있는 종업원에 대하여는 조합과 협의하여 취업을 금지한다.
2) 전항의 취업금지를 받은 자의 경우는 제24조에 준한다.

제7장 재해보상

제76조【치료비의 부담】

1) 회사는 종업원이 업무상 부상하거나 또는 질병에 걸렸을 경우 그 치료비를 산업재해보험에 의한 치료를 받도록 조치한다.

제77조【휴업보상】

1) 종업원이 업무상의 부상 또는 질병으로 인하여 취업하지 못할 시는 회사는 통상임금의 70/100을 지급하고, 나머지 30/100은 임금 이외의 명목으로 지급한다.

2) 휴업보상의 지불기일에 대하여는 제54조의 규정에 따른다.

제78조【장애보상】

1) 종업원이 업무상 부상하거나 또는 질병에 걸렸다가 완치되었을 경우 신체에 장애가 있을 때에는 회사는 그 장애의 정도에 따라 평균임금을 다음의 일수에 곱한 금액을 보상한다. 단, 업무상 부상 또는 질병에 걸렸을지라도 근로기준법 제81조에 해당될 경우는 회사는 보상하지 않는다.

제1급	1,340일분	제2급	1,190일분
제3급	1,050일분	제4급	920일분
제5급	790일분	제6급	670일분
제7급	560일분	제8급	450일분
제9급	350일분	제10급	270일분
제11급	200일분	제12급	140일분
제13급	90일분	제14급	50일분

2) 전항의 장애보상등급은 산재보상보험법 시행령 제13조의 별표에 의한다.

제79조【분할보상의 금지】

장애보상에 대하여는 그 등급이 확정된 날로부터 유족보상에 있어서는 사망일로부터 15일 이내에 회사는 전액을 권리자에게 지불하고 모든 보상책임을 면한다.

제80조【업무상 부상 또는 질병, 사망의 조사 취급】

1) 업무상 부상 또는 질병 혹은 사망 및 신체장애 등의 인정에 관한 조사는 노·사 동수로 구성하는 안전보건위원회에서 이를 행한다.

2) 종업원의 중대과실로써 업무상 부상하거나 질병에 걸렸거나 혹은 사망하였을 시 업무상이었다는 사실이 명확하지 아니함으로써 이에 대한 제반 급부가 불여의하거나 제한될 때에는 안전보건위원회의 결정에 따라 이를 업무상 부상, 질병, 사망에 따라 취급한다.

제8장 단체교섭

제81조 【단체교섭】

1) 회사와 조합은 그 어느 일방으로부터 단체교섭을 요구하였을 때에는 즉시 이에 응하여야 한다.
2) 전항의 요구는 교섭일시, 장소 및 요구사항 또는 부의사항을 갖추어 서면으로써 대표자가 서명날인한 다음 상대방에 제출하여야 한다.

제82조 【교섭사항】

단체교섭의 대상이 되는 사항은 종업원의 근로조건, 기타 처우에 관한 사항 및 이에 관련있는 일체의 사항으로 한다.

제83조 【교섭위원】

단체교섭의 교섭위원은 회사 및 조합이 각각 선임하여 상대방에 통고한다. 또한 교섭 도중 변경할 때에도 이와 같다.

제84조 【협약서의 작성】

단체교섭 사항이 합의에 도달하였을 시는 협약서(또는 협정서, 합의서 등)를 작성한 다음, 회사와 조합 쌍방의 대표가 서명날인하여야 한다.

제9장 취업규칙

제85조 【취업규칙의 제정】

회사는 조합원에게 통용할 취업규칙을 제정 또는 변경하고자 할 때에는 사전에 초안을 제시하고 조합의 의견을 들어야 하며, 행정관청에 신고할 때에는 그 의견서를 첨부하여야 한다.

제86조 【취업규칙의 공시의무】

1) 회사는 취업규칙을 제정하거나 또는 개정할 때에는 조합원이 자유로이 관람할 수 있는 장소에 공시하여야 한다.
2) 조합원에게 공시되지 아니한 취업규칙(사규포함)이나 근로기준법에 위반되는 취업규칙은 무효이며, 조합원에 대한 규제력을 가지지 못한다.

제10장 노사협의제도

제87조【노 · 사협의회】

회사와 조합은 조합원의 고충처리, 경영참여, 기타 필요한 사항을 처리하기 위하여 쌍방대표로서 노・사협의회를 구성한다.

제88조【노 · 사협의회의 부의사항】

노・사협의회는 다음 사항을 토의한다.

1) 이 협약에 의해 협의하도록 위임된 사항 및 기타 본협약의 해석・운영에 관한 협의
2) 이 협약에 또는 취업규칙에 정해지지 않은 조합원의 근로조건의 기준에 관한 협의
3) 경영방침 및 사업계획에 관한 협의
4) 안전, 위생, 복지후생에 관한 사항
5) 직업의 합리화 및 생산능률에 관한 사항
6) 고충처리, 기타 회사와 조합이 필요하다고 인정하는 사항

제89조【기밀보장】

노・사협의회에서 지득한 사항 중 기밀에 속하는 부분은 제삼자에게 누설하여서는 아니된다.

제90조【합의사항의 처리 및 효력】

노・사협의회에서 합의된 필요한 사항은 이를 성문화하여 회사와 조합의 쌍방대표자가 확인하고 서명날인하였을 때에는 법령 및 이 협약의 기준은 단체협약과 동일한 효력을 가진다.

제91조【구성 및 협의회 규정】

노・사협의회의 구성개최 및 운영 등에 관한 세부사항은 회사와 조합이 협의・결정하는 별도규정에 의한다.

제11장 평화협정

제92조【알선 · 조정신청】

제9장의 단체교섭 및 제11장의 노・사협의회에서 해결되지 아니한 사항에

대하여는 회사와 조합 어느 일방도 관계법규에 의거, 관계기관에 알선 또는 조정을 신청할 수 있다.

제93조【중 재】

전조의 알선 또는 조정이 실패로 돌아갔을 때에는 쟁의조정법 제30조 제3호의 경우를 제외하고는 회사와 조합 쌍방의 명의로써 중재를 신청하여야 한다.

제94조【쟁의 중 시설이용】

쟁의 중 조합사무실, 일정한 회의장소의 사용, 사택, 기숙사, 병원 등 후생시설 이용은 반드시 회사의 허가를 받아야 한다.

제95조【파업 중 취업요원】

1) 파업 중 취업요원은 다음과 같다.
   가. 쟁의해결요원(비서, 노무인사계원, 회계계원)
   나. 통신연락요원(교환수, 자가용 운전사, 통신기술사, 사환)
   다. 안전요원(경비요원, 급수 및 배전공)
   라. 임상생활요원(의무실종업원, 매점종업원, 식당종업원)
   마. 기타 필요하다고 합의된 요원(영업장요원)
2) 파업 중 취업요원의 인원 및 근무에 관한 세부규정은 회사와 조합이 협의·결정한다.
3) 회사는 쟁의행위 중 제43조에 규정된 비조합원인 종업원 및 전 1항의 인원 외에는 여하한 명목으로도 신규채용 또는 취업을 시키지 못한다.

제96조【쟁의행위 중 재해】

쟁의 중이라 할지라도 사업장이 시설에 화재, 기타 비상재해가 발생하였을 시 또는 발생의 우려가 위험상태에 있을 시는 조합은 진압 또는 방지를 위하여 조합원에게 즉시 쟁의 행위를 중지시키고 회사에 협력하여야 한다.

제97조【쟁의방해 행위금지】

1) 회사는 조합의 쟁위행위 중 여하한 형식의 쟁의방해행위도 할 수 없다.
2) 회사는 쟁의 중 조합원이 행한 정당한 쟁의행위 발언 등에 대하여 해고, 손해배상의 청구, 기타 불이익을 줄 수 없다. 제12장 협약의 기간 및 효력

제98조 【유효기간】

본 협약의 유효기간은 20XX년 1월 1일부터 2년간 유효하다.

제99조 【개폐의 절차】

1) 본 협약의 기간만료에 대하여 회사 또는 조합의 어느 일방에서 이를 갱신하고자 할 때는 기간만료 1개월 전까지 갱신안을 첨부하여 상대방에 제출한다.
2) 본 협약은 유효기간 중이라 하더라도 회사와 조합 쌍방이 동의하였을 경우에 한하여 일부의 개정을 할 수 있다.
3) 협약의 유효기간이 만료하였을지라도 어느 일방이라도 갱신안을 제출치 않았을 경우 계속 유효한 것으로 본다.

부 칙

제100조

본 협약에서 규정되지 아니한 사항은 관계법령 및 취업규칙에 의한다.

제101조 【협약의 승계】

본 협약 체결 후 회사나 조합의 명칭 내지 대표자 명의가 변경되었을 때에도 본 협약은 계속 유효하다.

제102조 【협약서의 보관】

본 협약을 확인하기 위하여 3부를 작성하여 회사와 조합이 각 1부씩 보관하고, 1부는 법규정에 따라 행정관청에 제출한다.

참고문헌

1. 국내문헌

구본장 외 1인(2008). 조직행동론, 형설출판사.
권용만 외 1인(2008). 인적자원관리론, 무역경영사.
김봉규(2003). 신호텔관리론, 백산출판사.
김병식(2000). 조직행동론, 형설출판사.
김식현・백삼균(2000). 인사관리, 한국통신대학출판부.
김식현(1987). 인사관리론, 무역경영사.
김석희(1989). 인사관리론, 무역경영사.
김영재 외 3인(2008). 조직행동론, 무역경영사.
김원경(1992). 인사관리론, 형설출판사.
김윤태(2008). 호텔산업인적자원관리, 대왕사.
단체협약서(2000). H호텔사례.
대한상공회의소(1984). 공장관리와 인력관리.
동아일보 2002.10.10일자.
민경호(2003). 현대인사관리, 무역경영사.
박내희(1999). 인사관리.
박성수 외 3인(2007). 인적자원관리, 박영사.
박운성(1994). 현대노사관계론, 형설출판사.
______(1999). 현대조직행동, 박영사.
박연호 외(1984). 조직관리론, 법문사.
백삼균(1991). 기업의 전략과 연계된 인사관리를 한국인사관리협회.
삼성경제연구소(2007.2.14). 새로운 10년을 위한 인사, 노사 7대과제, CEO Information.
신유근(1982). 조직론, 다산출판사.
______(1989). 인사관리, 경문사.
월간식당. 1991. 2월호.
양운섭(1989). 경영인사관리, 형설출판사.
유기현(2000). 인적자원관리론, 무역경영사.
______(2003). 조직행동론, 무역경영사.
연합뉴스. 2004.4.19일자.

용인대학교. 2003 취업 길라잡이, 2003.6.
이순구 외 1인(2008). 호텔인사관리론, 대왕사.
이진규(1990). 전략적 인사관리, 한국인사관리협회.
_____(2001). 전력적·원리적 인사관리, 박영사.
이학종 외 1인(2007). 인적자원관리, 박영사.
중앙선데이. 2009.4.26 일자.
조선일보. 2009년 4월 19일자.
_______ 2009년, 4월 27일자.
조해균(1988). 현대인사관리론, 형설출판사.
장수용(1998). 프리젠테이션 면접을 읽으면 회사가 보인다, sbc전략기업컨설팅.
정수영(1987). 신조직행동론, 박영사.
최종태(1998). 현대인사관리론, 박영사.
_____(2003). 현대인사관리론, 박영사.
한국보건사업진흥원, '21C 경영패러다임 변화와 디지털시대의 육성방안' 조직인사관리 과정, 2001.
한국인사관리협회(2000). 월간 인사관리.
홍용기(2009). 인적자원관리, 형설출판사.
황규태(2006). 인적자원관리, 박영사.
황대석(1986). 인사관리, 박영사.

2. 외국문헌

Beckhard. R(1969). *Organization Development Strategies and California* : Addison -Wesley, Co.

Berelson B. and Steiner G.A.(1964). *Human Behavior : An Inventory of Scientific Findings,* New York : Harcourt Brace & World, Inc.

Brian Liv.(1975). Job Evaluation : *A Critical View*, John Wiley & Sons, Inc., New York.

Dessler G.(1978). *Personnel Management*, Reston Publishing, Co.

Drucker Peter F.(1983). The Practice of Management Asia Edition, Harper and Publisher.

Feldman D.(1988). *Managing Careers in Organizations*, Glenview, Illibois : scott, Foresman and Co.

Gibson, J. L lvancervich, J. H. Donnelly Jro, Organigations, 4th ed, (Business

Publication, Inc, 1982).

Golembiewski R.T.(1969). *Organization Development in Public Agencies*, Public Administration Review, Vol. X X IV, No. 4.

Hilgard E. R. & Atkinson R. C.(1967). *Introduction to Psychology*, 4th ed, Harcourt & Brace.

Milton. C. R.(1984). *Human Behavior in Organization*, Three Levels of Behavior, Englewood Cliffs, NJ : Prentice-Hall, Inc.

Mondy, R. W. and Noe , R. M, III(1993). Personnel; The management of human resources, Boston : Allyn and Bacon.

Patton, John A. C. L.(1964). Littlefield, and Stanley Allen Self : *Job Evaluation : Text and Cases*, 3d ed., Richard D. Irwin, Inc., Homewood, III., part III, "Job Analysis and Description."

Reeve, J. M.(2001). Understanding motivation and emotion(Hobokin; John Wiley and Sons).

Staw, B. M.(1983). Psychological Foundations of organigation of Behavior, Scott, Foresman and Company.

Tanke M. C.(1990). *Human Resources Management for the Hospitality Industry*, Delmar Publishers, Inc.

White R. W.(1959). *Motivation Reconsiderde* : The Concept of Competence, Psychological Review.

저자약력

■ 원 융 희

경기대학교 관광경영학과를 졸업(학사)한 뒤 경희대학교 경영대학원 관광경영학과를 수료(석사)하고, 세종대학교 대학원(경영학과)에서 관광경영 전공으로 경영학 박사학위를 받았다. 2005년도에는 미국 남 일리노이주립대학교 관광학과에서 교환교수로 있으면서 폭넓은 견문을 접하는 기회를 갖기도 하였다. 일찍이 서울 프라자호텔과 서울 밀레니움 힐튼호텔에서 현장업무를 익혔으며, 우송정보대학 관광경영과 교수를 거쳐 용인대학교 관광학과에서 교수로 강의에 임한 지 20여년이 넘다보니 남다른 이론이 뒷받침된 가운데 실무와 강의의 감각 등이 어우러져 강의의 내용이 실용적이고 생동감이 있게 학생들에게 전해지게끔 하고 있으며, 서비스, 호텔경영, 식음료, 실버산업, 그리고 병원경영학 관련 서적에 이르기까지 더욱 품격 있고 가치 있는 글을 찾기 위해 다방면의 저술활동에 혼신을 다하고 있다.

■ 박 충 희

고려대학교 경영대학원(경영학 석사)을 마치고, 또 경희대학교 경영대학원 관광사업경영(경영학 석사)을 전공한 뒤 경기대학교 대학원에서 박사과정을 수료(관광경영학 전공)하였다. 한국관광학회 이사를 역임한 바 있고, Skyline College San Bruno, California USA 방문교수로 재직한 바 있으며, 지금은 관광전문식당 심사위원으로 활동하고 있다. 또한 계명문화대학 호텔관광외식학부 교수로 재직하면서 오랫동안 현장에서 터득한 노하우를 후학들에게 전수하기 위하여 저술활동에 심혈을 기울이고 있다.

■ 이 창 욱

충남 홍성고등학교와 단국대학교 행정학과를 졸업하고, 단국대학교 경영대학원 관광경영학과(석사)를 거쳐 경기대학교 대학원에서 관광학 박사학위를 취득하였다. 30여 년간 호텔업계에 몸담아 오고 있으며, 현재는 밀레니엄서울힐튼호텔에서 인사부장으로 재직하고 있다. 그간의 호텔 근무경험을 살려 안산1대학 관광영어과 및 단국대학교 경영대학원 등 일선대학에서 후학양성에 정성을 다하고 있다.

디지털시대의 전략적

관광인적자원관리

2009년 8월 10일 초판 1쇄 발행
2015년 9월 10일 초판 2쇄 발행

지은이 원융희 · 박충희 · 이창욱
펴낸이 진욱상 · 진성원
펴낸곳 백산출판사
교 정 편집부
본문디자인 편집부
표지디자인 편집부

등 록 1974년 1월 9일 제1-72호
주 소 경기도 파주시 회동길 370(백산빌딩 3층)
전 화 02-914-1621(代)
팩 스 031-955-9911
이메일 editbsp@naver.com
홈페이지 www.ibaeksan.kr

ISBN 978-89-6183-199-4
값 20,000원